MK Edition

주식·부동산 투자 전략, 기업 경영 계획 수립 등에 나침반이 될 전략 지침서

대예측 2024

매일경제 편음

매일경제신문사

MK Edition

대예측 2024

> 서문

'금리의 시간'이 시작된다
예측의 영역 아닌 대응의 영역

'금리의 시간'.
다가오는 2024년의 세계 경제를 한마디로 표현하자면 이런 말이 될 것이다. 모든 경제 주체에 고금리의 영향력이 절대적일 것으로 보인다.
'오마하의 현인' 워런 버핏은 "중력이 지구의 모든 물체에 영향을 미치듯 금리는 모든 자산 가격에 영향을 미친다"고 말했다. 이미 2023년부터 금리가 올라 짙게 깔린 안개처럼 세계 경제를 덮었다. 이어 2024년도 이 안개는 더 짙어지거나 혹은 유지될 만유인력 같은 힘이다.
지구촌 유수 기관들이 경제 전망에서 한목소리로 이를 예고하고 있다.
세계 경제성장률 예측은 시간이 갈수록 연속적으로 하향 조정되고 있다. 경제를 끌어내리는 고금리의 무게감이 점점 커지고 있다는 뜻

이다. 마치 경제 주체들이 팔다리에 모래주머니를 차고 움직이는 느낌이랄까.
2023년 10월 10일 국제통화기금(IMF)이 발표한 보고서에 따르면 세계 경제성장률은 2022년 3.5%에서 2023년 3%로, 2024년에는 2.9%로 둔화될 것으로 예상된다. 특히 IMF는 2024년 전망치를 기존 3%에서 2.9%로 0.1% 낮췄다. 수치도 중요하지만 눈여겨볼 것은 전망치의 추세다. 경제 분석을 하는 전문가들이 시간이 갈수록 둔화 요인이 점증한다고 느끼는 것이다.
결국 2024년 경제에 가장 결정적인 변수는 미국 금리다. 당초 연방준비제도가 2024년에 금리 인상 기조를 멈추고 금리를 조금씩이라도 하향 조정할 것이라는 희망적인 관측에 힘이 실렸다. 그러나 멈추지 않는 글로벌 물가

상승과 전쟁 발발 등으로 상황은 반전됐다. 일각에서는 6%대 고금리 얘기까지 나온다. 그런 극단적인 수준까지 가지 않으리라 믿지만, 고금리 기조는 최소한 2024년에 살아갈 우리 생활을 지배할 전망이다.

미국은 기준금리를 2022년 6월 1.75%에서 1년여 만에 5.5%로 급격하게 끌어올렸다. 세계 경제에 미치는 여파는 크다. 소비는 위축되고 기대감은 떨어지고 있다.

미국이 고금리 시대를 열어젖힌 만큼 다른 나라도 따라갈 수밖에 없다. 지난 몇 년간 지구촌 사람들이 경험했던 저금리의 경제 환경과는 상당히 다른 국면이 펼쳐질 것이다. 전 세계 국가에서 대출을 끼고 집을 산 소비자들은 매달 갚아야 하는 이자가 늘어날 것이다. 자영업자들도 가게를 내기 위해 빌린 대출 금리가 높아져 소득이 줄어든다. 가처분소득이 줄어들어 소비는 한층 더 위축되고 기업 수익과 직원들에 대한 보상이 줄어드는 악순환이 지속될 것이다. 시장이 위축되면 기업들은 돈의 가치가 올라가 투자를 꺼리게 되고 시간과의 싸움에 돌입하게 된다. 정도의 차이는 있겠지만 전 세계가 2024년에 경험하게 될 일상이다.

전반적인 경제가 이런 가운데 지역적으로 분류하면 중국 경제가 가장 주목할 만하다. 중국 국가통계국이 10월 18일 발표한 3분기 국내총생산(GDP)이 전년 동기 대비 4.9% 증가해 시장 전망치를 웃돌아 한숨 돌린 상황이기는 하다. 일각에서는 최악의 상황을 넘어 바닥을 찍었다는 분석도 나온다.

그러나 시진핑 1인 독재 체제를 구축한 중국 경제는 서구에서 '블랙박스'로 불릴 정도로 불투명하다. 실제 이번 분기에도 중국 정부가 가장 우려한다는 청년 실업률은 2분기 연속 발표되지 않았다. 한국도 문재인정부의 통계 조작 논란으로 홍역을 치르고 있지만, 중국은 정부에 불리하면 주요 지표를 아예 발표하지 않는 국가다. 무엇을 숨기고 있는지 알 수 없어 불안감은 여전하다. 여기에 미국과는 기술 패권을 놓고 수세에 몰린 상황이다. 특히 부동산 부실이 중국 경제의 뇌관이라는 분석이 많다. IMF가 2024년 중국 성장률 전망치를 기존 4.5%에서 4.2%로 낮췄는데 그 근거로 든 것이 부동산 부실 염려였다. 대형 부동산 개발 업체 비구이위안의 채무불이행 위기가 불거지는 등 아슬아슬한 상황을 이어가고 있다. 한마디로 중국은 '양날의 칼'이다. 숨기고 있던 팩트를 내놓는 순간 2024년 세계 경제에 선물이 될지 폭탄이 될지 촉각을 곤두세워야 한다.

다음은 미국 경제다. 2024년 미국의 가장 큰 이슈는 '연착륙' 여부다. 앞서 말한 대로 2024년에 점진적인 금리 인하 시작과 이를 통한 연착륙을 기대하던 긍정론자들 시각이 식지 않는 고물가로 조금 더 비관적으로 변했다. 지난 9월 FOMC가 기준금리를 동결했지만 점도표를 통해 연내 한차례 추가 인상 가

서문

**저금리에 익숙한 경제 주체
상당히 다른 국면 경험할 것**

**"금리, 중력처럼 모든 자산에 영향"
워런 버핏 말한 대로 변화 불가피**

**저수지의 물이 빠지고 나면
누가 옷 벗고 수영했는지 알게 돼**

능성을 내보였기 때문이다. 2024년 예상 금리 인하폭도 기존의 절반인 50bp(2회) 인하로 대폭 축소해 최소한 2024년에는 큰 폭의 금리 인하는 확률적으로 낮아질 것으로 판단된다. 한마디로 연착륙이 가능하더라도 경제가 달아오르는 화끈한 모습은 보기 어렵다는 뜻이다. IMF 역시 이 같은 모습을 지난 10월 보고서에서 'Stable but Slow'라고 복합적으로 표현했다. 한마디로 안정적인 경제, 즉 연착륙이 가시화되고 있지만 저성장 역시 확실해지고 있다는 뜻이다.

한국 경제는 이 같은 지구촌 경제 움직임에 한 몸처럼 연동돼 있다. 고금리 시대를 이제 몇 년간 감수해야 한다는 뜻이 된다. 지난 몇 년간 견조한 성장률과 확대되는 자본 시장을 즐겨왔다면 이제 반대 방향의 움직임이 시작됐다. 낮아지는 성장률과 위축되는 자본 시장에 대응하는 삶을 살아갈 전략과 각오가 필요하다. 그런데 사실 고금리뿐 아니다.

최근 경제협력개발기구(OECD) 분석에 따르면 한국의 잠재성장률이 2023년 1.9%로 처음으로 1%대에 들어설 것이라고 한다. OECD가 추정한 한국의 잠재성장률이 2% 이하로 떨어진 건 처음이고 2024년에는 1.7%까지 하락할 것으로 봤다. 이 1.7%라는 내년 수치는 미국보다도 잠재성장률이 낮아지는 것이다. 이창용 한국은행 총재는 "현재 경제성장률이 잠재성장률보다 낮아 경기 침체기가 맞다"고 말했다. 저출산과 고령화에 따른 인구 감소, 기업의 발목을 잡는 규제, 혁신과 생산성 향상을 막는 강성 노조 등 구조 개혁 없이는 화려한 대한민국의 전성기를 다시 맞이하기는 쉽지 않을 것이다.

결국 2024년은 단기적으로 고금리 지속의 고통과, 장기적으로는 구조 개혁에 대한 갈등이 표출되는 시기가 될 가능성이 높다. 개인이든 기업이든 만반의 대비가 필요하다는 뜻이다. 물론 경제 상황의 호전 가능성이 전혀 없는 것은 아니다. 그러나 지난 몇 년간 세계 경제가 향유했던 초저금리 시대로 곧바로 복귀할 가능성은 낮다. 상당 기간은 높은 금리 수준을 각오해야 한다는 말이다. 최근 한 기업인이 곧 도래할 고금리 시대에 대해 설명한 말이 인상적이어서 인용한다.

"영하 20도든 영하 18도든 수치가 중요한 건 아니다. 두터운 겨울옷을 꺼내 입으며 대응해야 하는 건 똑같다. 정도가 어떻든 간에 겨울이 온다는 뜻은 월동 준비를 단단히 해야 한다는 뜻이다."

그렇다. 고금리 시대가 기준금리 5.5%로 유지되든 5.75%로 유지되든 그게 중요한 건 아니다. 상당 기간 '금리의 시간'이 도래하고 각 경제 주체에 그에 맞는 선택을 요구하는 장이 열릴 것임은 명확하다. 그간 오일쇼크, 외환위기, 리먼 사태 등 몇 차례 경제위기가 있었다. 대부분 예측 불가 상황에서 갑자기 터졌다. 그런데 고금리 장기화 경제 체제는 갑자기 터지는 걸 막더라도 오랜 시간 경제 주체들을 괴롭힐 가능성이 있다. 2023년 8월 말 미국 M2 기준 시중에 풀린 통화 공급량은 무려 20조8700억달러다. 더 이상 돈을 풀어 소비를 늘리고 투자를 촉진하는 게 힘든 상황이다.

물론 시장은 살아 있는 생명체처럼 늘 변한다. 예상보다 빠르게 다시 호황의 시기로 유턴할 가능성은 상존한다. 필자 스스로도 전문가들의 경제 전망보다는 실제 경제 상황이 더 좋을 것이라고 생각한다.

그러나 최소한 2024년 지금의 고금리 체제가 유지된다면 그때부터는 예측의 영역이 아닌 대응의 영역으로 봐야 한다. 예를 들어 개인 투자자의 경우 성장주에 투자했던 돈을 채권형 ETF에 돌려놓고 2~3년 증시를 쳐다보지 않는 것도 방법이다. 금융사는 기대수익률을 낮추고 안정적인 운용으로 스탠스를 바꾸는 게 당연하다. 기업들은 레버리지는 최소로 축소하고 현금을 늘려 '4월 대란설'과 같은 풍문에도 대비할 필요가 커졌다.

저수지의 물이 빠지면 누가 옷을 벗고 수영을 했는지 판가름된다. 누구에게는 위기지만 누구에게는 엄청난 기회로 다가오는 분수령이다. 어떤 전문가의 말을 들을지도 역시 선택은 독자의 몫이다.

'대예측-매경아웃룩'은 지난 1992년 처음 발간된 이후 10만 매경이코노미 독자로부터 사랑받아온 책이다. 기업인, 학자, 공무원, 취업준비생 등 각계각층으로부터 인정받은 국내 최고 권위의 미래 전략 지침서다. 30년이 넘는 시간 동안 매경이코노미의 베테랑 기자들과 정상급 전문가들이 심혈을 기울여 집필해 독자에게 탄탄한 신뢰를 얻어왔다. 특히 '2024 대예측'은 전환기에 나왔다. 한 치 앞을 볼 수 없는 '시계제로'의 상황에서 명확한 팩트와 정밀한 분석을 내기 위해 노력했다. 친절한 내비게이션처럼 독자들을 가보지 않은 미래로 인도할 것이다.

이번 '대예측'에는 시대적인 패러다임의 변화를 읽는 통찰력이 숨어 있다. 재테크를 통해 자산을 늘리고 싶은 투자자에게는 지혜와 전략을 찾는 기회가 될 것이다. 생존을 위한 치열한 경쟁에 나선 기업이 새해 경영 전략을 짜는 데 길잡이가 됐으면 한다. 취업을 준비하는 사람들에게도 좁은 문을 뚫고 새로운 출발을 하는 데 유용한 지침서로 활용되기를 바란다.

김선걸 매일경제신문 주간국장

CONTENTS

머리말   4

Chapter 1
경제 확대경

- 2024년 트렌드   16
  계속되는 전쟁…고금리·고물가 일상화 가성비 → 가심비 → 時성비 '숏폼' 대세
- 한국 경제   22
  2024 한국 경제 키워드 '저성장' 12년 동안 계속 낮아진 잠재성장률
- 불안한 세계 경제   28
  두 개의 전쟁이 드리운 '암운' 美 회복해도 힘겨운 세계 경제

Chapter 2
2024 10大 이슈

- 아파트값 상승세 2024년에도 이어갈까   34
  집값 떨어질 요인은 별로 없어 국지적·지역적 양극화는 심화
- 코스피지수 3000 넘어 고공행진할까   40
  우상향 흐름 속 상황 따라 등락 불가피 반도체·자동차·인터넷, 상승세 이끈다
- 국제유가 얼마까지 갈까   46
  5차 중동 전쟁 발발하면 국제유가 150달러 돌파

- 러시아, 우크라이나 전쟁 종료 언제쯤? 52
  정전 합의 없는 불안한 분쟁 상태 전쟁 교착·장기化 우려 높아
- 한국 경제 방향키 쥔 '반도체' 회복할까 58
  V자보단 바닥 긴 'L자형' '나이키'? HBM·첨단 패키징서 진검 승부
- 총선에서 여당 과반 의석 확보할까 64
  한 정당이 압도적 의석 차지 불가능 관건은 개혁 의지…야당에 '바람' 불까
- 비트코인 다시 봄날 오나 70
  투자 혹한기 거치며 '어른' 된 코인 짜릿한 롤러코스터 더는 없다?
- 중국 경제를 바라보는 의구심 76
  중국 경제 바라보는 의구심 '계속' 일시적 회복·침체 반복되는 패턴
- 2차전지 대장주 에코프로 주가 다시 날개 달까 80
  폐배터리까지 아우르는 수직계열화 구축 원재료 가격 약세 장기화 가능성 낮아
- 고금리 시대 언제까지 86
  물가 안 잡히니 "Higher for Longer" 실질 중립금리 올랐나…인하는 '먼 길'

Chapter 3
지표로 보는 한국 경제

- 소비 94
  인플레이션 잡힐까…'소비' 예측 가늠자 증가한 '초과 저축' 덕분에 소비 여력 탄탄
- 물가 98
  여전히 잡히지 않는 고물가 기조 고물가·저성장 '스태그플레이션' 우려
- 투자 102
  불확실성 높지만 반도체 투자 증가 고금리 여파에 건설 투자는 움츠려
- 국내 금리 106
  2024 연말 기준금리 3% 내려올 수도 녹록지 않은 '글로벌 경기'가 변수
- 원화 환율 110
  달러인덱스 2024 하반기 약세 전환 원화 약세 기조는 계속…하방 1240원
- 국제수지 114
  2024 경상수지 흑자 늘겠지만… 中 불확실성, 美 통화 정책 변수
- 고용 118
  고금리·차이나 리스크·경기 둔화 고용에 좋을 요인 하나도 없네~

CONTENTS

- 노사 관계   122
  경기 침체 국면 노사 관계는 안정될 것 與, 의석 과반 확보해야 노동 개혁 추진
- 가계부채 · 재정수지   126
  주담대 증가세에 가계부채 '폭탄' 22대 총선에 포퓰리즘 재정 가능성
- 지역 경제   130
  2023 모든 지표 高성장한 지역 '강원' 전체 수치 역성장 '경기' 2024에도 '흐림'
- 글로벌 교역   134
  대중국 수출 여건 회복 쉽지 않아 미국 · EU 등 주요국 선거 '예의 주시'

Chapter 4
세계 경제 어디로

- 국제환율   140
  달러 강세 기조…2024에도 계속된다 약세 일변도 엔화는 반전 가능성 높아
- 국제금리   144
  당분간 기준금리 5.5% 동결 가능성 금리 인하 시기는 2024 하반기 예상
- 미국   148
  고금리 · 고유가 부담에 성장동력 약화 상반기 중 경기 침체가 '기본 시나리오'
- 중국   154
  '샤오캉' 넘어선 '현대化' 원년 2024 '글로벌 사우스 리딩 국가' 자리 잡을까
- 일본   160
  2024년에도 1% 성장 일궈낼까 '관심' 1달러 140엔대 엔화 약세는 언제까지?
- 유럽연합   166
  독일 침몰하면서 EU 활력 '스르륵' 2024년도 1% 초반 미미한 성장
- 인도   172
  '6% 이상 高성장' 변치 않는 상수 지정학 갈등 · 총선이 변수 될 수도
- 브라질   178
  회복 넘어 '경제 대국' 재도약 시동 글로벌 불확실성이 오히려 '호재'
- 러시아 · 동유럽   182
  전쟁 장기화에 성장동력 꺼지는 러시아 동유럽…물가 잡고 다시 한발 앞으로
- 동남아시아   186
  수출 부진 · 중국 위기로 성장세 둔화 동남아 인구 40% 인니 대선에 촉각

- 중동·중앙아시아 190
  국제유가 상승에 중동 산유국 '청신호' 러시아 전쟁 속 성장 기회 얻은 중앙亞
- 중남미 194
  미친 물가·중국 위기·최악 가뭄까지 삼중고에 울상…아르헨티나 '역성장'
- 오세아니아 198
  스태그 공포 시달린 호주…안정세 기후위기 취약한 뉴질랜드 1% 성장
- 아프리카 200
  역대급 전력난에 멈춰 선 남아공 나이지리아 개혁 노력은 긍정적

Chapter 5
원자재 가격

- 원유 204
  두바이유 배럴당 80~85달러 결국 사우디 감산 의지에 달렸다
- 농산물 208
  공급 부족은 이제 '변수' 아닌 '상수' 앞으로도 곡물 가격은 상승~ 또 상승~
- 금 212
  환율 효과·금리 상승에도 '효자 종목' 2024 상반기보다 하반기 더 오를 듯
- 철강 216
  수요 3% 늘어나도 '기술적 반등' 전반적인 수요 부진에 가격 약세
- 비철금속 220
  최대 수요국 중국 때문에 '계속 흐림' 구리·알루미늄…공급 과잉 쭈~욱~
- 희유금속 224
  2022 '정점' 2023 '안정' 2024 '하락' 리튬 가격 2028까지 계속 떨어져 전망도

Chapter 6
자산 시장 어떻게 되나

1. 주식 시장
① **코스피 주도주** 230
  기업 이익 '회복'의 길…반도체 올라타라 성장주 '랠리' 가능…기회 잡아야

CONTENTS

② 나스닥 234
빅테크 'M7' 생산성 혁신 주목 고금리 시대에도 '믿을맨' 활약
③ 더 진화하는 ETF 238
테마주 넘어 구조화 ETF로 진화 AI · 반도체 · 원전주 담은 ETF 돋보여
④ 반등세 보이는 IPO 242
상장 건수 '맑음' · 공모 규모는 '흐림' AI 인프라 · 로봇항공 · 헬스케어 '짱'
⑤ 가상자산 246
비트코인 반감기…강세 패턴 반복할까 현물 ETF 美 증시 상장…새로운 시대

2. 부동산 시장
① 강남 재건축 252
재건축 분양 인기 2024년도 이상 無 사업 초기 단지 투자 적극 노려볼 만
② 재개발 256
서울시 신통기획 효과 돋보여 노량진 · 한남뉴타운 '금싸라기'
③ 신도시 260
2024년 4월 개통하는 GTX-A 효과 수서 · 성남 · 용인 · 동탄 역세권 들썩
④ 전세 264
입주 물량 줄고 전세대출 증가세 수도권 전셋값 상승세 돌아설 듯
⑤ 수익형 부동산 268
상가 · 오피스텔 수익률 '흐림' 자산가 러브콜 꼬마빌딩 '인기'

권말부록
어디에 투자할까

1. 주식
① IT · 전자통신 274
프리미엄 반도체 · AI · 자율주행 '주목' IT · 하드웨어 업체도 생성형 AI 참전
② 금융 280
시장 불안할수록 주주 환원 매력 증가 비은행 M&A 땐 기업가치 변동성 확대
③ 화학 · 정유 · 에너지 286
글로벌 시황 점진적 개선 국면 진입 인도 수출 비중 높은 업체 선별하라

④ 자동차·운송　　　　　　　　　　　　　　　　　　　　　292
　　실적 대비 주가 아쉬운 '자동차' '운송'은 아시아나 인수전에 촉각
⑤ 건설·중공업　　　　　　　　　　　　　　　　　　　　298
　　공급 가뭄 위기에 우는 '건설' 공급자 주도 장세에 웃는 '조선'
⑥ 교육·문화　　　　　　　　　　　　　　　　　　　　　304
　　2024년은 교육주 투자의 시간? 미디어는 '어두운 시기' 지나간다
⑦ 소비재　　　　　　　　　　　　　　　　　　　　　　　310
　　고금리·고물가에 지갑 쉽게 안 열려 극도의 '가성비' '가심비'만 살아남는다
⑧ 제약·바이오　　　　　　　　　　　　　　　　　　　　316
　　2차전지 뒤이은 성장주는 바이오? 뷰노·루닛…'의료 AI' 관련주 '쑥쑥'
⑨ 중소형주　　　　　　　　　　　　　　　　　　　　　　322
　　기술력 갖춘 반도체 후공정 업체 눈길 B2B로 옮겨 간 챗GPT 열풍 주목해야

2. 부동산
① 아파트　　　　　　　　　　　　　　　　　　　　　　　328
　　전세 수요 풍부한 '중가' 아파트 압·여·목 신통기획 재건축 주목
② 상가　　　　　　　　　　　　　　　　　　　　　　　　334
　　서울 6대 상권 공실률 완연한 회복 '체험형 소비 콘텐츠'로 MZ 공략
③ 업무용 부동산　　　　　　　　　　　　　　　　　　　　340
　　지속되는 임대인 우위 시장 사옥 확보 목적 수요에 주목
④ 토지　　　　　　　　　　　　　　　　　　　　　　　　344
　　10년 만에 하락 전환 서울 땅값 반도체 클러스터 '용인' 새로운 기회
⑤ 경매　　　　　　　　　　　　　　　　　　　　　　　　348
　　실수요자 '관망세' 속 양극화 심해질 듯 상반기에 저평가 물건 노려라~

일러두기

I

2024
매경 아웃룩

경제 확대경

1. 2024년 트렌드
2. 한국 경제
3. 불안한 세계 경제

경제 확대경 **2024년 트렌드**

계속되는 전쟁…고금리·고물가 일상화
가성비 → 가심비 → 時성비 '숏폼' 대세

정다운 매경이코노미 기자

2024년 국내외 경제는 2023년보다 더 어려워질 것으로 전망된다. 장기화되는 러시아-우크라이나 전쟁, 이스라엘-하마스 전쟁으로 세계가 '신냉전'을 거치는 중이고 여기에 소비 위축, 미국발 금리 인상 기조가 계속되며 각국 주머니 사정은 더욱 악화되는 분위기다. 한국 역시 금융 시장 불안 등이 복합적으로 겹쳐 시장이 얼어붙고 있다.

2024년 한국 경제는 전 세계적으로 산재한 경제 불안 요소를 타개해나가는 데 초점이 맞춰질 전망이다.

매경이코노미는 '뭣이 중헌디?'라는 뜻의 'What Matters' 문구를 통해 2024년을 관통할 주요 이슈와 전망을 살펴본다.

War 일상화된 전쟁의 시대

2020년대 들어 세계 정세는 격랑에 빠졌다. 2022년 2월 러시아의 우크라이나 침공으로 벌어진 러·우 전쟁은 해가 지나서도 현재 진행형이다. 엎친 데 덮친 격으로 2023년 10월, 팔레스타인 무장정파 하마스의 기습 공격으로 인해 이스라엘·팔레스타인 분쟁까지 터졌다. 세계의 화약고로 불리던 동유럽과 중동 두 곳 모두에서 전쟁이 터진 것. 전쟁을 치르지 않는 국가 사이 신경전 역시 상당하다. 미국을 중심으로 한 서방 국가와 반미를 기치로 내건 중국·러시아 등 진영이 갈라지며 세계는 '신냉전'의 시대로 흐르고 있다.

2024년에도 '전쟁'은 주요 키워드가 될 전망이다. 러시아·우크라이나 전쟁은 장기전 양상을 띤다. 국제 질서가 급변하거나, 각국 정치 지도자가 바뀌는 특별한 상황이 아니라면 전쟁은 계속될 가능성이 크다. 이스라엘·팔레스타인 분쟁은 해결의 기미를 찾지 못하는 모양새다. 아랍과 서방 등의 이해관계가 첨예하게 맞물려 있어 뾰족한 해답이 나오지 않고 있다. 2023년 11월 초 기준 이스라엘은 분쟁 지역인 팔레스타인 가자지구를 1년 이상 봉쇄하는 방안을 염두 중이다.

High, High 높디높은 고금리·고물가

전 세계적으로 고금리·고물가 현상이 장기화되고 있다. 당초 미국 연방준비제도(Fed)가 기준금리 인상 사이클을 종료하고 2023년 말이나 2024년 상반기 금리 인하 스텝에 접어들 것이라는 예상이 많았지만, Fed는 좀처럼 인하 조짐을 보이지 않고 있다. 오히려 Fed가 추가 금리 인상에 나설 것이라는 관측까지 나온다. 미국발 고금리 폭탄에 한국 경제도 압박받고 있다. 이미 위험 신호가 감지된다. 한국은행이 발표한 '2023년 9월 중 금융 시장 동향'에 따르면 2023년 9월 은행 가계대출 잔액은 전월 대비 4조9000억원 증가한 1079조8000억원으로 잔액 기준 역대 최대치다. 당장은 금융기관들이 대출 상환 유예를 계속 연장해주며 버티고 있지만, 경기 침체가 지속돼 본격적인 회수에 나서면 상환 능력이 떨어지는 취약 차주 대출이 언제 부실화될지 모르는 상황이다. 금융감독원에 따르면 2023년 7월 말 기준 은행 가계대출 연체율은 0.36%로 지난해 같은 기간보다 0.17%포인트 올랐다.

AI '패권' 결정할 초거대 인공지능

오픈AI '챗GPT'로 촉발된 초거대 AI 경쟁이 본격화 국면에 접어들었다. 초거대 AI는 기존 AI보다 수백 배 이상의 대용량 데이터 학습을 통해 판단 능력이 인간의 뇌에 더 가깝게 향상된 대규모 시스템을 뜻한다. 2023년을 기점으로 글로벌 빅테크들이 뛰어들면서 '쩐의 전쟁'이 펼쳐지고 있다. 마이크로소프트는 이와 관련 100억달러 규모 투자를 진행했고, 아마존과 구글도 수십억달러를 투입할 계획이다.

국내에서도 네이버 등 주요 대기업을 중심으로 투자가 진행 중이다. LG AI연구원은 전문가를 위한 초거대 AI '엑사원'을 내놨고 네이버는 초대규모 AI 모델 '하이퍼클로바X'를 공개했다. 관련 서비스도 선보였다. SK텔레콤은 글로벌 통신사 도이치텔레콤과 함께 통신서비스 특화 언어모델을 개발 중이다. 2024년 초 공개될 것으로 보인다. KT도 자체 AI 모델 '믿음'을 개발해왔다.

전문가들은 정부 차원에서도 지원이 필요하다고 강조한다. 지금 초거대 AI 경쟁에서 뒤처지면 디지털·경제·문화 모든 분야에서 뒤처질 수 있다는 우려 때문이다. 하정우 네이버 AI 이노베이션센터장은 "AI 기술력은 핵무기급 국가 경쟁력이 될 수 있다"며 "이를 주도하거나 종속되거나 어느 쪽에 속하느냐에 따라

경제 확대경 2024년 트렌드

**2024년 더 커진 전쟁 리스크
고금리·고물가 여전한 가운데
경제 불안 요소 타개 과제로
숏폼·빨리 감기 문화도 여전해
유통가는 청소년 알파세대 겨냥**

미래 경쟁력이 바뀔 것"이라고 강조한다. 김동환 포티투마루(42maru) 대표는 AI를 통해 가치관마저 종속될 수 있다고 전망한다.

Time 時성비의 시대 '분초 사회'

돈을 아끼는 가성비, 만족감을 극대화하는 가심비 시대를 지나, 시간 효율을 중시하는 '시(時)성비'가 트렌드로 자리 잡고 있다. 드라마와 영화 등 각종 콘텐츠는 요약본이나 '짤'로 보는 게 일상이 됐다. 유튜브 콘텐츠는 ○배속으로 시청하는 게 대세다. 1분 1초도 아끼는 시대, 이른바 '분초 사회'의 도래다.

시성비 열풍에 인터넷 플랫폼 기업들은 이용자의 시간을 줄여주는 상품을 연달아 선보인다. 네이버는 글 작성 시간을 절약해주는 도구 '클로바 포 라이팅'을 공개했다. 블로그 요약문과 제목을 빠르게 작성해주는 도구다. 영상 대화 서비스 '아자르'는 짧은 시간 내 새로운 친구를 사귈 수 있는 '잠깐이면 돼' 캠페인을 진행 중이다.

카카오스타일 산하 패션 앱 '지그재그'는 AI 기반 이미지 검색 서비스 '직잭렌즈'를 내놨다. 이용자가 촬영한 이미지를 바탕으로 유사한 상품을 이용자에게 추천하는 식이다. 옷 검색에 드는 시간을 최대한 줄여준다는 게 지그재그 측 설명이다.

Mobility for Future 미래 모빌리티

'미래 모빌리티'는 글로벌 기업 첨단 기술의 각축장이라 해도 과언이 아니다. 기존 모빌리티 기업은 물론 전자·화학·통신 등 각종 테크 기업이 너 나 할 것 없이 모빌리티 주도권 확보에 사활을 거는 중이다.

특히 2024년은 본격적인 미래 모빌리티 시대를 맞이하기 위한 준비로 저마다 정신없는 한 해를 보낼 가능성이 크다. 국내 완성차 기업의 레벨3 이상 자율주행 기술 상용화가 예정돼 있고 2025년에는 운전자가 전혀 개입하지 않는 레벨4 완전자율주행 기술이 등장할 것으로 보인다. 도심항공교통(UAM) 역시 2025년 상용화를 목표로 국내외 여러 기업에서 관련 기술 개발에 박차를 가하는 중이다. 전기차 대중화도 속도를 내고 있다.

특히 현대차는 2023년 내로 80km/h로 달리는 레벨3 자율주행차 상용화 계획을 발표하며 화제몰이 중이다. 일부 조건에서 운전자 조작 없이도 운행 가능하며 차선 변경과 끼어들기도 가능하다. 2023년 11월 초 레벨3를 소비자에게 판매한 기업은 혼다와 메르세데스-벤츠뿐이다. 현대차 모델은 혼다가 상용화한 모델(시속 60㎞/h)보다 빠른 속도로 기대감을 모으고 있다.

Alpha Generation 알파세대

오랜 기간 젊은 세대를 대표하는 단어였던 'MZ세대'도 속절없이 나이가 든다. 특히 1980년생 밀레니얼세대는 더 이상 젊은 연령대로 보기 어렵다는 의견이 힘을 얻으면서 '잘파세대'가 수면 위로 부상했다. 1990년대 중반 이후 출생자를 일컫는 'Z세대'와 2010년 이후 태어난 세대를 뜻하는 '알파세대'를 더해 만든 신조어다.

그중에서도 주목해야 할 건 아직 정보가 많지 않은 '알파세대'다. Z를 이을 영어 알파벳이 없어 고대 그리스 알파벳 첫 글자인 알파를 붙였다. 알파세대가 Z세대와 명확히 구분되는 지점은 '디지털화' 영향을 받은 시점이다. 이들은 그야말로 나면서부터 스마트폰을 쥐고 자란 최초의 세대다. 애플이 세계 최초 스마트폰 아이폰 1세대를 내놓은 2007년 이후 출생했다. 청소년기 들어서야 스마트폰을 사용한 Z세대와 달리 영유아 때부터 디지털 기기를 접하며 자랐다. 유리 화면을 보면 반사적으로 손가락으로 쓸어 넘기고 옹알이로 '시리'와 '알렉사'를 찾는 이들이다.

스마트폰은 물론 메타버스, AI, 게임 등 온라인 플랫폼도 그 누구보다 익숙하다. 코딩 등 프로그래밍 교육을 받으며 자란 경우가 많고 직접 콘텐츠를 만들어 공유하는 것도 능숙하다. '디지털 퍼스트'에서 한발 더 나아간 '디지털 온리' 세대로, 이들을 겨냥한 새로운 방식의 마케팅 전략을 짜는 것이 앞으로 모든 기업의 숙제가 될 테다.

Text Literacy 여느 때보다 중요해진 문해력

최근 젊은 세대를 중심으로 문해력 부족 현상이 두드러진다. 이들은 어릴 때부터 디지털 기기를 접했으며, 최근 유튜브나 온라인동영상서비스(OTT)에 많은 시간을 할애하며 활자보다는 영상에 익숙한 세대다. 책이나 신문을 읽기보다 동영상 시청을 선호한다. 이로 인해 언어 능력의 기본이 되는 문해력이 부족해져 소통에 어려움을 겪는 사례가 종종 생긴다. 한 카페가 "심심(甚深)한 사과 말씀을 드린다"는 공지문을 올렸는데 일부 네티즌이 '심심한 사과'를 지루하다는 의미로 오해해 반발한 사례가 대표적이다.

문해력 부족 문제는 2024년에도 주요 키워드가 될 전망이다. 문제가 심각해질 경우, 사회적 소통 부재로 이어질 우려가 있기 때문이다. 최근 사회는 곳곳에서 분열이 나타난다. 세대·종교·지역·성별·정치 성향 등 다양한 분야에서 갈등이 발생하고 있다. 특히 문해력 부족은 세대 간 소통 부재로 이어질 가능성이 높다. 이미 젊은 세대 신조어를 고령층이 이해하지 못하는 경우가 허다한 상황에서 젊은 세대 문해력이 갈수록 떨어진다면 세대 간

경제 확대경 **2024년 트렌드**

소통 부재는 더욱 심화될 수밖에 없다. 더군다나 22대 총선이 치러지는 2024년 세대 갈등 문제는 우리 사회에 더욱 중요한 이슈가 될 전망이다.

Termination of Population 인구의 종말

우리나라의 저출산·고령화 속도가 갈수록 빨라지고 있다. 2022년 경제개발협력기구(OECD) 최저치인 0.78명을 기록한 우리나라 합계출산율은 가파른 하락세가 이어지며 2023년 2분기 0.7명까지 추락했다. 2023년 8월 출생아 수는 1만8984명으로 전년 동기 대비 12.8% 감소한 것으로 나타났다. 11개월 연속 감소세인 동시에 월간 통계 작성이 시작된 1981년 이래 역대 가장 적은 수치다. 인구 1000명당 출생아 수를 나타내는 조출생률(4.4명)도 8월 기준 역대 최저치를 기록했다. 이대로라면 오는 2025년에는 전체 인구 중 20.6%가 65세 이상 노인으로, 초고령화 사회에 진입할 것이라는 전망이 나온다.

저출산·고령화는 우리나라 국가 경쟁력에 있어 중요한 문제다. 최근 국회예정처가 밝힌 인구 시나리오에 따르면 2060년대 우리나라 경제성장률은 0.1%대까지 하락할 것으로 예상된다. 고령화가 재정 지출에 영향을 미쳐 국내총생산(GDP) 대비 국가 채무 비중은 2022년 49%에서 2070년 193%까지 상승할 것으로 내다봤다. 이처럼 저출산·고령화의 사회·경제적인 영향이 막대하기 때문에 전문가들은 다양한 인구 정책을 제시하고 있으며 22대 총선에서도 인구 문제가 주요 현안이 될 전망이다.

Eco-friendly 에코 소비

오늘날의 소비는 가치관을 증명하는 수단으로 자리 잡았다. 2024년에도 쓰레기를 줄이고 탄소 배출 저감에 동참하려는 '에코 소비' 열풍이 이어질 것이다. 특히 버려지는 쓰레기의 가치 있는 변화 '테라사이클', 100억 인구를 먹여 살릴 미래의 고기 '3D 프린팅 대체육' 등이 주목받는 추세다.

아예 사명까지 바꾼 기업도 있다. 포스코건설은 2023년도 초에 사명을 포스코이앤씨(E&C)로 바꿨다. E&C는 에코 앤드 챌린지(Eco&Challenge)다. 자연처럼 깨끗한 친환경 미래 사회 건설과 더 높은 곳의 삶의 가치를 실현하기 위한 도전을 상징하는 의미를 담았다. SK에코플랜트도 2021년 일찌감치 SK건설에서 사명을 변경하고 환경·에너지 기업으로의 도약을 선언했다. 기업의 ESG(환경·사회·지배구조) 활동이 강조되는 가운데 '환경'에 대한 중요도가 높은 건설업계에서는 필수적인 변화 중 하나라는 평가다. 신세계백화점은 2023년 10월 온라인몰 선물하기 전용 택배 포장을 도입했다. 접착테이프를 사용하지 않는 '테이프리스 박스'에 천연 종이로 만든 '선물 카드'를 더하는 식이다. 이렇듯 기업들이 속속 동참하는 가운데 에코 소비는 2024년 세계 시장을 뒤흔들 게임 체인저가 될 것이라는 의견까지 나온다.

Retro Meets Young
젊은 세대가 이끄는 영트로

영트로는 기존의 레트로(Retro)와 뉴트로(New-tro)와는 다른, 10~30대에 의해 주도되는 '새로운 복고' 현상이다. 현재의 복고는 기성세대 추억이 담긴 문화를 소환하는 현상에 그치지 않는다. 젊은 세대가 그들의 어린 시절 경험을 소환해 '새로운 세계관'을 만들어 뉴콘텐츠로서 즐기는 현상으로 변화하는 중이다. 이 과정에서 기성세대에게는 생소한 소품이 '복고' 이름으로 등장하기도 한다. 기업들도 영트로 문화에 촉각을 곤두세우는 중이다. 특히 유통 업체들이 과거 제품을 되살리거나, 새롭게 해석한 레트로 제품을 앞다퉈 선보이고 있다. 2023년 G마켓의 전통차와 레트로 게임기, 한과·전통과자, 11번가의 한과·유과, 만주 카테고리 매출은 전년 대비 대폭 상승했다. 편의점업계도 복고 광풍이다. 2023년도 선보인 이마트24의 서울카스테라 3종은 큰 인기를 끌면서 전체 카스텔라 상품군 매출은 직전 해 대비 29% 증가했다. 2023년 6월 롯데온은 '영트로상회' 기획전을 열고 레트로 상품 할인 혜택을 제공했다. 의류도 빠질 수 없다. 신세계인터내셔날이 수입·판매하는 디스퀘어드2는 1980년대 오락실을 점령한 아케이드 게임 '팩맨'과 협업한 컬렉션을 내놨다. 2024년에도 영트로 열풍은 이어질 것이라는 분석이 지배적이다.

Streamflation OTT 유임 승차 시대

'스트림플레이션'. 2023년 8월 월스트리트저널에서 처음 언급된 스트림플레이션은 스트리밍 서비스와 인플레이션을 합친 합성어다. 2023년 1년간 30% 가까이 치솟은 OTT 서비스 가격 상승 현상을 빗댄 말이다.

전 세계 스트리밍 시장은 글로벌 OTT 공룡들이 수익성 개선을 위해 구독료를 인상하는 스트림플레이션 시대에 돌입했다. 실제 넷플릭스를 시작으로 디즈니플러스, 아마존프라임비디오 등 OTT 서비스들이 줄줄이 요금을 인상했거나 계획 중이다. 2024년에도 OTT 가격 인상 기조는 계속될 것으로 보인다. 엔데믹 이후 야외 활동 인구가 늘어나면서 비대면 콘텐츠 이용률은 줄어들었는데, 코로나19 특수를 활용한 OTT들 출혈 경쟁 등으로 성장성이 낮아졌다는 고민 때문이다.

반면 계속되는 경기 불황에 생활비를 조금이라도 아끼기 위해 서비스를 필요할 때만 구독하는 이용자도 늘어나는 추세다. 최근 여러 OTT 스트리밍 서비스 등을 교차 구독한 경우 경제적 부담이 적잖아서다. 볼 만한 콘텐츠가 있을 때만, 드라마 여러 편을 한꺼번에 '몰아 보기'한 뒤 바로 구독을 해제하고, 새로운 콘텐츠가 있는 다른 서비스 구독을 시작하는 식이다. ■

경제 확대경 **한국 경제**

2024 한국 경제 키워드 '저성장'
12년간 계속 낮아진 잠재성장률

김소연 매경이코노미 편집장

2024년 한국 경제 키워드는 '저성장'이다. 2023년 한국의 잠재성장률이 사상 최초 1%대로 하락할 것이라는 전망이다. OECD(경제협력개발기구)는 한국의 2023년 잠재성장률을 1.9%로 추정했다. OECD 보고서에 따르면 한국의 잠재성장률은 2013년(3.5%) 이후 2024년까지 12년간 계속 낮아졌다.

잠재성장률은 노동과 자본 등을 최대한 투입해 물가를 자극하지 않고 달성할 수 있는 최대 성장률을 뜻한다. 한 나라 경제의 기초체력을 보여주는 지표인 셈이다. OECD가 한국 잠재성장률이 2%에 못 미칠 것이라고 추정한 것은 2023년이 처음이다. OECD는 한국 잠재성장률이 2024년에는 더 낮아져 1.7%까지 떨어질 것이라고 예상했다. 이 수치는 미국보다 낮은 수준이다. OECD의 미국 잠재성장률 전망치는 2023년 1.8%, 2024년 1.9%다. 통상적으로 성장률은 경제 덩치에 반비례한다. 어른보다 어린이가 쑥쑥 성장하는 것과 같은 이치다. 한국 경제 잠재성장률이 미국보다 낮다는 것은 한국 경제가 덩치가 훨씬 큰 미국 경제보다도 활력이 떨어지고 있음을 의미하는 것으로, 상황이 얼마나 심각한지를 보여주는 단면이다.

한국은행의 한국 경제 잠재성장률 추정치를 보면 2001~2005년 잠재성장률은 연평균 5~5.2%에서 2006~2010년에는 4.1~4.2%, 2011~2015년에는 3.1~3.2%, 2016~2020년 2.5~2.7%로 낮아졌다. 2021~2022년은 2% 안팎인데, 지금 같은 추세면 한은이 수치를 하향 조정할 수도 있다. 심지어 KDI(한국개발연구원)는 현재 생산성 수준을 유지할 경우 한국 잠재성장률이 2050년에는 0%까지 낮아질 것이라는 암울한 전망을 내놓기도 했다.

잠재성장률이 급락하는 이유는 무엇보다 가파른 저출산·고령화에 따른 인구 감소가 꼽힌다. 0.7명대 초저출산 탓에 생산 가능 인구가 빠르게 줄어들고 있는 반면, 초고령화 속도는 가장 빠르니 경제 활력이 생기는 게 이상할 정도다. 통계청에 따르면 우리나라 생산 가능 인구(15~64세)는 2019년 3762만명으로 정점을 찍은 후 계속 하락하고 있다. 2060년에는 2000만명 수준이 될 것이라는 예상이다. 경제 활동이 활발한 핵심 생산 가능 인구(25~49세)는 심지어 2008년 정점을 찍고 내리막길에 접어들었다. 앞으로는 더 암담하다. 국회예산정책처 추계에 따르면 2040년 15세 미만 유소년 인구는 318만명으로 2020년(632만명)의 절반으로 쪼그라든다.

노동력과 함께 잠재성장률을 좌우하는 또 다른 요인이 자본과 생산성이다. 한국 경제는 특히 생산성이 좋지 않다. 노동 시간당 전 산업 노동 생산성 수준을 비교했을 때 OECD 38개국 중 1위는 아일랜드다(130.6달러). 한국은 일본(22위, 47.6달러)보다 낮은 28위, 43.1달러다. 1위 아일랜드의 3분의 1 수준에 불과하다.

잠재성장률이 낮아지면 실질성장률 역시 좋을 수가 없다. 글로벌 투자은행 골드만삭스는 50년 후 세계를 전망하는 보고서에서 2023년 12위인 한국 경제가 2075년에는 말레이시아, 나이지리아에도 뒤처지면서 세계 15위권 밖으로 밀려난다고 예측했다.

낮은 잠재성장률 고착화는 일본의 '잃어버린

주요 기관의 2024년 경제 전망 (단위:%)

구분	현대경제연구원		하나금융경영연구소		한국은행		국회예산정책처		KDI	
	2023년	2024년	2023년	2024년	2023년	2024년	2023년	2024년	2023년	2024년
경제성장률	1.2	2.2	1.3	2.1	1.4	2.2	1.1	2	1.5	2.3
민간 소비	2.2	2.2	2	2.2	2	2.2	2.4	2.2	2.5	2.4
설비 투자	-0.1	1.5	-1.7	3	-3	4	0.6	4.5	1.1	2.2
건설 투자	1.2	0.5	0.2	-0.3	0.7	-0.1	1	0.2	1.3	-0.2
소비자물가	3.4	2.5	3.6	2.6	3.5	2.4	3.4	2.4	3.5	2.5
경상수지(억달러)	274	420	260	450	270	460	280	360	313	451
실업률	2.8	2.9	–	–	2.9	3	2.7	3	2.8	3
원달러 환율(원)	–	–	1306	1280	–	–	–	–	–	–
국고채 수익률(3년)	–	–	3.62	3.51	–	–	3.5	3	–	–

경제 확대경 한국 경제

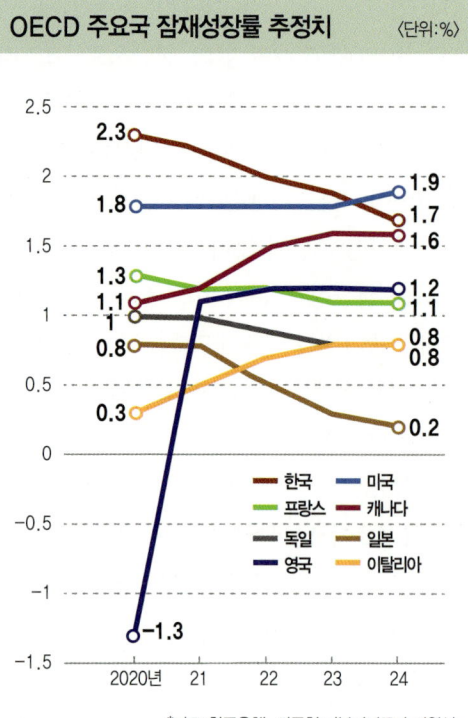

OECD 주요국 잠재성장률 추정치 〈단위:%〉

*자료:한국은행, 강준현 더불어민주당 의원실

30년' 전철을 밟는 수순이 될 수 있다는 지적이 가장 뼈아프다. OECD는 2015~2021년에 8년 연속 0.8%를 기록한 일본 잠재성장률이 2023년 0.3%, 2024년 0.2%에 머물 것으로 전망했다.

2022년 말 2023 대예측을 준비하던 시점에 초미의 관심사였던 단어는 '스태그플레이션'이었다.

한국경제연구원은 "미국 등 주요국은 이미 스태그플레이션에 진입했고, 한국은 스태그플레이션의 초입 단계"라고 진단하기도 했다. 고물가·고금리·고환율로 인해 '경기는 불황인데 물가는 오르는' 스태그플레이션이 현실화되면서 2023년을 기점으로 한국 경제가 불황 국면에 본격 진입할 가능성이 확대됐다는 분석이었다. 결론적으로 2023년 한국 경제는 스태그플레이션에 본격 진입하지는 않았다. 경기는 불황이지만 물가 지표 관리는 선방한 덕분이다.

그렇다고 스태그플레이션 우려가 완전히 사라진 것은 아니다. 고금리·고환율은 2024년에도 한국 경제의 변함없는 상수다. 문제는 고물가다. 하마스의 급습으로 시작된 이스라엘-하마스 간 전쟁이 확전 조짐을 보임에 따라 고물가 우려가 더욱 커졌다. 전쟁 여파로 국제유가가 천정부지로 뛰어오른다면 인플레이션이 다시 기승을 부릴 수 있다.

'저성장'에 '스태그플레이션' 키워드까지 덧붙여지면 2024년 한국 경제는 그 어느 때보다 혹독한 한 해를 보낼 수 있다.

경제성장률 한국 경제성장률은 3년 내내 뒷걸음쳤다. 2021년 4.1%에서 2022년 2%대 중반, 2023년에는 1% 초반 성장률을 기록할 것으로 보여진다. 그뿐인가. IMF 전망치 기준 2022년, 2023년 2년 합산 한국 경제성장률은 4.1%다. IMF가 분류하는 41개 선진경제권 중 미국(4.15%)에 이어 25위다. 41개국 평균 5.9%보다도 낮은 수준이다. 한국 경제가 위드 코로나 시대에 얼마나 홀로 문을 못 찾고 헤매고 있는지를 보여주는 단면이다.

2022년 연말 하나금융경영연구소는 2023년 한국 경제성장률을 잠재성장률보다 낮은 수준인 1.8%로 제시했다. 하나금융경영연구소는 "2023년 국내 경제가 고물가·고금리·고환율의 파급 효과가 본격화되면서 성장률이 1%대 후반으로 둔화할 것"이라고 전망했다. 글로벌 신용평가사 피치와 한국경제연구원도 2023년 한국 경제성장률 전망치를 1.9%로 예측했다. 당시 대부분 기관이 2%대를 전망한 데 비해 하나금융연구소 예측은 다소 충격적으로 받아들여졌다. 결론적으로 2023년 한국 경제성장률은 1.8%도 언감생심이 됐다.

IMF는 2023년 한국 경제성장률이 1.4%를 기록할 것이라 예상한다. 한국은행이 내놓은 성장률 전망치와 똑같다.

그나마 다행인 것은 2024년은 조금이나마 사정이 나아질 것으로 보이기 때문이다. 가장 낮게 예상한 국회예산정책처가 2024년 한국 경제성장률 수치를 2%로 제시했다. 가장 높게 본 KDI 전망치는 2.3%다. 그러나 2023년보다 조금 나아졌을 뿐, 만족스러운 수준은 아니다. 현대경제연구원은 경제 전망 보고서를 통해 "경기 침체 후 큰 폭의 반등세를 보였던 과거 추세와는 달리 2024년 경제성장률은 2023년 1%대 저성장에 따른 기저효과를 반영하더라도 잠재성장률 수준을 크게 넘어서지 못하는 수준"이라며 아쉬움을 표했다.

투자 2023년 한국 경제를 압박한 두 가지 요인이 수출과 설비 투자였다.

수출과 내수 시장 모두가 침체되면서 투자 심리가 약화된 결과 2023년 7월 설비투자지수 증가율은 전월비 기준 8.9%를 기록했다. 11년 4개월 만에 최대 감소폭이다. 게다가 설비 투자 선행 지표인 국내 기계 수주액 증가율과 자본재 수입액 증가율도 하락 추세다. 향후 당분간 설비 투자 회복이 바로 이뤄지지 않을 수 있다고 예상해볼 수 있는 대목이다.

그럼에도 2024년에는 적어도 설비 투자가 경제 성장 발목을 잡는 요인으로는 작용하지 않을 듯하다. 2023년 마이너스였던 설비 투자 증가율이 2024년에는 최고 4.5%(국회예산정책처)까지 올라갈 수 있을 것이라는 예측이다. 가장 낮게 본 현대경제연구원은 1.5%를 제시했다.

설비 투자가 마이너스에서 플러스로 돌아서면서 한국 경제에 부담을 주는 요인 리스트에서 내려올 예정인 반면, 건설 투자는 2023년보다 2024년이 더 안 좋을 것으로 예상된다. 한국은행(-0.1%), KDI(-0.2%), 하나금융경영연구소(-0.3%)는 2024년 건설 투자가 마이너스가 될 것으로 예상한다. 2024년에는 건설 투자가 한국 경제 발목을 잡는 요인이 될 수 있음을 시사한다.

2020~2021년 집값 상승기 당시 착공한 다수 사업장 덕분에 2023년 상반기 건설 투자는 건축 위주로 증가세를 보였다. 다만 2023

경제 확대경 한국 경제

2023년 수출입 금액 〈단위:억달러〉

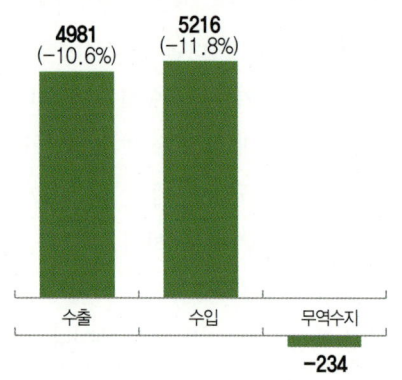

*2023년 1월 1일~10월 20일, ( )안은 전년 동기 대비 증감률
*자료:한국무역협회

년 하반기부터 내리막길을 걸은 수주와 허가·착공 등 건설 경기 선행 지표를 고려하면 건설 투자는 2023년 하반기부터 둔화될 전망이다. 한국건설산업연구원은 2024년 2~3분기 사이 건설 투자 침체가 본격화될 가능성이 크다고 내다본다.

소비자물가 1년 전 2023 대예측을 준비하던 시기, 2023년 한국 경제 최고의 관심사는 단연 소비자물가였다. '인플레이션'이 과연 2023년에도 지속되면서 괴롭힐 것인가가 초미의 관심사였다. 그럼에도 '2022년의 높은 물가 상승률에 대한 기저 효과와 한국 경제가 썩 좋지 않을 것이라는 전망 아래 2023년 물가 상승률은 2022년보다는 낮을 것'이라는 데 의견이 모였다. 2022년보다 낮더라도 3% 수준은 유지할 것으로 예상했고, 결론적으로 그 예상이 딱 들어맞았다. 2023년 소비자물가는 3% 중반대 상승률을 기록할 것으로 보인다.

2024년 소비자물가는 2%대 중반으로 한층 더 낮아질 것이라는 예측이다. 모든 연구기관이 2.4~2.6%대가 될 것이라 입을 모은다.

수출입과 경상수지 2023년 10월 20일까지 누적 수출액은 4981억달러, 수입액은 5216억달러로 무역수지 적자가 234억달러에 달한다. 월별 무역수지는 2023년 6월부터 흑자로 바뀌었지만 이마저도 에너지 수입 감소로 수출보다 수입이 더 크게 줄어든 데 따른 불황형 흑자다. 특히 대중국 무역수지 적자가 악화 일로다. 2023년 9월까지 대중국 누적 무역수지 적자 규모는 총 157억달러로, 중국은 산유국 사우디아라비아에 이어 한국의 2위 무역 적자국으로 부상했다.

수출은 2017년 정점을 찍은 뒤 하락세가 이어지고 있다. 관건은 IT 수요 회복세다. 2023년 상반기 미국과 유럽연합(EU)의 한국 정보통신기술(ICT) 제품 수입이 각각 44.8%, 17.5% 급감한 게 타격이 컸다. 다만 반도체 가격이 2023년 3분기 저점을 찍고 상승세로 돌아선 것은 긍정적으로 바라볼 수 있는 요인이다. 반도체 단가가 이르면 2023년 4분기부터 본격적으로 오를 것이라는 예측이다.

2023년 9월까지 누계 대중국 수출은 916억

달러로 전년 동기 대비 24.3% 줄어들었다. 제로 코로나 정책으로 양국 간 교역이 어려움에 직면했던 2022년보다 부진하다.

중국 수출 실적이 계속 좋지 않은 이유는 두 가지다. 중국의 경기 회복 지연과 중국의 중간재 자급률 상승 등 구조적인 요인과 함께 글로벌 IT 경기 부진으로 인한 수요 침체를 들 수 있다. 중국 수출이 단기적으로 해결되기 어려울 것이라는 전망이 나오는 배경이다. 특히 중국이 산업을 고도화하고 제조업 경쟁력을 높이면서 중국산 중간재 자급률이 상승한 게 한국 입장에서는 최고 골칫거리다. 중고위 기술과 중저위 기술 산업에서는 한국이 중국보다 비교 우위에 있지만 그 격차가 점차 줄어들고 있다. 중국 시장은 물론 글로벌 시장에서 한국산이 중국산으로 전환될 수 있다는 의미다.

수많은 난관과 어려움에도 불구하고 2024년 경상수지는 2023년보다는 나아질 것으로 보인다. 수출이 2023년보다 사정이 나아지면서 상품수지 흑자폭이 확대되고 중국인 단체 관광객 허용에 따라 여행수지 적자폭이 완화될 것으로 보이는 등 2023년보다는 긍정적인 환경이 펼쳐질 것이라는 전망이다. 2023년 예측치가 260억달러(하나금융경영연구소)에서 313억달러(KDI)까지 움직인다면, 2024년에는 최소 360억달러(국회예산정책처)에서 최대 460억달러(한국은행)까지 내다본다. ■

G7과 격차 커지는 1인당 국민소득
(GNI)

한국의 연간 1인당 국민소득 규모가 2년간 주춤하면서 이탈리아를 비롯한 주요 7개국(G7)과 격차가 커지고 있다. 수년간 원화 가치가 떨어진 데다 성장률 부진까지 겹친 결과다.

2022년 기준 한국의 1인당 명목 국민총소득(GNI)은 2021년 3만5110달러 대비 880달러 늘어난 3만5990달러다. 2020년에는 3만3040달러 수준이었다.

2022년 주요국 1인당 명목 GNI 규모를 보면 미국이 7만6370달러로 G7 중 가장 높다. 2020년 6만4000달러 수준이던 미국 GNI는 2021년 7만달러를 넘어섰고 1년 뒤 또 6000달러 상승했다. 독일(5만3390달러), 캐나다(5만2960달러), 영국(4만8890달러), 프랑스(4만5860달러), 일본(4만2440달러), 이탈리아(3만7700달러) 순이다.

특히 G7 가운데 7위인 이탈리아 1인당 국민소득이 한국보다 1710달러 높다. 2020년 한국(3만340달러)은 이탈리아(3만2430달러)를 610달러 웃돌면서 역대 첫 1인당 GNI가 G7 국가보다 높은 수준으로 올라선 바 있다. 그러나 2021년 다시 이탈리아에 1020달러 뒤처졌고 2022년에는 그 격차가 더욱 확대됐음을 알 수 있다.

경제 확대경 **불안한 세계 경제**

두 개의 전쟁이 드리운 '암운'
美 회복해도 힘겨운 세계 경제

명순영 매경이코노미 기자

전 세계는 '두 개의 전쟁'이 몰고 올 파장에 촉각을 곤두세우고 있다.

러시아가 우크라이나를 침공한 지 20개월 만에 팔레스타인 무장단체 하마스가 이스라엘을 공격했다. 금융·에너지 등 글로벌 경제가 악영향을 받는 분위기다. 코로나19와 우크라이나 전쟁으로 공급망이 재편되고 물가가 치솟은 세계 경제에 돌발 변수가 추가된 셈이다. 금리 인하 시점을 고민하던 미국중앙은행 셈법이 복잡해졌다. 물가가 치솟으며 금리 인하가 쉽지 않기 때문이다. 이스라엘-하마스 전쟁이 아랍 국가와의 전면전 양상으로 번진다면 세계 경제는 수렁에 빠질 수 있다. 한마디로 2024년 세계 경제는 불안의 연속이다.

**IMF가 제시한 2023년
세계 경제성장률은 2.9%**

전쟁 파고를 변수에서 배제한다면 세계 경제는 2023년과 비슷하거나 다소 위축되는 정도로 예견된다. 이른 국제통화기금(IMF)의 전망치로 추정할 수 있다.

IMF가 2023년 10월 제시한 경제성장률 전망치는 2024년 세계 경제에 관한 시각을 보여준다. IMF는 연간 4차례 세계 경제 전망을 내놓는다. 4월과 10월에는 전체 회원국을 대상으로, 1월과 7월에는 한국을 포함한 주요 30개국을 대상으로 수정 전망을 각각 발표한다.

IMF는 2023년 한국 경제성장률을 지난 7월 전망과 동일한 1.4%로 유지했다. IMF는 2022년 7월 전망 때 기존 2.9%에서 2.1%로 대폭 낮춘 뒤 5회 연속 하향 조정한 바 있다. IMF의 이 같은 성장률 전망은 정부(1.4%)와 한국은행(1.4%)이 예상한 것과 같다. 한국개발연구원(KDI, 1.5%), 경제협력개발기구(OECD, 1.5%)보다 보수적이다. 세계 경제 성장률 역시 2023년은 기존 전망인 3%를 유지했지만, 2024년은 2.9%로 0.1%포인트 하향 조정했다. IMF는 세계 경제에 대해 상·하방 요인이 있다는 복합적인 평가를 내놨다.

지역별로 뜯어보면, 유럽 경제 상황이 암울하다. 전쟁은 러시아가 하는데, 경제성장률은 유럽이 더 낮다. IMF는 유로존 성장률을 2023년 0.7%, 2024년 1.2%로 하향 조정했다. 이는 IMF가 2023년 성장률을 2.2%로 예측하고 2024년 1.1% 성장률로 하락할 것으로 예상하는 러시아 경제보다 낮은 수치다. 중국은 2023년 5%, 2024년 4.2%로 7월 전망보다 각각 0.2%포인트, 0.3%포인트 하향 조정했다.

IMF는 "2023년 상반기에는 코로나 종식에 따라 서비스 소비가 급증하고, 미국·스위스발(發) 금융 불안이 조기에 진정되며 안정적인 성장세를 보였다"면서도 "이후 중국 경기 침체가 심화되고 제조업 부문 부진이 지속되면서 성장세가 점차 둔화되고 있다"고 설명했다.

글로벌 물가 상승률에 대해서는 고금리 기조와 국제 원자재 가격 하락에 따라 안정세를 보인다고 평가했다. 다만 높은 근원물가로 물가 안정 목표 달성에는 상당 시간이 소요될 것으로 내다봤다. IMF가 전망하는 물가 안정 시점은 2025년이다.

IMF는 긴축적인 통화 정책 기조를 유지한 가운데 재정건전성 확보 노력을 지속해야 한다고 강조했다. "섣부른 통화 정책 완화를 지양하고 물가 상승률 하락세가 명확해질 때까지 긴축 기조를 유지해야 한다"는 조언이다.

이스라엘-하마스 전쟁
확산하면 유가 폭등 우려

이런 IMF 전망치는 이스라엘-하마스 전쟁을 깊이 반영한 예측이 아니다. 어쩌면 우크라이나 전쟁과 이스라엘-하마스 전쟁, 이 두 개의 전쟁은 세계 경제를 불확실성의 수렁으로 더 몰고 갈 수 있다.

"세계 경제에 가장 안전한 지평선이 아닌, 지평선을 어둡게 하는 새로운 구름이다(크리스탈리나 게오르기에바 IMF 총재)" "수십 년 동안 세계가 본 가장 위험한 시기일 수 있다(제이미 다이먼 JP모건 최고경영자)"는 말이 나오는 것도 이 같은 분위기를 반영한다.

2023년 10월 15일(현지 시간) 모로코 마라케시에서 열린 IMF·세계은행(WB) 연차총회가 막을 내린 가운데 영국 파이낸셜타임스(FT)는 "세계 경제가 취약해진 상황에서 이번 무력 충돌이 세계 경제에 미칠 광범위한 영향에 대한 우려가 증폭됐다"고 전했다.

이번 무력 충돌이 중동 전쟁으로 번질 경우

경제 확대경 **불안한 세계 경제**

국제유가가 배럴당 150달러를 넘어설 수 있다는 전망이 나왔다. 블룸버그 산하 경제연구소 블룸버그이코노믹스는 지난 2023년 10월 보고서를 통해 이란이 직접 참전하는 최악의 시나리오가 현실화되면 국제유가가 배럴당 150달러를 넘어설 것이라고 내다봤다. 이어 2024년 세계 물가 상승률을 1.2%포인트 끌어올리고 세계 경제성장률은 1%포인트 끌어내릴 것이라고 전망했다. 가자지구 내 지상전이 벌어지는 시나리오와 레바논·시리아의 대리전 시나리오에서는 각각 국제유가가 3~4달러, 8달러 상승해 세계 경제성장률이 각각 0.1%포인트, 0.3%포인트 떨어질 것이라고 예측했다.

미국 연착륙한다 해도
달러 강세에 다른 나라 불안

미국은 분위기가 나쁘지 않다. 고용이 안정적인 점은 미국 경제의 힘을 보여준다. IMF는 미국의 2023년 경제성장률 전망치를 종전 1.8%에서 2.1%로 상향 조정했다. 2024년은 1.5%로 제시하며 "우리가 처음 예상했던 것보다 미국 경제 연착륙이 더 이르게 일어날 수 있다"고 내다봤다.

하지만 2024년 미국 경제가 살아나도, 다른 국가는 힘겨운 국면이 될 수도 있다.

월스트리트저널은 "미국이 전 세계에서 거의 유일하게 연착륙으로 향하면서 장기간에 걸친 긴축 기조 유지가 예상된다"며 "하지만 달

IMF 세계 경제성장률 전망

단위:%, %포인트

구분	2022년	2023년			2024년		
		2023년 7월 전망(A)	2023년 10월 전망(B)	조정폭 (B-A)	2023년 7월 전망(C)	2023년 10월 전망(D)	조정폭 (D-C)
세계	3.5	3	3	-	3	2.9	-0.1
선진국	2.6	1.5	1.5	-	1.4	1.4	-
미국	2.1	1.8	2.1	+0.3	1	1.5	+0.5
유로존	3.3	0.9	0.7	-0.2	1.5	1.2	-0.3
독일	1.8	-0.3	-0.5	-0.2	1.3	0.9	-0.4
프랑스	2.5	0.8	1	+0.2	1.3	1.3	-
이탈리아	3.7	1.1	0.7	-0.4	0.9	0.7	-0.2
스페인	5.8	2.5	2.5	-	2	1.7	-0.3
일본	1	1.4	2	+0.6	1	1	-
영국	4.1	0.4	0.5	+0.1	1	0.6	-0.4
중국	3	5.2	5	-0.2	4.5	4.2	-0.3
인도	7.2	6.1	6.3	+0.2	6.3	6.3	-
러시아	-2.1	1.5	2.2	+0.7	1.3	1.1	-0.2
사우디	8.7	1.9	0.8	-1.1	2.8	4	+1.2

러가 강세를 보이며 다른 나라들 경제 성장에 악영향을 미치고 있다"고 보도했다. 이스라엘-하마스 전쟁, 세계적인 고금리 상황, 유가 상승으로 세계 경제가 가뜩이나 취약한데 미국의 '나 홀로 질주'가 리스크를 더한다는 분석이다.

IMF는 2023년 전 세계 무역 증가율이 0.9%에 그칠 것으로 예상했는데, 이는 2022년 5.1% 증가에서 크게 후퇴한 것이다. 미국만 홀로 견실하게 성장하며 글로벌 경제는 달러 강세와 유가 상승에 따른 추가 인플레이션 위험에 직면했다는 평가가 나온다. 달러 가치가 오르면 세계 각국이 해외 상품을 수입하는 데 더 큰 비용이 들기 때문이다.

일례로 미국 달러 대비 남아프리카공화국의 랜드화 가치는 하락세를 피하지 못하고 있다. 남아공처럼 달러 강세에 따른 자국 수입물가 상승으로 많은 신흥국이 인플레이션 고통에 더 시달리는 모습이다. 이에 일부 중앙은행은 미국 연방준비제도가 금리를 더 올려서라도 인플레이션을 신속히 잡기를 바라는 것으로 알려졌다.

전문가들은 개발도상국 전역에 새로운 부채 위기가 닥칠 가능성도 우려한다. 달러 강세로 이미 신흥국은 달러 표시 부채 상환이 더 어려운 처지에 놓였다. 재닛 옐런 미국 재무장관은 "현 상황은 재정적 여력이 없는 많은 저소득 국가에 부담이 된다"며 "이들 국가는 이미 우크라이나 전쟁에 따른 식품과 에너지 가격 상승으로 피해를 보고 있다"고 말했다.

기후 변화에 대한 세계적 대응에도 악영향을 미칠 수 있다. IMF는 "저소득 국가의 약 60%가 채무불이행(디폴트) 상태에 있거나 그런 위기에 빠질 수 있다"며 "그만큼 이들 국가가 기후 변화 프로젝트에 대응할 여력이 없다"고 지적했다.

세계 경제의 큰 축인 중국은 그나마 희망적으로 볼 부분이 없지 않다. 2023년 3분기 중국 경제가 시장 예상을 뛰어넘는 성장을 거두며 2023년 경제성장률 목표 달성 전망을 밝게 했다. 지난 7월 각종 경제 지표가 저점을 찍은 후 중국 정부가 내놓은 경기 부양책들이 조금씩 효과를 거두며 경제 상황이 점차 개선되는 듯 보인다.

중국 국가통계국은 3분기 국내총생산(GDP)이 2022년 같은 기간보다 4.9% 증가했다고 발표했다. 2분기 GDP 성장률 6.3%에는 미치지 못하지만 시장 예상치를 뛰어넘는다.

또 2023년 3분기까지 전체 GDP는 91조3027억위안(약 1경6883조원)으로 2022년 같은 기간보다 5.2% 증가했다. 4분기 경제 상황이 크게 악화하지만 않는다면 중국 정부가 설정한 5% 안팎 2023년 성장률 목표는 충분히 달성 가능할 것으로 보인다. 다만 부동산 시장 위축은 여전한 과제로 남아 있다. 2023년 1월부터 9월까지 전체 부동산 개발 투자액은 전년 동기보다 9.1% 감소한 것으로 나타났다. ■

II

2024
매경 아웃룩

2024 10大 이슈

1. 아파트값 상승세 2024년에도 이어갈까
2. 코스피지수 3000 넘어 고공행진할까
3. 국제유가 얼마까지 갈까
4. 러시아, 우크라이나 전쟁 종료 언제쯤?
5. 한국 경제 방향키 쥔 '반도체' 회복할까
6. 총선에서 여당 과반 의석 확보할까
7. 비트코인 다시 봄날 오나
8. 중국 경제를 바라보는 의구심
9. 2차전지 대장주 에코프로 주가 다시 날개 달까
10. 고금리 시대 언제까지

2024 10大 이슈 **아파트값 상승세 2024년에도 이어갈까**

집값 떨어질 요인은 별로 없어
국지적·지역적 양극화는 심화

이은형 대한건설정책연구원 연구위원

2023년은 탄탄한 주택 수요가 증명된 한 해였다. 미국 기준금리 인상 등의 여파로 한때 부동산 시장이 급격히 위축되기는 했지만, 얼마 안 가 다시 주택 거래가 증가하는 양상으로 이어졌기 때문이다. 실수요자들이 기준금리 인상 같은 외부 요인은 어느 정도 감수할 만한, 예상 범위 내 변수라고 판단한 것으로 보인다. 사실 그동안 주택 매매 수요가 위축됐던 것은 금리 인상 가능성 등 '불확실성' 속에 매도자-매수자 간 눈치 싸움을 했기 때문이다. 불확실성이 해소되고 예측 가능성이 높아질수록 주택 거래량은 금세 회복되고는 했다. 어쨌든 2023년 부동산 시장에서는 주요 지역을 중심으로 매매·임대 시세가 상당 부분 회복했고, 한동안 제기됐던 역전세 우려도 사라졌다고 볼 수 있다.

물론 불확실성이 해소됐다 해서 전반적인 시장 분위기가 완전히 반전됐다고까지는 말하기 어렵다. 미국발 고금리 기조는 앞으로도 한동안 주택 시장을 좌우하는 주요 변수로 작용할 것이고, 이런 외부 요인을 국내 정책으로 상쇄하기는 쉽지 않아서다. 정부가 무작정 시장에 개입하는 것은 시장을 왜곡시킬 수 있어 최고의 선택지는 아니다.

그럼에도 부동산 정책을 펼쳐야 하는 정부 입장에서는 2023년처럼 한풀 꺾인 시장이 '규제 완화를 통한 시장 정상화'를 실현하기에 최적의 타이밍이었을 수 있다. 시장에는 영원한 호황도 영원한 불황도 없으며, 지금은 언젠가 제자리를 찾을 시장을 준비해야 한다는 의미

2023년은 탄탄한 주택 수요가 증명된 한 해였다. (매경DB)

다. 실제 2023년 정부도 적극적인 시장 개입보다는 여러 규제 요인을 완화하는 정도의 정책을 펼쳤다. 2023년 9월 발표한 주택 공급 활성화 방안도 정부가 수요를 인위적으로 자극하지 않는 것을 전제로 내세웠을 정도다.

이런 시장 기조 속에서 2024년 아파트값은 어떤 방향으로 흘러갈까. 결론부터 말하자면 2024년 아파트값이 큰 폭으로 하락할 요인은 매우 제한적인 데 반해, 아파트값이 오를 만한 요인은 산적해 있다.

여전한 주택 수요와 사회 인식 변화

지난 몇 년간 주택 가격 급등을 겪으면서 '집 한 채는 있어야 한다'는 인식이 우리 사회에 강하게 형성됐다. 종전에는 청년, 신혼부부 등을 가수요로 분류했다. 신혼부부가 결혼하면 일단 전세를 살면서 돈을 모으다 나중에 집을 사도 된다는 인식이다. 지금은 청년이든 신혼부부든 가구 형태를 가리지 않고 여력만 된다면 집을 사는 것도 좋다는 쪽으로 인식이 바뀌면서 가수요와 실수요 구분이 모호해졌다. 이렇게 한번 바뀐 사회 인식이 과거로 돌아갈 가능성은 낮다.

2023년에도 주택담보대출 증가폭이 적지 않았다는 점이 이를 뒷받침한다. 가계대출 증가세를 우려한 금융당국이 2023년 9월부터 50년 만기 주담대 산정 기한을 40년으로 제한하고 특례보금자리론의 금리 인상과 공급 축소를 단행했음에도 그랬다. 그런 와중에도 서울 아파트 매매 건수는 전년보다 증가했다. 빌라나 오피스텔을 중심으로 발생한 전세사기 여파로 아파트, 특히 대단지 아파트에 대

2024 10大 이슈 아파트값 상승세 2024년에도 이어갈까

한 선호는 더욱 높아졌다. 이는 단순히 표준화와 시세 산정이 용이하다는 점만이 아니라 비아파트보다 상대적으로 높은 주거의 질이 더욱 부각됐다고 보는 것이 맞다. 전국 모든 주택 가격이 오르던 시기가 지나고 주택 성격에 따른 가치가 다시 종전처럼 자연스레 차별된 결과기도 하다. 주요 지역을 중심으로 분양가와 청약 경쟁률이 상승하는 것과 정비사업에 고밀 개발을 적용하는 것 등도 결국은 아파트를 선호하는 주택 수요에 부응하려는 것으로 판단할 수 있다.

여전히 부족한 주택 공급

지난 몇 년간 주택 공급을 확대한다는 정책 기조는 전·현정부에서 꾸준히 지속됐다. 공급을 늘려 주택 가격 안정을 노린다는 점에서 매우 긍정적인 접근이지만, 아무래도 현재로서는 공공과 민간 부문 주택 공급이 모두 여의치 않다. 우선 지난 여러 해 동안 주택 공급 확대를 요구받았던 공공 부문은 추가적인 업무 여력이 없어 보이고, 사업성을 최우선으로 할 민간 부문 역시 주택 시장 침체기에 주택 공급에 매진할 유인이 없어서다.

미국 연준의 기준금리 인상 기조, 또 언제·어느 수준까지 올릴지 모른다는 점 등 대내외 불확실한 환경은 자연스레 아파트 등 국내 주택 건설 시장을 위축시켰다. 국내 프로젝트 파이낸싱(PF)을 극도로 위축시켰던 2022년 레고랜드 사태가 2023년까지 계속 상황을 악화시켰다. 그나마 2023년에 이뤄진 아파트 청약은 시장 상황이 좋았던 시기에 계획된 것으로 더 이상 분양을 더 미루거나 보류할 수

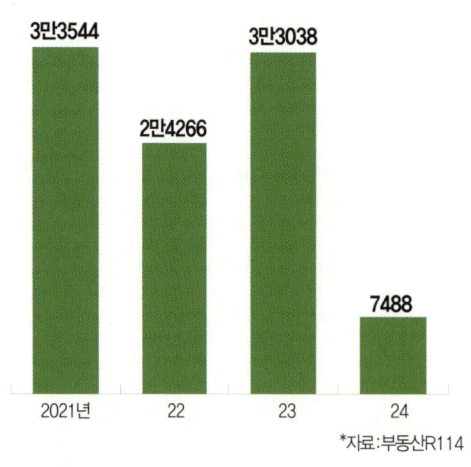

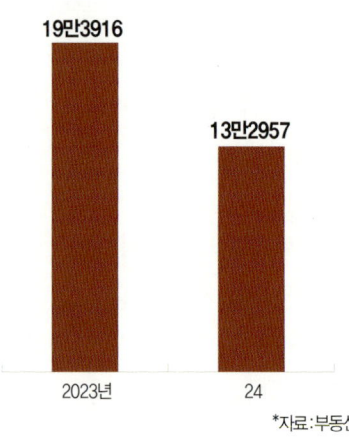

없어 나온 사업지가 많았다.

사업 자금 조달과 사업성 등 발주 단계부터 영향을 끼치는 요인들은 주택과 사회기반시설 공급을 늘리겠다는 정책 방향에도 타격을 입힌다. 수익성 문제로 공동주택 착공과 분양 일정이 늦춰질 것이고 대규모 공공 사업은 물론 지역 발전소 등 인프라 공사에서 건설사의 수의 계약 포기 같은 유찰이 벌어질 가능성도 남아 있다. 이는 건설 부문 전반의 투자 감소로 이어질 수밖에 없다.

공동주택 착공 물량이 감소한다는 것은 미래에 입주할 신축 아파트가 감소한다는 의미다. 신규 택지뿐 아니라 재건축과 재개발 같은 정비사업까지 포함하면 시간이 지날수록 시장에서 수요가 높은 신축 아파트 공급과 수요 사이에 불균형이 발생할 위험이 커진다.

정부가 정비사업을 활성화시켜 공급을 늘리겠다는 의지를 갖고 있지만 재건축이나 재개발 등 각종 사업 절차에 소요되는 기간이 통상 10~20년은 되는 점을 감안하면 당분간은 정비사업으로 주택 공급을 늘리는 것이 만만찮다. 1기 신도시 재정비와 구도심 고밀 개발도 같은 맥락으로 평가할 수 있다.

이에 따라 당분간 분양 시장에서는 사업성 양호한 곳이 주축이 되고, 입지 좋은 곳에 공급되는 신축 아파트 몸값이 더욱 높아질 전망이다.

더 오를 가능성이 높은 분양가

2023년에도 정비사업 조합 등 발주자와 시공사 간에는 공사비 증액을 둘러싼 분쟁이 빈번하게 벌어졌다. 실제로 건설 현장에서 벌어지

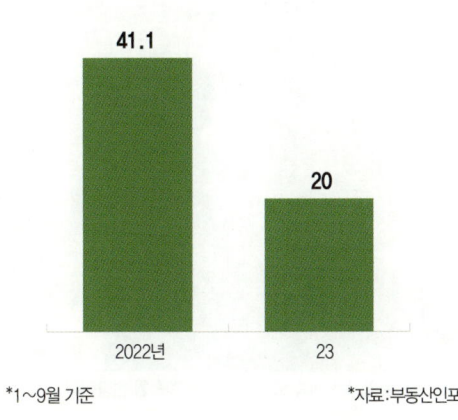

분양가상한제 적용 단지 비율 〈단위:%〉
2022년 41.1
23 20
*1~9월 기준 *자료:부동산인포

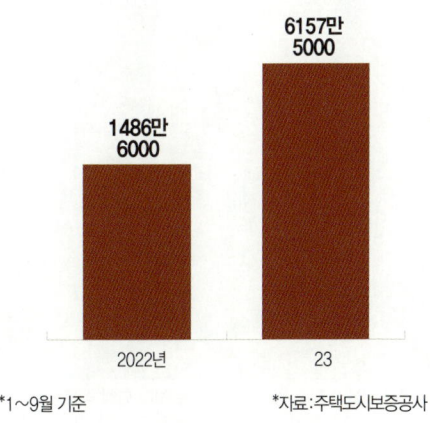

민간 아파트 3.3㎡당 평균 분양가 〈단위:원〉
2022년 1486만6000
23 6157만5000
*1~9월 기준 *자료:주택도시보증공사

2024 10大 이슈 아파트값 상승세 2024년에도 이어갈까

는 상황은 매우 심각하다. 아직 공사에 착공하지 못했거나 일부 공정이 진행된 사업장에서 조합 총회 등을 거쳐 시공사를 변경하거나 더 나아가 계약을 해지할 정도다. 완공됐지만 공사비에 대한 합의가 이뤄지지 못한 곳에서는 간혹 시공사가 물리적으로 조합원 아파트 입주를 저지하는데 이때는 공사비 증액과 무관한 일반분양자 입주까지 차단하면서 문제가 되기도 한다.

사업장마다 차이는 있겠지만 실제로 공사비는 2022년과 비교해 약 10~50%씩 뛰어 있는 것으로 알려졌다. 쉽게 표현하면 3.3㎡당 400만~500만원이던 공사비가 600만~800만원대로 올랐다는 얘기다. 정비사업에서는 조합원이 부담해야 하는 금액이 그만큼 늘어나는 셈이다.

2022년 불거졌던 건설 자재난을 감안하면 이런 상황을 예상치 못했던 것은 아니다. 조달청의 관수철근 구매 계약 입찰이 유찰됐던 것이 대표적이지만 그마저도 단편적인 사례에 불과했기 때문이다. 건설 자재 가격 상승과 수급 이슈는 시멘트, 레미콘, 마감재, 철강재, 경유 등 사실상 우리가 아는 모든 부분에서 발생했다. 엎친 데 덮친 격으로 인건비도 덩달아 올랐다.

공사원가 인상은 자연스럽게 분양가 상승으로 이어진다. 당분간 신축 아파트 분양가가 내릴 요인이 없는 만큼, 이는 집값을 떠받치

2024년은 서울 아파트 입주 물량이 전년보다 한참 적은 반면, 공사비 원가 상승으로 분양가는 계속 오르는 추세가 계속될 전망이다. 이는 결국 침체기에도 집값을 떠받치는 요인으로 작용할 수 있다. (매경DB)

는 요인으로 작용할 여지가 크다.

국지적·지역적 양극화 심화

2023년 실시된 대출 규제는 전 정부에서의 대출 규제와는 정반대 성격을 가진다. 후자가 주택 거래 자체를 억제하려는 목적이었던 반면 전자는 특례보금자리론과 디딤돌대출 같은 정책 금융의 공급 목표치를 초과하면서 이뤄졌다. 이는 세간의 주택 수요가 여전함을 보여주는 사례다.

어찌됐든 이런 대출 규제와 더불어 기준금리 변동 가능성 같은 요인 등이 더해지면 국지역·지역적 양극화가 심화되는 결과로 이어진다. 즉 사람들 수요와 선호가 몰리는 곳은 가격이 유지되거나 오르고, 반대인 곳은 그렇지 않게 된다. 같은 지역에서도 이런 양상은 더욱 세분화된다.

2023년에도 대출 없이 집을 사기가 쉽지 않은 수요층이 주류인 지역과 그렇지 않은 지역 간 차이는 명확하게 나타났다. 2021년의 전고점을 먼저, 상당 부분 회복한 지역들이 단적인 예시다. 일부 지역에서는 오히려 전고점을 넘어서기도 했다. 수도권광역급행철도(GTX)의 개통 임박 같은 호재도 즉각 시세에 반영된다. 적어도 매매 시장은 그렇다. 매매량이 적더라도 가격 향방은 다를 바 없다. 서울이라면 시세 상승에 따른 취득세가 늘어난 부담으로 당분간 과거와 같은 수준으로 매매가 활성화되기는 어렵다는 점도 감안해

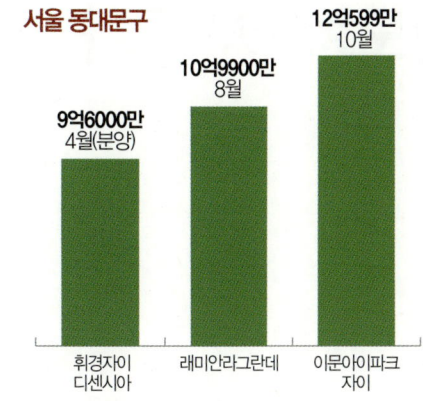

최근 수도권 아파트 분양가 추이 〈단위:원〉

서울 동대문구
- 휘경자이디센시아: 9억6000만 (4월 분양)
- 래미안라그란데: 10억9900만 (8월)
- 이문아이파크자이: 12억599만 (10월)

*전용 84㎡ 중 일반분양이 가장 많은 타입의 최고가 기준

야 한다.

물론 2023년에 이어 2024년도 전국 아파트값이 무지성으로 오르기는 쉽지 않아 보인다. 그렇기에 지금처럼 주택 경기가 주춤한 시기의 가격은 향후 시장 변화에 따라 더 변동할 가능성을 배제할 수 없다. 이는 지역별로 달라지는 상승과 하락을 모두 포함한다.

임대 시장은 매매 시장에 연동되기에 개개인의 자산 여력에 따라 평가는 달라진다. 전세금이 오롯이 본인의 돈이라면 유리한 상황이겠지만 만약 전세자금대출을 안고 있거나 월세라면 금리 변동에 따라 사실상 임대료가 오를 것으로 봐야 한다. 이런 임차인들은 여력이 되는 범위에서 주택 매수에 나설 가능성이 높고 그만큼 지역적 양극화가 해소될 여지는 줄어든다. ■

2024 10大 이슈 **코스피지수 3000 넘어 고공행진할까**

우상향 흐름 속 상황 따라 등락 불가피
반도체·자동차·인터넷, 상승세 이끈다

이경민 대신증권 투자전략팀장

많은 투자자와 전문가들이 2023년 주식 시장 난이도가 높다고 말한다. 코로나19 이후 새롭게 펼쳐진 투자 환경의 영향이다. 과거에는 보지 못했던 상황이 지속되고 변하면서 마치 기출문제 없는 주관식 서술형 시험을 보는 듯한 느낌이다.

2023년 주식 시장은 한마디로 '내러티브(Narrative)'가 지배했다. 한글로 표현하면 이야기라는 의미다. 사전적인 의미는 '어떤 사물이나 사실·현상에 대해 일정한 줄거리를 갖고 하는 말이나 글'이라는 뜻이다. 주식 시장에서 내러티브는 일정 사실이나 현상을 근거로 투자자 기대 심리와 이야기를 만들고, 주가에 영향을 미치는 현상이다. 쉽게 말하면 시나리오 투자, 전문적으로 말하면 해석학적 투자라고 볼 수 있다. 숫자에 대한 신뢰가 약해지면서 스토리나 사실에 대한 해석이 주가에 미치는 영향력이 커졌다.

2023년 상반기 코스피 상승을 주도한 반도체가 대표적이다. 반도체는 역사적인 업황 악화 국면에서 적자를 기록했지만, 연초부터 예상보다 빠른 시점에 감산이 현실화됐다. 이를 계기로 상반기 실적 적자보다는 공급 축소나 수요 우위로 전환에 대한 스토리가 형성됐고, 주가는 강세를 보였다.

이보다 더 드라마틱한 분야는 인공지능(AI)과 2차전지다. 챗GPT 등장과 전기차, 2차전지 관련 기업의 사업 진출과 투자 확대 등을 통한 장기 성장 스토리가 그려졌다. 그 결과 관련 기업 주가는 세 자릿수는 물론, 수십 배

수익률을 기록할 정도로 급등했다. 이후 초전도체, 맥신 등 수많은 테마주 열풍이 뒤를 이었다.

그러나 내러티브는 영원하지 않다. 결국에는 내러티브를 뒷받침해주는 근거와 데이터가 필요하다. 즉, 업황 개선이나 실적이 가시적으로 개선되는지 또는 현재 주가 수준을 뒷받침할 수 있는지에 따라 주가는 움직인다. 스토리가 약해지거나 실적이 뒷받침되지 못하면 후폭풍을 맞게 된다. 연초 이후 7월까지 125%의 급등세를 보였던 2차전지 테마지수가 8월부터 10월 초까지 27% 하락한 것이 대표적인 사례다. 상반기 글로벌 주요국 증시 중 수익률 1위였던 코스닥이 하반기에는 최하위로 반전됐다.

가치 평가의 대가로 불리는 다모다란 교수도 가치 투자는 '내러티브'와 '넘버스'의 조화가 중요하다고 강조한다. 스토리와 숫자 중 어느 한쪽으로 치우쳐서는 안 된다는 뜻이다. 2023년 주식 시장은 내러티브가 지배했다면, 2024년은 넘버스의 중요성이 커질 가능성이 높다. 투자자는 무게 중심을 스토리보다 실적이나 업황 등 숫자에 둬야 한다.

2024년 주식 시장과 코스피의 방향성은 명확하다. 통화 정책 전망과 이익에 대한 예상치 등 현재까지 나타난 숫자는 위를 가리키고 있다. 미국을 필두로 한 2024년 글로벌 경기는 저점을 통과해 회복 국면으로 진입하고, 통화 정책도 정상화 국면(금리 인하)이 시작

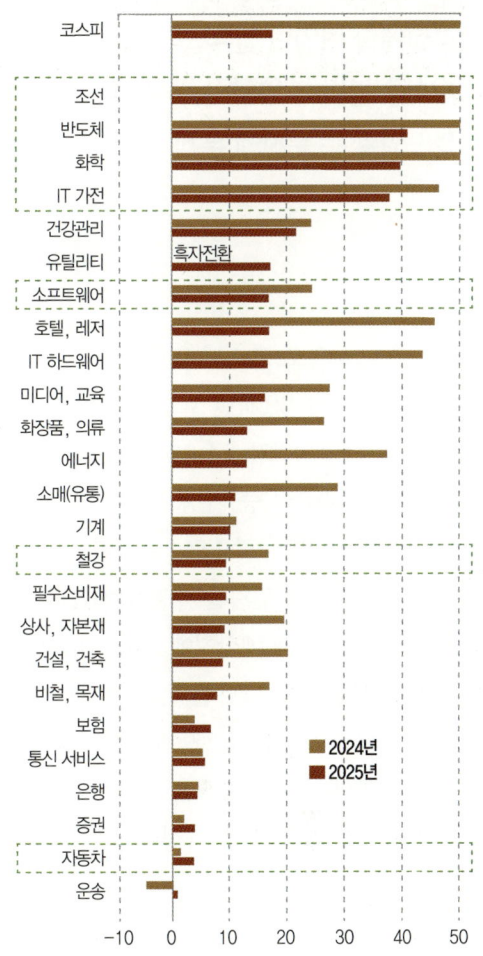

전년 대비 영업이익 변화율 〈단위:%〉

*자료:대신증권

될 것으로 예상된다. 이는 채권 금리, 달러화 하향 안정으로 이어질 전망이다. 이런 글로벌 매크로 환경은 한국 수출 개선과 성장동력 회복에 힘을 실어주고, 코스피 기업가치 정상화도 가능케 할 것이다.

2024 10大 이슈 코스피지수 3000 넘어 고공행진할까

**2023년 증시 '내러티브'가 지배
숫자보다 스토리 영향력 커
뒷받침해줄 데이터 필요
2024년 '넘버스' 영향력 커질 것
실적·업황 등 숫자에 무게**

반도체를 중심으로 코스피 전반적인 실적 개선도 가시화된다. 2024년 코스피 영업이익과 순이익 증가율은 각각 54.9%, 60.1%에 달한다. 글로벌 주요국 중 가장 높은 이익 증가율이다. 강한 이익 동력으로, 코스피 상승에 더없이 좋은 환경이 펼쳐질 가능성이 높다. 문제는 이런 전망과 예상치에 대한 가시거리가 짧고, 신뢰도가 낮다는 점이다. 따라서 2024년 주식 시장을 둘러싼 투자 환경과 금융 시장 여건에 대한 방향성을 가늠하더라도, 이에 대한 신뢰도와 진행 과정에서의 변동성에 대한 경계 심리가 크다.

'스토리'보다 '숫자'에 무게
반도체 업황 개선 본격화

코로나19 이후 과거에는 보지 못했던 상황이 연속되고 있다. 그동안 학습하고 경험해왔던 통화 정책과 거시경제 환경의 메커니즘이 깨진 것 같다는 느낌이 들 정도다. 단적인 예로 2022년 말 미국의 2023년 경제성장률(GDP) 예상치는 0.3%였고, 2023년 상반기 중 경기 침체가 불가피하다는 전망이 대세였다. 하지만 2023년 4분기에 미국 GDP 전망은 2.1%로 상향 조정됐고, 경기 둔화는 불가피하지만 침체는 없다는 전망으로 수정됐다. 통화 정책도 2023년 상반기 중 금리 인상 종료를 기대했지만, 현재까지 금리 인상 우려에 시달리고 있다. 이런 환경으로 인해 2024년 전망도 불투명하다. 긍정적인 숫자가 보이지만, 이에 대한 할인(디스카운트)이 불가피하다는 목소리도 커지고 있다. 일각에서는 최악의 상황까지 염두에 둬야 한다고 강조한다. 아직까지 부정적인 내러티브가 긍정적인 넘버스를 억누르는 양상이다.

게다가 지정학적 우려는 지속되고 있다. 러시아와 우크라이나 전쟁은 여전히 진행 중이고, 2023년 10월에는 이스라엘과 하마스 전쟁이 시작됐다. 전쟁 리스크를 상당 부분 선반영한 이유로 글로벌 경제와 금융 시장에 미치는 영향력은 제한적이라고 본다. 그럼에도 불편한 상황은 지속되고 있다. 미중 갈등도 여전하다. 2024년 11월 미국 대선을 앞둔 상황에서 미국의 중국 때리기가 지속되거나 강화될 가능성도 배제할 수 없다.

이렇게 열거하면 2024년 전망이 우울해 보인다. 현재 시장에는 이런 우울감이 반영돼 있다고 본다. 역으로 생각하면 부정적인 시각이 시장에 일정 부분 녹아 있다는 의미다. 예상치 못한 최악의 상황이 아니라면 시장은 긍정적인 변화에 예민하게 반응할 가능성이 높다. 거시경제와 통화 정책 측면에서 현재 시장 컨센서스와 달리 급격한 경기 침체가 현실화된다면 물가는 빠르게 안정세를 보이고, 연방준비제도(Fed·연준)의 통화 정책 기조는 완화적으로 전환할 것이다. 경기에 대한 기대감은 악화되지만, 통화 정책에 대한 기대가 예상보다 강하게 유입될 수 있다. 반면, 예상보다 경기가 너무 좋다면 걱정이 없다. 금리 동결 기간이 길어지더라도 경기 기대감이 강하게 유입되기 때문이다. 증시 추세를 결정짓는 것은 펀더멘털(기초체력)이다. 경기만 좋다면 글로벌 금융 시장, 특히 코스피 상승 추세에 더 강한 힘이 실릴 수 있다. 한국 수출에 대한 기대감이 강화되고 기업 이익 개선도 기대할 수 있기 때문이다.

현재 주요 기관과 국내외 투자은행(IB), 전문가들의 2024년 전망은 완만한 경기 회복과 동시에 금리 인하에 대한 기대감이 있다. 강하다고 기대하기는 어렵지만, 두 가지 기대가 동시에 유입될 경우 긍정적인 투자 환경을 내다볼 수 있다. 만약 둘 중 하나가 약해지더라도 다른 기대감이 보완해줄 것이다. 기대감이 유입되는 시점과 강도는 달라질 수 있어도 방향성에 대한 의심은 묻어두는 것이 좋다.

지정학적 우려는 초기 국면에 글로벌 금융 시장에 강한 충격을 주기도 하지만, 장기화되면 그 영향력은 약해진다. 현재 진행형인 러시아와 우크라이나 전쟁, 이스라엘과 하마스 전쟁에 대한 금융 시장 반응도 마찬가지다. 이 같은 지정학적 우려가 세계대전으로 확전되거나 러시아의 핵무기 사용이 현실화되지 않는 한, 글로벌 금융 시장에 미치는 영향은 중립으로 보는 것이 타당하다. 즉, 현재 상황이 유지되거나 일정 부분 격화되더라도 최악의 상황이 아니라면 글로벌 거시경제와 통화 정책 등 전망의 방향성은 변하지 않을 것이다.

반면 러시아와 우크라이나 전쟁이 화해 분위기로 전환되고, 이스라엘과 하마스 전쟁이 조기에 종료된다면 전망에 긍정적인 변화가 반영될 수 있다. 유럽의 에너지 불안은 진정되고, 원자재 수급 불안은 완화될 가능성이 높다. 글로벌 공급망 불확실성도 일정 부분 해소될 것으로 예상된다. 글로벌 지정학적 우려 또한 2024년을 전망하는 데 있어, 중립 또는 긍정적인 변화를 줄 수 있는 변수다.

미중 갈등 또한 장기화되고 있다. 서로 규제나 제재를 강화하는 흐름이 여전하다. 시장은 이런 양상을 기정사실화하고 받아들이는 중이다. 오래된 이슈로 글로벌 거시경제 환경에 미치는 영향력도 점차 약해지고, 금융 시장도 무뎌지고 있다.

하지만 이런 미중 갈등이 지속되는 가운데 과거와는 다른 부분이 있다. 바로 양국 관료나 고위직 간 만남과 대화가 지속되고 있다는 점이다. 대화가 있다면 서로의 오해가 적어지고, 이해도가 높아진다. 갈등 양상이 지속되더라도 상대방에 실질적인 피해는 최소화하

2024 10大 이슈 코스피지수 3000 넘어 고공행진할까

려고 할 것이다. 이런 대화 속에 미중 갈등이 진정되는 양상을 보일 경우, 글로벌 투자 환경에는 호재로 반영될 수 있다. 미중 갈등이 지속되거나 악화되기보다, 진정 국면이 가시화될 경우 글로벌 투자 환경에 미치는 영향이 더 클 것이다.

반도체 업황과 실적 개선에 대한 시각도 크게 엇갈린다. 삼성전자의 2024년 연간 영업이익 전망은 33조원대로 형성돼 있다. 하지만 전망 최저치는 19조9000억원, 최고치는 42조1000억원으로 격차가 크다. SK하이닉스는 더 심하다. 2024년 영업이익 전망치 평균은 8조1000억원인데 최저치는 8660억원, 최고치는 20조원이다. 감산 효과로 인한 업황과 실적 개선을 기대하면서도 수요 회복에 대한 가시성이 약하기 때문이다. 2024년 반도체 실적에 대한 엇갈린 시각은 반도체 업황, 주가 회복 시점과 속도·강도 측면에서 투자자의 불안 심리를 자극하고 있다.

그래도 방향성은 바뀌지 않는다. 2023년 삼성전자와 SK하이닉스의 영업이익 전망치는 각각 7조2000억원, 마이너스(-)8조6000억원이다. 2024년 영업이익 전망 최저치를 감안하더라도 삼성전자는 2배 이상 증익되고, SK하이닉스는 흑자전환한다는 전망이다. 다만, 속도와 강도의 문제일 뿐이다. 이는 업황과 실적 개선 속도와 강도에 따라 주가 등락은 있더라도 우상향 방향성은 기대해도 좋다는 점을 시사한다.

불확실성 해소 따라 코스피 3000 가시화
주요국 중 가장 높은 이익 증가율

정리하면 2024년 글로벌 증시와 코스피는 우상향 흐름을 보이는 가운데, 상황 변화에 따라 등락이 불가피할 것으로 예상된다. 등락에 있어 증시 하방 압력도 있지만, 이보다 상방 압력을 높이는 변화에 무게가 실린다. 불확실성 해소에 따라 저평가 요인이 약화되는 것만으로도 코스피 상승세에 힘이 실릴 전망이다. 이 과정에서 코스피 3000포인트 도전은 가시화될 수 있다.

2024년에는 숫자와 방향성에 포커스를 맞추고 투자 전략을 세울 필요가 있다. 2024년, 2025년 이익 개선 기여도와 이익 기대감을 감안할 경우 반도체·2차전지·조선·자동차·인터넷 업종이 유망할 것으로 예상된다. 2023년 2차전지와 조선주의 주가 상승률을 감안할 때, 2024년 수익률 측면에서는 반도체·자동차·인터넷 업종이 더 유리하다. 기존 주도주 중에서 업황·실적 개선 가시성이 높은 업종과 대표주들이 코스피 상승의 중심에 설 가능성이 높다.

반도체는 업황·실적 개선이 예상되는 가운데, 아직은 불투명한 수요 기대감이 얼마나 가세하는지가 관건이다. 이에 따라 주가 상승 속도와 수준이 결정될 수 있다. AI·자율주행 등의 성장 가시성이 빨라지고, 코로나19 이후 교체 수요와 2024년 올림픽 수요 등을 감안할 때 투자자 우려보다는 긍정적인 변화를 기

한국 수출 증가율과 코스피 영업이익 전망

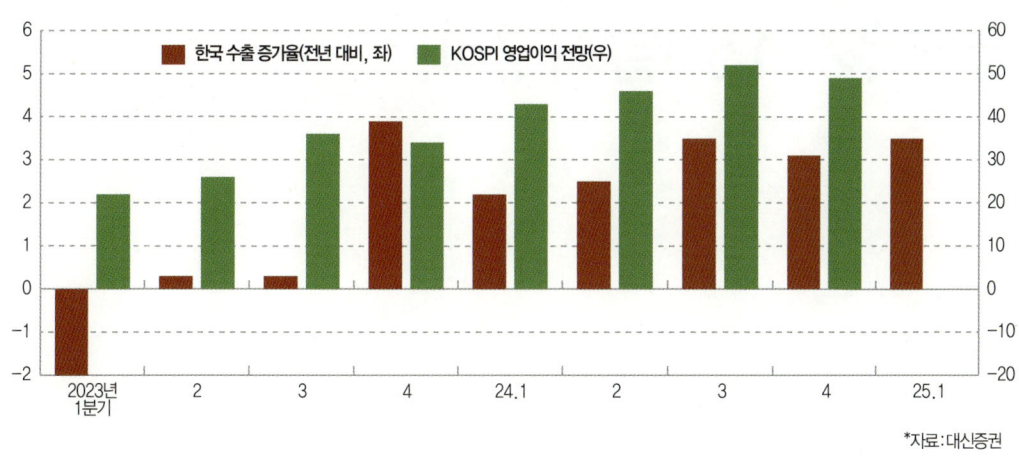

〈단위:%, 조원〉
*자료: 대신증권

대한다. 2024년 코스피 3000 돌파 시도의 중심에 반도체가 자리할 것이다.

자동차는 미국 대선 결과와 상관없이 기업가치 정상화가 예상된다. 현대차와 기아의 선행 주가수익비율(PER)은 각각 3배, 4배에 불과하다. 조 바이든 미국 대통령이 대선에서 승리할 경우 2024년 4분기 조지아 공장 완공, 이후 인플레이션 감축법(IRA) 법안 수혜를 근거로 한국 자동차 대표주들 기업가치 상승이 가능할 것으로 예상된다. 반면 트럼프가 승리할 경우 전기차에 대한 주가 프리미엄은 약해지고, 내연기관차에 대한 기업가치 저평가는 정상화될 수 있다. 2024년 이익 기대감은 약하지만, 기업가치 측면에서 안정적인 주가 흐름이 가시화될 전망이다.

인터넷 업종은 장기간 소외된 대표 업종이다. 장기화된 금리 인상 국면과 채권 금리 상승 흐름의 최대 피해 업종이다. 2024년 금리 인하 국면이 시작되고, 채권 금리가 하향 안정세를 보이는 것만으로 일정 부분 반등이 가능할 것으로 내다본다.

여기에 챗GPT와 AI 관련 서비스가 상용화되고 실적에 일부 반영되기 시작하면, 성장에 대한 기대와 함께 기업가치 재평가 가능성이 있다.

2023년은 내러티브에 의한 차별화와 급등락이 전개됐다. 하락세 이후 추세 전환 과정에서 나타나는 특징이다. 2024년 코스피는 상승세를 예상한다. 실적과 업황 개선이 가시화되고, 주가 매력이 높은 업종이나 종목을 얼마나 싸게, 충분히 사고 유지하는지가 관건이다. 다시 투자의 본질로 돌아갈 때다. ■

2024 10大 이슈 **국제유가 얼마까지 갈까**

5차 중동 전쟁 발발하면
국제유가 150달러 돌파

박수호 매경이코노미 기자

"단기적인 등락은 언제나 있을 수 있겠지만 장기 관점에서 보면 유가는 역사적으로 최고점인 배럴당 140달러를 넘어설 것."

이선철 프루츠투자자문 대표의 예상이다. 블룸버그통신 산하 경제연구소 블룸버그이코노믹스는 150달러까지 치솟을 수 있다고 내다봤다.

이스라엘과 이란이 직접 충돌하는 최악의 상황이 벌어졌을 때다. 이전만 해도 배럴당 100달러를 넘어도 '초고유가 시대'라고 했는데 이보다도 50% 이상 더 높은 수준이다. 물론 어디까지나 시나리오에 불과하다지만 그만큼 2024년의 국제유가 시계는 불확실성이 여느 때보다 크다.

국제유가 왜 오르나

2023년 하반기부터 심상찮게 오르던 국제유가는 고삐를 놓친 듯 가파르게 상승 곡선을 그리고 있다. 2024년 유가 흐름에 자연스레 눈길이 갈 수밖에 없다. 국제유가가 자칫 전 세계 국책은행 기준금리 연착륙 시대를 열 것이라는 예상에 균열을 줄 수 있어서다. 2023년 한때 한풀 꺾였던 인플레이션 우려 역시 다시 고개를 들 수 있다는 점도 국제유가를 예사로이 볼 수 없는 이유다.

국제유가는 왜 올랐을까.

"화석에너지는 현재 전 세계 에너지 사용의 약 83%를 차지하고 있으며 농업, 산업, 교통수단, 국방 등 석유가 지배하고 있다. 게다가 4차 산업과 대체에너지, 코로나19 등으로 인해 석유 산업에 투자가 줄어 원유 시추 역시 감소하고 있다. 공급량은 줄고 있지만 그에 따른 사용량을 확 줄일 수 없는 상태다." 로버트 맥널리가 2022년에 쓴 '석유의 종말은 없다'의 한 대목이다.

유가 상승 이유도 '석유의 종말은 없다' 시각에 더 가깝다.

이유를 하나하나 짚어보자.

2023년 들어 주요 산유국이 생산량을 줄였다. 러시아와 사우디아라비아는 2023년 하반기부터 꾸준히 원유 감산을 했다. 그나마 2023년 9월 들어 생산량을 좀 늘릴 것으로 예상했지만 오산이었다. 사우디는 2023년 7월부터 원유 생산을 하루 100만배럴 줄였고 12월까지 감산 조치를 연장한다고 공식 발표했다.

사우디가 이런 조치를 취한 이유는 국영 석유·천연가스 기업 아람코가 2023년 말 혹은 2024년 초 추진하는 500억달러 규모 추가 상장 때문이다. 상장이 흥행해야 사우디 정부 재정이 늘어나는 등 사우디 입장에서 이득이다. 그러니 국제유가가 떨어지는 것이 오히려 달갑지 않다. 사우디가 추가 감산을 계속하는 배경이다. 미국과 '외교 힘겨루기' 면에서 유리한 고지를 선점하려는 속내도 있다.

실제 원유 소비가 늘어난 것도 원인이다. 정용택 IBK투자증권 수석이코노미스트는 "2023년 5월부터 4달 연속 글로벌 원유 수급이 초과 수요 상태였다"며 "예상보다 경기가 좋은

2023년 줄곧 오르는 국제유가는 2024년 정점을 찍을 수 있다는 예상이 많다. (게티이미지뱅크 제공)

2024 10大 이슈 국제유가 얼마까지 갈까

**2023년 글로벌 원유 수급 초과 수요
美 원유시설 정비 작업도 영향 끼쳐
이란, 중동 전쟁 참전하면 사태 악화
사우디, 아람코 증자도 상승세 한몫
국제 경기 둔화로 원유 수요 감소할 수도**

미국 등 서방 선진국 수요가 늘어났고 이상 기온에 따른 발전 수요도 있었다"고 말했다. 지난 역사를 되짚어봤을 때 이 같은 상황일 때마다 통상 미국이 원유 생산 개입에 나섰다. 전략비축유(SPR)를 푸는 방식이다. 그런데 2023년 10월 현재 미국 정유업계 사정이 또 만만찮다. 코로나19 사태 때 방역 문제로 미뤘던 시설 정비 작업을 2023년 상반기부터 본격화했기 때문이다. 그러다 보니 당장 필요한 원유 생산이 차일피일 미뤄졌다. 2023년 10월 기준 미국 통계(마켓워치 자료)에 따르면 미국 전략비축유 재고 수준이 46일분 정도로 추산된다. 통상 2개월분 원유 공급을 확보하고 있던 때와 천지 차이다. 1982년 이후 가장 낮은 재고 수준이다. 이것이 국제유가 상승의 기폭제가 되고 있는 것은 물론이다.

여기에 변수 하나가 더 생겼다.

이스라엘, 팔레스타인 전쟁이다. 2023년 10월 시작된 이 전쟁은 2024년 내내 국지전 성격으로 갈등이 이어질 것으로 예상된다. 이런

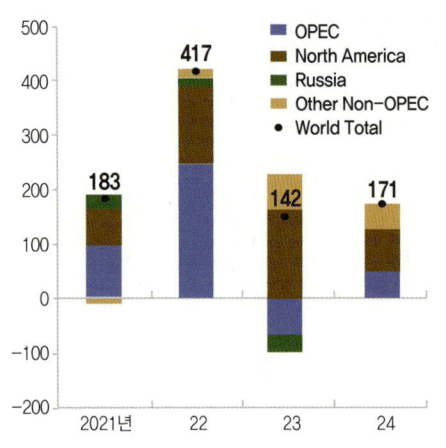

글로벌 원유 생산 증가량 전망치 〈단위:만배럴〉
*자료:미국 에너지정보청(EIA), 미래에셋증권

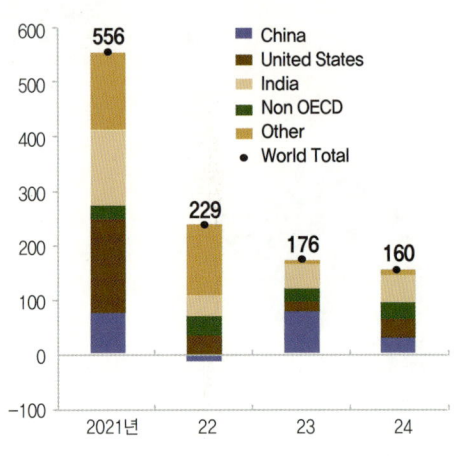

글로벌 원유 수요 증가량 전망치 〈단위:만배럴〉
*자료:미국 에너지정보청(EIA), 미래에셋증권

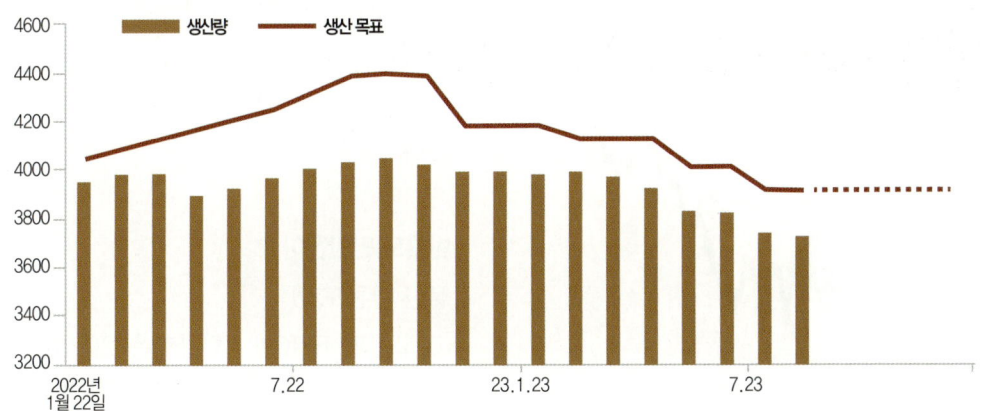

상황에서 이스라엘의 적대국 이란이 이 전쟁에 직간접적으로 참여한다면 국제유가는 또 한 번 들썩일 수 있다. 당장 2023년 10월 말 이란 지원을 받는 헤즈볼라가 이스라엘을 맹비난하며 당장이라도 참전할 듯하면서 국제유가가 들썩였던 것이 비근한 예다.

그래서 2024년 어떻게?

2024년 여러 변수 중 어떤 사안이 강력하게 작용할까에 따라 국제유가는 향방이 달라질 수 있다.

일단 최악의 시나리오는 제5차 중동 전쟁 발발이다. 이스라엘을 사이에 두고 중동 국가가 여럿 참전하는 상황을 뜻한다. 이렇게 되면 국제유가는 여지없이 배럴당 150달러를 넘길 수 있다는 의미다. 이를 전문 용어로 '테일 리스크(Tail Risk)'라고 한다. 발생할 가능성은 매우 적지만 한번 일어나면 경제나 사회 전체에 큰 충격을 줄 수 있는 위험 요인을 뜻하는 말이다.

나정환 NH투자증권 애널리스트는 "5차 중동 전쟁으로 확대되는 등 테일 리스크 가능성을 무시할 수 없다"고 말했다.

미국이 2024년 대선에서 여야 후보 할 것 없이 '강한 미국' 전략을 쓴다면 이 역시 국제유가에는 빨간불이다. 실제 많은 외교 전문가가 "미국 여야 후보 공히 중동 지역에서 미국의 우월적 지위를 강화하려는 전략 때문에 중동 국가와의 갈등이 장기화될 공산이 크다"고 입을 모은다. 이것이 잘 먹힌다면 국제유가 안정화로 이어지겠지만 '강대강' 일변도로 치닫는다면 국제유가는 계속 우상향곡선을 그릴 수

2024 10大 이슈 국제유가 얼마까지 갈까

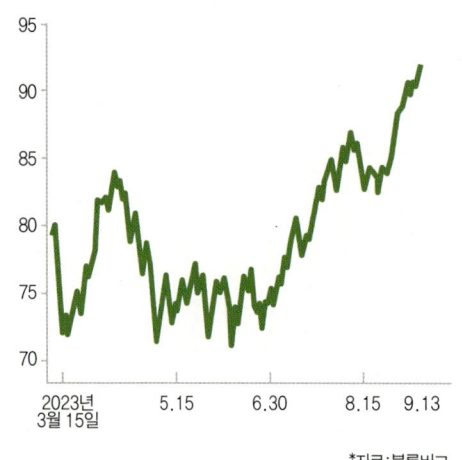

치솟는 브렌트유 가격 〈단위:달러〉
*자료:블룸버그

밖에 없다.

여기에 더해 실질적인 수요 증가 역시 국제유가에 기름을 끼얹은 요인이 될 수 있다. 석유수출국기구(OPEC)는 2023년 9월 월례보고서를 통해 2024년까지 세계 원유 수요가 하루 225만배럴 더 증가할 것으로 전망했다. OPEC은 "지속적인 세계 경제 성장이나 특히 관광과 항공 여행·차량 이동의 꾸준한 회복을 고려할 때 석유 수요가 증가할 수밖에 없다"며 "또한 중국의 지속적인 경기 개선에 따른 견고한 세계 경제 성장으로 석유 소비가 더욱 늘어날 것"이라고 예상했다.
OPEC은 2023년 4분기 기준 약 3070만배럴을 공급해야 하지만 실제 생산량은 여기에 미치지 못해 하루 330만배럴이 부족한 상황이라고 밝혔다.

이런 와중에 2024년 하반기쯤 세계 주요국 기준금리가 인하된다면 다시 경기를 돌리기 위해 원유를 더 많이 소비하려는 수요까지 겹칠 수 있어 당분간 국제유가 80달러 이하 시대를 구경하기 힘들 것이라는 분석에 더 힘이 실린다.

반론도 만만찮아

물론 반론도 있다.
JP모건과 RBC캐피털마켓은 2023년 하반기 유가가 100달러에 육박할 것으로 보지 않는다고 블룸버그가 보도했다. 싱가포르 소재 반다인사이츠 설립자인 반다나 하리는 "상승 모멘텀이 없다"며 "추가로 상승하려면 주요국 석유 수요가 늘어나야 하지만 증가세가 둔화되고 있어 2024년 유가가 더 오르지 않고 2023년과 비슷한 수준을 보일 것"이라고 분석했다. ■

국제유가 250달러 전망도 나왔는데

BoA "호르무즈 해협 봉쇄되면 250달러"

2023년 10월 이스라엘, 팔레스타인 분쟁이 격화되자 국제유가가 배럴당 250달러까지 치솟을 수 있다는 경고가 나와 눈길을 끌기도 했다. '투자 노트'라는 명목으로 관련 보고서를 낸 곳은 뱅크오브아메리카(BoA). BoA는 "이스라엘과 하마스 간 전쟁이 세계 최대 석유 공급 지역인 중동·아랍으로 확산하면 국제유가가 배럴당 250달러까지 치솟을 수 있다"고 예상했다.

2023년 하반기에 나온 BoA 전망에 따르면 이·팔 전쟁에 이란까지 개입, 격화하면 유가는 배럴당 120~130달러대로 뛸 것이라고 전망했다. 여기에 더해 BoA는 이란이 배후에 있는 하마스 무장세력이 미국 우방의 석유 인프라를 공격하면 상황이 더욱 머리 아파진다. 이럴 때 전 세계 석유 공급이 하루 200만배럴가량 줄어들 수 있다. 이럴 경우 유가는 배럴당 150달러까지 오를 것으로 예상했다.

그렇다면 250달러까지 오를 수 있다는 주장의 근거는 뭘까.

BoA는 이란이 세계 핵심 석유 항로인 호르무즈 해협을 봉쇄하는 상황을 최악의 시나리오로 꼽는다. 호르무즈 해협은 하루 평균 약 1700만배럴, 전 세계 원유 물동량의 20%가 지나가는 길목이다.

BoA는 "호르무즈 해협이 장기간 폐쇄될 경우 유가는 250달러 이상으로 급등할 수 있다"고 전망했다. 국제유가 폭등은 세계 경제에도 암울한 그림자가 될 수 있다. 그나마 2024년 각국 중앙은행 기준금리 인하 움직임이 있는데 국제유가 때문에 자칫 전 세계 경기가 경착륙 상황에 봉착할 수 있다.

(게티이미지뱅크 제공)

2024 10大 이슈 러시아, 우크라이나 전쟁 종료 언제쯤?

정전 합의 없는 불안한 분쟁 상태
전쟁 교착·장기化 우려 높아

임을출 경남대 극동문제연구소 교수

2022년 2월 24일 러시아 침공으로 촉발된 우크라이나 전쟁은 과연 언제 막을 내릴까? 양측 사상자만 30만명을 넘어섰지만 승자 없는 전쟁이 지속되고 있다. 우크라이나 전쟁 미래와 관련해 전쟁 장기화, 종전과 휴전의 3개 시나리오 가운데 어떤 것이 가능할까. 그동안 많은 전문가가 다양한 예측을 했지만 현실과 맞아떨어진 사례는 많지 않다. 그만큼 전쟁 종료 시점을 정확하게 예측하는 것은 쉽지 않다는 의미다.

구조적, 현실적 측면을 고려하면 전쟁이 교착 상태에 빠져 장기화될 가능성이 가장 높은 것으로 판단된다.

러시아, 우크라이나 모두 종전으로 얻을 수 있는 이익이 크지 않다는 생각이 지배적이다. 패배자는 치명상을 입을 수밖에 없다. 패배하면 재앙만 있을 것이고, 그러면 끝장날 것이라는 인식이 강하다.

러시아의 경우 패배나 양보는 푸틴 대통령의 2024년 4월에 치러질 재선에 결정적인 타격을 줄 수 있다. 또한 우크라이나에 막대한 배상금을 지급해야 함으로써 푸틴 체제는 붕괴할 수 있다. 더 나아가 러시아연방이 해체될 수도 있다.

또 국제형사재판소(ICC)가 푸틴 대통령을 전쟁 범죄자로 몰아 처벌을 가할 수 있다. 이미 ICC는 푸틴에 책임이 있다며 체포영장을 발부했고, 미국 정부는 푸틴이 법의 심판을 받아 정의를 바로 세워야 한다고 목소리를 높이고 있다.

전쟁에서의 패배는 젤렌스키 우크라이나 대통령에게도 그야말로 치명타를 안겨줄 수 있다. 그리고 우크라이나가 패한다면 NATO 회원국들은 러시아로부터 또 다른 군사적 위협에 직면할 수 있다. 서방이 우크라이나 지원을 강화하는 것도 쉽지 않겠지만, 지원을 줄일 수도 없는 이유다. 이는 어느 한쪽이 결코 물러설 수 없는 전쟁이라는 의미다.

푸틴 대통령과 러시아 지도부는 우크라이나가 러시아제국과 구소련 시대에 걸쳐 자신들의 역사적 영향권에 속했기 때문에 우크라이나의 독자적 정체성과 국가로서의 타당성을 부인하고 있다.

더욱이 우크라이나가 나토 영향권에 놓일 경우 안보에 위협이 될 것을 우려한다. 크렘린은 우크라이나에서 빚어지는 갈등을 세계 지배권을 확보하기 위한 서방의 획책이라고 비판한다. 그러나 우크라이나 지도자들과 국민은 어떤 희생을 치르더라도 러시아 통제에서 벗어나고 30년간 쌓아온 주권과 자유를 포기하지 않겠다는 태도다.

서방 국가들은 주권과 독립, 영토 보존에 대한 국제법 원칙, 그리고 국가 정책으로서 무력 사용을 포기한다는 약속을 무시한 채 국

우크라이나·러시아 전쟁이 장기화될 가능성이 있다는 것이 전문가 분석이다. (게티이미지뱅크 제공)

2024 10大 이슈 러시아, 우크라이나 전쟁 종료 언제쯤?

러·우 전쟁으로 세계 곡물 시장이 요동치고 있다.
(게티이미지뱅크 제공)

경을 마음대로 바꾸려는 러시아의 제국주의적 행동을 강력히 응징해야 더 큰 전쟁이 발생하지 않을 것이라는 전제에서 우크라이나를 지원하고 있다. 이런 상황에서 상호 타협하는 현실 정치 논리가 들어설 여지는 없다. 우크라이나는 크림반도가 자국 영토인데 러시아에 의해 불법 점령돼 있다고 본다.

반면 푸틴과 대다수 러시아 국민은 2014년 크림반도 합병으로 러시아의 역사적·정신적 영토를 되찾았다고 본다. 이것이 푸틴의 정치적 치적이라고도 판단한다. 또한 크림반도 합병과 관련 흑해함대 주둔 지역이라는 전략적 핵심 이익을 얻었다고 간주한다.

따라서 크림반도에 대한 공방이 있을 경우 양측 간 격전이 불가피하다. 더구나 러시아는 패색이 깊어질 경우 핵무기를 실제 사용할 수도 있다. 러시아는 핵무기로 공격받는 경우뿐 아니라 국가 존립에 위협이 되는 재래식 공격에 대해서도 핵무기를 사용하는 독트린을 갖고 있다. 물론 러시아는 핵무기 사용 시 발생할 파국적 결과에 대해 충분히 인식하고 있다. 최대한 핵무기가 사용되지 않는 환경을 만들기 위해 노력하겠지만 중요한 것은 일방적 패배를 결코 수용하지 않을 것이라는 점이다.

우크라이나는 러시아의 점령지 철수가 전제라고 못 박고, 러시아는 점령지 인정을 하지 않는 한 협상은 무의미하다고 주장한다. 우크라이나는 평화 협상 전제 조건으로 러시아가 지

우크라이나-러시아 전쟁 피해 상황

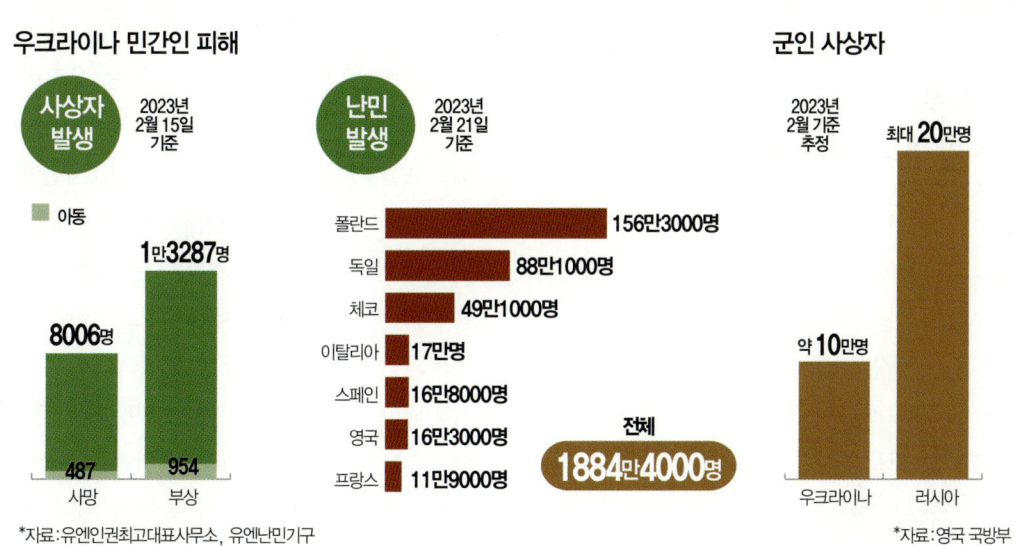

경제 피해

난 2월 침공 이후 점령하고 병합을 선포한 도네츠크주와 루한스크주, 자포리자주, 헤르손주 등의 우크라이나 영토는 물론 2014년 병합한 불법 점령지라고 주장하는 크림반도 반환을 요구하고 있다.

또 전쟁으로 파괴된 우크라이나 내 시설 복구와 전쟁 책임자 처벌 등도 조건으로 내세웠다. 당연히 러시아 측은 그런 사전 조건은 건설적 대화의 근거가 될 수 없다고 강변한다. 또 서방과 우크라이나가 요구하는 점령지 반환 등의 조건은 수용할 수 없다고 일축했다.

2024 10大 이슈 러시아, 우크라이나 전쟁 종료 언제쯤?

**미국 "푸틴, 법의 심판 받아야" 맹공
패배는 젤렌스키 대통령에게도 치명타
우크라이나 패하면 NATO 회원국도 위협
서방이 우크라이나 지원 강화 쉽지 않을 듯
러, 서방 어느 한쪽도 물러설 수 없는 전쟁**

이와 관련 아직까지는 별다른 해법이 없어 보인다. 마크롱 프랑스 대통령은 우크라이나와 충돌할 정도로 협상을 강조해왔다. 자국 언론 인터뷰에서 "러시아에 굴욕감을 줘서는 안 된다"며 "그래야 외교적 수단으로 출구를 찾을 수 있다"고 주장했으나 젤렌스키 대통령의 반발을 샀다.

서방 각국 국내 정치 상황 변수

서방 무기와 경제 지원에 크게 의존하고 있는 우크라이나의 전력은 서방 각국 국내 정치 상황에 달려 있다. 지원 지속 여부는 우크라이나가 앞으로 러시아군을 완전히 퇴각시킬 수 있느냐를 가름할 핵심 요인이다. 2024년에는 우크라이나 전쟁을 지원하는 미국 등 서방 각국에서 전쟁 피로감을 호소하는 목소리가 더욱 커질 것이다. 미국 내부적으로 전쟁이 장기화되면서 우크라이나 지원에 대한 여론이 악화되고 있는 것도 변수다. 전쟁 피로감 탓에 미국 군사 지원에 대한 초당적 지지가 갈수록 약해질 것이다. 승패 관점을 떠나 조속히 평화 협상을 개시해야 한다는 목소리도 높아질 것이다. 미국과 서방 세계에서 대화 재개를 통한 출구 전략 필요성에 대한 논의도

러시아 침공으로 우크라이나 수도 키이우 역시 안전을 위협받고 있다. (게티이미지뱅크 제공)

활발해질 가능성이 높다.

국제 사회에서도 무고한 사람들의 피해를 줄이고 글로벌 차원 에너지·식량위기를 완화하기 위해서도 평화 협상을 요구하는 목소리가 더욱 분출할 가능성이 크다. 이스라엘-팔레스타인 전쟁 발발과 더불어 미국 등 서방 관심이 온통 전쟁에 쏠리면서 과잉 채무, 식량·에너지·빈곤, 기후위기 등 개발도상국이나 지구촌의 문제가 외면당하고 있는 것도 현실이다.

협상은 결국 현실을 인정하는 선에서 출발한다. 그렇다면 양쪽이 모두 인정하는 현실은 향후 전쟁 상황에 의해 조성될 수밖에 없다. 러시아 대공세가 우크라이나 전력을 고갈시키고 점령지를 확대하거나, 혹은 우크라이나가 러시아 공세를 버텨내고 서방 지원이 다시 위력을 발휘해 러시아 점령지를 침공 이전 수준으로 되돌릴 수도 있다. 러시아의 전쟁 수행 능력과 서방의 우크라이나 지원이 약해질수록, 핵전쟁 확전 가능성이 커질수록 종전 협상이 다시 시작될 가능성도 배제할 수 없다.

그러나 양쪽이 현실을 조기에 동의하지 않는다면 이 전쟁은 지루한 장기전을 거치면서 최악의 경우 정전 합의 없는 불안한 분쟁 상태가 지속될 수 있다. 어느 한쪽이 일방적으로 승리할 수 없는 전선이 고착된 상태에서 우크라이나가 사실상의 분단 상태로 남을 우려 또한 배제할 수 없다. ■

러시아·우크라이나 전쟁 일지

- **2022년 2월 24일**: 러시아, 우크라이나 전면 침공(수도 키이우, 북동부 하르키우와 수미 지역, 동부 도네츠크와 루한스크 지역, 남부 아조우해 연안과 발트해 연안 도시 향해 진격)
- **2022년 3월**: 러시아군 키이우 점령 실패
- **2022년 3월 4일**: 자포리자 원자력발전소 함락
- **2022년 4월**: 키이우 공략하던 러시아군 돈바스에 재배치
- **2022년 8월**: 러시아군 돈바스 북부에서 일부 진격했으나 전선 대체로 교착 상태
- **2022년 9월**: 우크라이나군 9월 초 동북부 하르키우 지역 3000㎢ 전격 탈환
- **2022년 11월**: 러시아군 남부 헤르손시에서 철수
- **2023년 2월 24일(전쟁 1년)**: 바흐무트 전투 지속, 러시아군 느리게 진격
- **2023년 5월 21일**: 푸틴, 바흐무트전 승리 선언
- **2023년 6월 4일**: 우크라이나군, 대반격 시작
- **2023년 6월 6일**: 헤르손주 노바 카호우카댐 붕괴
- **2023년 6월 24일**: 러시아 민간 용병 기업 바그너그룹 반란
- **2023년 7월 8일**: 전쟁 발발 500일
- **2023년 10월 31일**: 유엔 인권최고대표사무소(OHCHR) 집계 민간인 사망자 수 9900명 이상 (매일 민간인 16명 사망꼴)

2024 10大 이슈 **한국 경제 방향키 쥔 '반도체' 회복할까**

V자보단 바닥 긴 'L자형' '나이키'?
HBM·첨단 패키징서 진검 승부

배준희 매경이코노미 기자

반도체 산업은 한국 수출의 20%를 차지하는 전략 산업으로 한국 경제의 방향키를 쥐고 있다고 해도 지나친 말이 아니다. 2023년 한국 반도체 산업은 연중 내내 '추운 겨울'을 견뎌야 했다. 경기 침체 우려가 고개를 들면서 세계 반도체 수요가 위축된 결과다. 2024년은 메모리 D램 시장을 중심으로 반도체 업황이 반등할 것이라는 낙관론이 제기되지만 V자 반등은 힘들 것이라는 신중론도 적지 않다. 무엇보다 우리 반도체 산업이 앞으로도 세계 시장에서 독보적인 지위를 확고히 하기 위해서는 범용 메모리에 편중된 산업 구조의 재편이 갈급한 과제라고 전문가들은 입을 모은다.

2023년 하반기 희망 쏘아 올린 반도체

2023년 하반기 반도체 산업에서는 희망적인 징조가 일부 엿보인다.

우선, 세계 메모리 점유율 1위 삼성전자의 반도체 부문 적자폭이 줄었다. 2023년 3분기 삼성전자 영업이익은 2조4000억원으로 잠정 집계됐다. 이는 증권사 컨센서스(추정치 평균, 2조1344억원)를 큰 폭 웃도는 수준이다. 영업이익이 6000억원대에 머문 2023년 1·2분기와 비교하면 실적 회복세가 뚜렷했다.

메모리 반도체 가격도 바닥을 다지고 조금씩 상승세를 타는 모습이다. 블룸버그 등에 따르면 D램(DDR4 8Gb) 현물 가격은 2023년 9월 7일 1.39달러로 1년 전 같은 기간보다 49%가량 하락했다가 10월 11일 1.49달러로 반등해 4주 연속 상승세를 탔다. 낸드플래시

(256Gb) 현물 가격은 2023년 6월 말부터 9월 말까지 석 달간 0.98달러에서 정체됐으나 10월 12일 1.11달러로 반등했다. 이런 분위기를 타고 대만 시장조사 업체 트렌드포스는 D램 평균 판매 단가(ASP)가 2023년 3분기에는 전분기 대비 0~5% 하락했으나 4분기에는 3~8% 상승할 것으로 내다봤다.

그러나 이런 현상의 이면을 두고 신중론이 팽배한 것도 사실이다. 아직 삼성과 SK하이닉스 반도체 재고가 크게 줄지 않고 있고 D램 가격 반등 역시 수요 회복이 견인했다고 보기 힘들다는 시각이 뒤따른다. 역대급으로 쌓인 재고를 털어낼 만큼 강한 수요 회복은 아직 요원하다는 게 신중론자들의 주된 주장이다. 반도체 업황이 바닥을 친 것은 맞지만 바닥이 거의 없거나 아주 짧은 V자 패턴보다는 바닥이 길고 회복 기울기가 완만한 '나이키' 패턴으로 전개될 가능성을 배제할 수 없다는 논리다.

시장조사기관 IDC의 김수겸 부사장은 최근 관측되는 메모리 반도체 가격 상승에 대해 "수요가 증가해서 나타나는 현상이 아니라 공급사에서 가격 하락을 막기 위한 의지가 강해 발생한 현상"이라며 "특히 공급사들은 낸드 가격 하락을 필사적으로 막으려고 하고 있다"고 설명했다.

2024년 상반기 '찐반등' 기대

이에 비춰, 재고 감소와 수요 회복이 동반되

새로운 화두 HBM 시장 주목해야 〈단위:억달러, %〉

*자료:트렌드포스, 삼성증권 추정

는 실질적인 반등은 2024년 상반기는 돼야 가능할 것이라는 게 다수 전문가 시각이다. 2023년 4월부터 시작된 삼성의 감산 효과가 시차를 두고 반영되면서 D램 ASP는 상승세를 타겠지만 분기 영업이익이 조 단위로 회복되기까지는 넘어야 할 장애물이 적지 않다는 것이다.

2024년 반도체 산업 전체의 방향성을 결정짓는 부문은 서버 시장이다. 2000년 이후 반등 국면에선 PC와 모바일 등 B2C(기업 대 소비자) 교체 수요가 업황 회복을 주도했다면 이제는 B2B(기업 간 거래) 서버 수요가 핵심이라고 전문가들은 입을 모은다.

김수겸 부사장은 "서버 업체들이 투자를 줄이면서 2023년 서버 시장은 망가졌다고 해도 과언이 아니다"라며 "이르면 2024년 2분기

2024 10大 이슈 한국 경제 방향키 쥔 '반도체' 회복할까

실질적인 수요 회복, 2024년 상반기 기대
B2B(기업 간 거래) 서버 수요가 반등 핵심
낸드(NAND) 시장, D램보다 바닥 더 길어
반도체 산업 둘러싼 지정학적 구도 변화
이스라엘-하마스 무력 충돌, 우려 요인

말부터 서버 수요가 들어올 것으로 보고 있고 메모리 반도체 시장 상승을 이끌 것으로 예상된다"고 진단했다.

다만, 시장점유율을 여러 제조사가 나눠 갖는 낸드(NAND) 시장은 D램보다 바닥이 더 길고 회복 기울기가 완만한 형태를 보일 것이라는 게 중론이다. 시장 구조가 파편화돼 있어 공급사의 재고 조절 효과가 거의 먹히지 않다는 분석이다. 주요 제조사의 낸드 재고는 아직 1년 이상 쌓여 있는 것으로 알려진다.

세계 반도체 산업을 둘러싼 지정학적 구도에도 큰 변화가 일 전망이다. 무엇보다 이스라엘-하마스 무력 충돌에 따른 불확실성 확대는 우려 요인으로 지목된다. 한국무역협회가 발간한 '이스라엘-하마스 분쟁의 국내 경제 영향' 보고서에 따르면, 이스라엘 남부 키르야트가트 지역에 위치한 인텔의 CPU 공장 가동이 중단되면 CPU 수요와 맞물린 우리 기업의 메모리 반도체 수요도 둔화될 가능성이 있다.

이승우 유진투자증권 리서치센터장은 "결국 메모리 업황과 주가는 과거와 같은 V자형 반등을 기대하기 쉽지 않다"며 "불확실성을 안

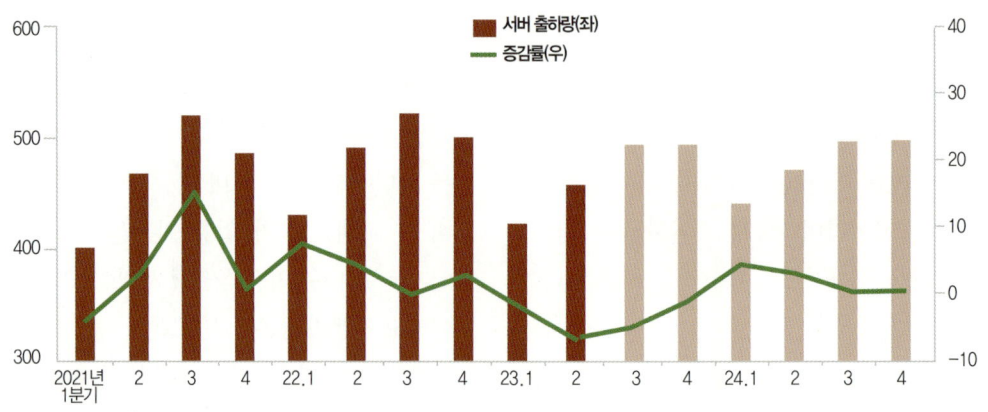

글로벌 서버 출하량 전망 〈단위:만대, %〉

*2023년 3분기~2024년 4분기는 전망치 *자료:트렌드포스, 상상인증권

고 2023년 4분기를 보내야 할 가능성이 높다"고 내다봤다.

낸드 시장에서는 일본 키옥시아와 미국 웨스턴디지털(WD)의 합병 가능성이 거론돼 삼성과 SK하이닉스 등은 촉각을 곤두세운다. 업계와 외신 등에 따르면 WD와 키옥시아홀딩스(옛 도시바메모리)는 경영을 통합하기로 하고 최종 조율 중이다. 두 업체는 낸드플래시메모리업계 2·4위로, 시장점유율 합산 시 1위 삼성전자에 필적한다. 규제당국 심사로 합병 전망은 안갯속이지만 합병이 성사될 경우 시장 판도 변화가 불가피하다.

10여개사가 난립 중인 현 낸드 시장이 빅3(삼성전자·SK하이닉스·키옥시아+WD)로 재편된다면 사실상 D램과 같은 과점 구조로 탈바꿈한다. 과점 구조가 자리 잡으면 작금의 D램 시장처럼 상위 3사가 수요에 맞춰 생산량을 탄력적으로 조절할 수 있어 이익 방어 측면에선 유리하단 분석도 나온다. 다만, 키옥시아 투자자기도 한 SK하이닉스는 셈법이 복잡하다.

K반도체, 풀어야 할 과제는

한국 반도체 산업이 앞으로도 예전과 같은 지위를 사수하기 위해서는 풀어야 할 숙제가 한둘이 아니다.

무엇보다 AI 기술 고도화로 촉발된 HBM 시장 개화는 메모리 반도체 산업의 속성을 바꿔놨다는 분석이 지배적이다.

첫째, HBM 칩 시장은 주문형, 수주형 산업에 가깝다. 삼성과 SK하이닉스가 지금까지 주력해온 메모리 반도체는 범용 비즈니스에

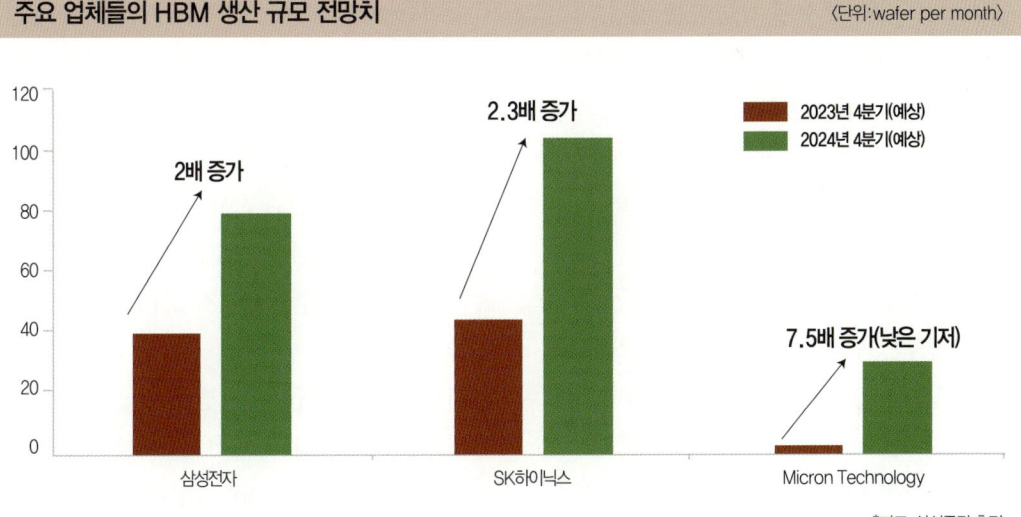

2024 10大 이슈 한국 경제 방향키 쥔 '반도체' 회복할까

메모리 반도체 시장, 2024년부터 회복 전망
〈단위:억달러〉

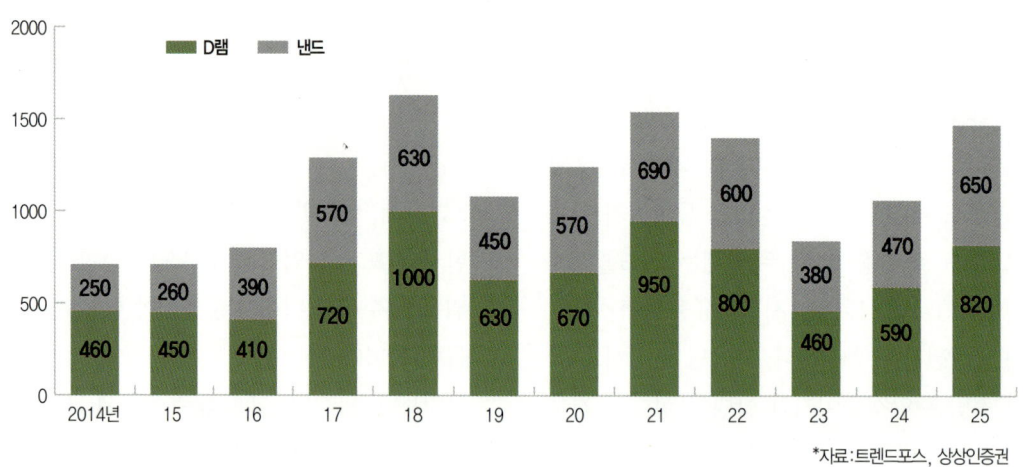

*자료:트렌드포스, 상상인증권

속한다. 이런 속성의 시장은 자본 집약적, 중앙 집중적 생산 구조가 요구된다. HBM 같은 고부가가치 메모리 칩이나 시스템 반도체, 파운드리 등은 커스텀 비즈니스 영역에 해당한다. 매크로 기반 투자에 강하다는 것과 커스텀 비즈니스에서 두각을 보인다는 것은 전혀 다른 얘기다. 산업 헤게모니가 변화하는 과정에서 조직 자원 분산과 재배치에 기민하게 대응하는 역량에 따라 HBM 시장에서의 성패가 갈릴 것이라는 관측이다.

둘째, HBM을 비롯한 AI 반도체 산업 성장으로 후공정 프로세스의 기술적 가치가 더욱 주목받는다. 반도체는 크게 웨이퍼를 제조하고 회로를 새기는 전공정, 칩을 패키징하는 후공정으로 나뉜다. 패키징은 반도체 공정에서 생산된 칩을 기판과 연결해 실제 사용할 수 있는 형태로 가공하는 것을 의미한다. 최근에는 'Advanced Packaging'이라 불리는 첨단 패키징이 산업 판도를 바꿔놨다.

HBM이 들어가는 AI 칩은 첨단 패키징 기술이 집약된 대표적인 경우다. AI 반도체 패키징 안에는 그래픽처리장치(GPU)로 엔비디아의 H100 또는 AMD의 MI300X가 들어가고 HBM으로 삼성전자나 SK하이닉스가 만든 HBM 3.0 칩이 들어간다. HBM 칩도 서로 다른 여러 반도체를 하나의 형태로 패키징한 시스템인패키지(SIP) 제품으로 공급된다.

패키징에서 최근 각광받는 기술은 이름도 생소한 '칩렛(Chiplet)'과 '이종(異種)집적(HI·Heterogeneous Integration)'이다. 칩렛은 독립적으로 생산한 여러 칩을 연결해

메모리 반도체 3사 재고자산 증감률 〈단위:%〉
*전년 대비 *자료: 상상인증권

블록처럼 조립하는 기술을 말한다. 서로 다른 기능의 반도체 칩을 레고 블록처럼 연결해 고성능 반도체를 생산한다는 점에서 '레고 같은 패키지(Lego-like Package)'라고도 불린다. 이종집적은 시스템과 메모리 등 서로 다른 반도체 칩을 하나의 패키지로 구현하는 것을 뜻한다. 최근에는 칩렛 기술이 진화를 거듭하면서 '3D 칩렛 구조의 이종집적' 기술로 한 단계 도약했다. 이때, 시스템과 메모리 반도체를 수평으로 배열하면 2.5D 패키지, 수직으로 쌓는 적층 방식을 쓰면 3D 패키지로 분류된다.

특히, 3D 적층은 앞으로 반도체 산업의 패러다임을 규정하는 핵심 기술이라는 데 이견이 없다. 칩을 수직으로 쌓으면 전자 이동 거리가 짧아져 전류의 이동 속도가 개선되고 이는 데이터 처리 속도 향상으로 이어진다. 3D 적층은 CMOS 이미지센서, HBM 등에 적용될 뿐 아니라, 다양한 영역으로 확대 중이다.

그러나 삼성을 비롯한 우리 반도체 기업의 패키징 기술력은 선두 주자로 평가받는 대만보다 10년가량 뒤처졌다는 평가를 받는다. 문제는 대만과 한국의 반도체 후공정 인프라 차이가 워낙 커 단기간에 이를 따라잡기가 매우 힘들다는 데 있다. 김동원 KB증권 리서치센터장은 "국내 파운드리 산업 경쟁력은 10점 만점에 6점 수준"이라며 "삼성 파운드리는 GAA 기술 기반 3㎚ 공정을 세계 최초로 양산할 만큼 기술 경쟁력은 높지만 파운드리 생산 역량이 TSMC의 3분의 1 수준이며 파운드리 생태계 활용 능력이 TSMC보다 부족하다"고 지적했다. ■

2024 10大 이슈 **총선에서 여당 과반 의석 확보할까**

한 정당이 압도적 의석 차지 불가능
관건은 개혁 의지…야당에 '바람' 불까

신율 명지대 정치외교학과 교수

2024년 4월 22대 총선에서 패배한 측은 매우 어려운 상황에 직면할 테다.
여당이 패배하면, 윤석열 대통령 국정 운영은 차질을 빚을 수밖에 없다. 몇 석 차이로 패배하느냐에 따라 상황은 달라진다. 큰 차이로 패배하면 조기 레임덕에 직면할 수 있다. 윤석열 대통령은 임기 초반부터 압도적인 입법 권력을 가진 민주당 때문에 하고자 하는 일을 하지 못했다. 민주당의 단독 처리 법안에 대한 잦은 거부권 행사로 이미지 관리도 여의치 못했다. 여기에 22대 국회마저 압도적 의석 차이로 패배하면 이런 악몽은 더욱 심화될 수밖에 없다. 야당이 패배하면 민주당은 내부 책임론, 특히 이재명 대표 체제의 '유효성 논란'이 폭발 직전까지 갈 수 있다. 구속영장 기각으로 인해 이 대표 친정 체제는 강화됐다. 이런 상황에서 총선에 패배하면, 총선 패배의 모든 책임은 이 대표에게 돌아간다. 당연히 이 대표 대선 도전에도 빨간불이 켜진다. 또한 이 대표 사법 리스크가 다시 큰 문제로 부상하고, 비명계 목소리도 커질 수 있다. 이런 이유에서, 22대 총선에서 누가 승리할 것인가는 초미의 관심사다.

민주당, 압승은 힘들 것

총선에서 누가 승리할 것인가를 논하기에 앞서, 21대 국회처럼 특정 정당이 압도적인 의석을 차지할 수는 없을 것이다. 21대 국회에서 민주당이 압도적으로 승리한 가장 중요한 요인은 두 가지다. 하나는 코로나 팬데믹에

이재명 더불어민주당 대표가 2023년 3월 14일 서울 여의도 국회에서 열린 2024 총선 공천제도TF 제1차 회의에서 발언하고 있다. (매경DB)

의한 국가 결집 효과다. 다른 하나는 박근혜 전 대통령에 대한 탄핵 충격의 지속이다.

코로나 팬데믹에 의한 국가 결집 효과 덕분에 문재인 당시 대통령 지지율은 고공행진을 할 수 있었다. 그런 상황에서 민주당 역시 상대적으로 높은 지지율을 구가했다. 당시 민주당 지지율은, 이른바 진보 유권자만 지지해서는 나올 수 없을 정도의 높은 지지율이었다. 박 전 대통령 탄핵에 대한 충격파 역시 21대 총선에 일정 부분 영향을 미쳤다. 여기서 생각해볼 측면은 유권자의 '정치 심리'다. 일반 유권자는 자신의 과거 정치 행위에 대해 후회하거나 반성하기보다 합리화하는 경향이 강하다. 박 전 대통령 탄핵의 시발점이었던 촛불시위에 적지 않은 수의 보수적 유권자도 참여했다. 촛불집회에 참여한 보수적 유권자는 자신들도 한몫한 박 전 대통령 탄핵이 잘못됐다고 생각할 확률이 낮다. 비록 정치 성향은 보수적이지만, 그렇다고 박 전 대통령을 연상시키는 정당에 투표할 확률이 높지 않았다는 의미다.

또한, 21대 총선 당시 미래통합당 대표는 박근혜 대통령 당시 국무총리를 지냈던 황교안 전 총리였다. 이 또한 '과거 정치 행위 합리화' 관련 걸림돌이었다. 한마디로, 보수적 유권자 상당수가 '탄핵의 기억' 때문에 미래통합당에 투표하지 않았다는 얘기다. 상황이 이러니 민주당이 다수 의석을 차지할 수밖에 없었다.

여기서 반드시 언급할 점이 있다. 의석수는 민주당과 미래통합당 차이가 거의 두 배였지만, 253개 지역구에서 양대 정당이 획득한 득표수의 총합은 7% 정도 차이에 불과했다. 양당 득표수 총합은 7% 차이에 불과했지만 의석수에서 두 배 정도 차이가 났다는 것은, 그만큼 박빙 대결을 벌인 지역이 많았음을 의미한다. 이런 상황을 '현재'에 대입해보면, 설사 윤 대통령 지지율이 지금 정도를 유지한다 해도 민주당이 압승하는 결과가 나오기는 힘들 것 같다.

그렇다고 여당이 승리한다고도 예상할 수 없다. 대통령 지지율은 선거에서 중요한 의미를 갖기 때문이다.

거대 야당 심판론 등장할 수 있어

선거에서 승패를 결정지을 수 있는 중요 요소는 구도와 바람(風) 그리고 공천(인물)이다. 선거 구도는 일반적으로 대통령 지지율에 의해 결정된다. '일반적'이라 표현한 이유는, 현재는 행정 권력과 입법 권력이 완전히 양분화돼 있기 때문이다. 민주당은 단순 야당이 아니라, 압도적인 입법 권력을 가진 막강한 야당이라는 뜻이다. 이미 대다수 국민은, 야당의 압도적 권력 행사를 봐왔다. 민주당이 자신들이 원하는 법안을 드물지 않게 '단독'으로 처리하는 모습도 종종 봤다. 이뿐 아니다. 민주당은 장관에 대한 탄핵 소추안도 통과시켰을 뿐 아니라, 다수 장관에 대한 해임 건의안도 통과시켰다. 이런 민주당의 '위력'을 경험한 많은 국민은, 현재 대통령이 윤 대통령이라는

대통령 임기 연차별 총선 승리 정당

총선	대통령 임기 연차	총선 승리
13대 총선	노태우 정권 1년 차	야당
14대 총선	노태우 정권 5년 차	여당
15대 총선	김영삼 정권 4년 차	여당
16대 총선	김대중 정권 3년 차	야당
17대 총선	노무현 정권 2년 차	여당
18대 총선	이명박 정권 1년 차	여당
19대 총선	이명박 정권 5년 차	여당
20대 총선	박근혜 정권 4년 차	야당
21대 총선	문재인 정권 4년 차	여당

것은 분명히 알고 있지만 민주당을 야당으로 인식하지 못할 수 있다. '일반적인 야당'은 힘에서 밀리고, 그래서 자신들 요구를 관철하지 못하는 일종의 '피해자' 이미지를 갖는다. 그러나 민주당은 그런 이미지를 창출한 적이 없다. 한마디로, 민주당을 연상하는 이미지는 '권력자' 또는 '힘의 과시를 통한 요구 관철' 등이다. 때문에 22대 총선 선거 구도는, 대통령 지지율 뿐 아니라, 야당 지지율도 구도 형성의 요인이 될 수 있는 환경이다.

과거 선거의 경우, 정권 심판론 형성 여부가 선거 구도를 결정했다. 22대 총선은 정권 심판론뿐 아니라, 거대 야당 심판론도 등장할 수 있다. 때문에 일반적인 선거 예측 요소로 22대 총선을 예상하기는 힘들다. 예를 들어 일반적으로 투표율이 높으면 '분노 투표'일 가능성이 크고, 그 '분노'의 대상은 '힘이 있는 측', 즉 정권일 경우가 대부분이었다. 이번에는 분노 대상이 '막강한 힘을 가진 야당'일 수도 있다.

대통령 지지율이 '법칙'은 아냐

앞서 언급한 바와 같이 과거 선거의 경우, 대통령 지지율이 선거 구도를 결정했다. 대통령 지지율이 45%를 넘으면 여권 승리를 점쳤고, 45% 이하면 정권 심판론 구도로 선거를 치렀다. 대통령 임기 몇 년 차에 선거가 치러지는가가 중요한 의미를 가졌던 이유다. 임기 초반에 치러지는 선거에서는 여당이 압도적으로 유리하다. 임기 말에 치러지는 선거는 여당이 불리하다는 인식이 팽배했던 이유도 대통령 지지율과 관련 깊다. 그러나 이런 측면이 '법칙'이 될 수는 없음을 아래 표를 보면 알 수 있다.

이유는 이렇다. 일반적으로 총선에서 승패를 결정하는 정당 관련 종속 변수는, 첫째 정당이 개혁 의지를 보이고 있느냐 둘째, 중도층에 어필할 수 있는 외연 확장성을 보여주느냐 셋째 강력한 제3당이 출현할 수 있는 환경을 정당이 제공하느냐 등이다.

정당이 개혁 의지와 지지층의 외연 확장성을 성공적으로 보여주면, 임기 말에 치르는 선거에서도 여당이 충분히 승리할 수 있다. 예를 들어 정당의 개혁 의지는 비대위 구성과 비대위의 강력한 개혁 의지에 따른 당 주류의 자진 불출마 혹은 험지 출마 등을 통해 보여줄 수 있다. 19대 총선과 20대 총선이 바로 그런 사례다. 19대 총선 때는 임기 말인 데다 대통령 지지율도 낮았지만, 차기 대선 후보를 선거 전면에 내세워 비대위를 구성하고 해당 비대위에 전권을 주고 공천 개혁을 해서 총선에서 승리했다.

야당에 '바람' 불어야 하지만…

20대 총선은 정반대 사례다. 박근혜 당시 대통령 지지율이 45%를 넘었지만, 여당이 공천을 둘러싸고 공천 학살을 운운하는 동안, 야당은 김종인 위원장을 비대위원장으로 내세우고 정당 개혁 의지를 보여줬다. 따라서 대통령의 지지율이 높음에도 야당이 승리했다. 즉, 대통령 지지율이 높다 해도, 야당이 정당 개혁 의지를 확실히 보여주면 대통령의 높은 지지율에 의해 형성된 선거 구도를 뒤집을 수 있다. 반대로 대통령 지지율이 낮아도, 여당이 읍참마속 심정으로 공천 개혁을 하고 중도층으로의 외연 확장을 시도하면 낮은 대통령 지지율의 핸디캡을 극복할 수 있다.

민주당은 가장 중요한 전략이 '바람(風)'이다. 야당이기 때문이다. 야당이 바람을 중요한 선거 전략으로 활용할 수밖에 없는 이유는, 야당은 힘이 없기 때문이다. 또한 '힘이 없는 피해자 이미지'는 여론 동정론을 확산시켜 중도로의 외연 확장을 쉽게 만든다. 그런데 현재의 민주당이 그런 바람을 일으킬 수 있을지는 의문이다.

이유는 두 가지다. 영장 기각 후 '이재명의 민주당'이라는 체제가 확고해졌지만, 그만큼 정당 외부 강성 친명 세력 영향력이 강화됐다. 두 번째는 민주당이 '막강한 입법 권력'

2024 10大 이슈 총선에서 여당 과반 의석 확보할까

을 갖고 있는 거대 야당이기 때문이다. 먼저 '이재명의 민주당'이 야당 무기인 바람을 일으키지 못하는 이유는 이렇다. 일단 중도층은 지나치게 강경한 목소리를 선호하지 않는다. 강성 목소리를 선호한다면 더 이상 중도가 아니다. 또한, 특정 정당이 특정인 위주로 돌아가는 것도 선호하지 않는다. 과거 3김(김영삼, 김종필, 김대중) 시대는 상황적 요인이 특정인 중심 정당을 용인하게 했다. 그러나 현재는 그런 상황이 아니다. 따라서 중도층이 이런 정당의 모습을 받아들이기는 힘들어한다.

민주당의 상징이 돼버린 이재명 대표가 사법 리스크를 털지 못하는 것도 중도층이 민주당을 선호하거나 민주당 주장에 호응하게 만드는 데 걸림돌이다. 이재명 대표에 대한 '신뢰'도 바람을 일으키는 데 걸림돌이 될 수 있다. 이재명 대표는 국회 교섭단체 대표 연설에서 불체포특권 포기를 분명히 약속했지만, 막상 영장이 청구되자 민주당 의원들에게 부결을 호소했다. 또한, 불체포특권이란 국회 회기 동안 영장이 청구돼야 성립할 수 있는 특권임에도, 비회기에 영장 청구를 하라고 주장했다. 이 또한 일종의 꼼수다. 검찰이 비회기 때 영장을 청구하면 특권이 없는 상황이 돼버리기 때문에 당연히 영장심사에 응해야 한다. 그런데 이를 마치 불체포특권 포기처럼 포장했다. 이래서는 이 대표에 대한 '신뢰'보다는 '불신'이 많을 수밖에 없다. '불신'이 많은 상황에서는 바람이 일어날 수 없다. 종합해 보면, 야당은 22대 총선에서 '바람'을 무기로 활용하기 힘들 것이다.

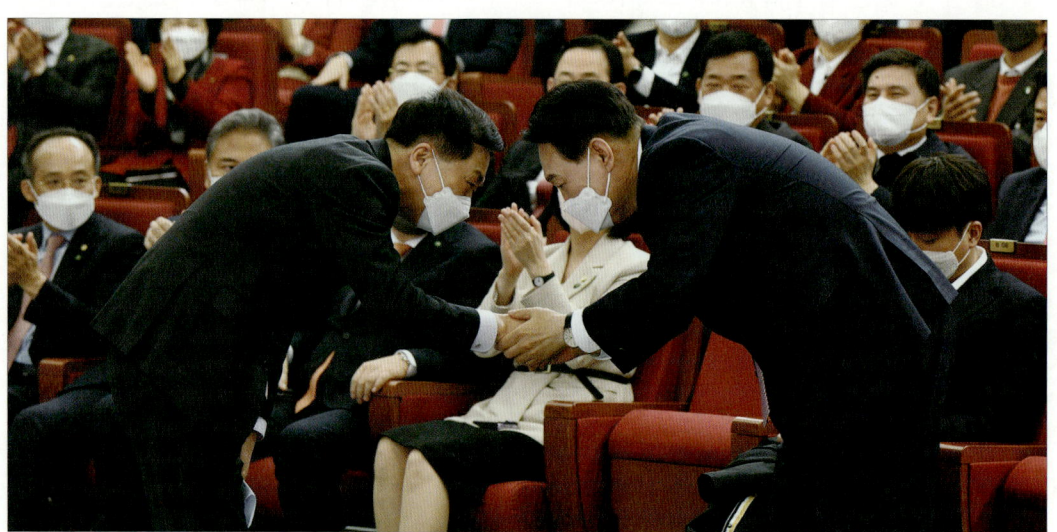

2022년 3월 10일, 윤석열 당시 제20대 대통령 당선인이 서울 여의도 국회도서관 대강당에서 열린 국민의힘 선대본부 해단식에 참석해 김기현 당시 국민의힘 원내대표와 악수하고 있다. (매경DB)

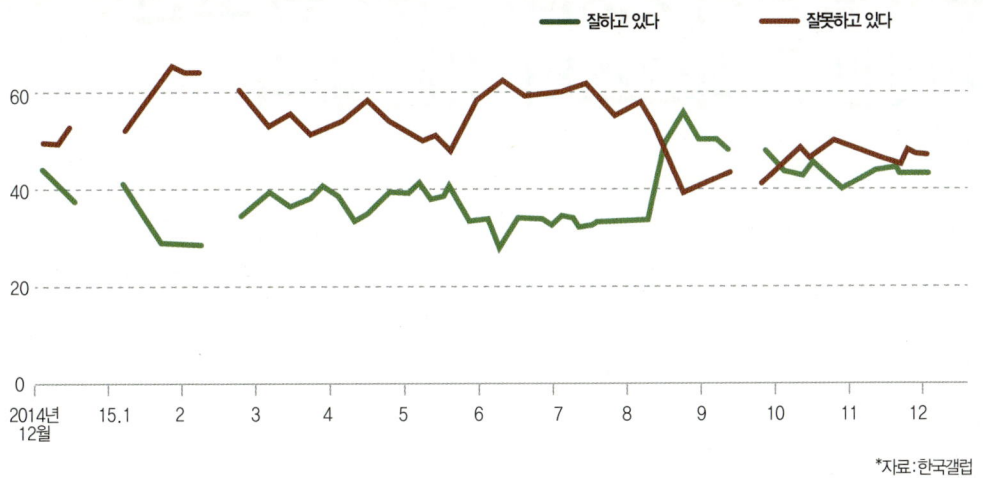

총선 승자 대선에도 유리할 것

그렇다면 막강한 제3당의 출현이 가능할까? 막강한 제3당이 출현하려면, 다음과 같은 세 가지 조건 중 두 가지 조건은 충족해야 한다. 하나는 지역 기반이고, 둘째는 충성도 높은 팬덤, 세 번째는 유력 대선 주자의 존재다. 그런데 지금 창당된 3당을 보면, 두 가지 조건을 갖춘 정당을 찾기가 쉽지 않다.

만일 조국 전 장관이 정당을 만들거나 총선판에 등장한다면 상황은 달라진다. 조국 전 장관은 문재인 정권의 상징적 존재일 뿐 아니라 두터운 팬덤을 갖고 있다. 또 친문 측에서 잠재적 대선 주자로 거론하는 인물이다. 이런 이유에서 조 전 장관 등장은 선거 구도를 '윤석열 정권 심판 대 문재인 정권 심판'의 구도로 바꿀 수 있다. 또한, 정권 심판론보다 '공정'이 선거판을 뒤흔드는 핵심 단어로 떠오를 수 있다. 물론 이를 현재의 민주당이 반기기는 힘들 것이다. 자신들 존재 입지가 축소되기 때문이다.

분명한 것은 이런 상황이 초래되면 선거판은 요동칠 것이라는 사실이다.

민주당 일부 세력이 탈당해 신당을 만드는 경우도 생각할 수 있다. 이때, 누가 그리고 얼마나 많은 의원이 탈당해 신당을 만들 것인가, 그리고 누가 신당의 중심에 설 것인가에 따라 신당 성공 여부가 결정될 것이다.

22대 총선에서 누가 승리할 것인가를 점치기란 쉽지 않다. 하지만 22대 총선 승자가 차기 대선에서도 유리할 것이라는 점은 의심의 여지가 없다. 22대 총선에 양당이 사활을 걸 수밖에 없는 이유다. ■

2024 10大 이슈 **비트코인 다시 봄날 오나**

투자 혹한기 거치며 '어른' 된 코인
짜릿한 롤러코스터 더는 없다?

주기영 크립토퀀트 대표

'크립토 산업'이 성숙해지고 있다. 크립토는 암호화폐(코인)를 뜻하는 영단어 크립토커런시(Cryptocurrency)에서 따온 말로, 코인 관련 시장과 산업을 통칭하는 용어다. 과거 법 테두리 밖에서 카지노 비즈니스에 가까운 도박성 투자를 하던 개미 투자자들이 2022년과 2023년 투자 혹한기를 거치며 대부분 떠났다. 이제 코인 시장은 법제화와 대형 금융기관의 진입을 기다리고 있다.

투자자 관심 줄었지만 성적은 '양호'

2022년부터 이어져온 코인 투자 혹한기 이른바 '크립토 윈터'가 2023년에도 지속됐다. 알기 쉽게, 구글에서 '비트코인'을 검색한 총량을 보면 최근 비트코인을 비롯한 코인 시장 투심이 얼마나 얼어붙었는지 알 수 있다. 비트코인 검색 횟수가 가장 많았던 2021년 5월을 100으로 설정했을 때, 2023년 10월 기준 구글 검색량은 14 수준에 불과한 것으로 나타났다. 코인에 대한 대중 관심도는 사실상 2020년 수준으로 회귀한 상태다.

얼어붙은 투심에도 불구하고 2023년 3분기 기준 비트코인은 다른 금융 자산군과 비교했을 때 사실 꽤 괜찮은 성적을 보였다. 연초 이래 가격 상승률로 따지면 60%가 넘는 높은 상승폭을 보였다.

2023년 1월 초 1만6000달러대를 유지했던 비트코인 가격은 2023년 10월 2만7000달러 선까지 치고 올라왔다. 투자 열풍이 꺼졌음에도 불구하고 비트코인 가격이 완연한 회복세를 보인 것이다.

비트코인 과매도 줄고 채굴 투자 늘어

이유는 여럿이겠지만 그중 하나를 꼽자면 그동안 계속돼왔던 '비트코인 과매도(Oversold)'가 멈춘 점을 언급하고 싶다. 2022년 5월 이후 비트코인이 불필요하게 과매도돼왔다. 즉 비트코인 본연의 가치 변화나 비트코인 자체 이슈와는 무관하게, 시장에 너무 많이 풀릴 수밖에 없는 상황을 맞이했다.

원인은 수많은 크립토 기업의 파산에 있다. 2022년 5월 루나 사태의 원흉이었던 '테라(Terra)', 글로벌 상위권 코인 거래소 'FTX', 코인 대출 기업 '셀시우스(Celcius)' 등 여러 크립토 기업이 줄줄이 파산 사태를 맞이했다.

그들은 유동성 확보를 위해 그동안 보유해온 비트코인을 시장에 전액 매도했고 비트코인 시장은 '전염 리스크(Contagion Risk)'에 따라 거대한 하방 압력을 맞이하게 됐다. 주요 크립토 기업의 비트코인 대량 매도와 시장 전체 이미지 추락 탓에 영세한 코인 스타트업 역시 잇달아 도산했다. 하지만 2023년 하반기 들어서는 이런 전염 리스크가 점차 안정되는 추세로 보인다. 이런 경향은 2024년 비트코인 투자 시장 전망을 밝히는 요인 중 하나기도 하다.

미국 대형 채굴 업체가 채굴기에 지속 투자하고 있다는 점도 시장에는 호재다. 비트코인 네트워크 전체의 연산력을 보여주는 지표인 '해시레이트(Hashrate)'가 꾸준히 성장 중이다. 해시레이트는 비트코인을 채굴하기 위해

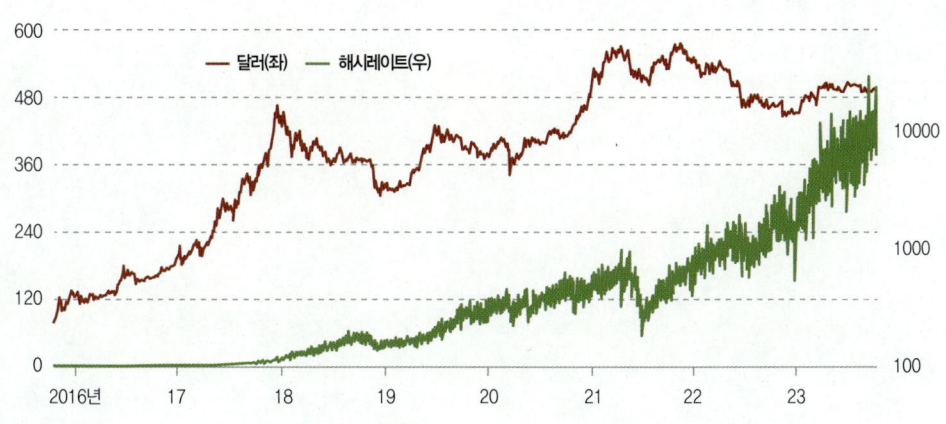

점점 높아지는 비트코인 해시레이트

〈단위:해시(H/S), 달러〉

2024 10大 이슈 **비트코인 다시 봄날 오나**

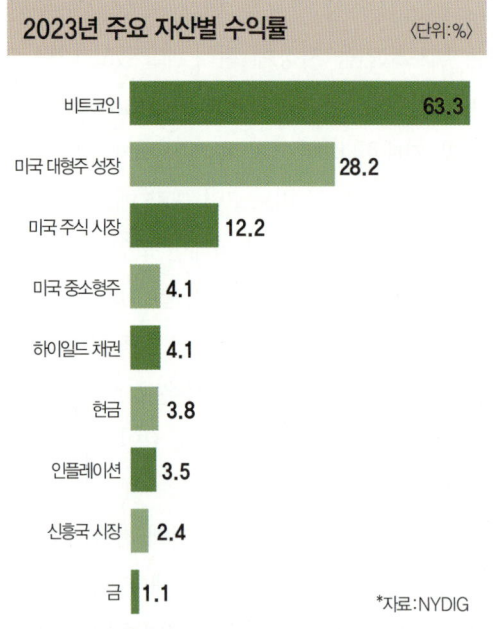

2023년 주요 자산별 수익률 〈단위:%〉

- 비트코인 63.3
- 미국 대형주 성장 28.2
- 미국 주식 시장 12.2
- 미국 중소형주 4.1
- 하이일드 채권 4.1
- 현금 3.8
- 인플레이션 3.5
- 신흥국 시장 2.4
- 금 1.1

*자료:NYDIG

사용된 연산 처리 능력을 뜻한다. 최근 비트코인 채굴 난이도가 57조3700억해시레이트를 기록하며 직전 최고치를 갈아치웠다.

최근 해시레이트 상승이 말해주는 건 크게 두 가지다. 첫째 비트코인 채굴 난이도가 오르고 있다는 점, 둘째 그럼에도 불구하고 절대적인 채굴기 숫자가 늘어나고 있다는 사실이다. 채굴 난이도가 오르면 채굴 비용이 늘어나면서 채굴자 수익성은 떨어질 수밖에 없다. 그럼에도 불구하고 채굴자가 채굴기 투자를 늘리고 있다는 것은 그들이 시장을 긍정적으로 바라보고 있다는 방증이다. 실제 채굴자 채굴수익으로 대략적인 비트코인 주가수익비율(PER·Price Earnings Ratio)을

게티이미지뱅크 제공

1년 새 100% 가까이 급증한 비트코인

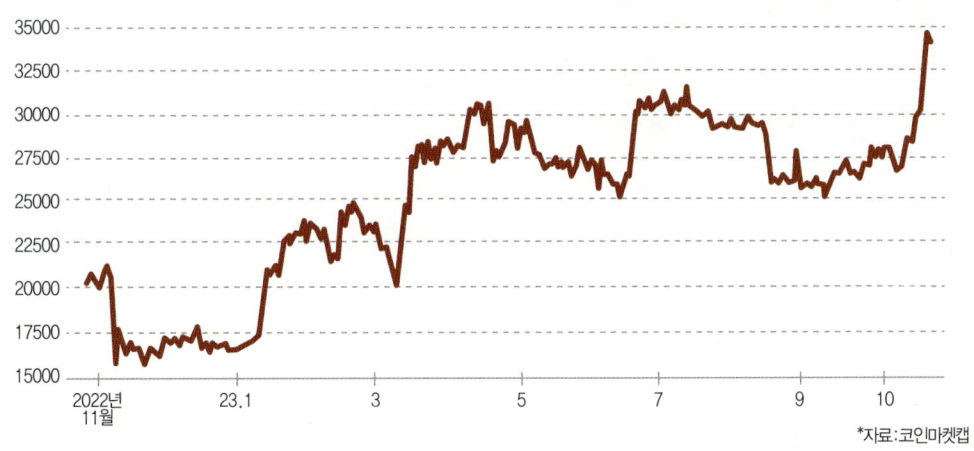

〈단위:달러〉
*자료:코인마켓캡

계산해보면 현재 수익 구간에 와 있음을 알 수 있다. 비트코인 채굴이 아직 돈이 된다는 얘기다. 채굴자들이 건강해야 비트코인 네트워크 펀더멘털(기초체력) 역시 좋아진다.

오래된 큰손 투자자, 비트코인 매집 중

주식 시장과는 달리, 아직 크립토 투자 시장에서는 펀더멘털보다는 수급 데이터에 더 집중하고 관심을 기울이는 분위기다. 비트코인 투자자가 수급 관점에서 가장 궁금해하는 것 중 하나는 결국 '현재 누가 비트코인을 매집하고 있는지'다.

최근 블록체인 데이터를 확인해보면 '오래된 큰손 투자자', 이른바 '원조 고래(OG Whale)'라고 불리는 이들이 비트코인 매수를 주도하고 있다는 사실을 알 수 있다. 2022년 말, 비트코인이 저점일 때 이런 원조 고래들은 코인 파생상품 거래소로 대량의 비트코인을 보낸 것을 확인할 수 있다. '미결제 약정(Open Interest)'과 '시장가 매수 거래량(Taker Buy Volume)'이 늘었다는 점에 비춰보면, 당시 원조 고래는 해당 비트코인을 담보 삼아 레버리지 롱 포지션을 크게 열었음을 알 수 있다. 미결제 약정이란 코인 선물 거래소에서 투자자가 매수(롱) 또는 매도(숏) 포지션에 진입한 이후, 아직 청산하지 않고 보유 중인 모든 계약 수를 의미한다. 미결제 약정 수치가 높을수록 시장에 대한 관심이 높고 기존 가격 추세가 계속될 가능성이 크다는 얘기가 된다. 시장가 매수 거래량은 선물 시장에서 시장가로 주문하는 양을 나타낸다. 시장가 매수가 급증할 때 선물 시장에 새로운 투자자가

2024 10大 이슈 비트코인 다시 봄날 오나

**비트코인 검색 급감…떨어진 관심에도
2023년 연간 수익률 60% 훌쩍 웃돌아
대형 코인 기업 파산 후 공포 전염 줄고
비트코인 해시레이트 상승…채굴 투자↑
현물 ETF 승인 가능성은 점점 높아져**

현물 ETF · 스테이블코인 활용 가능성↑

2024년을 앞둔 현재 시장 상황을 요약해보면 다음과 같다. 코인 고래들은 비트코인을 팔지 않고 있고, 채굴자들은 채굴기를 더 사고 있고, 신규 시장 참여자인 금융기관은 아직 제대로 진입하지 않았고, 개미 투자자는 대부분 떠났거나 더 이상 코인을 살 돈이 없는 상태다. 비트코인 가격 움직임이 요즘 들어 더 심심하게 느껴지는 이유도 이 때문이다. 2023년 연말과 2024년 초까지 비트코인 가격은 횡보할 가능성이 높아 보인다.

하지만 2024년 기관 투자자가 본격 시장에 진입하기 시작하면 이야기가 달라질 수 있다. 시장 진입을 촉발하는 시점은 결국 '비트코인 현물 ETF' 승인이다. 미국 증권거래위원회(SEC)가 자산운용사 블랙록이 신청한 비트코인 현물 ETF 승인을 끝까지 미룬다고 해도 2024년 3월까지는 결정을 해야 한다. 블룸버그 애널리스트인 제임스 세이파트(James Seyffart)에 따르면 그동안 글로벌 거래소 간 '감시공유계약(SSA·Surveillance

들어왔다고 볼 수 있다.

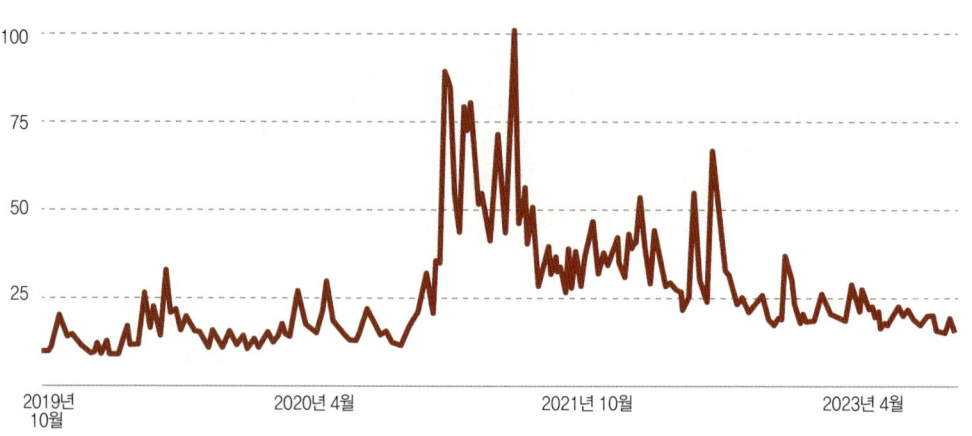

관심 급감…뚝 떨어진 구글 트렌드 비트코인 검색지수

Sharing Agreement)'이 부재했기 때문에 ETF 승인 신청이 지속적으로 거절됐다고 한다. 미국 금융당국은 거래소끼리 오더북(호가창)을 취합해 금융당국에 보고하지 않으면, 코인 시장을 통제할 수 없다고 판단한 것이다. 지난 4년간 그렇게 지속적으로 현물 ETF 승인이 반려됐다.

하지만 2023년 들어서는 상황이 달라졌다. 미국 크립토업계가 바이낸스 등 규제권 밖에 있는 글로벌 거래소들을 배척하고 코인베이스처럼 규제권 안에 있는 거래소로만 SSA를 국한함으로써 ETF 승인 확률을 높이고 있다. 이렇게 되면 2024년 중 큰 폭의 비트코인 상승을 기대해볼 만하다.

비트코인 외 다른 코인 전망은 불투명하다. 대부분 알트코인은 '증권'으로 규정되는 분위기다. 적어도 미국에서는 쇠락의 길을 걸을 것이다. 미국 크립토 업체들은 디파이(DeFi), NFT 등 다양한 서비스를 토큰화하지 않고 스테이블코인으로 정산하려는 시도를 하고 있다. 앞으로 한동안은 알트코인 활용 사례가 늘어나기보다는 스테이블코인과 스테이블코인 애플리케이션이 잘되는 세상이 올 것이다. 2024년 크립토 시장은 우리가 익히 알던 시장 분위기와는 많이 다를 것이다. 자극적인 수익률로 카타르시스를 안겨줬던 재밌는 크립토 시장은 이제 쉽게 오지 않는다. 지루하지만 안정적이고, 확실하지만 비용이 많이 들기 때문이다. 업계에도 지금까지처럼 스타트업이 진입하기보다는 대기업 참여가 늘어날 것이다. 크립토 시장은 성숙기를 거쳐 점점 어른이 돼가고 있다. ■

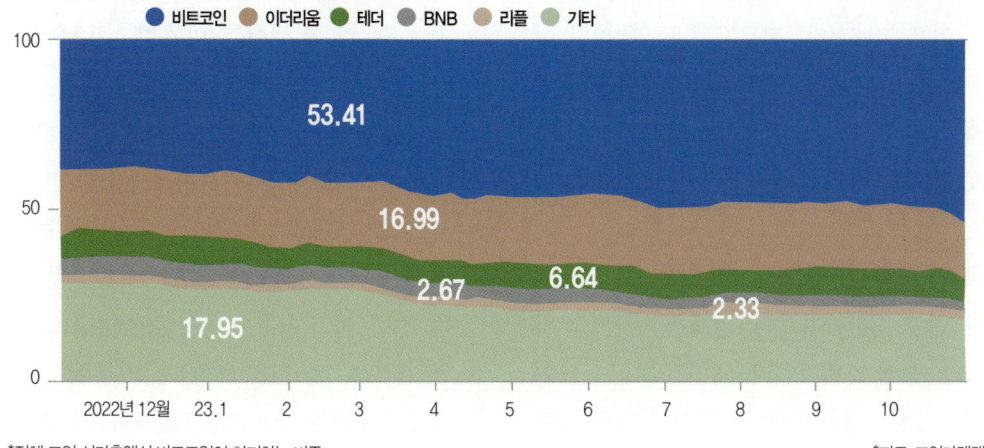

2023년 증가한 비트코인 도미넌스 〈단위:%〉

*전체 코인 시가총액에서 비트코인이 차지하는 비중
*자료:코인마켓캡

2024 10大 이슈 **중국 경제를 바라보는 의구심**

중국 경제 바라보는 의구심 '계속'
일시적 회복·침체 반복되는 패턴

배준희 매경이코노미 기자

중국 경제를 바라보는 의구심이 좀처럼 수그러들지 않고 있다. 바닥을 찍었다는 의견이 우세하지만 고질병으로 지목되는 부동산 부실 우려와 갈수록 격화하는 미중 갈등 등 위험 요인은 그대로다. 전문가들은 2023년 살얼음판을 걸은 중국 경제가 2024년에도 일시적 회복과 침체를 반복하는 패턴을 보일 것으로 진단한다.

2023년 3분기 中 GDP '깜짝 반등'

2023년 7~8월까지 중국 경제는 '냉골' 그 자체였다. 중국 소비자물가지수(CPI) 상승률이 마이너스로 전환해 생산자물가지수(PPI)와 동반 하락하는 양상을 보였다.

다만, 중국 경제가 바닥을 지나고 있다는 징조도 동시에 관찰된다. 2023년 10월 18일 중국 국가통계국은 3분기 국내총생산(GDP)이 1년 전 같은 기간보다 4.9% 증가했다고 발표했다. 이는 2023년 2분기 경제성장률 6.3%보다는 둔화한 것이지만 같은 해 1분기(4.5%)에 비해서는 양호한 수준으로, 시장 전망치도 웃돌았다. 앞서 로이터통신은 경제 전문가들을 대상으로 자체 조사한 결과 중국의 2023년 3분기 경제성장률 전망치가 4.4%로 집계됐다고 전했던 터다. 이번 선전으로 중국의 2023년 1~3분기(1~9월) GDP는 전년 동기보다 5.2% 증가한 91조3027억위안(약 1경6883조원)을 기록했다. 중국 경제성장률은 2023년 1분기와 2분기 각각 4.5%, 6.3%를 기록했다.

2023년 3분기 깜짝 반등은 소비 기여도가 개선된 덕분으로 풀이된다. 2023년 9월 중국 소매 판매는 1년 전보다 5.5% 증가해 시장 전망치(4.5~4.9%)를 웃돌았다. 중국이 내수 활성화를 위해 잇따라 내놓은 관광·소비 촉진 정책이 효과를 냈다는 분석이다. 소비 진작 효과는 2023년 4분기에도 이어질 가능성이 높다. 2023년 11월에는 국경절 연휴와 중국의 최대 쇼핑 성수기인 광군제가 있다.

산업 생산 측면에서도 중국 경기가 바닥을 지나고 있다는 평가가 나온다. 2023년 9월 산업 생산은 전년 같은 기간 대비 4.5% 증가해 시장 전망치(4.4%)를 소폭 웃돌았다. 앞서 나온 중국의 2023년 9월 제조업 구매자관리지수(PMI)는 6개월 만에 50을 넘어섰다. PMI는 50을 웃돌면 경기 확장을 뜻한다. "성장 둔화 위험이 완전히 사라진 것은 아니지만 단기적으로 중국 경제가 바닥을 쳤다는 점은 분명하다"는 게 전문가들의 대체적인 시각이다. 이에 따라, 중국 정부가 올해 목표치로 제시한 5% 안팎 성장률을 달성할 가능성이 커졌다는 분석이 나온다. 중국 정부도 자신감을 내비쳤다. 국가통계국은 "2023년 3분기 국민 경제는 지속적으로 회복세를 보이고 질적 발전이 추진돼 연간 발전 목표를 달성할 수 있는 견고한 기반을 마련했다"며 "다음 단계에선 국내 수요 확대에 중점을 두고 경제 주체의 활력을 자극하며 효과적인 정책을 시행할 것"이라고 밝혔다.

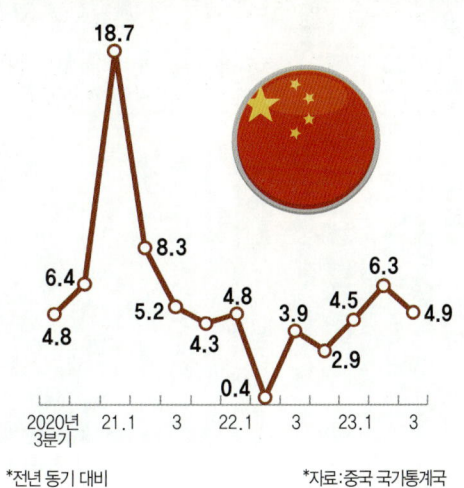

한편, 농촌을 제외한 공장·도로·전력망·부동산 등 자본 투자에 대한 변화를 보여주는 고정자산 투자는 2023년 1~9월 누적 3.1% 증가했다. 예상치인 3.2%를 소폭 밑돌았다. 발표가 중단된 청년 실업률은 이번에도 발표되지 않았다. 다만, 중국의 도시 실업률은 2023년 9월 5%를 기록했다. 이는 2021년 11월 이후 가장 낮은 수치다.

잠재 리스크 여전…'살얼음판' 부동산 최대 변수

그러나 잠재 리스크가 여전하다는 우려 섞인 시선 또한 적지 않다. 특히 회복 조짐이 보이지 않는 부동산 시장은 중국 경제의 최대 리스크로 평가된다. 중국 경제가 반등하는 움직임이 나타나고 있지만 부동산 경기는 여전히 '냉골'이다.

2024 10大 이슈 중국 경제를 바라보는 의구심

중국의 2023년 3분기 GDP가 깜짝 성장했지만 부동산 부실을 둘러싼 여진은 계속되고 있다. 사진은 중국 도심에 빼곡한 아파트 모습.
(게티이미지뱅크 제공)

중국 국가통계국이 2023년 10월 19일 발표한 70대 주요 도시 주택 가격 현황에 따르면 9월 중국 부동산 가격은 베이징과 상하이 등 일부 대도시를 제외하고 대부분 하락세를 보였다. 4대 일선(一線) 도시의 신규(신축) 주택 가격은 전월과 같은 보합세(0%)를 유지했다. 일선 도시 가운데 상하이가 전월보다 0.5% 올랐고 베이징이 0.4% 상승해 뒤를 이었다. 광저우, 선전은 각각 0.6%와 0.5% 하락했다.

일선 도시 신규 주택 가격은 2023년 들어 오름세를 타다 같은 해 7월 하락세로 전환된 뒤 가장 최근인 9월까지 반등의 기미가 보이지 않는다. 각 성(省)의 성도(省都)급 도시인 35개 2선 도시와 중소 규모인 3선 도시도 나란히 0.3%씩 떨어졌다.

2023년 9월 기존 주택 가격도 대도시와 중소도시의 차이가 뚜렷했다. 4대 일선 도시의 경우 0.2% 올라 4개월 연속 하락 이후 처음으로 상승세로 돌아섰다. 반면, 2선 도시와 3선 도시는 각각 0.5%씩 떨어져 전반적인 하락세를 주도했다. 중국 70대 도시 가운데 2023년 9월 신규 주택과 기존 주택의 가격이 전월보다 하락한 곳은 각각 45곳과 67곳으로 전달과 비교해 1곳씩 늘었다.

중국 GDP 성장률이 깜짝 반등하는 모습을 보였음에도 주택 시장 투자 심리가 잔뜩 위축된 것은 대형 부동산 개발 업체 비구이위안(컨트리가든)의 채무불이행(디폴트) 위기가 부각된 탓으로 풀이된다.

로이터통신·파이낸셜타임스(FT)·차이신 등 외신에 따르면 비구이위안은 1540만달러(약

209억원) 상당의 달러 표시 회사채 이자를 유예 기간 내에도 갚지 못해 사실상 디폴트 상태에 빠졌다. 이 회사채는 2025년 9월 만기로 당초 2023년 9월 17일까지 이자 지급이 이뤄져야 했지만, 비구이위안이 이를 갚지 못해 30일의 유예 기간이 주어진 상태였다. 최근 비구이위안 측이 성명을 통해 "해외 채권의 상환 의무를 모두 이행하기 어려울 것 같다"고 밝혀 시장에서는 사실상 디폴트를 각오한 발언이라는 관측이 무성했다. 월스트리트저널(WSJ)은 비구이위안의 역외 회사채·대출금 총 규모가 약 152억달러라고 전했다. 이자를 받지 못한 채권자들은 디폴트를 선언할 수 있고 채무 재조정이 이뤄질 수도 있다.

사정이 이렇자 전문가들은 중국 경제가 2024년에도 일률적으로 경기 방향을 진단하기 힘든 상황이 이어질 것으로 본다. 부동산 침체가 지속되고 있는 점은 2024년 중국 경제 전망을 어둡게 만드는 요인이다. 국제통화기금(IMF)은 부동산 침체가 중국의 GDP를 하락시킬 수 있다며 2023년 중국 성장률 전망치를 기존 5.2%에서 5%로 낮춘 데 이어 2024년도 4.5%에서 4.2%로 낮췄다.

이에 중국은 주택담보대출 인하, 구매 제한 완화 등의 부동산 정책과 재정·금융 지원책 등의 정책을 계속 펼쳐나갈 예정이지만 일각에서는 추가적인 부양책과 함께 구조적 병폐를 해소하려는 노력이 병행돼야 한다는 지적이 나온다.

특히, 미국과 기술 패권을 두고 갈등이 심화하는 점은 중국 경제에 지속적인 부담을 주고 있다. 조 바이든 미 행정부는 2023년 10월 17일(현지 시각) 낮은 사양의 인공지능(AI) 반도체에 대해서도 중국 수출을 금지하기로 했다. 또 제3국을 통한 규제 우회를 막기 위해 중국 기업 해외 사업체에 대한 반도체 수출도 차단된다. 바이든 행정부가 2022년 10월 내놓은 반도체 수출 규제를 통해 특정 속도 이상 AI 반도체 수출을 규제하자 엔비디아는 이를 우회하기 위해 속도를 낮춘 A800·H800 반도체를 개발해 중국에 판매해왔는데, 우회로마저도 원천 차단한 것이다. 심각한 고령화로 경제 활력이 자꾸만 둔화되는 점도 중국 경제의 우려 요인이다. 중국 정부가 최근 발표한 자료에 따르면 2022년 말 기준 중국의 60세 이상 인구는 2억8004만명으로 전체 인구의 약 20%를 차지했다. 2021년 기준 60세 이상 인구 비중은 약 19%(2억6736만명)였는데 1년 새 1%포인트 증가한 것이다. 관영 통신 신화사는 이런 추세라면 2035년 '심각한 초고령 사회'에 진입할 것이라고 우려했다.

노무라홀딩스의 루팅 이코노미스트는 "(추가 부양책이 없다면) 경기의 일시적 회복과 침체가 반복될 가능성이 있다"며 "중국 경제가 아직 바닥이라고 보기는 이르며 2024년 초 경제를 안정화하기 위한 노력을 펼칠 수 있을 것"이라고 내다봤다. ■

2024 10大 이슈 **2차전지 대장주 에코프로 주가 다시 날개 달까**

폐배터리까지 아우르는 수직계열화 구축
원재료 가격 약세 장기화 가능성 낮아

노우호 메리츠증권 애널리스트

2023년 상반기 국내 주식 시장은 미래 성장성을 기반으로 한 성장주에 쏠림 현상이 가중됐다. 2023년 1월 로봇과 인공지능(AI) 테마에 수급이 쏠렸고, 같은 시점에 포스코퓨처엠이 삼성SDI로 양극재 장기 공급 계약을 체결했다는 공시가 발표되며 2차전지 종목의 주가 랠리가 시작됐다.

2023년 10월 기준 2차전지 산업 내 기업의 주가 등락은 놀라울 정도로 편차가 크다. 에코프로는 연초 대비 700% 넘게 주가가 올랐고, 에코프로비엠(167%), 포스코퓨처엠(93%), 나노신소재(76%), POSCO홀딩스(85%) 모두 높은 주가 상승률을 기록했다. 주가 상승률에서 나타나듯 2차전지 투자자 관심 종목 1순위는 에코프로다. 2024년에도 에코프로와 국내 2차전지 업종의 성장성과 시장 지배력을 고려하면, 주가 역시 이 흐름에 동행하며 긍정적일 것으로 예상된다.

전기차 배터리 시장 성장성 여전히 높아
2023년 대비 2030년 시장 규모 3배 성장

국내 2차전지 산업 성장성은 전기차(BEV)로 표현되는 절대적 시장 규모에 동행한다. 시장 조사 업체 SNE리서치에 따르면 전기차용 배터리 시장 규모는 2023년 160조원, 2030년 531조원, 2035년 815조원으로 급증할 전망이다. 미주와 유럽 등의 권역별 전기차·배터리 공급망 정책과 이에 수반한 금전적 인센티브 발표로, 테슬라를 비롯한 완성차 기업들은 앞다퉈 전기차 출시 계획을 발표하고 있다.

미국의 인플레이션 감축법(IRA)은 국내 2차 전지 산업과 기업들에 긍정적인 영향을 미쳤다. 과거 도널드 트럼프 전 미국 대통령 재임 시절부터 추진된 대중 무역 관세와 리쇼어링(해외 진출 기업의 국내 복귀) 정책이 현재 조 바이든 미국 대통령의 IRA로 진화했다. IRA 정책 기준으로 '우려 국가 집단(Foreign Entity of Concern·FEOC)'에 중국이 명시되지는 않았지만, 보조금 지급 조건이 미국 내 생산 또는 미국과 자유무역협정(FTA) 체결 국가에서 생산된 품목을 기준으로 정해져 사실상 중국산 배터리에 대한 견제 장치로 작용된다는 점도 국내 기업에는 호재다.

IRA 정책 분류상 리튬·니켈·코발트 등 배터리의 핵심 광물 공급망이 '적격 핵심 광물(Qualifying Critical of Minerals)' 자격을 인정받기 위해서는 다음 조건 중 한 개 이상을 충족해야 한다. 첫째는 핵심 광물 채굴 단계의 부가가치 50% 이상이 미국 또는 FTA 체결 국가에서 발생해야 한다. 핵심 광물 가공 단계(구성 재료 제조)의 부가가치 중 50% 이상이 미국 또는 FTA 체결 국가에서 발생돼야 한다는 점이 두 번째 조건이다. 해당 조건은 2024년 이전에는 40% 비율을 충족하고 2027년 이후에는 80% 비율을 충족해야 한다. 핵심 광물로 지정된 소재 범위는 양·음극 활물질, 박·고체 전극용 금속, 바인더, 전해질염, 전해질 첨가제 등이다. 해외 우려 국가 집단에서 조달된 핵심 광물이 포함된 배터리는 2025년부터 보조금 지급 대상에서 배제된다. 또, 분리막과 전해액 등 주요 부품은 미국·캐나다·멕시코 등 북미 제조 비율이

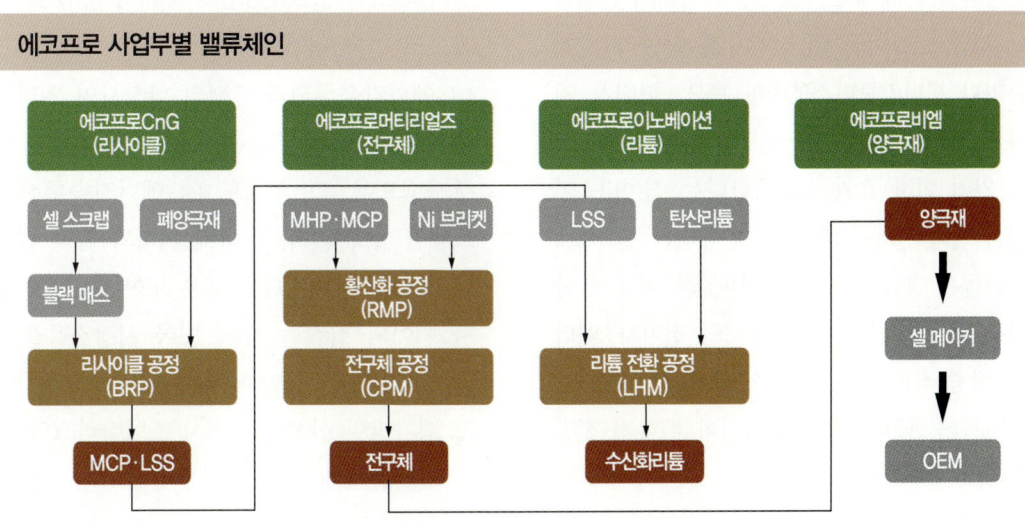

에코프로 사업부별 밸류체인

*자료: 메리츠증권 리서치센터

청주에 있는 2차전지용 양극 소재 제조 공장에서 에코프로비엠 직원들이 생산라인을 점검하고 있다. (에코프로비엠 제공)

2024년 이전 50%, 2029년 100%를 충족해야 한다.

여기서 주목해야 할 점은 IRA 정책의 인센티브 지급으로 미국 내 전기차를 양산하는 테슬라나 제너럴모터스(GM), 포드, 현대차·기아 등 완성차 기업들이 선보이는 전기차에 판매 가격 인하 효과가 발생한다는 점이다. 이들과 협력 관계를 맺은 국내 배터리 셀·소재 기업들은 생산자 보조금을 비롯한 투자·생산 비용 등을 절감할 수 있다. 또, 전기차·배터리 '탈중국(Ex-China) 정책' 흐름이 가속화하며 국산 배터리업계 성장성이 부각될 전망이다.

이미 국내 2차전지 셀 기업들이 중심이 돼 미국 투자를 이어가고 있다. 규모와 속도 측면에서 가장 긴밀하게 대응하는 기업은 LG에너지솔루션이다. LG에너지솔루션은 GM의 전기차 모델 볼트(Bolt)에 배터리 공급을 시작으로 미국 내 사업 규모를 확장하고 있다. LG에너지솔루션과 GM의 합작사인 얼티엄셀즈(Ultium Cells)는 총 3개 합작 공장에 투자했으며, 그 외에도 LG에너지솔루션은 스텔란티스, 혼다, 현대차·기아와 합작 설비를 가동할 계획이다. SK온 또한 포드, 현대차·기아와 합작을 통해 미국 시장점유율을 넓히고 있다. 그동안 투자에 다소 소극적이라고 평가받던 삼성SDI 역시 스텔란티스와 합작으로 총 2개의 공장에 투자했으며, GM과 합작사를 구축할 전망이다.

국내 2차전지 셀 기업들의 공격적인 북미 투

자와 비교해 소재 기업들 투자 소식은 다소 미진한 상황이다. 2022년 포스코퓨처엠이 GM과 양극재 합작 공장에 투자했고, LG화학의 미국 테네시주 양극재 단독 설비 투자, 2023년 SK온·에코프로비엠·포드 간 양극재 합작 공장 투자 정도가 전부다. IRA 정책에서 명시한 배터리 소재 조달의 적격성을 감안하면 소재 기업의 미국 투자는 향후 확대될 가능성이 높다.

에코프로·포스코그룹 각광받는 이유는 양극재 사업과 업스트림 분야 공통점

미국 IRA 정책으로 국내 2차전지 소재 기업 간 주가가 차별화되는 흐름이다.

특히 에코프로와 에코프로비엠을 포함한 에코프로그룹, POSCO홀딩스와 포스코퓨처엠으로 대표되는 포스코그룹 주가 강세가 이어졌다. 이들은 양극재 사업과 업스트림(후방 산업) 분야라는 공통점을 지녔다. 에코프로비엠과 포스코퓨처엠은 양극재 사업을 영위한다. POSCO홀딩스는 리튬·니켈 등 양극재 원재료를, 에코프로는 자회사 에코프로머티리얼즈를 통해 전구체를 생산한다. 국내 2차전지 기업들은 각 소재 영역에서 최고의 기술력을 보유했으며, 고객사별 완성품 생산에 적절히 대응하고 있다는 평가를 받는다. 그 안에서도 업스트림 내재화와 탈중국화 가능성이 높게 점쳐지는 에코프로그룹과 포스코그룹에 수급이 쏠렸다.

2024년 에코프로그룹 사업 시너지는 더욱 커질 전망이다. 먼저 에코프로비엠에 대한 전망이 긍정적이다. 2023년 초 이후 에코프로비엠의 연간 주가 상승률은 최대 401%에 달한다. 2027년 양극재 목표 생산량은 71만t, 주력 고객사는 SK온과 삼성SDI다. 특히 에코프로비엠은 최근 리튬인산철(LFP) 영역까

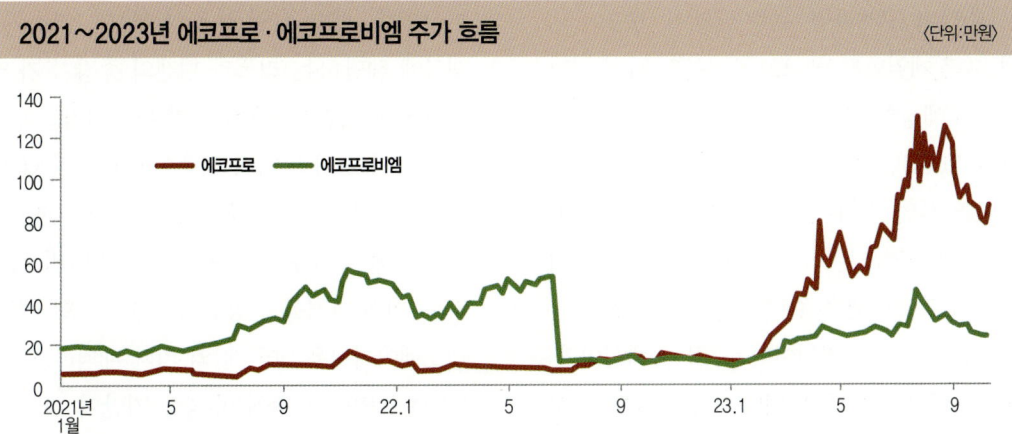

2021~2023년 에코프로·에코프로비엠 주가 흐름 ⟨단위:만원⟩

2024 10大 이슈 2차전지 대장주 에코프로 주가 다시 날개 달까

2024년 그룹 시너지 커진다
에코프로비엠, LFP 영역 R&D
머티리얼즈 사업 가치 기대
이노베이션·CNG, 신성장동력
투자 포인트는 '수직계열화' 구축

지 연구개발(R&D) 영역에 포함했다. 하지만 적정 기업가치에 대한 의견은 제각각이다. 단기간에 급등했던 주가가 이미 미래 성장성을 충분히 반영했다는 의견과 아직 성장성과 주가 반등 여지가 남아 있다는 의견이 충돌하고 있다.

오는 2030~2035년 전기차용 배터리 시장 규모가 800조원을 웃돌 전망인 만큼 에코프로비엠의 궁극적 사업 가치는 31조~34조원 수준으로 추정된다. 이는 단순한 생산능력으로 추정된 고객사별 수주 금액이 바탕이 되며, 수직계열화된 에코프로그룹의 사업 시너지까지 예상한 수치다.

특히 2023년 11월 상장하는 에코프로머티리얼즈 사업 가치에 대한 기대도 크다. 에코프로머티리얼즈는 국내 최대 양극재 생산 기업 에코프로비엠을 주력 고객사로 확보한 순수 국내 전구체 기업이라는 점이 핵심이다. 국내 양극재 기업들은 전구체 조달을 화유코발트나 CNGR 등 중국산 수입에 의존해왔다. 국내 순수 전구체 기업인 에코프로머티리얼즈는 해를 거듭하며 강화되는 미국 IRA 정책에서 사업 역량이 더욱 돋보일 가능성이 높다. 에코프로머티리얼즈의 전구체 생산 규모는 2023년 5만t, 2026년 20만t 이상으로 에코프로비엠을 비롯한 고객사 물량을 대응할 계획이다. 특히 2030년 국내 전구체 시장 규모가 20조원 수준임을 감안하면 전구체 최대 생산 규모를 내세운 에코프로머티리얼즈의 사업 가치 또한 비례해서 증가할 전망이다.

2023년 11월 에코프로머티리얼즈가 상장한 이후, 에코프로그룹은 에코프로비엠·에코프로머티리얼즈·에코프로에이치엔 등 총 3개의 상장 자회사를 보유한다. 향후 에코프로의 또 다른 성장동력은 에코프로이노베이션과 에코프로씨앤지다.

에코프로이노베이션은 탄산리튬·수산화리튬을 가공하고 니켈산화물을 제조하는 사업 부문이다. 해당 사업 부문의 핵심은 기초 원재료에 해당하는 리튬과 니켈의 중장기 가격 방향성에 대한 전망이다. 기존 에너지업계에서도 유가와 가스 가격 예측이 어려워 수급이나 기타 변수를 활용한 중장기 가격 전망으로 사업을 영위해왔다. 이와 비슷한 방법으로 리튬·니켈 가격을 전망할 수 있다. 또한 에코프로에이치엔은 양극재 외 기타 배터리 소재 R&D 영역까지 중장기 성장 기반이 마련된 상태다.

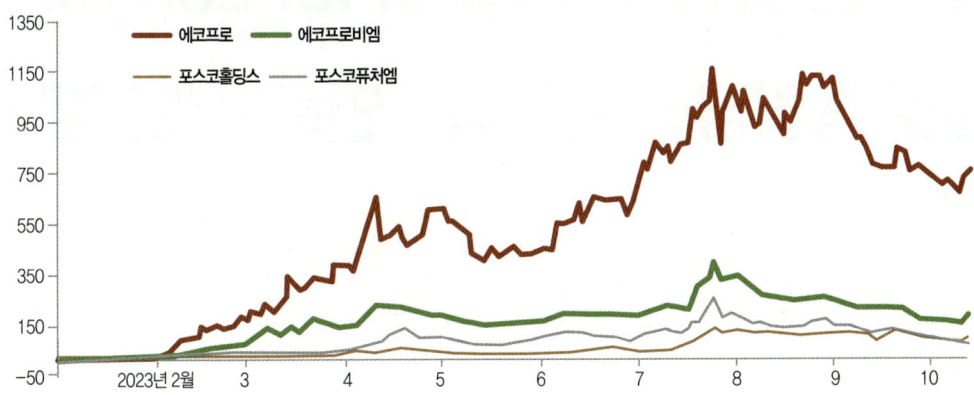

국내 배터리 기업들의 2023년 주가 변화율 〈단위:%〉

배터리 재활용 사업을 담당하는 에코프로씨앤지에 대한 기대감도 크다. 배터리를 비롯한 소재업계는 자원 순환 생태계 확보가 화두로 떠올랐다. 사용된 소재를 무한 재활용할 수 있는 영역이다. 특히 폐배터리 규모는 2023년 18기가와트시(GWh), 2030년 338GWh, 2040년 3.3테라와트시(TWh)로 급증할 전망이다. 금액으로 환산하면 2023년 7000억원의 폐배터리 시장은 2030년 21조원, 2040년 87조원, 2050년 600조원의 시장으로 예상된다. 특히 에코프로씨앤지는 국내 포항을 비롯해 헝가리와 미국에 별도 생산기지를 마련해 선제적인 시장 대응에 나설 예정이다. 기존 배터리 재활용 기업 성일하이텍의 성공적 증시 입성과 향후 성장 기대감을 감안하면 양극재 수직계열화를 구축한 에코프로씨앤지의 기대감은 이보다 높을 가능성이 크다. 특히 배터리 재활용 분야는 시장을 지배하는 기업이 부재한 상태의 극초기 단계 시장이라는 점을 주목해야 한다.

에코프로그룹은 자회사들을 통해 전구체부터 양극재, 배터리 재활용까지 수직계열화를 구축했다는 점이 투자 포인트다. 리튬 등의 원재료 가격은 2차전지 기업 선행 지표와 판매 단가의 핵심 지표다. 리튬 등 원재료 가격에 대한 중장기적 전망은 어렵지만 수요 증가 추세는 유효하다. 여기에 탈중국 공급망 재편을 감안하면 구조적인 가격 약세가 장기화할 가능성은 높지 않은 것으로 진단한다. 원재료 가격 하락에 따른 실적 우려가 장기적인 위험 요인은 아니라는 뜻이다. 이와 별개로 에코프로는 각 사업 영역별 지배력을 갖춘 자회사를 보유하고 있다. 향후 2050년 확대될 배터리 재활용 시장 규모까지 고려하면 에코프로와 자회사들 주가 상승 여력은 여전히 유효하다는 판단이다. ■

2024 10大 이슈 고금리 시대 언제까지

물가 안 잡히니 "Higher for Longer"
(고금리 장기화)
실질 중립금리 올랐나…인하는 '먼 길'

명순영 매경이코노미 기자

'Higher for Longer(더 높은 기준금리를 더 오래)'.

코로나19 팬데믹 이후 미국을 포함한 전 세계 금융당국은 경쟁적으로 금리를 올렸다. 이는 어쩔 수 없는 선택이었다. 코로나19 위기를 해결하기 위해 그야말로 천문학적인 돈을 시중에 풀었기 때문이다. 이 돈을 회수하지 않으면 넘쳐나는 유동성으로 물가가 급등할 수밖에 없다. 아니나 다를까, 전 세계는 고물가에 시달렸고 주요 국가는 빠른 속도로 금리를 올렸다. 미국은 2022년 3월부터 기준금리를 무려 5.25%포인트나 올리며 금리 인상을 주도했다. 2년간의 금리 인상 이후 전 세계는 "이제 올릴 만큼 올린 것 아니냐"는 기대감이 없지 않

았다. 하지만 글로벌 경제를 이끄는 미국 생각은 달랐다. 미국 연방준비제도(연준)는 지난 2023년 9월 통화 정책 회의에서 5.5%에 달하는 기준금리를 한동안 높은 수준으로 유지하겠다는 의지를 분명히 했다. 이 같은 '고금리 장기화' 시그널에 국채 금리는 치솟았고 주가는 고꾸라졌다. 연준의 메시지에 시장이 반응하며 30년 만기 국채 수익률이 5%를 넘어 2007년 이후 최고치를 기록하기도 했다.

미국 매파와 비둘기파 맞서지만…
5%대 금리 유지될 가능성 높아

전 세계 금융 시장이 공포에 휩싸여 있을 때 새로운 사건이 생겼다. 2023년 10월 이스라엘과 팔레스타인 무장정파 하마스의 충돌 사태가 벌어졌다. 고금리 장기화라는 악재에 전

전 세계적으로 물가가 안 잡히면서 고금리 장기화 추세가 이어질 분위기다. (게티이미지뱅크 제공)

쟁이라는 새로운 극단적인 악재가 더해진 것이다.

그런데 금융 시장에서 전쟁은 악재면서도 악재가 아니었다. 중동에서의 불안한 정국이 더 이상 미국이 금리를 인상하기 어렵게 만들 것이라는 기대감을 형성했다. 비유하자면, 악재(고금리 장기화)를 악재(이스라엘-하마스 전쟁)가 막은 셈이 됐다.

시장도 금리 인상보다는 유지에 무게를 둔다. 시카고상품거래소(CME)에서 거래되는 연방기금금리(미국 기준금리) 선물은 연준이 금리를 인상할 확률을 낮춰가고 있다. 여기에 "금리 인상을 자제해야 한다"는 미국 연은 총재들의 '비둘기' 발언이 이어지며 고금리 불안감은 다소 진정되는 모양새다. 필립 제퍼슨 연준 부의장이 지난 2023년 10월 미 댈러스에서 열린 전미실물경제협회(NABE) 회의 연설에서 "물가 상승률이 여전히 높은 상태지만 최근 미 국채 수익률 상승이 경제에 잠재적인 추가 제약이 될 가능성을 주시하고 있다"고 말한 것이 같은 맥락이다.

이 밖에 "장기 금리가 계속 높아진다면 연준이 기준금리를 올릴 필요성이 줄어들 수 있다(로리 로건 댈러스 연방준비은행(연은) 총재)" "장기물 국채 금리가 오르며 금융 환경이 (기준금리를 안정적으로 유지할 수 있는 방향으로) 움직이고 있다(메리 데일리 샌프란시스코 연은 총재)"는 등 주요 인사들이 '비둘기파' 대열에 합류했다.

9월 미국 CPI 3.7%…연준 목표치인 2%대

결론부터 말하면 전쟁에도 불구하고 고금리

2024 10大 이슈 고금리 시대 언제까지

고금리가 이어지며 주식 시장은 악영향을 받고 있다. 사진은 월가. (게티이미지뱅크 제공)

는 장기화될 것이다. 금리를 더 올리지는 않더라도 당분간 하락의 길로 방향을 전환할 가능성은 낮다.

세계 최대 자산운용사 블랙록은 "미 채권 시장 대혼란, 끝나려면 멀었다"고 했다. 필립 힐데브란트 블랙록 전략가는 4분기 투자 전망 보고서에서 "미국 채권 시장이 3년째 약세장을 겪고 있다"며 "그럼에도 투매는 끝나지 않았다"고 판단했다. 이어 "꺾이지 않는 인플레이션, 고금리 장기화, 부채 증가 부담으로 채권 금리가 올라갈 것"이라고 덧붙였다.

월가에서는 미국 10년물 국채 금리가 5%까지 뛸 것이라는 전망이 지배적이다. 채권왕 건들락이나 제이미 다이먼 JP모건체이스 회장 등이 10년물 기준 5% 이상 금리를 우려하며 군중 심리까지 더해졌다. 설상가상, 중국과 일본이 미 국채를 외면하며 금리는 상승세를 탔다.

미국 물가가 여전히 높다는 점도 금리를 낮출 수 없는 이유다. 지난 2023년 9월 미국의 소비자물가지수(CPI)는 2022년 같은 기간보다 3.7% 상승했다. 생산자물가가 다섯 달 만에 최고 수준을 기록한 데 이어, 소비자물가지수는 '3.7% 상승'으로 집계돼 전문가 전망치를 넘었다. 물가 상승률 2%를 목표로 둔 연준 기준에 3.7%는 너무 높은 수준이다. 물가가 높다는 건 돈의 구매력이 낮아 시중에 돈이 많이 돈다는 의미다. 금리를 높이면 돈이 은행 등으로 흡수돼 귀해지고, 구매력이 높아져 물가를 낮출 수 있다. 결국 연준은 물가 상승률이 목표치 2%로 떨어질 때까지 기준금리를 올리거나 유지할 수밖에 없다.

주요 인사들 발언도 물가와의 연동성을 분명히 했다. 제롬 파월 미 연준 의장은 기회가 있을 때마다 "인플레이션이 목표치(2%)로 하락한다는 확신이 들 때까지 긴축을 유지할 것"이라고 밝혔다. 지난 9월 CPI가 발표된 직후 수전 콜린스 보스턴 연방준비은행(연은) 총재는 가격 안정성 회복 과정에서 세부 부문별로 진전이 고르지 않음을 보여준다면서, 추가 금리 인상 필요성을 다시 한 번 주장했다.

부동산 관련 물가도 불안하다. 임대료가 내려갈 것이라는 기대가 깨지는 분위기가 감지된다. 인플레이션이 고공행진했던 때 체결됐던 주택 임대 계약이 갱신 시점에서 떨어질 것이라는 기대감이 높았다. 하지만 실상 임대료는 그대로 유지됐다. 이런 상황이 일시적인지, 아니면 대도시를 중심으로 한 임대료 인상 등 근본적 요인이 있는지 판단하기 위한 추가 점검이 필요한 시점이다.

물론 연준이 제시한 2%라는 숫자가 명확한 논리에 기반한 것은 아니다. 로 칸나 미 상무부 부차관보 출신 의원은 "물가 상승률 2% 목표는 과학이 아닌 정치적인 판단일 뿐"이라고 밝혔다. 실제 연준 홈페이지에도 '2%가 합당하다(Understandable)'라는 정도로 설명하고 있다. 다만 1990년대 초부터 2020년 코로나19가 터지기 전까지 약 30년이 미국에서 '대안정기'라고 부르는데, 이 당시 물가 상승률이 대체로 2% 수준이었다. 연준은 이 당시로 경제 시계를 되돌리고 싶어 한다. 그러나 일각에서는 중국에서 싼 물건을 공급하던 미-중 협력기가 끝나며 2%의 물가 상승은 '신화'로 그칠지 모른다는 의견도 나온다.

실질 중립금리 논쟁…
이상적인 경제 가능케 하는 금리가 4~5%대?

그렇다면 미국이 2%에 집장하지 말고 3% 수준에서 금리를 고민할 수는 없을까. 로런스 볼 존스홉킨스대 경제학과 교수도 "물가 목표가 3~4%로 상향된다고 경제가 실질적인 타격을 받는 건 아니다"라고 했다. 현실성 없는 목표에 닿기 위해 무리한 긴축을 펼치지 말고 목표치를 조정하자는 의미다.

2020년대 4~5%대 금리가 '뉴노멀'로 자리 잡을지는 '실질 중립금리' 논쟁으로 이어진다. 중립금리는 물가와 실업률이 안정되고 인플레이션이나 디플레이션 압력 없이 잠재성장률을 달성할 수 있는 이론적인 금리를 말한다. 중립금리는 관찰될 수도 없고 경제가 특정 수준 금리에 어떻게 반응하는지로 추론한다. 한마디로 뜨겁지도 차갑지도 않은 '이상적인 금리'다. 실질 중립금리는 명목 중립금리에서 인플레이션 목표치를 뺀 것을 뜻한다.

미국에서는 기준금리를 수차례 올렸음에도 불구하고 미국의 소비와 고용이 좀처럼 냉각 기미를 보이지 않자 실질 중립금리가 상승하고 있다는 주장에 힘이 실린다. 경제 구조적 요인의 변화로 실질 중립금리가 높아지면 인

2024 10大 이슈 고금리 시대 언제까지

**실질금리 높아졌나
금리 하락 쉽지 않아
한국도 고금리 장기화
탈세계화 추세도 영향**

플레이션율이 각국 중앙은행 목표치인 2%로 떨어지더라도 이상적인 경제를 가능케 하는 금리 수준이 4~5%대가 된다는 의미다.
실질 중립금리는 각국 중앙은행 정책금리의 적정성을 판단하는 잣대로 작용한다. 현실 세계에서 관찰할 수 있는 금리는 아니지만 각국 중앙은행이 고용과 소비 등 실물경제 동향을 살피며 정책금리를 결정할 때 판단 근거로 쓰인다. 가령, 실질 정책금리(정책금리-물가 상승률)가 실질 중립금리를 웃돌면 통화 긴축 상태로, 밑돌 경우에는 통화 완화 상태로 평가된다. 기준금리가 특정 시점 물가 상승률보다 0.5% 이상 높다면 이는 긴축적인 금리 수준이 되는 구조다. 실질 중립금리가 높아지면 인플레이션을 잡기 위해 기준금리를 더 올려야 한다는 의미다.
현재 연준은 인플레이션 목표치 2%를 감안한 장기 명목 중립금리를 2.5%로, 실질 중립금리를 0.5%로 추정한다. 뉴욕 연방준비은행에 따르면 연준이 추정하는 실질 중립금리는 1980년대 3%대, 1990년대 2%대를 보였다. 실질 중립금리는 2000년대 들어 급락했다 2012~2018년 당시에는 저성장 기조가 심화하면서 0.1~0.2%대까지 떨어졌다. 당시는 2008년 글로벌 금융위기 이후 '구조적 장기 침체(Secular Stagnation)'의 암흑기를 지나던 때다.
세계 금융권에서는 실질 중립금리 상승론을 부르짖는 주장이 하나둘 등장해 주목을 끌기 시작했다. 미 연준이 고강도 긴축을 단행했음에도 소비, 고용이 식지 않고 근원물가 역시 좀처럼 제자리를 찾지 못하자 경제 체질의 구조적 변화가 진행 중인지 들여다보자는 목소리가 커진 것이다.
래리 서머스 하버드대 명예교수가 실질 중립금리 상승 가능성에 불을 지핀 데 이어 연준의 '비공식 대변인'으로 불리는 닉 티미라오스 월스트리트저널 기자도 실질 중립금리 상승론에 힘을 싣는 기사를 실었다. 최근 WSJ는 실질 중립금리의 상승으로 인플레이션율이 2%로 떨어져도 연준의 기준금리가 상당 기간 4%대를 유지할 수 있다고 전망했는데, 여기에 연준 내부 내밀한 기류가 반영됐다는 시각이 대체적이다.
뱅가드투자전략그룹은 실질 중립금리가 기존 0.5%에서 1.5%로 상승했다고 분석했다. 뱅가드 측은 "높아진 실질 중립금리로 2024년 말까지 기준금리가 5% 이상, 장기적으로는 3.5%가 될 것"이라고 예측했다. 이는 연준이

올 6월 경제전망요약(SEP)에서 제시한 2024년 말 4.6%, 장기 금리 전망치 2.5%보다 더 높은 수준이다.

정부부채 증가, 탈세계화 추세, 기후 대응 투자 등으로 실질 중립금리 상승

실질 중립금리를 밀어 올리는 핵심 요인은 코로나19 국면을 전후해 실시된 완화적인 재정 정책이다. 정부가 자금 조달을 위해 국채를 찍어내면 채권 시장에서 국채 공급이 늘고 이는 시장 자금을 빨아들여 금리 상승 요인으로 작용한다.

미국 정부는 코로나 국면을 전후해 탈탄소와 첨단 산업 분야 등을 중심으로 전례 없는 수준의 재정 부양책을 시행했다. 미국 GDP 대비 재정수지 비율은 2020년, 2021년 각각 -14.9%, -11.9%로 2차 세계대전 직후였던 1945년 -20.9% 이후 가장 큰 폭의 재정 적자 비율을 보였다. 공공이 보유한 미국 연방부채는 2020년 초 GDP 80%에서 현재 95%까지 치솟았다. 연방정부 재정 적자도 코로나19 대유행 이전 5% 미만에서 현재 6%로 늘었다.

국제통화기금(IMF)도 기본 전망 시나리오에서는 팬데믹 이전 낮은 실질 중립금리 수준으로 회귀하는 상황을 가정했지만 정부부채의 지속적인 증가, 탈세계화 추세, 기후 대응 투자 확대 등의 경우에는 실질 중립금리가 약 1.2%포인트 상승할 것으로 내다봤다.

2000년대 이후 미국 등 선진국 실질 중립금리 하락을 주도한 것으로 평가받는 생산성 둔화, 인구 구조 변화(고령화), 글로벌 과잉 저축 등의 영향력이 점차 힘을 잃는 것도 실질 중립금리를 밀어 올리는 요인으로 평가된다. 정리하면, 과잉 저축 완화 등으로 자본 공급이 감소하는 반면, 정부가 탈탄소와 첨단 산업 등에 재정 지출을 늘리려 국채를 찍어대면 이는 자금 수요 증가로 이어져 실질 중립금리가 장기적으로 상승할 수 있다는 논리다.

한국 경제도 미국과 크게 다르지 않다. 실질 중립금리 하락을 주도했던 과잉 저축, 인구 구조 변화 등의 영향력이 점차 완화되는 가운데 재정 지출이 늘고 있어서다. 현재 한국의 실질 중립금리는 1.5%대로 평가되는데 2024년까지 하향세로 돌아가지 않을 것이라는 견해가 대세다. ■

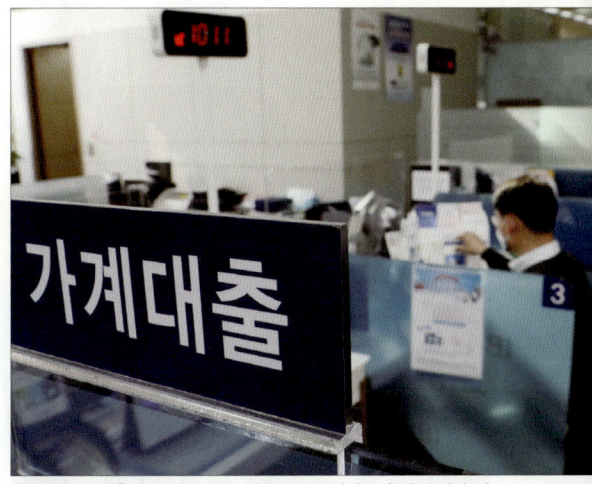

한국에서도 대출 금리가 오르고 있다. 2024년에도 쉽게 금리가 떨어지기 힘들다는 분석이 지배적이다. (매경DB)

III

2024 매경 아웃룩

지표로 보는
한국 경제

1. 소비
2. 물가
3. 투자
4. 국내 금리
5. 원화 환율
6. 국제수지
7. 고용
8. 노사 관계
9. 가계부채 · 재정수지
10. 지역 경제
11. 글로벌 교역

지표로 보는 한국 경제 **소비**

인플레이션 잡힐까…'소비' 예측 가늠자
증가한 '초과 저축' 덕분에 소비 여력 탄탄

김천구 대한상공회의소 SGI(지속성장이니셔티브) 연구위원

2023년 상반기에 소비는 수출이 부진한 가운데 국내 경제 성장을 견인하는 모습을 보였다. 국내 경제성장률(전년 동기 대비)은 1분기와 2분기 각각 0.9%를 기록하며 코로나 위기 기간이었던 2020년 4분기(-0.7%) 이래 가장 낮은 수치를 기록했는데, 민간 소비 증가율은 상반기에 3.1%(1분기 4.6%, 2분기 1.6%)로 비교적 높은 증가세를 보였다. 이에 따라 민간 소비의 성장 기여도(성장 기여도는 경제성장률 전체에 대해 어느 항목이 많이 기여했는지를 보여주는 지표)는 상반기에 1.5%포인트(성장 기여율은 166.7%)를 기록했다. 민간 소비가 없었다면 2023년 상반기 경제성장률은 -0.6%포인트에 머물렀다는 뜻이다.

2023년 하반기 펜트업 수요 둔화세

이런 소비 회복세는 2023년 하반기 들어 다소 주춤한 모습이다. 펜트업(Pent-up·억눌렸던 수요가 급속도로 살아나는 현상) 수요가 약화한 가운데 고물가와 고금리가 민간 소비 확대의 제약 요인으로 작용하고 있기 때문이다.

2021년부터 가파르게 상승하기 시작한 국내 소비자물가 상승률은 2023년 상반기에 4%를 기록하며 한국은행의 물가 안정 목표치인 2%를 크게 웃돌았다. 국내 기준금리는 높은 물가 상승률과 미국, EU 등 주요국 금리 인상 영향으로 9월 기준 3.5%까지 높아졌다. 가계의 소득 여건을 나타내는 지표 중 하나인

고용 시장도 하반기에 상황이 안 좋아지고 있다. 얼마나 많은 일자리가 창출됐는지를 나타내는 신규 취업자 증가폭은 2023년 1분기 39만7000명, 2분기에는 34만6000명을 기록했으나 하반기가 시작된 7월과 8월에는 각각 21만1000명과 26만8000명으로 낮아지는 모습이다.

2023년 하반기부터 둔화세를 보이기 시작한 소비가 2024년에 다시 반전할지는 국내 경제에 중요하다. 결론부터 이야기하면 2024년 소비 증가율은 2023년과 유사한 수준을 기록할 것으로 예측된다. 가계 소비를 결정짓는 여러 가지 지표 중 양호한 측면과 부정적인 측면이 혼재돼 있기 때문이다.

소비 발목을 잡았던 높은 인플레이션이 2024년에 다소 안정될 것이라는 기대는 소비에 긍정적이다. 가계 소득 증가율이 아무리 높더라도 소비자물가 상승률이 높아지면 가계의 실질 소득 증가세는 정체될 수밖에 없다. 전기료·교통비 등 공공요금과 생필품·외식비 등 가격 인상이 최근 가계 소비에 커다란 영향을 준 만큼, 2024년 소비가 늘기 위해서는 물가 상승률 안정이 대단히 중요하다. 국제유가 움직임과 기상 여건 변화 등으로 아직 안심할 단계는 아니지만, 그동안 누적된 기업들의 비용 상승 압력 완화로 2024년에 물가 상승률이 점차 제자리를 찾으며 소비에 긍정적인 영향을 미칠 것이다.

가계의 축적된 초과 저축(Excess Saving)

민간 소비 증가율과 경제성장률 〈단위:%〉

*2023년은 상반기 기준 *자료: 한국은행

역시 2024년 소비에 긍정적인 요인 중 하나로 꼽힌다. 초과 저축이란 과거 평균적인 저축 수준보다 더 많이 쌓인 저축을 의미한다. 사람들은 미래의 주택 구매, 노후 대비 등 다양한 목적을 위해 현재 소득 중 일부를 소비하지 않고 저축한다. 그런데 팬데믹 이후 가계들이 대면 서비스나 해외여행 등의 소비를 하지 못하며 쌓인 초과 저축이 아직 여유 자금으로 남아 있다. 한국은행에 따르면 우리나라 가계에 축적된 초과 저축 규모는 약 101조~129조원(2022년 12월 말 기준) 수준인 것으로 추산된다. 최근 수년간 늘어난 국내 가계의 초과 저축은 주식, 부동산 등 자산 시장으로 유입될 가능성도 존재하며 민간 소비 하방 위험을 낮추는 완충(Buffer) 요인으로 작용할 것이다.

지표로 보는 한국 경제 **소비**

**높은 인플레이션, 다소 진정될 듯
소비 늘리면 물가 상승률 안정 중요
가계 초과 저축, 2024년 소비 긍정적
민간 소비 하방 위험 낮추는 완충 작용
해외 소비, 2024년에도 증가세 전망**

해외 소비 2024년 증가세 이어갈 듯

해외 소비(민간 소비는 내국인 가계가 국내와 해외에서 지출한 소비의 합으로 정의됨)도 2024년에 계속 증가세를 보일 가능성이 크다. 최근 내국인 출국자 수가 빠르게 늘어나고 있으며 주요 여행 대상국으로의 항공사 국제선 증편 등으로 해외 소비 증가세가 이어지고 있다. 거주자 국외 소비 지출 증가율(전년 동기 대비)은 2023년 1분기와 2분기 각각 80% 이상 늘어나고 있다. 물론 해외여행이 빠르게 늘어날 때 국내 여행을 일부 대체할 수도 있겠으나, 해외여행 시 필요한 항공 여객·여행사 서비스 이용, 여행 물품 구매 등 국내 소비 유발 효과가 이런 부정적 영향을 완충할 것으로 보인다.

소비에 영향을 미치는 요인 중 자산 시장은 2024년 상·하방 요인이 혼재돼 있다. 가계자산 중 가장 큰 비중을 차지하는 부동산의 경우 2022년 하반기에 가격과 거래량이 크게 부진한 모습을 보이다 2023년 들어서는 정부의 부동산 시장 안정 대책 등으로 부진 정도가 다소 완화됐다. 정부는 2023년뿐 아니라 2024년에도 부동산 시장을 연착륙시키기 위해 노력할 것이다. 주식 시장은 미국과 EU 등 주요국 기준금리가 높아지며 외국인 투자 자금이 수익률이 더 높을 것으로 예상하는 지역으로 이동해 갈 가능성이 있다. AI·배터리 등 신산업의 성장성 그리고 글로벌 반도체 업황 회복 등이 주식 시장에 중요할 것으로 보인다.

한편 가계의 높은 원리금 상환 부담은 소비 증가의 커다란 제약 요인이다. IMF 등 국제기구는 우리나라의 높은 가계부채 수준이 국가의 거시건전성을 해치고 가계 소비를 제약하는 요인으로 작용한다고 지적한다. 우리나라 가계부채 수준은 과거 저금리가 이어지며 급증했는데, 가계부채 총량은 1853조9000억원(2023년 1분기)을 기록하고 있다. 2022년부터 가파르게 오르기 시작한 기준금리 수준은 가계의 원리금 상환 압박으로 작용하고 있다. 물론 가계의 전반적인 채무 상환 부담을 의미하는 처분 가능 소득 대비 가계부채는 2023년 1분기 기준 160.7%로 2022년 3분기(165.8%)보다 다소 줄어들었다. 하지만 현재와 같은 고금리 상황이 오래 지속한다면 이미 너무나 높아진 가계부채 수준에 따라 상환해야 할 원리금 부담이 지나치게 커져버려 가계는 지출을 더욱 줄일 것이다.

민간 소비의 상·하방 요인을 검토해본 결과 2024년 소비는 2023년과 유사한 수준을 기록할 것으로 예측된다. 민간 소비는 국내 GDP에서 대략 절반을 차지할 만큼 중요하다. 그리고 GDP 구성 요소 중 수출와 투자보다 소비가 회복할 때 사람들은 국내 경제 회복세를 느끼기 쉽다. 정책당국 입장에서는 모든 GDP 구성 항목이 중요하겠지만 민간 소비가 국가 경제에서 차지하는 위상과 상반기에 제22대 국회의원 선거가 있는 2024년 상황을 고려할 때 아무래도 소비 회복에 더 신경을 쓸 수밖에 없다.

그렇다면 민간 소비에 활력을 불어넣기 위해 우리는 어떤 노력을 해야 할까.

결국, 가계가 소비를 늘리기 위해서는 쓸 돈이 많아져야 한다. 경제 내에 유휴 노동력이 줄어들고 취업자의 실질 임금이 오르면 소비는 자연스럽게 회복될 것이다. 이런 선순환 구조를 만들기 위해서 민간 활력이 중요하다. 정부가 노인·저소득층 등 취약계층 일자리를 직접 만들어 일자리 총량을 늘리는 정책도 중요하지만 결국 고용은 민간에서 창출돼야 한다. 민간 부문 성장동력 강화를 바탕으로 양질의 일자리가 창출돼야 소비의 원천인 가계 소득이 늘어날 수 있다.

가계부채에 대한 안정적인 관리와 주거비 부담 완화 등도 정부가 계속해서 신경 써야 할 부분이다. 채무 상환 부담 증가로 위험 가구의 채무불이행이 늘어날 때 가계 부실이 전반적인 소비 위축으로 이어지므로 이에 대한 제도적 지원 방안 마련이 필요하다. 원리금 상환 연체와 채무불이행 상태에 처한 부실 가구의 경우 더욱 관심을 갖고 살펴야 한다. 상환 기간 연장, 채무 감면 등 채무 조정 제도를 유지하며 가계부채 취약 가구의 채무 부담 완화와 신용 회복을 지원해야 한다. 늘어나고 있는 주거비 부담에 대해서는 수급 안정에 바탕을 둔 부동산 정책 기조를 바탕으로 전·월세 가격 상승 부담을 낮춰줄 전략이 필요하다.

마지막으로 가구의 소비 심리가 회복되도록 적극적인 경기 대응에 대한 일관된 메시지를 가계에 주는 것이 중요하다. 고용과 소득 개선을 통해 소비 여력을 확충하는 것도 시급한 사안이지만 유효 수요를 확충하고 경기 회복력을 강화함으로써 가구의 소비 심리를 개선하는 방안도 필요하다. 특히 불확실성 확대는 가구의 자산 가치와 소득의 리스크를 확대함으로써 가구의 예비적 저축(Precautionary Savings) 성향을 높일 수 있어 민간 소비 회복을 위해서는 정책 불확실성을 미리 방지해야 할 필요성이 있다. ■

지표로 보는 한국 경제 **물가**

여전히 잡히지 않는 고물가 기조
고물가·저성장 '스태그플레이션' 우려

김광석 한국경제산업연구원 경제연구실장

'물가 잡힐까?'
팍팍한 삶을 살아가는 가계에는 가장 중요한 질문일 것이다. 그러나 답은 가계에 희망적이지 않다. 2022년 시작된 인플레이션은 2024년까지도 쉽게 꺾이지 않을 세계 경제의 숙제가 될 전망이다.

2022년 러시아·우크라이나 전쟁 발생 직후, 물가 상승 속도가 가팔라졌다. 2022년 7월 한국 물가 상승률은 6.3%에 이르며, 25년 만의 최고치를 기록했다. 소비자물가 상승률(Headline Inflation)은 2023년 7월까지 2.3%로 가파르게 떨어졌지만, 8월 들어 3.4%로 급격히 반등했다. 대내적으로는 7~8월 동안 폭우 등에 따른 농작물 피해로 농산물 가격이 급등한 영향도 작용했고, 대외적으로는 국제유가나 곡물 가격이 상승하면서 영향을 준 것으로 보인다. 특히, 소비자물가 상승률이 2023년 6월 2.7%, 7월 2.3%를 기록하는 등 다소 안정화하는 추세를 보이는 와중에도, 근원물가 상승률(Core Inflation)은 동기간 3.3% 지속하며 3%대 밑으로 떨어지지 않고 있다. 기조적으로 물가가 잡히는지를 보여주는 근원물가가 잡히지 않고 있으니, 당장 물가 안정세를 기대하기에 어려움이 있을 것이다.

물가 쉽게 안 잡히는 '스티키 인플레이션' 전조 현상 뚜렷

물가가 안 잡힌 채 '스티키 인플레이션(Sticky Inflation·끈적끈적하게 잡히지 않는 고물가 기조)'이 나타날 근거는 상당하다.

첫째, 사우디와 러시아를 중심으로 OPEC+는 원유 감산 조치를 장기화하는 중이다. 국제유가가 상승할 가능성이 남아 있다. 둘째, 슈퍼 엘니뇨가 발생할 가능성이 높다. 이는 농산물 원자재 가격을 급등시킬 매우 강력한 변수가 될 것이다. 셋째, 미국 내 일어나고 있는 대규모 파업 시위는 임금 인상 압력으로 작용해 글로벌 물가 안정 시점을 지연시켜놓고 있다. 넷째, 대내적으로도 전기세, 가스요금, 버스요금 등 공공요금이 줄줄이 오르고 있고, 이를 반영한 서비스물가가 지속해서 상승하는 추세다. 마지막으로, 물가 상승률 개념상 올해 물가는 전년 동월 물가와 비교해 등락률을 계산하는 것이기 때문에, 2023년 하반기부터는 기저 효과가 빠지게 된다. 즉, 2022년 상반기 동안 고조됐던 물가 상승률 흐름을 고려하면, 2023년 상반기까지만 물가 상승률이 가파르게 떨어지고 그 이후는 물가 상승률이 다시 증가할 가능성이 크다.

2022년 연간 기준 소비자물가 상승률은 5.1%였고, 2023년에도 3.5% 수준의 고물가 기조에서 벗어나지 못하고 있는 상황이다. 한국은행은 2024년에도 2.4% 수준의 고물가 기조를 지속할 것으로 전망한다(2023년 8월 전망 기준). 그러나 이마저도 안도할 수 없다. 러시아·우크라이나 전쟁 이후 2022년 2월 한국은행은 2022년과 2023년 소비자물가 상승률 전망치를 각각 3.1%, 2%로 전망했다. 결과적으로 인플레이션 현상을 일시적인 일이라 오판했던 것을 고려해야 한다. 즉, 한국은행 전망대로라고 해도 2024년까지 고물가 기조는 유지될 것이지만, 사실 그 전망치를 또다시 상향 조정해야 할 만한 근거 있는 변수가 어마어마하다.

경기 순환 저점까지, 스태그플레이션 우려도

경제가 늪에 빠진 듯하다. 경기 순환이란 총체적 경제 활동이 경제의 장기 성장 추세를 중심으로 상승과 하강을 반복하며 성장하는 현상을 의미한다. 경기 순환 국면을 구분하는 방법에는 여러 가지가 있으나 경기 저점에서 정점까지 경제 활동이 활발한 확장 국면, 경기 정점에서 저점까지 경제 활동이 위축된 수축 국면으로 나누는 이분법이 주로 이용된다. 확장과 수축의 경기 국면에서, 저점에서 다음 저점까지 또는 정점에서 다음 정점까지의 기간을 순환 주기라고 한다. 또 순환의 강도를 의미하는 정점과 저점 간 차이를 순환 진폭이라 한다.

주기상 2023년 경기 수축 국면에 진입한 한국 경제는 2024년에도 쉽게 빠져나오기 어려워 보인다. 경기종합지수는 2023년 9월 기준선 100을 밑돌고 있다. 동행지수 순환변동치는 2020년 팬데믹 이후 2022년까지 회복세를 보이다 이후 하락세로 전환됐다. 선행지수 순환변동치는 2021년까지 꾸준한 회복세를 보이는 듯했으나, 이후 강한 하락세로 급반전

지표로 보는 한국 경제 **물가**

됐다.

고물가·고금리는 가계와 기업의 경제 활동을 제약하는 듯 작용하고 있다. 기업은 높은 금리에 허덕이며, 쉽사리 신사업에 뛰어들지 못한다. 매출도 좋지 못한 데다 각종 재료비며 인건비까지 치솟아 이윤을 확보하기가 너무도 어렵다. 신규 일자리 창출은 언감생심이다. 고용 시장이 둔화하는데 가계 소득만 늘어나는 일을 상상할 수 없다. 가뜩이나 통장에 찍히는 소득(명목 소득)은 정체돼 있는데, 높은 물가가 지속하니 물건을 살 수 있는 여력(실질 소득)마저 쪼그라들 수밖에 없다. 고물가와 고금리는 경제를 억누르고, 경제 주체는 스태그플레이션 늪에서 빠져나오기 더욱 힘들다.

스태그플레이션은 스태그네이션(Stagnation·경기 침체)과 인플레이션(Inflation)을 합성한 신조어다. 경제 불황 속에서 물가 상승이 동시에 발생하고 있는 상태를 의미한다. 통상 경기 침체 국면에서는 저물가 기조가 나타나고, 경기 호황 국면에서는 고물가가 나타난다. 2023~2024년 동안에는 경기 침체와 고물가 기조가 동반하는 스태그플레이션 국면에 부합한다.

2021~2022년은 물가 상승률이 크게 치솟지만, 경제성장률이 2% 수준을 유지하고 있어 인플레이션 경제였다. 반면 2023~2024년은 물가 상승률이 목표 물가인 2%를 웃돌고, 경제성장률은 잠재성장률인 2% 수준을 밑돌 것으로 전망된다. 전형적인 스태그플레이션으로 정의될 만하다. 물가가 오를 때 소득이 같이 오른다면 견딜 만할 것이고(인플레이션), 소득이 줄더라도 물가가 같이 떨어져준

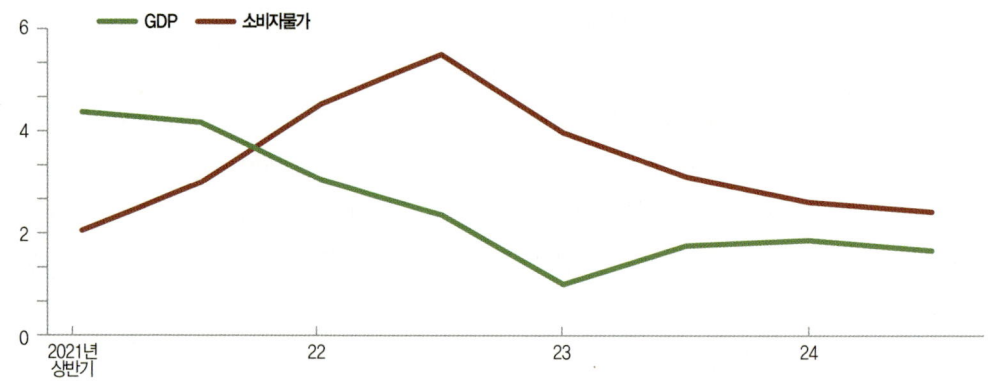

경제성장률과 소비자물가 상승률 추이·전망 〈단위:%〉

*2023년 10월 10일 기준

*자료:스태그플레이션 2024 경제전망(김광석 저)

다면 견딜 만할 것인데(디플레이션), 스태그플레이션 시대는 물건값만 오르고 소득은 감소해 삶이 더욱 팍팍하다.
인플레이션 현상이 장기화할 것이라는 우려는 경제 주체들을 더욱 긴장하게 만든다. 최근까지 인플레이션을 초래한 요인이 작아지지 않고 있고, 원자재 가격을 비롯한 생활 전반 가격이 치솟을 것이라는 전망이 나오고 있다. 심리적으로도 그렇다. 경제 주체들이 향후 물가가 상승할 것으로 판단하면, 실제 물가가 그렇게 반영돼 나타나는 경향이 있다. 물가 상승률을 반영해 임금 협상을 추진한다든가, 재룟값이 올라 메뉴 가격을 올린다든가 하는 현상이 대표적이다.

스태그플레이션의 늪에서 빠져나와야…

정책으로도 스태그플레이션 대응책을 마련해야 한다. 인플레이션 상황이면 고금리를 도입하면 될 것이고, 디플레이션 상황이면 저금리를 도입하면 될 것이다. 그러나 스태그플레이션이라 이러지도 저러지도 못하는 상황이 됐다. 경기를 부양하기 위해 기준금리를 선뜻 내릴 수도 없고, 고물가를 해소하기 위해 기준금리를 마음껏 인상하기도 어렵다.
세심한 정부의 대응책이 요구된다. 첫째, 물가 상승에 상대적으로 더 취약한 영세 자영업자 지원이 요구된다. 특히 가격 전가 능력이 없는 사업자들을 위한 지원책을 마련해야 한다. 둘째, 저소득 서민층을 위한 물가 안정책도 마련해야 한다. 같은 물가 상승도 엥겔지수가 높은 저소득층에 그 충격은 더 가혹하다. 고용도 불안하고, 소득도 줄어드는데 물가만 치솟는 경제다. 저소득층을 위한 식료품·에너지 바우처를 확대하거나, 공공 근로사업 등을 통한 안정적 소득 지원 방안도 마련해야 한다. 셋째, 국가 경제적으로 안정적인 자원 수급 관리 노력을 우선순위 정책으로 둬야 한다. 마그네슘, 리튬, 니켈, 알루미늄 등과 같은 주력 산업의 필수 원자재 수급에 차질이 없도록 외교적 노력을 집중하고, 국내 기업이 자원 개발 사업을 확대할 수 있도록 지원해야 한다. ■

지표로 보는 한국 경제 **투자**

불확실성 높지만 반도체 투자 증가
고금리 여파에 건설 투자는 움츠려

박용정 현대경제연구원 산업혁신팀장(연구위원)

2023년 상반기 총고정자본형성(투자)은 전년 동기 대비 3.1% 증가했다. 2022년 상반기 2.9% 감소에 따른 기저 효과가 작용한 측면이 크다.

최근 투자는 정보기술(IT) 경기 둔화, 자본 조달 비용 증가, 경제 불확실성 확대 등이 복합적으로 작용하면서 불안한 흐름이다. 민간 투자는 2020년부터 2021년까지 증가세가 지속됐지만, 2022년 상반기 1.4% 감소 후 2023년 상반기 3.1% 증가를 기록했다. 정부 투자는 2020년 하반기부터 2022년 상반기까지 감소폭이 확대된 가운데 2022년 하반기 0.9%, 2023년 상반기 2.7%로 증가했다. 2023년 하반기 투자는 미중 갈등 지속, 중국 경제 저성장 등 대외 여건의 불확실성 지속과 기업 체감 경기 악화, 고금리 지속 등이 투자를 제약하는 요인으로 작용하고 있다.

세계 경제 리스크 부각과 제조업 회복 지연

2023년 상반기 설비 투자는 전년 동기 대비 5.3% 증가했다. 2022년 상반기 7% 감소 대비 큰 폭의 증가를 기록했지만, 역시 기저 효과 영향이 크다. 설비 투자에 가장 큰 영향을 미치는 반도체 업황 개선이 지연되고 있으며, 제조업 경기 위축으로 설비 투자 선행 지표인 자본재 수입과 국내 기계 수주액 역시 감소로 전환됐다. 그럼에도 불구하고 2024년 설비 투자는 반도체 첨단 공정 투자 확대, 친환경차 수요 대응을 위한 인프라 구축 등이 영향을 미치면서 2023년 마이너스 증가에서 1%

대 증가로 전환될 것으로 전망된다.

기업 투자 여건은 그 어느 때보다 불확실성이 높은 상황이다.

첫 번째로 세계 경제를 둘러싼 잠재 리스크 상존이다. 선진국을 중심으로 경제 성장세가 지속되면서 지난 7월 국제통화기금(IMF)은 2023년 세계 경제성장률 전망치를 3%로 지난 4월보다 0.2%포인트 높여 잡았다. 2024년은 2023년과 비슷한 수준으로 3%대 성장을 지속할 것으로 전망했다. 다만, 2022년 이후부터 지속된 주요국 금리 상승 여파로 부채 문제와 금융 부문 취약성 문제가 노출돼 있고, 국제유가 등 원자재 시장 변동성 확대 등도 간과할 수 없는 요인으로 대내외 경제에 하방 압력으로 작용하고 있다. 대외 의존도가 높은 국내 경제의 구조적 측면을 고려해 본다면 잠재 리스크 상존은 우리 경제에 분명 부담스러운 점이다.

두 번째로 기업의 투자 심리 위축이다. 기업 투자 위축은 단기적으로 경제 성장에 부정적인 영향을 미칠 뿐 아니라 중장기적으로 국가 경제 활력이 저하되며 잠재성장률 하락으로 이어질 수밖에 없다. 특히 우려할 만한 점은 최근 국내 기업 경영 활동은 성장성과 수익성이 악화하고 있는 사실이다. 한국은행의 2분기 기업 경영 분석 결과에 따르면 매출액 증가율은 최근 3년래 최저치인 -4.33%를 기록했다. 영업이익률은 전년 동기 대비 절반 수준인 3.64%에 불과했다. 기업 소득 감소는 중장기 투자 계획 수립에 어려움을 더할 수밖에 없고, 설상가상으로 고물가, 고환율, 고금리 등이 지속되면서 기업 투자 심리는 급격히

설비 투자 · 건설 투자 · 지식재산생산물 투자 증가율 〈단위:%〉

*국민계정, 실질 기준
*전년 동기 대비 증감률 기준
*자료:한국은행

지표로 보는 한국 경제 **투자**

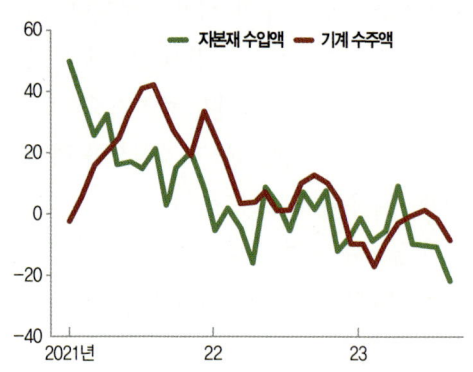

국내 기계 수주액·자본재 수입액 증가율 〈단위:%〉

*전년 동기 대비 증감률 기준 *자료:통계청, 한국무역협회
*국내 기계 수주액(선박·선박용 내연기관 제외)은 3개월 이동 평균

위축되고 있다.

더욱이 향후 경기를 바라보는 기업 시각은 연초 대비 크게 악화했다. 우리 경제 근간이 되는 제조업과 대기업을 중심으로 비관적인 전망이 높다. 한국은행의 전 산업 기업경기실사지수(BSI) 전망은 연초 70포인트에서 6월 76포인트까지 개선됐지만 10월 73포인트로 부정적 전망이 이어지고 있다. IT 경기 부진이 여전하고 수요 약세로 전반적인 제조업 경기는 비제조업 대비 어려움을 겪고 있다. 내외수 기업들 역시 내수와 수출 부진 여파로 기업 체감 경기는 급격히 얼어붙고 있는 현실이다.

세 번째 고금리 현상 지속이다. 주요국을 중심으로 유동성 조정과 물가 안정을 위해 정책금리를 높인 결과 부동산 부문뿐 아니라 기업과 가계부채 등 취약 부문에 대한 디폴트 리스크가 내재돼 있다. 부채 상환 부담 증가는 소비 둔화, 기업 채무 여건 악화 등 추가적인 악영향을 미칠 수 있다는 점에서 우려되는 내용이다. 국내 정책금리는 2021년 8월부터 인상 기조로 전환하면서 2023년 1월까지 총 10번에 걸쳐 0.5%에서 3.5%까지 3%포인트 인상됐다. 높아진 금리 수준의 지속은 기업 투자 자금 조달을 위한 어려움을 가중시킨다는 점에서 투자 확대에 분명 부정적이다.

네 번째 제조업 경기 회복이다. 대외적으로 글로벌 제조업 PMI(Purchasing Manager Index)는 2022년 9월 이후 기준치 50포인트를 밑도는 수축 국면으로 진입했고, 2023년 9월 49.1포인트를 기록했다. 대내적으로는 국내 투자 부문에 가장 큰 영향을 미치는 반도체 산업 경기 회복 여부가 무엇보다도 중요하다. 하지만 반도체 산업을 둘러싼 대내외 여건이 만만치 않다. 컴퓨터, 서버, 모바일 기기 등 수요 회복이 여전히 미미하고, 반도체 재고율(재고/출하지수 비율)은 2021년 6월 70.4%에서 2023년 1월 263.1%까지 급등 후 8월 234.8%로 여전히 높다. 수요 감소와 단가 하락에 직면한 반도체 산업 경기의 회복은 국내 투자의 향방을 결정짓는 핵심적인 요인이다.

기술 변화 대응과 첨단 산업 전략적 투자 강화

최근 들어 인공지능(AI) 등 디지털 기술이 접목된 산업 간 융합 촉발로 고위 기술 기반 산업 패러다임을 주도하기 위한 시장 경쟁이 치열하다. 고성능 반도체 개발 수요가 확대되면서 고대역폭 메모리 반도체인 HBM(High Bandwidth Memory), 개별 칩을 이어 붙여 고성능 반도체로 만드는 첨단 패키징 칩렛(Chiplet) 등의 기술이 부각되고 있다. 또한 이를 뒷받침할 반도체 첨단 공정에 대한 투자가 그 어느 때보다 중요한 상황이다. 동시에 친환경 이슈 부각으로 한국, 미국, 독일 등 주요 자동차 강국은 전기자동차 생산 확대를 위한 전략을 추진 중이며, 디지털 기반 기술 연구개발과 생산시설 확대 등을 본격화하고 있는 점은 국내 투자에 고무적인 요인이다. 우방국 중심 프렌드쇼어링(Friendshoring), 인접 국가에 생산기지를 이동하는 니어쇼어링(Nearshoring) 등도 주요국을 중심으로 활발하게 추진 중이다. 국내외 기업 투자 유치를 위한 재정과 세제 지원뿐 아니라 첨단 산업 생태계 조성에 필요한 선제적인 투자가 무엇보다도 중요한 시점이다.

2024 건설 투자 증가세 둔화 불가피

건설 투자는 2023년 상반기 전년 동기 대비 1.8% 늘어났다. 2020년 하반기부터 이어진 감소세에서 개선된 흐름이다. 1~3% 내외 감소 흐름에서 벗어나 2023년 들어 증가세로 전환됐다. 이는 건설 자재 수급 개선으로 지연된 공사가 재개되고, 건설 비용 물가 상승세 둔화라는 상방 요인이 작용한 결과다. 다만, 건설 경기 선행 지표인 건설 수주에서 최근 큰 폭의 감소가 나타나고 있어 건설 경기의 부정적 흐름이 예상된다.

2024년 건설 투자는 증가세가 둔화할 것으로 전망된다. 주택 경기 하락에 따라 주택 건설 부문을 중심으로 부진이 지속될 것으로 전망되는 가운데 신규 착공 감소, 원자재 가격 변동성 확대, 건설사 재무건전성 문제 등은 불안 요인이다. 다만, 토목 부문은 정부 SOC 예산의 2023년 대비 2024년 4.6%(26조1000억원) 확대 편성과 민간 부문의 반도체 클러스터 조성 사업 등이 본격화되는 점은 긍정적이다.

지식재산생산물 투자 지속

2023년 상반기 지식재산생산물 투자는 전년 동기 대비 2.9%로 2022년 상반기 5.1% 대비 증가세가 둔화했다. 이는 연구개발 투자와 연관성이 높은 기업 매출 감소, 고금리에 따른 자금 조달 위축 등의 영향이 크게 작용한 결과다. 다만 반도체, 2차전지, 전기자동차 등을 중심으로 미래 산업 주도권 확보를 위한 연구개발 투자가 지속되고 있는 점은 긍정적이다. 소프트웨어 부문에서는 AI를 활용한 플랫폼 상용화가 본격화되면서 지식재산생산물 투자 증가를 뒷받침하고 있다. 첨단 산업 경쟁력 확보를 위한 노력과 IT 경기 회복 등이 기대되면서 2024년 지식재산생산물 투자는 3%대 성장을 보일 것으로 전망된다. ■

지표로 보는 한국 경제 **국내 금리**

2024 연말 기준금리 3% 내려올 수도 녹록지 않은 '글로벌 경기'가 변수

허문종 우리금융경영연구소 경제·글로벌연구실장

국내 금리 향방에 실질적인 영향을 주는 요소는 무엇일까. 물가다.

각국 서비스물가는 2023년 내내 높은 수준을 유지했다. 이스라엘-하마스에서 촉발된 중동 분쟁 등이 글로벌 물가를 다시 자극했다. 국제유가는 공급 차질 우려가 커지면서 서부텍사스유(WTI) 선물 가격 기준 2023년 9월 배럴당 95달러에 가깝게 치솟았다. 이후 90달러 밑으로 다시 떨어졌지만, 중동 분쟁 확전 우려로 여전히 불확실성이 큰 상황이다. 그럼에도 물가는 지정학적 위험이 전 세계적으로 확산·장기화되지 않는 이상 2023년 같은 초고물가 상황이 재현되기는 쉽지 않아 보인다. 공급 이슈가 불확실성을 키우고 있지만

수요가 뒷받침될지는 미지수라서다. 2023년 중 공격적인 금리 인상에도 불구하고 글로벌 경제는 미국을 중심으로 선방해온 것이 사실이다. IMF는 2023년 10월에 발표한 세계 경제 전망(World Economic Outlook)에서 2023년 미국 경제성장률 전망치를 기존보다 0.3%포인트나 높은 2.1%로 제시했다. 이는 미국의 잠재성장률을 웃돌 뿐 아니라 유로존·일본·영국 등 주요 선진국보다 높은 수준이다. 경착륙을 우려했던 2023년 초와 다르게 견조한 고용·소비를 바탕으로 미국 경제는 연착륙에 사실상 성공했다는 논리다.

문제는 2024년이다.

IMF 전망 보고서는 "'글로벌 경제가 팬데믹과 러·우 전쟁 충격에서 벗어나고 있다'고 판단하면서도, 역사적 수준(2010~2019년 평

주요국 소비자물가 상승률

〈단위:%〉

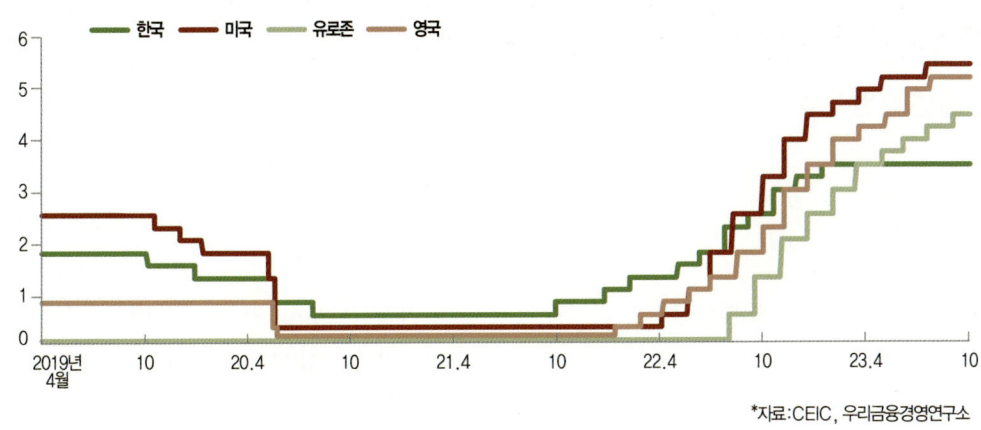

*자료:CEIC, 우리금융경영연구소

균 성장률 3.7%)보다는 천천히, 그렇지만 완만하게 회복되고 있다"고 평가했다. IMF가 제시한 2024년 글로벌 경제성장률은 2.9%다. 2023년 전망치(3%)보다도 낮고 2년 연속 장기 평균보다 아래다. 향후 글로벌 인플레이션의 향방을 국제유가 등 원자재 가격이 바꿔 놓을 여지는 있지만, 앞으로의 경기 전망을 감안하면 2023년과 같은 고물가가 반복될 가능성은 제한적이다.

견조했던 미국 경제도 고금리가 장기화되면서 IMF는 2024년에 성장률이 1.5%에 그칠 것으로 보고 있다. 부동산 문제로 몸살을 앓고 있는 중국도 경제성장률이 2023년 5%에서 2024년에는 4.2%로 빠르게 둔화될 것으로 점쳐진다.

국내 물가 상승률도 2022년 7월 6.3%로 정점을 찍은 후 꾸준히 낮아지고 있다. 2023년 7월에는 2.3%까지 낮아지며 한국은행 목표 수준(2%)에 근접하기도 했다. 이후 석유류 가격에 대한 기저 효과가 줄어들면서 9월 3.7%까지 재차 확대됐지만 2024년에는 물가 상승률이 연간 평균 2.5% 내외로 안정될 것으로 전망된다. 물가가 한은 목표 수준에 이르기까지는 다소 시간이 소요되겠지만, 시장에서는 중기적인 관점에서 국내 물가가 하향 안정 추세를 보일 것이라는 견해에는 대체적으로 동의하는 것으로 보인다.

각국 중앙은행 관심사 '경기'

자연스럽게 각국 중앙은행 관심사는 물가에서 경기로 옮겨질 것으로 보인다. 2024년에도 한은은 물가 안정을 통화 정책의

지표로 보는 한국 경제 **국내 금리**

각국 중앙은행의 관심사 물가 → 경기
美 고금리 장기화(Higher-for-Longer)
국내 시장금리는 2024년 중 하향 안정
상반기 시장금리, 한은 금리 인하 선반영
2024년 연말 3.3~3.5% 내외까지 인하

최우선적인 요인으로 고려할 것이다. 하지만, 그 중요도는 2023년보다는 크게 낮아질 것이고 무게는 점차 경기와 금융 안정 쪽에 실릴 것으로 예상된다. IMF 등 주요 전망기관들은 대체적으로 국내 경제성장률을 2023년에 1.2~1.4% 내외, 2024년에는 1.9~2.2% 내외(IMF 2.2%, OECD 2.1%, 한은 2.2%, IB 평균 1.9%)로 내다본다. 우리금융경영연구소는 우리 경제가 2023년 1.3%로 저조한 실적을 거두고 2024년에는 2%로 잠재성장률 수준으로 반등할 것으로 기대한다. 반도체 등 주력 산업 업황이 개선되면서 2023년 부진했던 수출과 투자가 개선될 것으로 분석하기 때문이다. 다만, 2024년 전망에 여전히 하방 위험이 큰 것이 사실이다. 글로벌 경제가 2024년에도 여전히 녹록지 않을 것이라는 점이 가장 큰 우려 요인이다. 반도체 사이클에 대한 기대가 있지만 대외 의존도가 높은 우리 경제 특성상 나 홀로 회복을 기대하기 힘들 수도 있다.

연구소는 한은이 2024년 하반기부터 금리 인하를 시작해 연말 기준금리를 3%까지 50bp(0.5%포인트) 인하할 것으로 전망하고

주요국 기준금리 〈단위:%〉

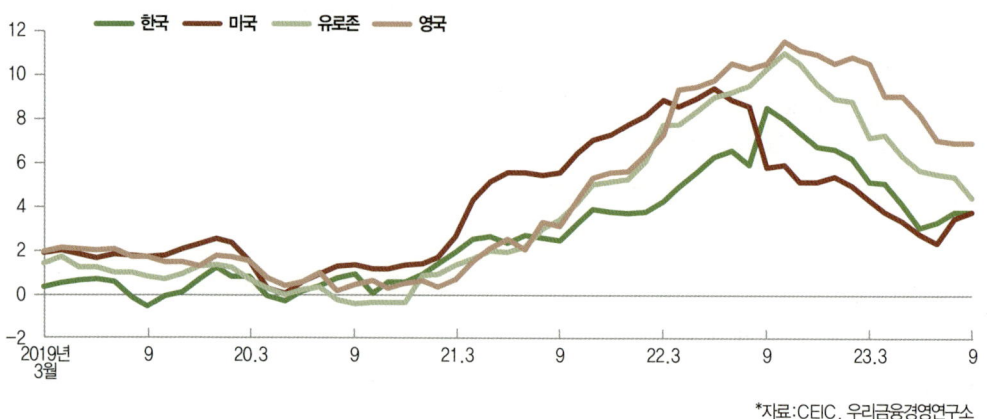

*자료:CEIC, 우리금융경영연구소

있다. 상반기까지는 물가와 가계부채, 미국과의 금리차 등 기존의 고려 요인을 예의 주시할 것이다. 한은은 국내 물가 안정세가 공고해지는 동시에 미 연준 등 주요국 중앙은행이 인하 사이클로 들어가는 하반기에야 금리 인하를 개시할 가능성이 크다.

금리 인하폭 역시 보수적인 연준의 통화 정책 경로(점도표상 2024년 중 50bp 인하 예상)를 감안하지 않을 수 없다. 연준은 9월 FOMC를 통해 2024년에도 정책금리가 5%대에서 유지되는 고금리 장기화(Higher-for-Longer) 가능성을 시사한 바 있다. 물론 이는 2023년 4분기 관점이기 때문에 향후 고금리 영향이 누적되고 국내외 경기 부진이 심화되면 그에 따라 각국 중앙은행의 기준금리 인하 속도가 빨라질 여지를 배제할 수는 없다.

안정되고 있는 물가와 경기 둔화 우려, 미 연준 등 주요국 중앙은행의 통화 정책 경로 등을 종합적으로 감안할 때 국고채 금리 등 국내 시장금리는 2024년 중 하향 안정될 것으로 보인다. 다만, 당분간 물가에 대한 우려가 여전하고 연준의 고금리 장기화 가능성도 있는 만큼, 연간 전체로 볼 때 금리 하락폭은 제한적일 것으로 판단된다.

2023년 10월 3.9%대에서 등락하고 있는 국고채 3년물 금리는 연말로 갈수록 반락 압력이 커지면서 3.8% 내외에서 마감할 것으로 전망한다. 국고채 3년물 금리는 2024년 상반기 말부터 한은의 금리 인하를 선반영하면서 추가 하락세를 보이고 2024년 연말 3.3~3.5% 내외까지 레벨을 낮출 것으로 예상한다. ■

지표로 보는 한국 경제 **원화 환율**

달러인덱스 2024 하반기 약세 전환
원화 약세 기조는 계속…하방 1240원

서정훈 하나은행 자금시장영업부 박사

미국 인플레이션이 2023년 초반 들어 전년도 9.1% 고점에서 6.5%로 상승률이 크게 떨어졌다. 이에 따라 시장의 연준에 대한 금리 동결 피벗팅(태세 전환) 기대감과 일본 통화 정책 변경 기대 확대 등이 반영되며 원달러 환율은 상반기 한때 연 최저점 수준인 1달러당 1220원대를 기록했다. 이후 미국 소비 지표가 견조한 흐름을 보이는 가운데 실업률도 3%대 중반 자연 실업률 수준을 유지했다. 여기에 더해 연준의 매파적 발언이 나오면서 원달러 환율은 재차 1300원대를 향하는 모습이었다. 이뿐인가. 2023년 3월 불거진 실리콘밸리은행 파산에 따른 주요 글로벌 은행 부문 신용위기 상황이 안전자산 선호 요인으로 작용했고 연준이 신용위험 조기 불식을 위해 베이비스텝 금리 인상을 결정하면서 원달러 환율은 상단이 제한되는 모습이었다.

2023년 2분기 원달러 환율은 국내 경제 체질 상황과 악화된 수급 영향이 반영되며 1달러당 1320원대로 고점을 높여나갔다. 특히,

2024년 원달러 환율 전망 단위:원

구분	1분기	2분기	3분기	4분기	연간
2023년	1277	1315	1311	1300(F)	1300(F)
2024년	1300(F)	1280(F)	1250(F)	1270(F)	1275(F)

*(F)는 전망치

미국 경제 침체 시기

〈단위:%〉

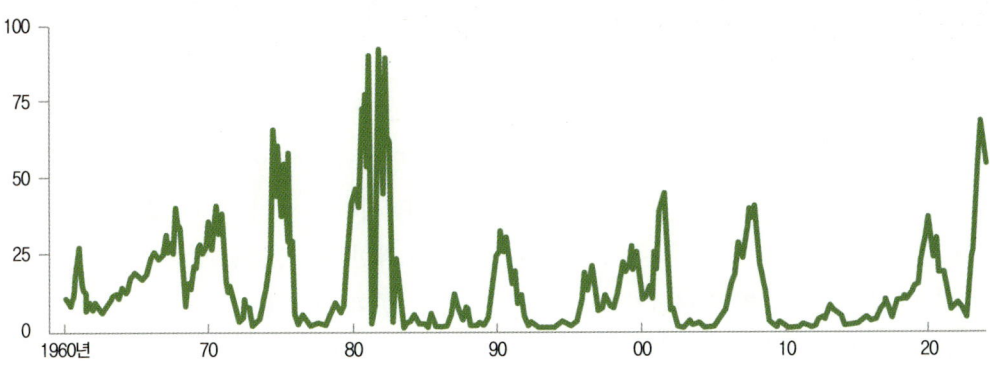

*자료:뉴욕연방준비은행

국내 경제 체질과 관련해 무역수지가 연속 적자를 기록했던 측면이 대외 신인도 하락에 크게 영향을 미쳤다. 또 빠른 경기 회복 전환에 대한 기대가 어려웠던 상황이 외환 시장 수급을 악화시키는 모습이었다. 하지만 미국 인플레이션이 4%대까지 빠르게 하락하면서 원달러 환율은 1260원대까지 강세 흐름으로 전환하기도 했다. 이후 냉각되지 않는 미국 경제의 견고함에 따라 달러 강세 기조가 다시 강화되는 흐름 속에 원달러 환율도 1300원대를 웃돌았다.

2023년 하반기도 이런 추세였다.

2023년 6월 FOMC에서 금리 동결을 결정했음에도 여전한 인플레이션 압력에 따라 2023년 연내 2회 인상 가능성을 예고했다. 여기에 OPEC+의 유가 감산 이슈로 국제유가가 90달러대에 육박하며 재차 연준의 매파 성향을 자극했다. 미 10년물 국채 금리도 4.9%에 근접하는 급등세를 나타냈다. 또한 주요국 통화 약세 흐름이 2022년 후반과 같이 겹쳐지며 '킹달러' 모습이 재현됐고 2023년 10월 4일 환율은 연고점인 1363.5원까지 급등했다.

또한, 우크라이나-러시아 전쟁이 소강상태를 보인 반면, 중동에서 이스라엘과 하마스의 전격 교전 양상이 주변국으로 확산할 수 있다는 우려를 키우는 가운데 재차 유가가 자극받을 수 있는 점 등이 반영되며 환율은 전년도 고점 대비 100원 가까이 하락했지만, 전체적으로 1300원대를 글로벌 금융위기 이후 가장 길게 유지하는 모습을 나타냈다.

2023년 환율에 대한 다수 기관의 전망은 '상

지표로 보는 한국 경제 **원화 환율**

제5차 중동 전쟁 변수
PCE 2% 도달해야 금리 인하
상반기엔 1300원대…하반기 내릴 듯
미국 연착륙 성공하면 경기 둔화
달러인덱스 내려도 원화는 약세

'고하저' 또는 '상저중고하저'로 하반기 1달러당 1200원대 후반 아래로의 진입을 예상했다. 하지만 인플레이션에 대해 여전히 목표 2%와의 갭 차이에 대응하는 연준의 매파 성향과 이런 인플레이션을 자극시킨 국제유가 상승, 중동發 전쟁 요인 등으로 인해 오히려 하반기에 1350원보다 높아지는 양상을 나타냈다. 이에 따라 2024년 초반까지 2023년 후반 영향이 이어지며 여전히 1300원대를 유지하는 환율 흐름이 예상된다.

하지만 중동 전쟁이 국제 사회 우려를 반영해 장기전화하는 것이 제한되고 이에 유가 급등 또한 제한적인 영향을 받는다면 환율은 재차 연준 통화 정책과 미국 인플레이션에 영향을 주요하게 반영할 것으로 판단된다.

물론 연준은 PCE가 2% 목표에 도달할 때까지 금리 인하를 단행하지는 않을 것으로 보인

달러 강세는 2024년 하반기 수그러들 수 있다는 전망이 많다. (매경DB)

다. 이에 대해 파월 의장이 2025년에 가서야 목표에 도달할 것으로 예상했고, 이런 물가 전망 경로는 대체로 부합될 것으로 보임에 따라 금리 인하로의 피벗팅은 2024년에도 쉽지 않을 전망이다.

한편, 미국 경제는 연착륙을 거쳐 빠르면 2024년 하반기 이후부터 경기 둔화 국면에 진입할 것으로 예상된다. 통상 이번 인플레이션 리스크 이전 3번의 경기 침체는 연준 금리 인상이 마무리된 후 6개월에서 약 2년간 금리 동결 기간에 미국 경기가 냉각되면서 나타났다. 또 연준은 침체가 발생하자마자 곧바로 금리 인하로 대응했다. 이런 점에 비춰보면 인플레이션이 2%에 근접하면서 동시에 고용, 소비 등 여타 지표가 둔화 국면으로 돌아서는 시점에 연준이 기준금리를 중립금리 수준으로 되돌리려는 움직임이 나타날 것으로 예상한다. 금리 동결 후 미국 경제가 냉각돼가는 시점을 고려할 때, 2024년 하반기부터 가시화될 것으로 보인다. 결국 이 같은 경기적 측면에 따른 달러화 방향성은 2024년 하반기 이후 약세 전환하며 원화도 1200원대 중반 수준 강세 되돌림이 나타날 수 있을 것으로 판단한다.

하지만 달러인덱스가 2024년 하반기 약세 전환하더라도 대내적으로 한국 경기 상황과 중국 성장률 하향 등 높은 경제적 불확실성 수준에 따라 원화의 자체 모멘텀은 약세를 면치 못하는 현상이 나타나고 결과적으로 원화 환율 하락 압력을 제한할 수 있다. 결론적으로 연준 통화 정책과 미국 경제 상황, 대내적 경제 활력 모멘텀 등을 고려할 때 2024년 원화 환율은 1240~1280원 수준에서 왔다 갔다 할 것으로 전망된다.

이에 따라 원달러 환율은 2022년부터 주요 가격대를 형성한 1400원대에서 2023년 1300원을 거쳐 2024년 1200원대로 낮아지는 국면이 될 것으로 예상된다.

지표로 보는 한국 경제 **국제수지**

2024 경상수지 흑자 늘겠지만…
中 불확실성, 美 통화 정책 변수

이형석 현대경제연구원 연구위원(동향분석팀)

2023년 경상수지는 2022년 대비 흑자폭이 축소되고 있다. 중국 경제의 부진한 리오프닝(Re-opening) 효과에 고강도 통화 긴축으로 인한 글로벌 교역 부진으로 국내 수출 경기 침체가 장기화되고 있기 때문이다. 구성 항목으로 살펴보면, 본원소득수지가 2022년에 비해 큰 폭으로 확대됐으나 상품수지 흑자폭은 줄어들었고 서비스수지 적자 규모는 확대됐다.

상품수지는 수입 감소보다 수출 감소폭이 더 큰 불황형 흑자가 지속 중이다. 흑자폭도 2022년에 비해 줄어들었다. 2022년에 배럴당 100달러를 넘어섰던 국제 원유 가격이 2023년에는 다소 하향 안정화돼 수입액이 큰 폭 감소하고 있다. 국내 수출 경기 부진도 장기화되는 가운데, 중국 시장에 대한 절대적인 의존도를 보이고 있는 한국의 반도체 수출은 중국 경기 부진으로 2022년에 비해 큰 폭 감소하고 있다. 반도체의 대(對)중국 수출 비중은 2022년 기준 54.7%에 달할 정도로 높다. 서비스수지는 보복 여행(Revenge Tourism) 수요가 이어지면서, 적자폭이 2022년에 비해 큰 폭으로 확대되고 있다. 다만, 중국의 단체관광 허용으로 여행수지 적자 규모는 점차 줄어들 것으로 보인다. 중국 정부는 2023년 8월 10일부터 한국행 단체관광을 허용했다. 2017년 3월 사드 배치에 따른 보복 조치로 중단했던 단체관광이 6년 5개월 만에 재개된 것이다.

한편, 본원소득수지는 2022년 대비 큰 폭으

로 확대됐다. 2023년 1월부터 시행한 익금불산입 제도(국내 기업의 해외 자회사 배당금 비과세) 시행 이후 국내 기업의 해외유보금 중 상당액이 배당금 형식을 띠고 국내로 환류돼 본원소득수지가 급증하면서 경상수지 급락을 막아줬다.

금융 계정의 경우 직접 투자와 증권 투자가 모두 2022년에 비해 감소하면서 2023년 순자산 규모 증가세는 둔화되고 있다. 대내외 복합 불황이 지속되면서 국내 경제의 기초체력(Fundamental)이 저하되는 가운데, 국내 기준금리와 주요국 간 금리 역전이 발생하면서 외국인의 국내 투자 유인이 약화됐다. 이로 인해 국내에서 해외로 유출되는 자금은 확대되는 반면, 국내로 유입되는 외국인 자금 흐름은 축소됐다.

2024년 국제수지 전망은…흑자폭 확대될 듯

2024년 경상수지는 2023년에 비해 흑자폭이 확대되는 추세를 보일 것으로 예상된다. 다만 잠재돼 있는 대외 리스크 요인으로 기대보다 증가세는 약할 수 있다.

경상수지 향방을 결정하는 주요인은 수출 경기 반등 여부다. 물론, 2023년에 부진했던 수출 경기는 기저 효과, 글로벌 교역 반등으로 개선될 것으로 보인다. 그러나 중국의 경기 침체, 미·중 반도체 갈등, 주요국 통화 긴축 장기화 가능성 등 하방 요인으로 국내 수출 경기 회복이 지연될 가능성도 존재한다.

부문별로 살펴보면, 상품수지는 글로벌 제조업 경기 개선과 교역 회복으로 흑자폭이 확대될 것으로 예상한다. 2022년 하반기부터 글로벌 통화 긴축 기조가 강화되면서 금리 민감도가 높은 내구재 소비가 감소해 제조업 경기 부진이 장기화되고 있다. 그러나 2024년에는 주요국의 정책금리 피크아웃(Peak-out)으로 금융 여건이 좋아지면서, 제조업 경기 또한 회복될 것으로 보인다. 이로 인해 세계 교역이 회복세를 보이면, 한국의 수출 부진도 점차 해소될 것으로 예상한다. 또한, 하강 국면이 지속되고 있는 반도체 경기도 2023년 말이나 2024년 초에 저점을 기록한 이후 완만히 회복되기 시작하면서, 상품수지 개선 요인으로 작용할 전망이다.

2023년 효자 노릇을 했던 본원소득수지는 2024년에 흑자폭이 상당폭 축소될 전망이다. 익금불산입 제도 시행으로 국내 기업의 해외 자회사 배당이 2023년에 집중됐던 만큼, 2024년에는 기업이 배당금 규모를 줄이면서 본원소득수지 흑자폭도 축소될 것이라는 예상이다.

서비스수지 적자 흐름은 지속되겠으나, 2023년 하반기부터 시행된 중국 단체관광 허용으로 중국인 관광객 유입이 증가하면서 적자폭은 완화될 것으로 전망한다. 그러나 중국 경기가 반등하지 못해 내수 부진이 지속된다면, 중국 단체관광객 유입으로 인한 서비스수지 개선 효과는 기대보다 미약할 수 있다.

지표로 보는 한국 경제 **국제수지**

**2024년 경상수지, 흑자폭 확대
대외 리스크로 증가세는 약할 듯
경상수지 방향성, 수출 경기에 달려
기저 효과, 글로벌 교역 반등 기대
中 침체·미중 갈등·긴축 장기화 변수**

전반적으로, 2024년 경상수지는 2023년 대비 좋아질 가능성이 높으나 잠재돼 있는 대외 리스크 요인이 수출 경기 회복 걸림돌로 작용할 것으로 보인다.

먼저, 중국의 대내외 복합 불황 지속은 국내 수출 경기 회복에 대한 장애물로 작용할 수 있다. 중국 정부가 내수를 진작하기 위해 정책금리를 지속적으로 인하하고 있으나, 중국 내수는 이에 반응하지 않아 일각에서는 유동성 함정(Liquidity Trap) 가능성을 제기한다. 성장동력의 다른 한 축인 중국 수출이 큰 폭의 침체를 지속하면서, 중국 경제 총수요 확장도 어려운 상황이다. 중국 경기 회복이 불투명해질수록 한국 수출 경기 회복도 난항에 빠질 것으로 보인다.

한편, 주요국 긴축 기조 장기화로 글로벌 제조업 경기 반등 시점이 지연될 수 있다. 전반적으로 주요국은 통화 정책 긴축 기조를 상반기 이후 완화적인 기조로 전환(Pivot)할 가능성이 높다. 그러나 주요 산유국의 공급 축소로 'E플레이션(Eflation·에너지(Energy)와 인플레이션(Inflation)의 합성어로, 에너지 자원 수급 문제로 인플레이션이 확대되는 현상을 의미)'이 지속되면서, 주요국이 금리 인하 시기를 예상보다 늦출 수도 있다.

시장에서는 미 연준(Fed)의 금리 인하가 2024년 상반기 내에 이뤄지고, 금리 수준도 2023년에 비해 1~1.25%포인트 정도 하락할 것으로 예상했다. 그러나 미 연준은 2023년 9월 점도표에서 2024년 말 기준금리 예상치(중간치)를 5.1%로 전망했는데, 이는 6월 전망보다 0.5%포인트나 높은 수준이다. 시장의 희망 섞인 기대가 빗나갈 가능성이 높아지고 있는 셈이다. 주요국 통화 정책 전환이 예상보다 더딘 경우 금리 민감도가 높은 제조업 경기 회복도 지연되면서, 국내 수출 회복도 지체될 것으로 전망된다.

마지막으로, 미·중 반도체 전쟁에 따른 불확실성으로 글로벌 반도체 경기 회복도 지연될 수 있다. 미국은 중국의 기술 굴기를 견제하기 위해 대중 수출 통제, 미국 반도체법의 가드레일 조항, 중국 기업의 금융 거래와 자금 조달 제한을 추진하고 있다. 최근 미국의 對중국에 대한 정책을 디커플링(De-coupling)에서 디리스킹(De-risking)으로 전환하고자 하는 움직임을 보이고 있으나, 반도체에 대한 기술 견제는 지속될 전망이다. 향후 미·중 반도체 전쟁이 심화되는 경우 침체 국면에 있는 반도체 경기 반등 시점도 늦춰질 수 있다.

국제수지 전망·추이

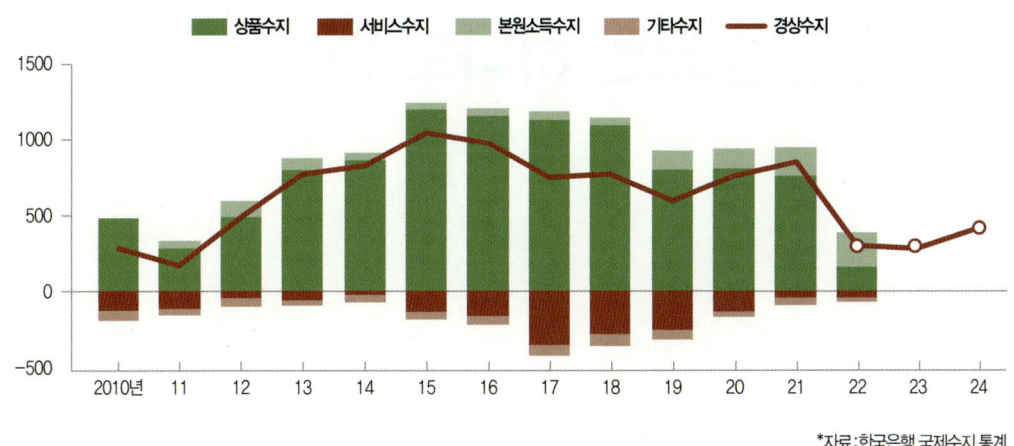

〈단위: 억달러〉

*자료: 한국은행 국제수지 통계

한편, 2024년에 국제수지를 구성하는 금융계정에서는 순대외금융자산이 2023년에 비해 증가할 것으로 전망된다.

2024년 직접 투자 부문에서 국내로 들어오는 외국 자금은 2023년에 비해 증가하는 반면, 외국으로 유출되는 자금은 줄어들 것으로 보인다. 국내 경제가 2024년에 기저 효과와 글로벌 교역 회복으로 국내 성장세가 회복세를 나타낼 것으로 보이면서, 외국인 직접 투자가 2023년에 비해 확대될 것으로 보이기 때문이다. 또한, 증권 투자 부문에서도 주요국 통화 정책 전환으로 대내외 금리 격차가 축소되면서 국내에서 해외로 유출되는 자금은 줄어드는 반면, 국내로 유입되는 외국인 자금 흐름은 확대될 것으로 예상한다.

결론적으로, 2024년 경상수지는 2023년에 비해 증가세를 보일 것으로 예상되는 가운데 금융 계정상 자금 흐름도 국내로 들어오는 것이 해외로 나가는 것보다 더 많을 것이다. 다만, 중국 경제의 불확실성이 큰 상황에서 주요국 통화 정책 피벗 시점이 지연되는 경우 대외 부문 개선 정도는 기대에 비해 미약할 가능성을 배제할 수 없다. ■

지표로 보는 한국 경제 **고용**

고금리·차이나 리스크·경기 둔화
고용에 좋을 요인 하나도 없네~

이진영 강원대 경제·정보통계학부 교수

코로나19 바이러스가 팬데믹에서 엔데믹 단계로 전환하면서 2023년 상반기 노동 시장은 침체에서 완전히 벗어난 모습을 보였다. 2023년 1분기 고용률은 전년 동기 대비 0.7%포인트 증가한 61.2%였고, 2분기 고용률은 전년 동기 대비 0.5%포인트 증가한 63.2%였다. 코로나 사태 직후인 2020년 1분기 대비 1.3%포인트, 2분기 대비 3.2%포인트 증가한 수치다. 코로나 사태 직전인 2019년의 해당 수치보다도 높은 수준이다. 2023년 상반기 취업자 수 역시 2022년뿐 아니라 2020년 기록을 훨씬 웃돌았다. 1분기 취업자 수는 전년 동기 대비 102만명 증가한 2777만명이었고, 2분기 취업자 수는 전년 동기 대비 184만명 증가한 2869만명이었다. 특히 2023년 2분기 취업자 수는 2019년 이래 최고치다.

그러나 이런 개선 흐름은 업종별로 큰 차이를 보였다. 표준산업분류에 따른 총 21개 대분류 업종 중 2023년 1월부터 8월까지 전년 동월 대비 취업자 수 증가를 기록한 업종은 7개였고, 감소를 기록한 업종은 14개였다. 전년 동월 대비 취업자 수 상승폭이 가장 컸던 상위 3개 업종은 보건업·사회복지서비스업(한국표준산업분류 10차 개정 기준 대분류 Q를 지칭), 숙박·음식점업(대분류 I), 전문, 과학·기술서비스업(대분류 M) 순이다. 3개 고용 개선 업종 중 보건업·사회복지서비스업과 숙박·음식점업의 취업자 수는 2023년 1월 이후 전년 동월 대비 10만명대 이상 상승폭을 유지하며 2분기 전체 취업자 수 증가를 이끌었다. 엔데믹 시대를 맞이해 보건업·사회복지서비스업 고용 호황은 당분간 지속할 것으로 전망된다. 전문, 과학·기술서비스업의 경우 1월부터 5월까지 취업자 수 상승폭이 크게 높아졌다 5월 이후 다소 주춤했다. 빅데이터를 기반한 인공지능(AI) 기술 등 미래 산업의 주축이 전문, 과학·기술서비스업의 발전에 의존하면서 전문, 과학·기술서비스업 고용 호황 역시 앞으로 지속될 가능성이 크다.

도소매, 제조, 건설은 고용 부진

전년 동월 대비 취업자 수 하락폭이 컸던 상위 3개 업종은 도매·소매업(한국표준산업분류 10차 개정 기준 대분류 G를 지칭), 제조업(대분류 C), 건설업(대분류 F) 순이다. 3개 고용 부진 업종 중 제조업과 건설업은 2022년에는 고용 부진 업종이 아니었다가 2023년에 새로 분류된 업종이다. 건설업은 취업자 수 하락폭이 5월 이후 크게 감소하는 추세를 보이며 2023년 하반기에 고용 부진 업종을 벗어날 가능성을 높였다.

반면 제조업과 도매·소매업의 경우 6월 이후 취업자 수 하락폭이 지속적으로 증가하는 추세를 보였다. 우리나라에서 취업자 수 규모가 가장 큰 양대 업종인 제조업과 도매·소매업의 상반기 고용 부진 현상이 2023년 하반기에도 이어진다면 상반기에 관찰됐던 전반적인 고용 개선 흐름은 하반기에 더 이상 찾아볼 수 없게 될 가능성이 크다. 또한 수출 경제를 뒷받침하는 제조업과 내수 경제를 뒷받침하는 도매·소매업 고용 부진 현상은 경기 불

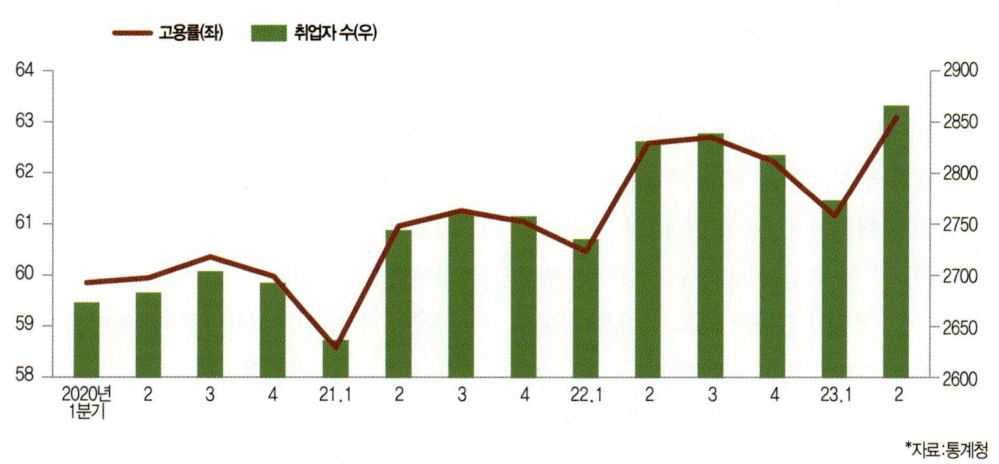

고용률 · 취업자 수 추이 〈단위:%, 만명〉

*자료:통계청

지표로 보는 한국 경제 **고용**

실업자 수·실업률 추이 〈단위:%, 만명〉

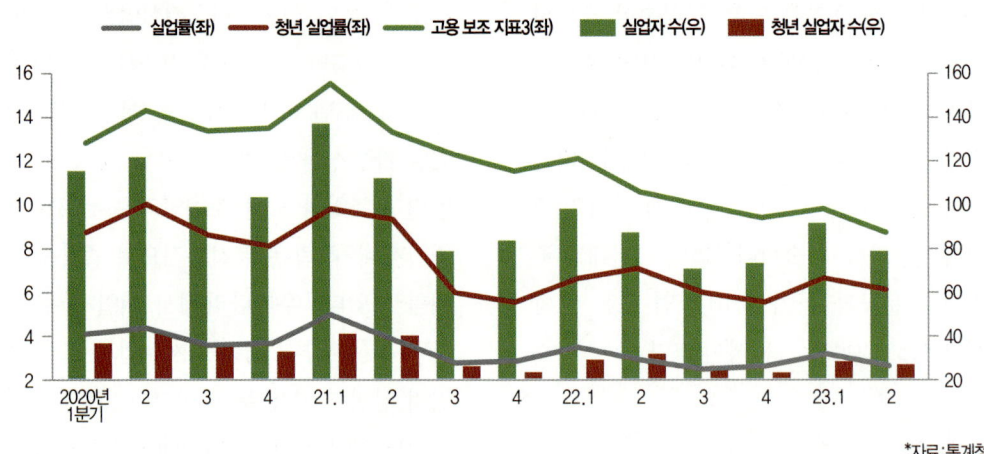

*자료: 통계청

고용 둔화 2024년 본격화

2023년 하반기에는 상반기의 고용 개선의 흐름이 이어지기보다 고용 부진 흐름이 관찰될 것으로 예상된다. 세계적 고물가, 고금리 현상에 더해 미국 달러 강세, 중국 경제 성장의 부진 등이 연말까지 지속할 가능성이 커지며 세계 경제가 부진의 늪에 빠질 가능성이 점점 커지고 있기 때문이다. 2023년 10월 기준 러시아와 우크라이나 간 전쟁과 이스라엘과 팔레스타인 간 전쟁이 끝나지 않고 있다는 점도 하반기 세계 경제를 더욱 어둡게 한다.

또한 상반기 고용 부진 업종에 고용 규모가 가장 큰 양대 업종인 제조업과 도매·소매업

황 신호탄일 수 있다는 점에서 눈여겨봐야 할 필요가 있다.

이 포함돼 있고, 이들 업종 취업자 수 하락폭이 7월과 8월에 들어서며 더욱 커졌다는 점도 하반기 우리나라 고용 시장의 둔화 가능성을 높인다. 한국은행은 2023년 8월 발표한 경제전망을 통해 2023년 하반기 취업자 수는 전년 동기 대비 약 22만명이 증가할 것이라 예측했다. 상반기 증가폭인 37만명보다 적다. 또한 한국은행은 2023년 연간 취업자 수는 전년 대비 약 29만명이 증가하고, 고용률은 전년 대비 약 0.4%포인트 증가한 62.5%, 실업률은 전년 수준과 동일한 2.9%를 기록할 것이라 전망했다.

당분간 우리나라 고용 시장에 영향을 미칠 주요 요인은 고금리 현상이다. 2023년 10월 기준 우리나라 기준금리는 3.5%로, 2020년 5월 0.5% 수준에서 꾸준한 인상을 거듭하며

2023년 1월 이후 3.5% 수준을 유지하고 있다. 2009년 이래 가장 높은 수준이다. 고금리 현상은 코로나 사태 이후 활력을 찾기 시작한 우리 경제 전반에 악재로 작용할 가능성이 크다. 고금리 현상이 지속할 경우 기업 경제 활동이 위축하면서 고용 시장 역시 부진에 빠질 위험이 높다.

차이나 리스크 역시 우리나라의 2024년 고용 시장을 위협하는 요인 중 하나다. 2023년 중국 경제 지표는 경제성장률이 예상보다 낮은 수준을 기록하고 청년 실업률이 폭발적으로 증가하는 등 중국 경제가 저성장 국면에 돌입했음을 보여준다. 또한 거대 부동산 업체의 채무불이행이 중국 금융 시장 불안정성을 높이며 중국 경제에 대한 불확실성이 여느 때보다 높아졌다. 이런 차이나 리스크 확대는 중국 의존도가 높은 우리나라 경제의 회복세를 꺾고 기업 업황 악화와 고용 시장 부진으로 이어지게 할 가능성이 크다.

한국은행은 우리나라 2023년 경제성장률이 1.4%, 2024년은 전년 대비 0.8%포인트 증가한 2.2%일 것이라 추정했다. 2022년 경제성장률이 2.6%였던 것을 감안하면 이런 추정은 2022년 보였던 회복세가 2023년 들어서면서 한풀 꺾였다 2024년 다시 회복세를 보일 것이라 예측한 것으로 해석할 수 있다. 특히 한국은행은 2023년 상반기 경제성장률은 0.9%, 하반기 경제성장률은 1.8%, 2024년 상반기 경제성장률은 2.3%라 예측하며 2023년 상반기 이후 2024년 상반기까지 경기 회복세가 이어질 것이라 전망했다. 세계 경제에 대한 전망은 그리 밝지 않다. 2023년 10월 국제통화기금(IMF)은 2023년 세계 경제성장률 전망치를 3%, 2024년은 2.9%라 발표했다. 이 중 2023년 세계 경제성장률 전망치는 2023년 7월에 발표했던 전망치에 비해 0.1%포인트 낮아졌다. 2022년 세계 경제성장률이 3.5%였음을 감안하면 IMF는 2022년 이후 세계 경제 회복세가 점점 둔화할 것이라 예측한 셈이다.

2023년, 2024년의 세계 경제 성장이 둔화할 것이라는 예측은 2024년 우리나라 경제 성장과 고용 시장 회복세 역시 둔화할 가능성이 높다는 것을 의미한다. 한국은행 취업자 수·실업률 전망치도 이런 예측에 부합한다. 한국은행은 2024년 연간 취업자 수가 2023년에 비해 19만명 증가하고, 2024년 연간 실업률은 2023년 연간 실업률보다 0.1%포인트 상승한 3%, 2024년 연간 고용률은 2023년 연간 고용률보다 0.2%포인트 상승한 62.7%일 것이라 예상했다.

대내외 여건을 종합해 고려해볼 때 2024년 고용 시장은 고금리 현상과 중국 저성장 기조의 지속, 러시아-우크라이나 전쟁과 이스라엘-팔레스타인 전쟁, 그리고 세계 경제 회복세의 둔화로 인해 2023년과 비슷한 수준을 유지하는 답보 상태에서 빠져나가기 쉽지 않을 것이라는 진단이다. ■

지표로 보는 한국 경제 **노사 관계**

경기 침체 국면 노사 관계는 안정될 것
與, 의석 과반 확보해야 노동 개혁 추진

정흥준 서울과학기술대 경영학과 교수

2023년 노사 관계는 '노사' 갈등보다 '노정' 갈등이 컸던 한 해로 볼 수 있다.
2022년 12월 정부는 화물연대의 안전운임제를 둘러싼 파업에 대해 타협 없이 강경하게 대처했고 이후부터 정부는 노동조합과의 협상과 대화보다 노조의 변화를 촉구했다. 특히 정부는 건설노동조합의 노조 활동(월례비 요구 등)을 불법으로 규정해 수사에 착수했다. 250일 동안의 특별단속 결과로 약 1700명을 조사했고 그중 35명을 구속했다. 다만, 타워크레인의 월례비 요구는 법원에서 정상적인 노동조합 활동으로 인정받았고 건설노조 역시 대대적인 수사에 비해 구속자 수는 많지 않아 무리한 수사라는 노동계 비판이 있었다.

특히, 건설노조 수사 과정에서 민주노총 건설노조 간부(양회동)가 노동절인 5월 1일 분신, 사망하는 사건이 발생하면서 노정 관계는 더욱 경색됐다.
정부와 오랫동안 대화를 이어왔던 한국노총 역시 2023년 6월 7일 사회적 대화기구인 경제사회노동위원회(경사노위) 활동을 잠정 중단했다. 한국노총 전국금속노동조합연맹(금속노련) 사무처장(김준영)이 농성 중 경찰 연행 과정에서 부상을 입고 구속된 것이 중요한 원인이었다. 한국노총마저 정부와 대화를 중단하면서 정부의 양 노총과의 공식적인 논의는 단절된 상태가 됐다.

2023년 추진 동력 잃은 노동 개혁
이런 상황을 고려했을 때 2023년 노사 관계

는 이렇게 평가해볼 수 있다.

첫째, 정부가 추진한 노동 개혁은 근로시간 개편 등에 대한 여론 악화로 중단돼 추진 동력을 상당 부분 상실했다. 윤석열정부는 2022년 출범 초기부터 유연근로시간을 강조해 연장 근무 정산 단위를 변경하는 유연한 근무 제도를 추진했다. 그러나 미래노동시장연구회가 제시한 유연노동시간을 구체화하는 과정에서 국민은 주 최대 69시간까지 가능한 유연근로시간에 대해 반발했고, 결국 대통령실이 원점에서 재검토를 지시했다. 또 다른 노동 개혁 과제인 직무성과급제도 별다른 변화가 없는 상태다. 노동 정책은 집권 초기 성과를 내는 것이 중요한데 근로시간 유연화와 직무성과급제는 여러 상황으로 인해 추진 동력을 잃은 상태다.

둘째, 사회적 대화가 중단됐다. 사회적 대화는 경제위기 같은 특정 시기에 노사정 대타협을 추진하기도 하지만 일상적으로 노동 정책을 논의하는 장으로 의미를 가진다. 그런데 한국노총이 참여해온 사회적 대화가 중단되면서 노동 정책에 대한 노사정 간 공식적인 논의의 장이 사라졌다. 그 결과 사회적 대타협은 고사하고 노동을 둘러싼 사회적 갈등이 차곡차곡 누적되는 상황이다. 예를 들면 정부가 추진하는 노동조합 회계장부 투명화도 노동조합의 자존심을 지켜주면서 회계를 투명하게 공개하는 방안을 마련할 수 있지만, 지금처럼 사회적 대화가 단절된 상태에서는 노동조합은 정부 정책을 비판하고 정부 역시 노동조합을 비난하기 쉽다. 결국 적대적인 대결 구조를 피할 수 없어 보인다.

셋째, 산적한 고용·노동 관련 현안들이 해결되지 않은 채 쌓이고 있다. 우리나라는 급격한 고령화와 저출산 등 인구 구조 변화로 인해 정년 연장, 경력 단절 여성의 노동 시장 진입, 생산 인구 감소에 따른 외국인 노동자 유입 등 산적한 노동 현안이 많아지고 있다. 경제 침체도 장기화되면서 소득 불평등이 확대될 가능성도 커지고 있어 취약계층에 대한 보호 등도 선제적으로 논의될 필요가 있다. 또한 빠른 기술 변화로 인해 숙련된 인력을 양성하거나 기존 인력을 전환해 활용할 수 있는 방안도 논의가 필요하다. 이런 사안은 정부 힘만으로 대안을 마련하기 어렵다. 노사 의견을 충분히 청취하고 실력 있는 전문가 도움을 받아 대안을 마련해야 한다. 그러나 현실에서는 중요한 노동 현안과 정책에 대한 계획이 거의 수립되지 못하는 실정이어서 미래에 대한 부담이 커지고 있다.

요약하면, 기업 수준 노사 관계는 상대적으로 안정적이지만 국가 수준 노정 관계는 대립적인 상태가 지속되고 있다. 더구나 정부의 노동 개혁은 동력을 많이 상실했고 사회적 대화는 중단된 상태며, 노동 현안에 대한 대안은 충분히 논의되지 못하고 있다. 성공적인 노동 정책 수립과 집행은 노사 의견을 고르게 청취하고 사회 각계에 의견을 물어 조정하고

지표로 보는 한국 경제 **노사 관계**

**노사보다 노정 갈등 컸던 2023년
사회적 대화 중단·정책 논의 산적
2024년 상반기 2023년과 비슷
하반기는 총선 따라 노동 정책 전개**

타협하는 과정이 필수적인데 이런 과정이 원활하게 작동하지 않고 있기 때문이다.

2024년 노동 정책 시나리오

2024년 노사 관계는 2024년 4월 예정된 국회의원 총선거에 의해 좌우될 가능성이 많다. 총선이 시기적으로 윤석열정부의 중간을 경과하는 시점에서 치러지기 때문에 정부의 중간 평가로 해석되기도 한다. 선거 결과에 따라 노동 정책을 포함해 향후 정부의 국정 운영 추진 동력이 달라질 것으로 보인다. 특히 노동 정책은 법·제도와 긴밀하게 연계돼 있기 때문에 총선 결과가 큰 영향을 미친다.

구체적으로 여당이 국회 과반수를 차지할 경우, 정부는 국민 지지를 적어도 과반 이상을 확보한 것으로 봐 정책을 힘 있게 추진할 수 있으며 국민도 이에 대한 정당성을 부여할 것이다. 나아가 여소야대였던 2023년과 달리 정부가 입법을 통해 법적 근거를 갖고 국정을 운영할 수 있다. 예를 들어 정부가 추진하려고 했으나 반대가 컸던 근로시간 유연화 등이 법 개정을 통해 추진 근거를 확보할 수 있다.

반면, 여당이 총선에서 과반을 차지하지 못할 경우 정부의 집권 후반기 국정 운영 추진 동력은 크게 떨어질 가능성이 있다. 오히려 정부와 반대 입장을 가진 야당이 입법을 통해 정국을 주도할 수 있다. 그렇게 될 경우 정부가 계획했던 노동 정책은 2024년에도 실현이 어려울 것이다.

이런 정치적 배경을 고려해 2024년 노사 관계를 전망해보면 다음과 같다.

첫째, 2024년 상반기까지 노사 관계는 2023년과 비슷할 것이며 2024년 4월 총선 결과에 따라 정부의 노동 개혁이 추진력을 갖거나 아니면 노동조합 요구가 이전보다 강해질 것이다. 정부의 집권 스타일과 양 노총 내부 조건을 고려할 때 총선 전까지 노정 관계는 팽팽한 긴장감을 유지할 것으로 보여 협력적인 노사 관계는 기대하기 어려워 보인다. 예를 들어, 민주노총은 집행부 선거를 통해 2024년 새로운 지도부가 조직을 책임지게 되므로 정부와 쉽게 타협하지 않을 것이다. 한국노총도 2024년 정부의 노동 관련 보조금 지원이 전면 중단된 상황에서 정부와 협력을 모색하기 어렵게 됐다. 정부도 마찬가지다. 정부와 여당은 총선 전까지 보수 지지층 결집을 위해 노동조합과 타협하기보다 노조 개혁과 양보를 요구할 가능성이 높다.

다만, 2024년 하반기는 다른 국면이 예상된다. 총선 결과에 따라 정부·여당이 과반수 의석을 확보한다면 미뤄뒀던 노동 개혁을 강하게 추진할 것이고 이에 노동조합은 새로운 요구보다 정부의 노동 개혁을 반대하는 등 방어적인 투쟁에 집중할 것이다. 반대로 여당이 과반을 확보하지 못한다면 노동조합은 정부의 노동 정책 실패를 부각하면서 대정부 비판 수위를 높이고 사용자 편향의 정부 노동 정책을 수정하도록 압력을 가할 것이다. 따라서 총선 결과가 어떻게 나오든 노정 간 갈등은 이어지겠으나 변화 없는 평행선이 아닌 새로운 질서를 만들어낼 가능성이 크다.

둘째, 사회적 대화 역시 총선 결과에 따라 새로운 국면이 만들어질 수 있다. 윤석열정부는 이전 정부에 비해 노동조합과의 대화와 협력보다는 노동조합 변화를 강조했고 결과적으로 사회적 대화도 중단됐다. 그러나 2024년 상반기 총선 결과에 따라 정부의 사회적 대화도 달라질 수 있다. 여당이 과반수 의석을 확보할 경우, 정부는 노동법 제(개)정을 추진할 것이며 이를 위해서는 노동조합 동의를 이끌어내거나 최소한 의견을 구하는 방식으로 입법의 정당성을 확보하려 할 것이다. 반대로, 여당이 과반수 의석을 차지하지 못할 경우 그동안의 노동 정책은 대폭 수정될 가능성이 있다. 더구나 집권 후반기 국정 운영 동력이 떨어지는 상황에서 총선에서 여당이 과반수 의석을 확보하지 못할 경우 생각보다 빠른 레임덕을 맞이할 수 있다. 설상가상 동원 능력과 조직된 자원을 가진 노동조합 공세가 커진다면 정부는 곤란한 상황에 처해질 수 있다. 따라서 정부는 총선 전까지 노조와 대결적인 정책을 유지했더라도 총선 결과에 따라 과반을 확보하지 못하면 그동안의 노정 관계도 정비해 대화와 협력하는 방안으로 노동 정책을 수정할 수 있다.

셋째, 갈등을 빚는 노정 관계와 달리, 노사 관계는 이전과 마찬가지로 안정을 유지할 가능성이 크다. 저성장과 경제 침체가 지속되는 상황에서 노동조합의 임금 인상 등 처우 개선 요구가 높지 않을 수 있으며 사용자의 지불 능력도 약화됐기 때문이다. 파업 등 단체행동도 많지 않을 것으로 예상된다. 노동조합에 우호적이지 않은 정부 분위기 등을 고려할 때 노동조합이 전략상 파업을 쉽게 결정하지 않을 것이기 때문이다.

그러나 변수가 존재한다. 노동 시장 양극화가 심화되고, 노동관계법 보호를 받지 못하는 특수고용과 플랫폼 노동 등 새로운 유형의 노동자가 늘어나고 있어 특수고용과 비정규직 노동자 파업이 예상하지 않은 곳에서 발생할 가능성이 있다. 예를 들어 2023년에도 대우조선하청지회 파업이 전국적인 관심을 모았고 조선소 사내 하청 노동자 처우를 개선하는 계기가 된 것처럼 2024년도 특수고용과 비정규직의 파업은 발생 가능성이 높다. 따라서 향후 노사 관계는 비정규직 차별과 불안정성을 둘러싼 노사정의 전략적 결정과 대응에 의해 많은 영향을 받을 것으로 보인다. ■

지표로 보는 한국 경제 **가계부채·재정수지**

주담대 증가세에 가계부채 '폭탄'
22대 총선에 포퓰리즘 재정 가능성

주원 현대경제연구원 이사대우(경제연구실장)

우리나라 가계부채 규모(여기에서 가계부채는 한국은행이 발표하는 가계신용 통계를 의미한다. 가계신용은 가계부채(가계가 금융기관에서 받는 대출금)와 판매신용(가계가 물품이나 서비스를 신용 구매한 부분)으로 구분된다.)는 2022년 말 약 1867조6000억원에서 2023년 말에는 전년 대비 1%(2022년 상반기 전년 동기 대비 0.5% 증가) 정도 증가해 1900조원 안팎 규모가 될 것으로 추정된다. 가계부채 증가율은 지난 2020년 8.1% 그리고 2021년 7.7%에서 2022년에는 0.2% 수준까지 크게 낮아졌다. 그러나 2023년에는 증가율이 다시 반등할 것으로 추정된다. 부문별로는 주택담보대출 등 부동산 관련 대출이 가계부채 증가를 견인했다. 주택담보대출은 2022년 말 1012조6000억원에서 2023년 상반기 1031조2000억원으로 증가한 반면, 기타대출은 같은 기간 737조2000억원에서 717조7000억원으로 감소하는 모습을 보인다. 한편, 2023년 들어 소비 심리가 개선됐음에도 불구하고, 고물가·고금리로 가계의 실질 구매력이 위축되면서, 여신전문사나 판매사로부터의 신용 구매 같은 판매신용 부문은 2022년 말 117조7000억원에서 2023년 상반기 113조9000억원으로 감소했다.

2023년 가계부채와 재정수지 동향 살펴보니

2023년 재정수지는 2022년보다 사정이 좋아졌다. 정부의 재정건전성 강화 기조로 재정 지출이 억제됐기 때문이다. 본예산 기준 재정 지출 규모는 2022년 607조7000억원에서 2023년 638조7000억원으로 5.1%의 증가율을 기록했다. 2022년 재정 지출 증가율인 8.9%보다 낮은 증가세다. 한편, 2023년 재정 수입은 본예산 기준으로 625조7000억원이 계획돼 있으나, 경기 침체에 따른 실제 세수입 규모가 예상치보다 작을 것으로 우려된다. 그럼에도 정부 계획대로라면 2023년 통합재정수지는 13조1000억원 적자로 2022년 본예산 기준 54조1000억원 적자 규모보다 크게 개선됐다. 이에 따라 재정수지의 국내총생산(GDP·Gross Domestic Product) 대비 비율은 2022년 ▲2.5%에서 2023년 ▲0.6%로 크게 나아졌다.

2024년 가계부채 전망은…**부동산 경기가 좌우**

2024년 가계부채 수준을 결정짓는 가장 큰 요인은 부동산 시장 경기라고 판단된다. 역사적으로 상당히 높은 금리 수준으로 자금 차입 비용이 크게 부담되는 상황임에도 부동산 시장은 반등세를 이어갈 것으로 보인다. 다만, 시장 개선은 2022년부터 이어진 침체에 대한 기술적 반등 성격이 크고, 여전히 높은 금리 수준으로 투기적 수요는 크지 않을 것으로 보인다. 한편, 향후 정부의 부동산 시장 정책은 규제 완화라는 기조를 유지하면서 주택 공급을 확대하는 방향일 것이다. 따라서 실수요자를 중심으로 주택 구매 행위가 많아질 것으로 보이며, 이에 따라 주택담보대출 규모도 증가세를 유지할 것으로 전망된다. 다만, 가계부채 증가 속도가 과도할 경우 정부의 부동산 시장에 대한 규제 완화 정책도 완급 조절에 나설 수밖에 없어 주택담보대출이 과거처럼 빠른 속도로 증가하기는 어려워 보인다.

두 번째 요인은 금리다. 미국중앙은행인 연준의 금리 인상이 거의 막바지에 다다랐고, 2024년 중 추가적인 금리 인상이 단행될 가능성은 높지 않아 보인다. 이에 따라 한국은행도 금리를 더 이상 높이기는 어려워 보인다. 다만, 그렇다고 2024년 내 미 연준과 한국은행의 금리 인하가 시작될 것이라고 확신하기는 어렵다. 양국 모두 2024년 하반기경에는 인플레이션 타기팅 즉 소비자물가 상승률 2%를 달성하면서 금리 인하 논의가 시작되겠지만, 실제 금리 인하로 이어질지는 불확실하다. 한편, 2024년 금리 수준은 전체적으로 높을 것이나 과거 정책금리가 인하하기 전 시장금리가 먼저 하락하는 경험에 비춰보면 시간이 지나면서 하향 안정화될 가능성이 높아 가계부채를 증가시키는 요인으로 작용할 것이다.

세 번째 요인은 경제 상황이다. 대부분 예측 기관은 2024년 경제성장률이 2023년보다 높아질 것으로 전망한다. 다만, 실물경기 개선에 2023년 침체 국면에 대한 반등 효과가 일정 부분 작용할 것이기 때문에, 실제 체감

지표로 보는 한국 경제 **가계부채·재정수지**

가계신용 증가율·경제성장률 추이 〈단위:%〉

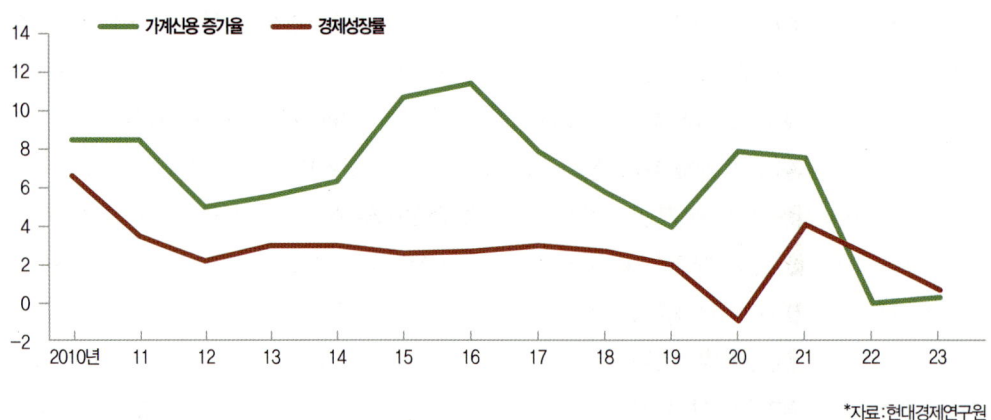

*자료: 현대경제연구원

경기가 좋아진다고 단언할 수 없다. 또한 고용 시장은 경기에 후행하는 특성을 감안하면 가계 살림살이가 크게 나아지기는 어려워 보인다. 그래서 자영업 가계의 생활 안정 자금이나 운영 자금 수요는 여전히 높을 것으로 보인다. 그러나 담보대출이 아닌 신용대출은 적용 금리가 높아 큰 부담이 될 것이다. 따라서 생활 안정 자금이나 운영 자금 대출 규모는 크게 증가하기 어려워 보인다.

마지막으로 신용카드나 자동차 할부 관련 가계신용은 다소 개선될 것으로 보인다. 당장의 고물가·고금리 상황이 신용 확대를 제약하는 요인으로 작용할 것이나, 어찌 됐건 미래 불확실성은 개선될 여지가 있기 때문이다. 따라서 심리가 소비를 견인하면서 미래 소비를 현재 소비로 이전하려는 동기가 확대될 것으로 보인다. 다만, 자동차 시장은 코로나 팬데믹을 거치면서 자동차 구매가 크게 증가한 부분이 있기에 시장의 빠른 확장은 어렵다고 보여진다. 따라서 관련 신용 규모는 소폭 증가하는 데 그칠 가능성이 있다.

2024년 재정수지 전망…재정건전성 확보 사활
최근 기획재정부가 국회에 제출한 2024년 예산안의 2024년 총지출 규모는 656조9000억원으로, 2023년 본예산의 총지출 규모 638조7000억원 대비 2.8% 증가했다. 이는 대한민국 역사상 가장 낮은 증가율이다. 이전 정부가 코로나 위기를 극복하고자 2020~2022년 연평균 9%가량 높은 증가율로 재정 지출 확대를 도모했고 이로 인해 국가채무가 급증했다. 이에 대한 반작용으로 현

정부의 재정 철학은 재정건전성 확보에 무게 중심을 두고 있기 때문에 지출 증가율을 최소한으로 낮췄다. 그래서 2024년 예산을 기획재정부는 '알뜰 재정'이라고 지칭한다.

한편, 재정 지출 재원이 되는 재정 수입(총수입)은 2023년 625조7000억원에서 2024년 612조1000억원으로 오히려 13조6000억원 줄었다. 경제성장률이 2023년보다 2024년에 더 높아진다는 점을 감안하면, 원칙적으로는 재정 수입을 증가시켜야 재정건전성을 높인다는 취지가 일관성을 가진다. 그러나, 재정 수입 중 약 60%를 차지하는 국세 수입 중 일정 부분은 세무 행정 과정상 민간 경제 주체의 2023년 경제 활동에 따른 이익이나 소득에 부과된다. 따라서 시차 효과 영향으로 2024년 세수입 여건이 부정적이라는 관점을 예산안에 반영한 것으로 보인다.

총지출과 총수입 계획대로라면 통합재정수지 규모는 2023년 13조1000억원 적자에서 2024년에는 44조8000억원 적자로 대폭 커진다. 이에 따라 재정수지 적자의 GDP 대비 비율은 본예산 기준 2023년 ▲0.6%에서 2024년 ▲1.9%로 오히려 재정건전성이 악화된다. 총지출 증가율이 과도하게 낮음에도 불구하고 총수입을 감소시킨 결과다. 이는 재정건전성을 높이는 기조는 분명히 아니다. 그래서 이번 예산안은 실물경제 여건과 세수입 환경을 고려한 정부 고민이 담겨 있다고 판단된다.

한편, 2024년 초반 재정 정책 환경은 비경제적 요인의 영향을 받을 가능성이 높아 보인다. 2024년 4월에 있을 22대 국회의원 선거를 전후해 포퓰리즘적 정책에 대한 요구가 확산될 가능성이 있다. 최소한 2024년 상반기까지 경제 상황이 크게 개선되기는 어려워 보이기 때문에, 적극적인 경기 진작과 사회 안전망 확충을 위한 추경 편성에 대한 목소리가 높아질 수도 있다.

그러나 현 정부는 경제 상황이 심각했던 2023년에도 여론의 추경 편성에 대한 요구를 일축하면서 돈을 풀어 경기를 받치는 인위적 경기 부양은 없고 재정건전성을 확보해야 한다는 재정 철학을 고수했다. 따라서 추경 편성 가능성이 아주 높아 보이지 않는다. 다만, 여전히 2024년 대내외 경제 여건에 불확실한 측면이 많고 만약 한국 경제가 가장 비관적인 시나리오인 'L'자형 장기 침체 국면에 들어선다면, 어쩔 수 없이 재정 정책의 기조에 큰 변화가 있을 가능성도 배제할 수 없다. ■

지표로 보는 한국 경제 **지역 경제**

2023 모든 지표 高성장한 지역 '강원'
전체 수치 역성장 '경기' 2024에도 '흐림'

이영달 한국경영학회 부회장

우선 2023년 지역 경제 현황을 살펴보자. 2023년 9월 말 기준 지역 경제 활력이 가장 높은 지역은 어디일까. 결론적으로 세종(1), 제주(2), 충북(3), 전북(4), 충남(5), 경남(6), 대전(7), 경기(8), 경북(9), 인천(10), 강원(10), 전남(12), 서울(13), 광주(14), 울산(15), 대구(16), 부산(17) 순이다. 경제 활력은 경제 활동 참가율, 고용률, 실업률, 광공업생산지수, 서비스업생산지수, 소매판매지수, 수출입지수, 소비자물가지수를 종합적으로 고려한 측정값이다.

경제 활동 참가율을 보면, 제주(71%), 전남(68%), 충남(68%)이 상위 3개 지역이고 광주(61%), 대구(61%), 부산(60%)이 하위 3개 지역이다.

고용률은 제주(70%), 전남(67%), 충남(66.4%)과 대구(60%), 울산(60%), 부산(58.5%)으로 각각 상위-하위 3개 지역이다. 실업률은 강원(1.2%), 제주(1.4%), 경남(1.6%)이 가장 낮은 3개 지역이고 경기(2.6%), 부산(2.6%), 울산(3%)이 하위 3개 지역이다.

2020년도와 비교해보면 광공업생산지수는 인천(120.6), 제주(113.9), 경기(113.2)의 성장세가 두드러진다. 이에 반해 경북(99.3), 서울(99), 울산(99), 부산(94.2), 대전(91.3)은 활력이 2020년 대비 오히려 감소했다. 제조업으로 범위를 좁혀보면 인천(123.9), 경기(113.5), 대구(108)가 상위 3순위고, 울산(99.4), 경북(97.5), 부산(96.7), 대전(93.4

제조업의 악화로 2023년 영남 지역 경제는 어려움을 겪었다. 산업 구조 전환이 시급하다는 목소리가 나온다. 사진은 반월산업단지. (매경DB)

이 2020년 대비 제조업 활력이 떨어진 지역이다.

2023년 기준 전체적인 고용 상황에서 영남 지역(대구·경북, 부산·울산·경남)은 전국 평균을 밑돌고 있다. 비단 올해만의 현상이 아니다. 영남 지역 고용 현황은 꾸준히 감소해왔다. 산업 구조 전환이 시의적절하게 전개되지 못한 데서 파생된 결과로 해석할 수 있다.

2023년 서비스업(2분기 말 기준)은 전 지역이 2020년 대비 지수가 상승했다. 이는 기저효과가 크다. 2020년은 코로나19 여파로 서비스업이 크게 위축됐다. 2023년 들어 거리두기 해제 등 효과가 겹치며 전 지역 서비스업 지수가 상승했다. 서울(119.4), 인천(118.9), 세종(116.5)이 상위 3순위, 부산(111.2), 대구(110.8), 전남(110.1)이 하위 3순위다. 소매 판매는 대전(113), 부산(112.4), 세종(105.4)과 대구(99.8), 전남(99), 광주(98.4)가 각각 상위와 하위 3순위다. 하위 3순위 지역은 2020년 대비 소매 판매가 오히려 감소했다.

2023년 9월 말 누적 기준 수출입수지는 상위·하위 각각 3위까지는 울산(304억달러), 충남(277억달러), 경북(190억달러)과 인천(-52억달러), 경기(-239억달러), 서울(-995억달러)이다. 수출액 증감률은 경남(9.9%), 대구(9.9%), 광주(0.7%) 3개 지역만 증가하고, 나머지 지역은 모두 수출액이 감소했다. 특히 전남(-25.4%), 세종(-29.8%), 충남(-31.3%) 지역 감소폭이 크다.

소비자물가 변동폭은 지역 간 차이가 크지 않다. 서울(112.31), 대전(112.55), 부산(112.58)이 2020년 대비 상대적으로 낮은 상승률을 기록했고 경북(114.02), 충남(114.12), 강원(114.26)이 상대적으로 높

지표로 보는 한국 경제 **지역 경제**

제조업 부진 겪는 영남 침체 뚜렷
2024년은 지자체별로 전망 갈려
경북·강원·제주는 '전망 밝아'
부산·울산 전망은 '다소 흐림'
경기도와 대구시는 '분발 필요'

은 상승률을 보였다. 공공서비스물가는 대전(100.97), 충남(101.84), 대구(102.53) 순으로 2020년 대비 미세하게 상승했고 세종(105.34), 충북(105.34), 서울(105.37) 지역이 상대적으로 많이 올랐다.

2022년 대비 2023년 성장률 비교
2024년 성장률 높은 지역은 어디?

2022년 대비 2023년 성장률을 보면, 2024년 지역 경제가 얼마나 성장할지 보인다.
2022년 지방선거 이후 지자체 권력이 바뀌었다. 바뀐 지자체장들 정책은 일반적으로 2~3년 장기적인 동향을 보고 측정한다. 2022년 7월 이래 2023년 9월 말까지 월평균복합성장률(M.CAGR)을 기초로 지역 경제 활력 상태를 측정한 지푯값을 반영해보면, 민선 8기 시도지사들의 경제와 산업 정책의 효과성을 측정해볼 수 있을 것이다. 또한 이를 기초로 2024년 지역 경제 전망도 가능할 것이다.
강원도는 경제 활동 참가율, 고용률, 실업률 등 고용 지표에서 민선 8기 기간 중 타 지역 대비 상대적인 고성장을 일궈냈다. 반면 생산과 판매 그리고 수출은 민선 8기 기간 중 감소 흐름을 보였다. 이는 강원도가 2024년 산업 혁신 투자를 확대해 광업, 제조업과 서비스업의 산업 경쟁력을 높이지 않으면 고용 지표 증가 흐름이 지속되기 어려울 수 있음을 시사한다.

경상북도는 상대적으로 생산과 판매 그리고 수출이 민선 8기 기간 중 증가한 흐름이다. 그러나 고용 지표는 양적, 질적으로 오히려 악화됐다. 경제 활동 참가율은 동기간 중 증가했으나, 실업률이 오히려 상승했다. 고용률 역시 큰 변화가 없다. 이는 안정된 일자리를 기반으로 하기보다는, 노인·일용직 등 일자리 비중이 증가한 것으로 해석할 수 있다. 게다가 제조업의 최근 5년, 그리고 10년의 연평균 성장률이 각각 −1.53%, −0.18%로 최근 5년의 감소폭이 더 크다. 경상북도는 제조업 경쟁력 회복에 지역 경제 제반 사항이 결정될 수 있음을 보여주는 단면이다.

광주광역시는 강원도와 상황이 비슷하다. 2023년 고용 지표는 2022년 대비 발전적 변화를 이뤘다면, 생산과 판매 지표는 오히려 역성장을 하고 있다. 특히 도심을 기반으로 한 첨단 제조업의 경쟁력을 축적할 필요가 있다. 첨단 제조업 경쟁력 강화만이 광주시의 2024년 지역 고용 지표 상승세를 이끄는 요인이 될 것이다.

대구광역시는 수출액 증가율 외 나머지 모든 지표의 성장 흐름이 좋지 못하다. 경제 활동 참가율, 실업률은 역성장을 하고 있고, 광공업생산지수와 소매판매지수 역시 역성장 중이다. 2021년에도 이미 대구시의 1인당 지역 내 총생산과 지역 내 총소득은 모두 전국 최하위를 기록했다. 경제 활동 참가율과 실업률 지표 그리고 광공업생산지수와 소매판매지수가 2022년 이후 역성장했다. 2024년 대구시는 경제와 산업 구조의 일대 대전환의 계기를 만들어야 하는 상황이다.

충청남도는 수출 부진 여파가 지역 경제에 미치는 영향이 크다. 고용 지표와 생산 그리고 판매 지표 모두 이에 영향을 받는다. 충남에서 가장 큰 비중을 차지하는 산업은 전기전자와 정밀 기기 제조업(21.8%)이다. 디스플레이, 반도체 관련 산업이다. 이 산업은 최근 5년간 연평균 6.2% 성장하며, 사실상 충남의 지역 경제 성장을 견인했다고 해도 과언이 아니다. 해당 산업의 수출 경쟁력 회복이 2024년 충남 지역 경제의 바로미터라 할 수 있다.

경기도의 성장력 하락은 매우 두드러지는 현상이다. 경제 활동 참가율, 고용률, 실업률 등 고용 지표가 모두 역성장을 하고 있다. 제조업지수는 민선 8기 기간 중 월평균 1.01%씩 감소했다.

소매 판매 역시 월평균 0.8%씩 감소해 인구 증가에 따른 순효과를 누리지 못하고 있다. 경기도의 2023년 9월 말 고용률은 64.5%로 전남(67%), 충남(66.4%), 충북(66.4) 등 규모 있는 도 단위 지역보다 낮다. 실업률은 2.6%로 부산(2.6%), 울산(3%)과 함께 전국 최하위권을 형성하고 있다.

즉, 경기도의 제반 지역 경제 상황은 한국 경제가 갖는 장기 저성장 고착화 문제와 그 궤를 같이하고 있다고 할 수 있다. 경기도의 지역 경제성장률은 최근 10년(연평균 6.1%) 대비 최근 5년(연평균 5.37%)의 지표가 더 낮다. 성장 추세가 꺾이고 있음을 시사하는 지점이다.

다만, 경기도는 부활 가능성이 높다. 2023년 경기도에는 반도체 클러스터가 더욱 강화되는 등 핵심 산업에 대한 대규모 투자 결정이 이뤄졌다. 2024년부터는 그 영향 효과가 점차 가시화될 것으로 예상한다. 이를 위해서는 서울에 비해 상대적으로 규모나 그 수준이 제한적인 전문 서비스업 고도화가 함께 수반돼야 할 것이다. 그중에서도 특히 사업 서비스업과 문화 서비스업 경쟁력을 고도화하는 것이 2024년도 경기도의 지역 경제 활력을 회복하는 데 핵심적 관건이 될 것이다.

이런 분석을 토대로 2024년 지역 경제를 종합적으로 요약하면 경북, 강원, 제주, 세종, 대전, 경남 6개 지역은 '맑음', 전북, 인천, 충북, 전남, 광주, 서울, 충남 7개 지역은 '구름 약간', 부산, 울산 2개 지역은 '구름 많음', 경기, 대구 2개 지역은 '구름 매우 많음'으로 정리할 수 있다. ■

지표로 보는 한국 경제 **글로벌 교역**

대중국 수출 여건 회복 쉽지 않아
미국·EU 등 주요국 선거 '예의 주시'

이유진 한국무역협회 수석연구원

우리나라 무역수지는 2022년 3월부터 15개월 연속 적자를 기록했다. 2023년 6월부터 흑자로 전환됐지만, 2023년 8월까지 누적 238억달러 적자다. 2023년 하반기 수출은 전년도 수출 부진에 따른 기저 효과로 감소폭이 둔화돼 무역 적자가 완화될 것으로 예상된다. 다만 10월 초 팔레스타인 하마스의 이스라엘 기습 공격에 따른 중동 정세 불안이 장기화될 경우 유가 상승 영향으로 적자 완화폭은 제한적일 가능성이 높다. 이는 2024년 무역수지 전반에도 부담이 될 전망이다.

2023년 수출 하락세는 미국과 유럽연합(EU)을 비롯한 주요국 금리 인상과 함께 러·우 전쟁 등 지정학적 긴장이 지속되면서 글로벌 경기가 위축된 것이 주요 원인으로 분석된다. 우리나라는 반도체, 석유화학, 철강 등을 비롯한 중간재 제품에 수출이 집중돼 있어 전방 산업 부진에 따른 영향이 더욱 크게 나타났다. 특히 2022년 기준 우리나라 수출에서 차지하는 비중이 20%에 육박하는 반도체의 경우 코로나19에 따른 특수가 끝나며 높은 감소세를 기록했다. PC, 서버, 모바일 등 수요 부진으로 반도체 가격이 크게 하락하면서 8월까지 전년 대비 수출 감소율이 34.9%에 달했다. 다만 최근 들어 점진적으로 반도체 수출 실적이 개선되는 중이다. 2024년에는 감산 영향이 본격화되며 반도체 단가 상승을 기대해볼 만하다.

당초 '제로 코로나' 정책 해제로 중국 경기가 회복될 것이라는 전망이 나왔다. 하지만 예상과 달리 중국 내 소비가 정체되며 중국을 최대 시장으로 하는 우리나라 수출은 타격을 받았다.

8월까지 대중국 수출은 806억달러를 기록하며 전년 동기 대비 감소폭이 25.2%에 이른 것으로 나타났다. 국제통화기금(IMF)은 10월 세계 경제 전망 업데이트를 통해 중국의 2023년 성장률을 5%, 2024년은 4.2%로 예상했으며, 이는 지난 7월 전망치보다 각각 0.2%포인트, 0.3%포인트씩 낮아진 수치다. 2024년에도 대중국 수출 여건이 쉽게 회복되기는 힘들 전망이다.

미국·EU 대상 수출 선방했지만 보호주의 강화, 수출에 '부정적'

대중국 수출 감소보다 더욱 문제가 되는 대중국 적자 배경으로는 경기적인 요인 외에도 한·중 교역 구조 변화가 거론된다. 향후 중국의 경기 회복에도 우리나라 대중 수출이 이전 수준으로 돌아가기는 어렵다는 것이 중론이다. 철강, 디스플레이, 석유·화학 등 우리나라 주력 품목에서 중국이 자급률을 확대해가면서 대중국 수출이 점차 감소했다. 이와 함께 디스플레이 등 일부 품목에서는 중국이 주도권을 장악한 상황이다. 반면 광물과 소재 등의 수입에서는 우리나라의 대중국 의존도가 심화되고 있다. 특히 수산화리튬과 전구체 등 배터리용 원료·소재의 상당수를 중국에서 조달하고 있어 대중국 무역수지가 지속해서 악화됐다.

한편, 미국과 EU로의 수출은 전년 대비 각각 0.6% 감소, 3.4% 증가하면서 비교적 선방한 것으로 평가된다. 품목별로 살펴보면 전기차를 필두로 한 자동차와 배터리에서 수출 증가세가 두드러진다. 2023년 8월까지 대미 수출은 733억달러로 전년 동기 대비 0.6% 감소했으나, 자동차 수출은 197억달러로 46%의 증가율을 보였다. 건전지·축전지 역시 31억달러로 23%의 증가율을 기록했다. EU 대상으로 자동차 수출은 전년 동기 대비 50% 증가한 76억달러를 기록해 다른 품목 감소세를 상쇄했고, 전체적인 EU 대상 수출 증가세를 이끌어냈다.

다만, 미국과 EU를 필두로 한 글로벌 보호

2023년 한국의 수출입 통계 　　　　　　　　　　　단위:억달러, %

구분		1월	2월	3월	4월	5월	6월	7월	8월	1~8월
수출		463	500	549	495	521	542	505	519	4095
		(-16.4)	(-7.7)	(-13.9)	(-14.5)	(-15.4)	(-5.9)	(-16.2)	(-8.3)	(-12.4)
수입		590	554	596	522	543	531	487	510	4333
		(-2.7)	(3.5)	(-6.5)	(-13.3)	(-14)	(-11.7)	(-25.4)	(-22.8)	(-12.1)
무역수지		-127	-54	-47	-27	-22	11	18	9	-238

*괄호 안은 전년 동기 대비 증감률을 의미　　　　　　　　　　*자료:한국무역협회

지표로 보는 한국 경제 **글로벌 교역**

**한·중 교역 구조 변화
중국 경기 회복해도
대중 수출 회복 어려워
미 대선에 IPEF 향방 모호
1월 대만 총통 선거도 주목**

주의가 강화되고 있다는 점은 우리나라 수출에 우려스러운 부분이다. 2022년 8월 미국은 인플레이션 감축법(IRA)을 발효해 친환경차 세제 혜택 대상을 북미 생산 차량으로 한정했다. 현재 미국에 판매되는 국내 전기차는 대부분이 국내에서 생산 후 미국으로 수출되는 물량이다. 국내 업계도 IRA 요건을 충족하기 위해 미국 내 전기차 공장 건설을 서두르고 있다. 2025년부터 전기차 공장이 완공되면 대미 전기차 수출 물량이 미국 내 생산으로 대체될 전망이다. 2024년까지는 친환경차 시장 확대로 수출 증가세가 지속되겠으나, 그 이후에는 통관 측면에서 대미 수출은 감소할 우려가 있다.

EU도 IRA에 대항해 보호주의적인 핵심원자재법(CRMA)이나 탄소중립산업법(NZIA)을 발의했으며, 프랑스는 프랑스판 IRA를 내놓는 등 자국 산업을 보호하기 위한 정책을 지속적으로 추진하고 있다. 특히 프랑스판 IRA로 불리는 전기차 보조금 개편안은 2024년 1월부터 시행될 계획으로 EU 대상 자동차 수출에 영향을 줄 것으로 우려된다. 해당 개편안은 전기차 보조금 지급 조건으로 자동차 가격과 에너지 효율 외 '환경 점수' 기준을 추가했다. 환경 점수 결정 기준은 생산 지역이 중요한 요소로 작용해 국내 수출 물량에 불리하게 작용할 전망이다. 국내 업계는 전기차 일부를 유럽 내에서 생산하고 있어 당장 타격이 크지 않을 수 있다. 다만 각국이 자국 내 생산을 강조하는 기조를 내세운다면 한국 수출과 산업에 타격이 될 것이다.

산업 정책 외에도 2023년에는 각국의 다양한 보호 조치가 이어졌다. 중국은 미국의 반도체 제재에 맞서 2023년 8월부터 반도체 필수 원료인 갈륨과 게르마늄 수출을 통제했다. 중국이 글로벌 갈륨 생산의 98%를 차지하고 있으며, 게르마늄은 68%를 차지하고 있어 국내 반도체업계도 비상이 걸렸다. 멕시코 정부도 철강을 비롯한 392개 품목에 대한 임시관세를 최대 25%까지 기습 인상하며 멕시코와 자유무역협정(FTA)을 체결하지 않은 우리나라는 즉각적인 영향을 받게 됐다. 그 외 인도가 노트북, PC, 태블릿의 수입을 2023년 11월부터 제한하기로 했으며, EU는 중국산 전기차의 수입 급증을 문제 삼으며 2023년 10월 대중국 보조금 조사를 개시하는 등 자국우선주의 기조가 강화되고 있다. 이런 기조는 2024년에도 지속될 전망이다.

중국의 경기 둔화와 보호주의 확대 등 어려운

상황이 이어졌으나 무역을 기반으로 성장해온 우리나라는 해외 신시장 개척과 공급망 다변화를 위해 2023년 한 해 동안 다양한 무역협정을 추진해왔다. 대표적으로 무역투자촉진프레임워크(TIPF)를 꼽을 수 있다. TIPF는 관세 인하 조항을 담고 있는 기존의 FTA 체결이 어렵거나 전략적 협력이 필요한 경우, 무역·투자·공급망·에너지 등의 분야를 아우르는 포괄적인 협력 체계다. 9월까지 아랍에미리트(UAE), 도미니카공화국, 헝가리, 바레인, 폴란드, 우즈베키스탄, 핀란드 등과 TIPF를 체결했으며, 우리 경제의 외연을 확대하는 동시에 중남미, 중앙아시아, 중동 등으로 시장을 다변화했다는 점에서 의미가 크다. 연초 정부가 발표한 TIPF 계획에 따르면 20여개 국가와 체결을 목표로 하고 있어, 2024년에도 시장 확대를 위한 협정은 지속될 전망이다.

2022년 출범한 인도태평양경제프레임워크(IPEF)도 협상을 진행 중이며, 2023년 5월 4개의 필라(Pillar·기둥) 중 하나인 공급망 협상이 타결됐다. 청정 경제 관련 조항을 담은 필라3, 공정 경제의 필라4는 참여국의 협력적 요소가 강조되고 있어 타결에 대한 기대감이 높은 상황이다. 다만 노동·환경과 관련 규범이 담긴 필라1은 협상이 쉽게 마무리되지 않을 전망이다.

주요국 대상국별 한국의 수출 현황(2023년 1~8월)

단위: 억달러, %

구분	중국	미국	EU	아세안	일본	인도
금액	806	733	470	699	190	117
증감률	(-25.2)	(-0.6)	(3.4)	(-19.7)	(-9.7)	(-10.2)

*괄호 안은 전년 동기 대비 *자료:한국무역협회

IPEF는 미국 샌프란시스코에서 아시아·태평양경제협력체(APEC) 정상회담이 개최되는 11월을 비공식적인 기한으로 삼으며 협상을 진행 중이나 합의 여부에 대해서는 이견이 갈리는 상황이다. 합의가 이뤄져도 IPEF의 지속 여부에 대해서는 여전히 의문부호가 달린다. IPEF는 FTA와 달리 행정협상으로 행정명령에 따라 결정이 뒤집힐 수 있으며, 미국은 2024년 말 대선을 앞두고 있어 정권이 교체될 경우 IPEF의 향방을 예측하기는 어렵다.

한편 2024년에는 세계 정세가 크게 변할 전망이다. 2024년 말 미국의 대선 외에도 EU는 5월 선거를 통해 새로운 유럽의회와 집행위를 구성할 예정이며, 1월에는 대만 총통 선거를 앞두고 있다. 특히 미국 공화당의 유력한 차기 대선 주자인 트럼프 전 대통령은 재집권하게 되면 모든 수입품에 10% 관세를 부과하겠다는 의사를 밝혀, 미 대선에 따라 글로벌 무역이 큰 영향을 받을 것으로 우려된다. 이처럼 최근 글로벌 무역은 국제 규범에 따르기보다는 개별 국가의 경제 정책에 큰 영향을 받고 있다. 따라서 주요국의 2024년 선거에 예의 주시해야 할 것이다. ■

IV

2024
매경 아웃룩

세계 경제 어디로

1. 국제환율
2. 국제금리
3. 미국
4. 중국
5. 일본
6. 유럽연합
7. 인도
8. 브라질
9. 러시아 · 동유럽
10. 동남아시아
11. 중동 · 중앙아시아
12. 중남미
13. 오세아니아
14. 아프리카

세계 경제 어디로 **국제환율**

달러 강세 기조…2024에도 계속된다
약세 일변도 엔화는 반전 가능성 높아

오건영 신한은행 WM사업부 팀장

달러화를 기준으로 했을 때 2023년은 전형적인 '상저하고' 흐름을 나타냈다. 2023년 초만 해도 달러에 대한 시장 컨센서스(종합 예측치)는 정반대였다. 2022년부터 시작된 미국의 급격한 기준금리 인상으로 달러화는 초강세를 보였고, 이런 흐름은 2023년 상반기까지 이어질 것으로 예상됐다. 그리고 고금리와 경기 침체를 통해 인플레이션이 현격히 둔화되면 그 이후 연준의 기준금리 인하가 단행되면서 달러화가 2023년 하반기부터는 안정세를 보일 것이라는 전망이 힘을 얻었다. 그러나 실제는 정반대 흐름이 나타났다. 가장 큰 이유는 바로 연준 피벗팅(태세 전환)에 대한 기대였다.

과거 연준의 금리 인상 패턴을 보면 천천히 기준금리를 높은 수준으로 인상하다, 기준금리 인상을 멈추면 수개월 이후 금리 인하에 돌입하는데 인하폭도 크고 속도도 매우 빨랐다는 공통점이 있었다.

미국 경기 침체 전망이 거의 확신 수준을 보이면서 머지않아 연준 기준금리 인상도 끝날 것이고, 수개월 내에 기준금리 인하가 큰 폭으로, 그리고 빠른 속도로 진행될 것이라는 기대감에 글로벌 금융 시장이 뜨겁게 달아올랐다. 기준금리는 높은 수준을 유지했지만 시장금리는 미래의 빠른 금리 인하, 즉 연준의 피벗팅을 기대하면서 큰 폭으로 주저앉았다. 이로 인해 장단기 금리차가 1980년대 이후 가장 큰 폭인 110bp(1.1%)까지 역전되는데, 이는 시장이 연준 피벗팅에 대한 기대를

국제환율

(단위: 달러위안)

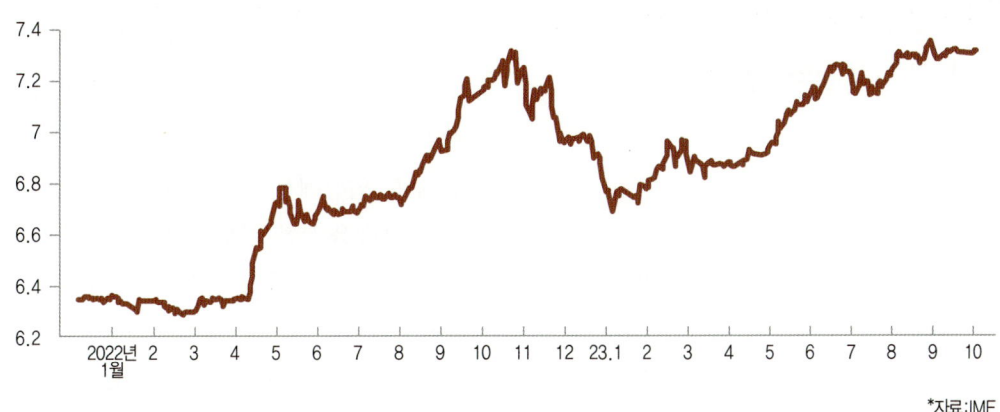

*자료: IMF

거의 확신 수준으로 반영했다고 해석될 수 있다.

당장은 금리가 높지만 미래에는 빠르게 금리가 내려올 것이라면 시장 참여자들은 어떻게 반응할까? 당장은 미국 달러화의 금리 매력이 높지만 머지않은 미래에 그 매력이 크게 낮아질 수 있기에 지금의 고금리를 반영하면서 고공비행을 했던 달러화는 큰 폭의 하락세를 나타내게 된다. 실제 2022년 4분기 110포인트를 넘었던 달러인덱스(DXY)는 2023년 7월 100포인트를 무너뜨리는 등 미국 기준금리 인상 기조가 이어지고 있음에도 불구, 빠른 약세를 나타냈다.

그러나 2023년 하반기부터 그런 분위기는 크게 바뀌게 된다. 2022년 6월 9.1%로 고점을 찍고 2023년 6월 3%까지 빠른 안정세를 보이던 미국의 소비자물가지수가 반등하기 시작하면서 3%대 후반으로 되돌려지기 시작했기 때문이다.

빠르게 하락하던 국제유가에 불만을 느껴 본격적인 감산 기조에 돌입한 OPEC+의 영향으로 유가가 큰 폭 반등했고, 연준의 피벗팅 기대감에 미국 주식 시장과 부동산 시장에 재차 훈풍이 불며 자산 가격 회복이 나타났다. 그리고 자산 시장 반등은 재차 미국의 소비를 자극했고, 이는 재차 미국의 물가 압력을 높이기 시작하면서 인플레이션 우려가 다시금 높아졌다.

미국 물가가 바닥을 치고 반등세를 보이자 연준 역시 이에 대한 경계감을 강하게 드러내면서 지금의 높은 기준금리를 상당 기간 이어갈 것임을 의미하는 '오랜 기간 고금리 기조

세계 경제 어디로 국제환율

**관건은 미국 물가와 연준의 통화 정책
연준, 일본식 디플레이션 불안감 고려
연준, 과거 선제적 피벗팅하기 어려워
위안화 약세, 일정 수준 되돌림 가능
일본 통화 정책 전환하면 달러도 약세**

'Higher for Longer'를 선언했다. 인플레이션 우려가 생각처럼 빠르게 해소되지 않을 것이라는 점을 점차 받아들이고 있는 시장 참여자 역시 그런 연준의 의지에 공감하게 되면서 상반기 달러화를 큰 폭으로 내리누르던 연준 피벗팅에 대한 기대가 크게 약화되기 시작한다.

달러화를 누르던 압력이 크게 낮아지면 달러화는 반등에 나설 수 있는데, 달러화는 2023년 하반기 달러인덱스 기준으로 105선을 넘어서는 등 다시금 강세 기조를 나타내고 있다.

관건은 연준 의지

2024년 외환 시장 전망의 핵심 역시 미국 물가와 연준의 통화 정책, 그리고 시장이 연준 의지를 어떻게 받아들이는가가 될 것이다. 다만 2023년 상반기와는 다소 다른 점이 있는데, 2023년 상반기에는 연준의 피벗팅 기대가 매우 강했지만 2024년에는 그런 기대감

이 크게 약화될 것으로 보인다는 점이다. 글로벌 금융위기 이후 연준은 일본식 디플레이션에 대한 불안감에 성장의 둔화나 금융 시스템의 불안 징후가 나타날 경우 선제적이고 적극적인 통화 완화 대응에 나섰던 바 있다. 10여 년 이상 이런 패턴을 보이면서 시장 참여자들은 무언가 약간의 문제만 생겨도 연준이 기존 긴축 입장에서 벗어나 완화로 돌아선다는 점을 학습을 통해 배우게 됐다. 그런 학습 효과에 기반한 것이 2023년 상반기의 피벗팅 기대였다.

그러나 이번 인플레이션이 생각보다 끈질기다는 점, 그리고 연준이 약간이라도 물러서려 하면 너무나 빠르게 주식 시장에서 반등이 나오고 국채 시장에서는 시장금리 하락이 나와주면서 연준의 긴축 효과가 무력화된다는 점을 감안할 때 연준이 과거와 같은 선제적인 피벗팅으로 전환하기는 상당 기간 어려울 듯싶다.

시장 역시 이런 연준의 'Higher for Longer' 기조를 어느 정도 믿게 되면서 섣부른 피벗팅에 대한 기대를 키우지는 못할 것으로 보인다. 이는 2024년 글로벌 달러화의 약세 전환까지 생각보다 오랜 시간이 필요할 것임을 의미한다.

변수는 일본 통화 정책

다만 2024년에는 이런 전반적인 달러 강세 요인에도 불구, 몇 가지 반작용이 나타나며

달러 강세를 제한할 것으로 보인다. 일본의 통화 정책 전환이 대표적인 이슈다.

일본은 2016년 1월 전격적으로 마이너스 금리를 채택한 이후 2023년 말까지 유지해오고 있다. 그리고 2016년 9월 시작된 YCC(수익률 곡선 제어 정책, 일본은행은 채권 금리가 0% 내외에서 움직일 때까지 시중에서 무제한으로 채권을 매입하는 정책) 역시 2021년 12월에 0.5%로, 2022년 7월에 0.5~1%로 두 차례 상향 조정했을 뿐 여전히 유지되고 있다.

미국과 같은 다른 국가 금리가 높은데 일본만 저금리를 유지하면 두 가지 문제가 생긴다. 하나는 미국과의 금리차가 확대되면서 엔화 약세가 나타난다는 점이고, 엔화 약세로 점화된 수입물가 상승으로 일본 내 인플레이션 압력이 높아진 상황에서 저금리를 유지하기 어렵다는 점이다.

일본 소비자물가지수 상승률은 어느새 미국과 비슷한 수준을 나타내고 있는데, 비슷한 물가 수준에서 전혀 다른 금리 레벨을 일본이 유지하고 있다는 해석이 가능한 대목이다. 그렇다면 일본 입장에서는 비정상적으로 유지하고 있는 YCC 혹은 마이너스 금리 같은 초완화적 통화 정책을 일정 수준 되돌릴 필요가 있다. 이 과정에서 2023년 하반기 약세 일변도를 보이는 엔화의 반전 가능성을 엿볼 수 있다.

중국 경제 경착륙 이슈 역시 2024년에는 눈여겨볼 필요가 있다. 리오프닝 기대감이 컸음에도 불구, 중국 경기는 쉽사리 회복되지 못했다.

경기 둔화 우려가 커지면서 중국의 성장동력 자체에 대한 의구심이 커지는 바, 중국 당국의 경기 부양 기대감은 점차 커질 것으로 보인다. 이는 일방적 약세 흐름을 이어가는 위안화에 일정 수준 되돌림을 가능하게 하는 요인이 될 것이다.

미국 인플레이션과 그로 인한 'Higher for Longer'는 미국 달러 강세가 일정 기간 추가로 이어질 수 있음을 시사한다. 그러나 일본의 통화 정책 전환, 중국의 경기 부양으로 인한 성장률 제고는 이런 달러화의 일방적인 강세를 일정 수준 제한하는 역할을 할 것이다. 미국 통화 정책이라는 하나의 큰 프레임에 일본과 중국 프레임이 상호작용하는 그림, 이게 2024년 글로벌 외환 시장을 전망하는 핵심 화두가 될 것으로 판단한다. ■

세계 경제 어디로 **국제금리**

당분간 기준금리 5.5% 동결 가능성
금리 인하 시기는 2024 하반기 예상

이혜인 우리금융경영연구소 경제·글로벌연구실 책임연구원

전 세계 금융 시장 변동성은 계속 확대되고 있다. 2023년 9월 이후 고금리 장기화 우려와 미국 국채 금리, 국제유가가 동시 다발적으로 급격히 상승 중이다. 전 세계 국채 금리도 인플레이션 장기화 우려와 통화 정책 불확실성, 주요국의 긴축 행보 등으로 '역대급' 상승세를 지속하고 있다. 이제 금융 시장 관심은 정책금리 고점 수준이 언제까지 이어질지로 쏠리고 있다.

엎친 데 덮친 격으로 2023년 10월 하마스와 이스라엘 간 전쟁으로 중동발 지정학적 위험도 고조되는 국면이다. 미국 고용 호조로 2023년 10월 6일 4.88%까지 급등한 미 국채 금리는 10월 10일 위험 회피 성향 확산으로 4.64%까지 급락했다. 그야말로 금융 시장 변동성이 너무 심해 한 치 앞도 예상하기 어려운 형국이다.

이런 가운데 미 연방준비제도(Fed)는 2023년 9월 연방공개시장위원회(FOMC)에서 시장 예상대로 기준금리를 5.5%(상단)로 유지했다. 다만 연내 1회 추가 인상 가능성을 시사하고, 2024년 금리 인하 예상폭도 크게 축소했다. 점도표(Dot)에 따르면 FOMC 위원 19명 중 12명이 연내 1차례 추가 인상(5.5% → 5.75%)을 지지한 것으로 나타났다. 2024년 말 기준금리 예상치(중간값)는 기존 4.6%에서 5.1%로 상향 조정했다. 즉 2024년 금리 인하 예상폭을 100bp에서 50bp로 축소한 것이다.

제롬 파월 Fed 의장은 소비자물가 상승률

주요국 국채(10년물) 금리 추이　　　　　　　　　　　　　　　　　〈단위:%〉

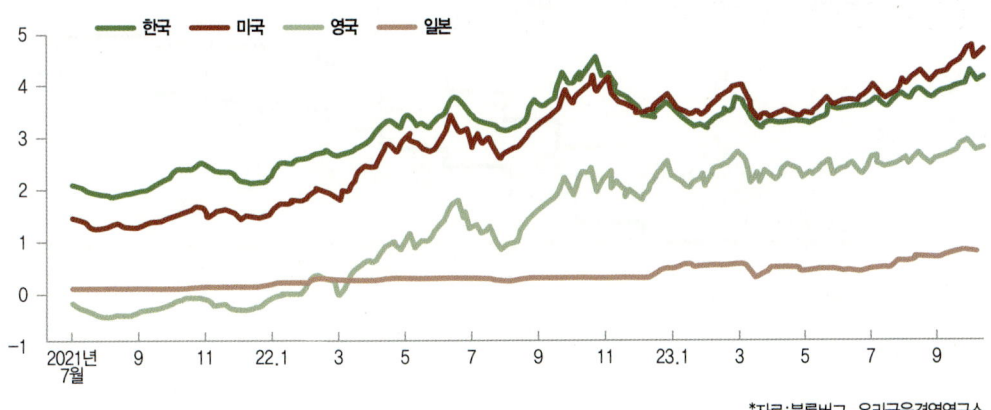

*자료: 블룸버그, 우리금융경영연구소

이 2개월 연속 상승했다는 점, 비농업 부문 고용률이 예상치를 웃돌았다는 점을 근거로 2023년 경제가 견조하게 확장되고 있으며 인플레이션은 여전히 높은 수준이라고 평가했다. 당분간 현재 정책 기조를 유지할 필요가 있다고 밝히며 그야말로 '고금리 장기화' 가능성을 드러냈다. 동시에 2023년 국내총생산(GDP) 성장률 전망치를 기존(6월) 대비 대폭 상향 조정(1% → 2.1%)했다. 근원 개인 소비지출(PCE) 물가 상승률은 소폭 하향(3.9% → 3.7%)했다.

미 연준의 연내 추가 금리 인상 시사에도 불구하고, 당분간 기준금리는 5.5%(상단)로 동결될 가능성이 높다. 고용이 살아나고 물가 둔화로 인해 추가 긴축 필요성이 약화됐기 때문이다. 특히 2023년 4분기부터 본격적으로 경기 하방 위험이 커지고, 동시에 물가 압력이 완화돼 추가 긴축 필요성은 줄어들 전망이다.

시장에서 관심 갖는 금리 인하 시기는 2024년 하반기로 예상된다. 2023년 10월 셋째 주 기준 연방기금금리 선물 가격은 미국 기준금리가 2024년 6월부터 12월까지 75bp 인하될 것을 반영하고 있다.

2023년 9월 말까지 4.5% 선에서 움직이던 미 국채 금리(10년물)는 2023년 10월 3일 4.8%를 돌파했다. 2007년 이후 최고치다. 글로벌 달러화 강세도 심화되는 모습이다. 같은 기간 엔화는 일본은행(BOJ) 금융 완화 정책 지속 기대, 위안화는 부동산 경기 악화, 유로화는 독일 경기 부진 등으로 모두 달러화 대비 약세를 보였다. 국제유가는 2023

세계 경제 어디로 **국제금리**

주요국 기준금리 추이 〈단위:%〉

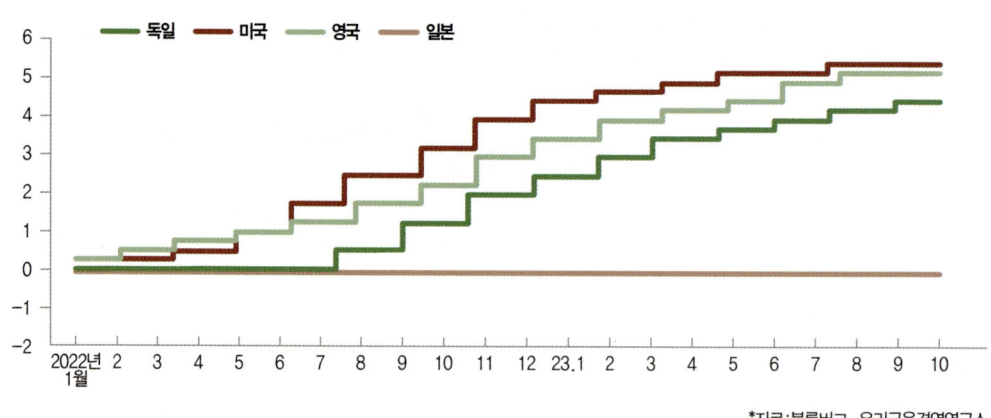

*자료:블룸버그, 우리금융경영연구소

**'불확실' 글로벌 금융 시장 변동성 확대
국채 금리도 인플레 우려에 '역대급' 상승
이스라엘−하마스 전쟁 지정학적 우세도
미국 Fed는 '고금리 장기화' 가능성 시사
2024년 주요국 국채 금리는 인하 사이클**

년 7월부터 9월까지 30% 급등한 뒤 10월 들어 5% 하락했다. 견조한 미 소비와 글로벌 항공 수요 회복 등 수요 측면보다 사우디 감산 연장, 미 전략 비축 재고 감소 등 공급 측면이 큰 영향을 미친 것으로 보인다. 골드만삭스는 2023년 10월 4일 보고서에서 GDP 대비 에너지 순수입 비율이 높은 점과 한국 부채 증가율이 상당히 높은 점을 근거로, 아시아 통화 중 원화가 유가 급등과 미 금리 상승에 가장 취약한 것으로 분석했다.

글로벌 달러화 강세를 주도하는 미 국채 금리 급등에는 실질금리(Real Interest Rate) 상승, 연준의 고금리 장기화(Higher for Longer) 시그널, 미 국채 수급 불균형이 반영된 것으로 보인다.

먼저 미국의 가계 초과 저축, 노동 공급 부족, 국내 기업 투자 확대 등으로 실질금리가 상승했다. 이런 요인들이 명목금리가 높은 수준을 유지하는 근거로 작용하고 있다. 독일 실질금리도 올랐으나 미국보다 낮은 수준이며, 일본은 여전히 마이너스다. 반면 2021년 마이너스였던 미국 실질금리(명목금리에서 기대인플레이션을 차감한 물가 연동 국채 금리)는 2%대

(2023년 10월 3일 2.45%)로 상승했다.

더불어 미 재정 지출 확대와 이자 지급 부담으로 국채 공급이 급증한 반면, 수요 기반은 약화돼 텀 프리미엄(장기채 보유에 따른 불확실성 관련 추가 요구 수익률)이 높아져 수급 불균형이 발생한 것으로 분석된다. 2023년 9월까지 미국 정부가 발행한 국채 규모는 1조7000억달러로 지난해 대비 80% 급증했다. 주요 매수 주체인 미 연준은 양적 긴축(QT)을 진행하고 있고, 아시아중앙은행은 자국 통화 방어를 위해 미 국채 매입 규모를 축소하는 추세다. 또 국채 금리 상승을 예상한 헤지펀드의 국채 순매도 포지션이 확대된 반면, 금리 급등에 따른 채권 평가손실로 은행, 자산운용사 등 기관 투자자들은 국채 매입에 소극적인 것으로 관측된다.

실질금리 상승, 수급 불균형에도 불구하고 2024년 미 국채 금리는 물가 고용 둔화로 금리 인하 사이클에 돌입할 전망이다. 다만 연방정부 거버넌스 문제 등이 다시 부각, 하락폭은 제한적일 것으로 예상된다. 주요국 국채 금리도 미국에 연동돼 하락할 전망이다. 독일 국채 금리는 유럽중앙은행(ECB) 금리 인상 기조 마무리 기대감과 부진한 경제 지표, 물가 상승 압력 둔화를 반영해 하향 조정될 것으로 보인다. 크리스틴 라가르드 ECB 총재는 2023년 9월 14일 통화정책회의에서 "현재 금리 수준은 향후 인플레이션이 중기 물가 목표에 적시 도달할 수 있도록 하는 데 충분

제롬 파월 미국 연방준비제도(Fed) 의장이 연방공개시장위원회(FOMC) 정례회의에서 기자회견을 하고 있다. (워싱턴 EPA=연합뉴스)

한 기여를 할 것"이라고 언급하는 등 금리 인상 사이클 종료 가능성을 시사한 바 있다.

영국 국채 금리 또한 영국중앙은행(BOE)의 금리 인상 종료 가능성과 인플레이션 완화, 경기 하방 위험을 반영해 하락세를 보일 것으로 예측된다. BOE는 2023년 9월 21일 통화정책회의에서 기준금리를 5.25%에서 동결했다. 시장에서는 BOE가 2023년 금리를 추가 인상하더라도 최종 금리 수준은 5.25~5.5% 정도일 것으로 예상한다. 반면 일본은 BOJ의 대규모 금융 완화 정책 유지에도 불구하고 수익률곡선관리(YCC) 정책 수정으로 국채 금리 변동폭 상단을 1%까지 용인함에 따라 상승 압력이 우세한 것으로 보인다. 우에다 BOJ 총재는 2023년 9월 22일 통화정책회의에서 초완화적 통화 정책을 유지하기로 결정하면서, 물가 관련 불확실성이 높다고 평가했다. 아직 정책 수정을 검토하기에는 시기상조라고도 언급했다. ■

세계 경제 어디로 **미국**

고금리·고유가 부담에 성장동력 약화
상반기 중 경기 침체가 '기본 시나리오'

정민 법무법인 지평 기업경영연구소 수석연구위원

2024년 미국은 경기 침체를 피할 수 없을 것이다. 미국 경제 전문가들은 경기 침체 시점이 2023년 말에서 2024년으로 늦춰질 가능성이 커졌다고 내다본다. 다만 '마일드 리세션(완만한 경기 침체)'에 무게를 둔다. 전문가들은 2024년 미국 경제성장률에 대해 예상 밖 긍정적인 전망치를 내놓고 있지만, 미국 경제를 바라보는 부정적 시각도 늘어나고 있다. 2023년 10월 국제통화기금(IMF) 전망과 미국 연방준비제도(Fed·연준)의 2023년 9월 전망은 연착륙 기조가 2024년에도 이어질 것으로 내다보며 기존 전망치를 상향 조정했다. 미국 경기의 하방 위험을 증폭시키는 가장 큰 요인은 바로 고금리 장기화다. 따라서 2024년에도 침체 논란에 재차 휩싸일 공산이 커지고 있다. 고금리 현상은 미국 경제에 상당한 부담이다. 탄탄한 고용 시장이 미국 가계 소득을 지지하고 있지만 높아진 이자 지출과 고유가 부담 등은 미국 소비 사이클을 둔화시킬 것이다.

모기지(주택담보대출) 금리 급등으로 주택 경기마저 재차 급랭하고 있어 소비에 시차를 두고 악영향을 미칠 전망이다. 고금리 장기화의 또 다른 부작용은 경제 주체들의 차환 위험이다. 미국 정부 재정 지출 중 이자 지출 비중이 급증할 것이라는 점에서 금리 인상에 따른 재정 정책 구축 효과가 가시화될 것으로 예상된다. 2023년은 미국 경제가 다행히 고금리 충격을 이겨냈지만 2024년에 고금리 부작용이 본격화될 가능성이 상존한다.

미국 경기, 서서히 둔화 조짐 포착

급격한 긴축에도 불구하고 2023년 미국 경제는 견조한 고용 시장 등에 힘입어 개인 소비가 꾸준히 늘며 완만한 성장세가 지속되는 모습을 보였다. 미국 경제성장률은 2023년 1분기 2.2%, 2분기 2.1%를 기록했다. 미국 소비자 지출과 기업의 투자, 정부 지출 등으로 2%대 성장률을 유지했다. 2022년부터 우려했던 미국의 경기 침체 모습은 아직 보이지 않는다. 전반적으로 미국 경제는 강한 고용 시장과 투자 사이클에 기반해 미국 경기는 예상보다 강한 연착륙 흐름을 나타냈다.

하지만 고금리와 고유가 부담으로 경기 성장 동력이 점차 약화되고 있다. 견고했던 고용 시장마저 정점을 지나고 있어 소비 사이클 둔화 압력이 점차 높아지는 중이다. 2023년 9월 비농가 취업자 수는 전월 대비 33만6000명 늘었고 동기간 실업률은 3.8%로 2022년 2월 이후 최고 높은 수준을 기록했다. 고용의 강력한 양적 확대에도 불구하고 일부 업종에 치우친 고용 증가로 추세적 개선을 기대하기 어려울 것이다. 더욱이 9월 시간당 임금 상승률은 전월 대비 0.2% 오르는 데 그쳐 올해 평균 수준인 0.3%를 밑돌았다. 최근 임금 오름세가 둔화됐고 경제 활동 인구수가 증가하며 타이트한 노동 수급 환경이 점진적으로 완화되고 있다는 점도 확인했다. 따라서 노동 시장의 완만한 둔화가 불가피해 보인다.

미국 경제의 3분의 2를 차지하는 소비는 여전히 양호한 모습이다. 전월 대비 소매 판매 증가율은 2023년 7월 0.7%, 8월 0.6%로 5개월 연속 늘어났다. 이는 강한 노동 시장이 계속해서 소비를 지탱했다는 사실을 보여준다. 이렇게 강도 높은 긴축에도 불구하고 미국 소비는 건재했다. 다만 자동차와 휘발유를 제외한 8월 소매 판매 증가율은 0.2%로 7월 0.7%보다 증가폭이 크게 둔화됐다. 소매 판매 증가가 대부분 휘발유 가격 상승의 영향인 동시에 8월에는 다른 품목 소비가 다소 부진했다고 판단할 수 있다. 또, 현재가 소매 판매의 정점이라는 분석도 가능하다.

한편 미국 제조업 경기 지표는 개선되는 모습을 보였다. 미국 공급관리협회(ISM) 제조업 지수는 2023년 9월 49를 기록해 4개월 연속 개선됐다. 신규 주문도 동시에 반등했다. 다만 9월 수주 잔량 위축세가 가속화됐다. 수주 잔량이란 주문을 받았지만 아직 처리되지 않은 주문이다. 수주 잔량 위축은 생산량이 수요를 초과했다는 뜻이기 때문에 전반적인 수요가 부족한 상황이다. 더욱이 제조업지수가 11개월 연속 기준치를 밑돌고 있어, 제조업 경기 부진이 지속되고 있다는 점을 암시한다. 비제조업지수는 2023년 9월 53.6으로 기준치를 웃돌아 여전히 경기 확장을 전망할 수 있다. 다만 하락세로 전환하는 시점인지는 지켜봐야 한다. 민간 기업 투자 수요를 반영하는 비국방 자본재 수주 증가율은 최근 등락하는 모습을 보였다. 2023년 1월 전년 동

세계 경제 어디로 **미국**

완만한 성장세 지속됐지만
성장동력 점차 약화
노동 시장 둔화 불가피
소비·투자·부동산 경기 동력 잃어
고금리 부작용 본격화 가능성

기 대비 5.6%에서 8월 0.6%로 추세적으로 증가폭은 둔화되고 있어, 민간 투자가 줄어들 것으로 전망한다.

미국 주택 경기는 빠르게 냉각되는 분위기다. 7%대로 높아진 모기지 금리 등의 영향으로 주택 수요가 축소되면서 기존 주택 판매가 큰 폭으로 감소했다. 또한, 향후 주택 시장을 전망하는 미국 주택건설협회에서 발표하는 주택시장지수(HMI)는 2023년 7월 56포인트에서 9월 45포인트로 크게 하락했다. 기준치인 50포인트를 밑돌아 부동산 시장 경기 둔화 압력이 커졌다. 미국 경제는 장기간 유지된 높은 수준 금리가 시차를 두고 소비·투자·부동산 경기에서의 동력을 서서히 잃고 있다.

바이드노믹스(Bidenomics)의 딜레마

비영리기관인 '책임연방예산위원회(Committee for Responsible Federal Budget·CRFB)'는 미국 연방정부 재정 적자가 올해 9월 30일 종료되는 2023년 회계연도에 약 2조달러로 늘어날 것으로 전망했다. 이는 2008년 글로벌 금융위기, 제2차 세계대전, 코로나19 팬데믹 같은 위기에나 등장한 규모다. 높은 금리와 세수 부족, 인플레이션에 따른 사회 보장 비용 상승이 재정 적자 증가의 주요 원인이다. 또한 반도체 지원법(CHIPS)과 과학법, 인프라 투자, 일자리법 등 주요 지출 프로그램에 과도한 부담이 가중됐다.

미국은 높은 수준의 정부 지출과 연준의 낮은 금리 유지, 우크라이나 위기 여파가 맞물리며 그동안 경험하지 못한 인플레이션을 겪었다. 인플레이션을 억제하기 위해 연준은 대대적인 금리 인상을 시작했지만, 바이든 행정부는 여전히 정부 지출을 팬데믹 이전보다 높은 수준으로 유지했다. 이런 정책의 결과로 물가 상승률은 떨어졌지만, 물가를 낮추기에는 충분하지 않았다.

바이든 정부가 추진한 산업 정책과 적절한 정부 재정 활용이 미국 경제 성장의 중요한 원동력이겠지만 인플레이션으로부터 탈출구를 찾는 데 시간은 더 걸릴 것이다. 높은 인플레이션 압력이 지속되는 한 금리를 쉽게 인하하지 못할 것이고 현 수준이 유지되는 것만으로도 취약한 경제 주체들에게는 큰 부담으로 작용할 전망이다.

1% 내외 성장 예상…미국 경제 둘러싼 이슈는

미국 경제는 추세적으로 L자형 침체에 진입

미국 역대 대통령 시기별 경제성장률과 실업률

*자료: 미 경제분석국, 미 노동통계국

했다.

2024년 미국 경제 침체 강도는 완만하겠지만, 2024년 상반기 중 리세션(경기 침체)이 온다는 것이 기본 시나리오다. 2023년 10월 IMF는 미국 경제 전망치를 2023년 2.1%, 2024년 1.5%로 발표했다. 이는 지난 7월에 발표한 수치보다 각각 0.3%포인트, 0.5%포인트 상향 조정된 수치다. 또한 미국 연방공개시장위원회(FOMC)의 2023년 9월 경제 전망에서도 2023년 2.1%, 2024년 1.5%로 지난 6월 전망치보다 1.1%포인트, 0.4%포인트씩 상향 조정했다. 이는 미국 경제가 2023년에 이어 2024년에도 예상보다 나쁘지 않다는 것으로 해석할 수 있다. 다만 금리 인상 우려가 반복되며 미국의 성장동력이 약화될 것이다. 재정 정책 효과 약화도 2024년 상반기 성장동력 둔화의 또 다른 요인이 될 전망이다.

심리 지표와 선행 지표는 경기 침체 진입 가능성을 시사한다. 물가 상승, 고금리 지속 등에 대한 우려로 미래에 대한 경기 판단이 크게 악화하면서 민간 조사기관 컨퍼런스보드 소비자신뢰지수는 2023년 7월 114를 기록한 후 9월 103으로 2개월 연속 하락했다. 또한 향후 경기 향방을 나타내는 경기선행지수는 2022년 3월 117.6에서 2023년 8월 105.4로 18개월 연속 하락하면서 경기 위축 우려를 증폭시켰다. 한편, 뉴욕 연방준비은행이 3개월과 10년 만기 국채 수익률의 스프레드를 추적해 향후 12개월 내 미국 경기 침체 확률을 계산한 결과, 2024년 9월까지 침체에 빠질 확률은 56.2%인 반면 5월까지 침

세계 경제 어디로 미국

추세적 L자형 침체 진입
침체 강도·시기 따라 대선 좌우
각종 갈등 우려 소비 경기에 부정적
물가 압력 경계감 여전
금리 인하는 6월 가능성

체에 빠질 확률은 약 70.9%로, 1982년 이후 가장 높은 수치를 기록했다. 이를 고려하면 상반기 침체 가능성이 높다. 특히, 경기 침체 진입에 대한 강력한 선행 지표로 여겨지는 10년물과 2년물 간 장단기 금리차가 월평균 기준으로 2022년 7월부터 역전 현상이 나타났다. 이 역시 1955년 이후 10차례 경기 침체 전에 나타났던 현상이다. 2023년 미국 경제성장률이 2%대를 유지하고 2024년 미국 경제성장률은 2023년보다 낮은 1% 내외 성장이 예상된다.

2024년 미국 경제를 둘러싼 이슈 중 첫째는 '대선'이다. 미국 경제 침체 강도와 시기에 따라 미국 대선 결과가 좌우될 것이다. 2024년 미국 대통령 선거에서 아직 집권당과 공화당 모두 후보를 확정하지는 않았지만, 바이든 대통령과 트럼프 전 대통령의 리턴 매치가 기대된다.

미국 역대 대통령 재선 여부를 결정지었던 요인 중 하나가 바로 경제 성적표다. 1970년 이후 재선에 실패한 역대 전 대통령은 도널드 트럼프, 제럴드 포드, 지미 카터, 조지 허버트 워커 부시 등 4명이다. 이들의 공통점은 재임 기간 실업률이 상승했고, 경기 침체기였다. 반대로 리처드 닉슨, 로널드 레이건, 조지 워커 부시 등은 다음 선거가 치러지기 전 침체를 미리 극복해 연임에 성공했다. 공격적인 기준금리 인상으로 미국 경기 침체가 예고된 상황에서 침체가 빨리 올수록 조 바이든 대통령에게 유리하다. 물론 이는 반드시 미국 경제가 완만한 침체를 겪을 때만 성립된다. 따라서 2024년 경제 성적표가 대선 결과를 좌우할 것이다.

두 번째 이슈는 '소비 경기'다. 미국 경제를 지탱해준 미국의 소비 부분이 취약해지고 있다. 팬데믹 동안 정부 부양책과 미래에 대한 불확실성으로 가계는 상당한 양의 현금을 축적했지만, 보유고는 줄어드는 중이다. 경제학자들은 현재 가계 저축액이 약 3500억달러에 이를 것으로 추산하며, 이는 2024년 1분기까지 고갈될 수 있다고 전망한다. 연준의 개인 저축률을 보면 2020년 4월 32%까지 증가했다 2023년 8월 3.9%까지 하락했다. 이 수치는 팬데믹 직전 8~9%의 절반 수준에 불과하며, 팬데믹 이후 급증한 저축을 상당 부분 꺼내서 소비 지출을 했다는 분석이 가능하다. 또한 지출을 위축시킬 수 있는 학자금 대출 상환 재개와 이자를 동반한 신용카드 잔액의 공격적인 증가가 동시에 발생하고 있다. 예산

경기선행지수 · 경기 침체 가능성 〈단위:%〉

*자료:블룸버그

등 미국 대선을 앞두고 벌어지는 미국 내 각종 갈등 우려도 소비 경기에 부정적인 요인으로 작용할 것이다.

마지막 이슈는 '미국 정책금리 향방'이다. 2023년 9월 FOMC에서 정책금리를 동결했지만, 점도표를 통해 연내 1회 추가 인상 가능성을 시사했다. 2024년 예상 금리 인하폭을 기존 마이너스 100bp(4회 인하)에서 마이너스 50bp(2회 인하)로 크게 축소시켰다. 이는 2%의 인플레이션 복귀까지 제약적인 통화 정책 기조를 유지하겠다는 의지가 담겨 있다.

2023년 9월 소비자물가 상승률은 전년 동기 대비 3.7%로 5% 내외 수준이던 연초 대비 하락했지만, 예상치보다는 웃돌아 여전히 물가 압력 경계감을 늦추지 못하는 상황이다. 특히 연방기금금리 선물 시장이 반영하는 소비자물가 발표 이후 11월 금리 동결 확률은 87%다. 탄탄한 경제 활동에 따른 인플레이션 재발 우려를 감안하면 2023년 11월 25bp 인상될 가능성도 상존한다. 전반적으로 미국 경기 전망과 시장 상황을 감안하면 금리 인하 시점은 2024년 6월이 될 가능성이 높다.

결론적으로 2024년 미국 경제는 완만한 침체 가능성이 크나 경제 불확실성 요인이 산재해 예상보다 빠른 경기 하강 가능성 또한 배제할 수 없다. 대비책 마련이 필요한 시점이라는 뜻이다. 특히 고금리 장기화로 국내 경제에 미칠 수 있는 부정적 영향을 최소화하기 위해 엄밀히 분석하고 취약한 부문에 대한 점검이 필요하다. ■

세계 경제 어디로 **중국**

'샤오캉' 넘어선 '현대化' 원년 2024 '글로벌 사우스 리딩 국가' 자리 잡을까

(남미·중앙亞·아프리카 등)

박승찬 중국경영연구소장·용인대 중국학과 교수

최근 들어 반도체, AI 등 첨단 산업에 대한 미국의 대중 수출 통제와 투자를 제한하는 제재가 더욱 심화하면서 중국의 반격과 대응에 관한 관심이 집중된다. 2022년 10월 개최된 20차 당대회를 통해 장기화할 것으로 전망되는 미·중 간 경제 안보 전쟁에 대비해 중국은 기술 관료를 대거 등용시켰다. 아울러 중국식 현대화를 추진하며 미국 등 서방에서 벗어난 중국식 기술 자립을 천명한 바 있다. 시진핑 2기 집권 시기, 19차 당대회에서 55번 언급된 '안보(安全)'는 3기 집권 시기, 20차 당대회에서 91번이나 언급됐다. 그만큼 글로벌 지정학적, 지경학적 상황이 심상치 않음을 의미한다. 중국은 이에 맞서 2024년 대내외적 경제 안보 정책 전반에 걸쳐 더욱 공세적으로 대응해나갈 것으로 전망된다. 따라서 2024년은 주변국에 대한 강요와 선택의 강도가 강해지면서 한국 등 주변국 선택과 대응에 관심이 집중된다. 미·중 간 첨단 산업을 두고 치열하게 펼쳐지고 있는 경제 안보 전쟁의 상황에서 2024년 중국의 대내외 정책 방향을 점검함과 동시에 시진핑 3.0 시대 중국의 경제 안보 전략을 분석 전망해본다.

중국 대내적 정책 방향, '중국식 현대화'

2023년 중국 대내 정책 방향의 핵심 키워드는 '중국식 현대화'다. 각 지방정부·기관, 대학에서 '중국식 현대화' 관련 포럼과 세미나가 개최되며 중국식 현대화 학습이 한창이다. 20차 당대회에서 핵심 과제로 언급된 '고품질 발전' '공동부유' 등 어휘가 들어간 대학 단과대·산하 연구소를 설립해 철학, 경제학, 경영학, 법학, 교육학, 예술, 이공계, 의학 등 각 학문을 통합하는 연구 프로젝트가 진행 중이다. 이는 마치 시진핑 2기 '시진핑 신시대 중국 특색 사회주의 사상(시진핑 사상)'이 당헌에 추가된 이후 중국 여러 대학에서 '시진핑 사상 연구소'를 설립한 것과 같다. 중국식 현대화가 시진핑 3기 국정 운영의 핵심 과제로 등장하며, 2024년에도 군사·경제·사회 등 다양한 분야에서 최우선적으로 시행될 것이라는 예상이다.

시 주석은 2022년 10월 16일에 열린 20차 당대회 개막식 연설에서 "지금부터 중국 공산당의 핵심 임무는 사회주의 현대화 강국을 건설하기 위해 전 인민이 단결하는 것이다. 그 바탕에는 중국식 현대화를 견지해야 한다"고 밝혔다. 중국 정부는 '중국식 현대화'를 공산당 영도의 사회주의 현대화로서 중국의 국가 상황에 기반한 중국 특색을 가진 현대화라고 정의한다. 중국식 현대화 용어는 2021년 7월 6일 공산당 창당 100주년을 기념해 개최된 '중국 공산당과 세계 정당 지도자 회담'에서 시 주석 연설을 통해 처음 언급됐다. 160여 국가 500여개 정당·정치 조직 지도자들이 참석한 회담에서 시 주석은 "중국 인민의 단결된 힘으로 중국식 현대화를 달성하고, 나아가 전 인류의 현대화 과정에 공헌할 것"이라고 강조했다.

그리고 2022년 11월 개최된 공산당 19기 중앙위원회 6차 전체회의(6중전회)에서 공산당 사상 3번째 역사결의를 심의 통과시키면서 당이 인민을 이끌고 중국식 현대화의 길을 가야 하고, 세계 각 개도국도 자국식 발전 모델이 필요함을 주장하며 중국식 발전 모델이 성공 모델이 될 수 있음을 암시했다. 중국식 현대화가 시 주석의 3연임 국정 운영 비전 수립을 위해 이미 1년 넘는 시간 동안 철저히 준비해 만들어진 것임을 알 수 있다. 중국식 현대화는 새로운 이론적 배경이나 이데올로기적 사상보다는 기존 덩샤오핑의 중국 특색 사회주의 국가(Socialism with Chinese Characteristics) 이론을 당면한 대내외 상황과 리스크를 종합적으로 고려해 좀 더 구체화, 개념화, 상징화시킨 것이다.

2024년 중국식 현대화 방향은 도시 농촌 간 빈부 격차 확대와 코로나로 인한 민심 이탈·경제 하방 압력 등 심화하는 중국 내 정치 경제 이슈를 환기해 공산당 영도의 사회주의 시장 경제를 더욱 공고히 하겠다는 것이다. 창당 100주년이었던 2021년은 공산당이 약속한 샤오캉(인민이 풍족하게 살아가는 중산층 사회) 실현 원년이었다. 중국 정부는 샤오캉이 실현됐다고 대외적으로 선전하지만, 실제 상황을 보면 도시와 농촌 간의 격차는 더욱 벌어졌고, 제로 코로나 정책으로 공산당에 대한 불만은 더욱 가중됐다.

중국식 현대화는 중국의 거대한 인구 규모,

세계 경제 어디로 중국

전국 인민의 공동부유, 물질문명(자본주의)과 정신문명(사회주의)의 상호 조화, 평화적 발전의 길을 걷는 현대화라는 5가지 특징을 강조한다. 이 중 4가지 과제가 모두 국내 이슈와 연관돼 있다. 그만큼 대내적 이슈가 대외적 이슈보다 공산당의 향후 발전과 확장성에 있어 더 중요하다. 특히, 공동부유와 물질과 정신문명의 상호 조화는 중국이 당면한 내부적 문제를 해결하기 위한 중요한 요소다. 따라서 중국은 2024년 더욱 강력한 사회주의 시장 경제 체제 구축, 현대화 산업 체계 건설, 농촌 발전을 위한 제도 개혁과 신형 도시화 가속화, 지역 간 조화로운 발전과 협력을 촉진해나갈 가능성이 크다.

나아가 미국 패권주의에 맞서 중국식 발전과 기술 자립을 더욱 강화해나갈 것으로 전망된다. 중국식 현대화 5가지 특징 중 '평화적 발전의 길을 걷는 현대화'는 결국 미국 패권에 맞서 중국식 발전 모델을 변함없이 지속하고, 장기전의 미·중 전략 경쟁에 대비하겠다는 것을 의미한다. 그만큼 글로벌 지경학적 상황이 심상치 않고, 중국은 이에 맞서 향후 군사·경제 안보 정책 전반에 걸쳐 더욱 공세적으로 대응해나갈 것이다. 중국은 향후 미국의 자국 내 산업 공급망 구축에 대응해 중국식 글로벌 공급망 시스템을 구축하고, 우수 첨단 외국 제조 기업의 유치를 더욱 확대해나가겠다는 전략이다.

2024년은 미국과의 직접적인 충돌을 피하기 위해 기존의 신형 대국 관계를 주장하기보다는 내부 결집을 통해 중국몽 실현을 위한 '3개의 반드시(三个必须)'를 더욱 공고히 할 것으로 예측된다. '3개의 반드시'는 첫째 반드시 중국식 길을 가야 하고, 둘째 반드시 중국 정신을 확대·발전시켜나가야 하고, 셋째 반드시 중국의 역량을 결집해야 한다는 것을 의미한다. 또한 중국은 문화, 언론 등 소프트파워를 활용해 중국의 공공 외교를 더욱 강화해나갈 것으로 보인다.

대외적 정책 방향은 '글로벌 사우스 리딩 국가'

중국은 주변국·개도국 간 정치·경제·외교 관계 방면에서 영향력을 확대해나가려고 할 것이다. 특히, 빈곤국·개도국에 대한 중국식 발전 모델 공유, UN 평화유지군 참여 등을 통해 국제 사회에서 중국의 영향력을 확대하겠다는 의도다. 경제 관계에서 개도국에 중국식 발전 모델을 공유하는 일대일로 사업과 중국식 표준의 국제화를 위한 디지털 실크로드를 더욱 확대해나갈 것이다. 비록 일대일로 사업에 대한 부정적인 시각도 존재하지만 발표된 지 10년이 지난 지금 151개 국가·32개 국제단체와 MOU를 체결했고, 인프라 건설, 인적 교류와 위안화 확대 등 그 영향력은 지속해서 커지는 추세다.

한편, 중국 굴기와 함께 대두된 중국 위협론을 중국 기회론으로 바꾸기 위해 개도국·국제 사회와의 협력과 교류를 지속해서 확대할 것으로 전망된다. 브릭스(BRICS) 정상회의, 중국-아프리카 협력포럼(FOCAC), 중국-아세안 포럼, 중국-라틴아메리카, 카리브 국가 공동체 포럼, 중국과 아랍연맹(AL), 중국과 중앙아시아 5개국 간의 경제무역 협력포럼, 남남인권포럼 등 경제력과 자본력을 기반으로 다양한 국가들과의 협력과 교류를 통해 중국의 영향력을 확대해나갈 것이다.

예를 들어, 미국 주도 주요 7개국(G7) 연대, 한미일 동맹 강화 등 대중국 견제를 위한 다자 채널에 맞서 브릭스 플러스를 기반으로 중국도 우방국, 주변국을 규합하며 세를 불려갈 것으로 보인다. 2023년 9월 개최된 제15차 브릭스 정상회의를 통해 기존 5개국에서 이란·사우디아라비아·아랍에미리트연합(UAE)·이집트·에티오피아·아르헨티나 등 6개국이 정식 가입되면서 브릭스 플러스로 확대됐다. 브릭스 플러스에 초대받은 71개 국가 중 인도네시아·태국·베트남 등 69개국이 참석했고, 구테흐스 UN 사무총장도 옵저버로 참석하면서 무게감을 키웠다. 2023년 10월 기준 20여개 국가가 공식적으로 브릭스 플러스에 가입 신청을 했고, 그 밖에 가입을 준비 중인 국가도 20여개국에 이른다.

특히, 미국·독일·프랑스 등 선진국을 의미하는 글로벌 노스에 대응해 글로벌 사우스 국가들을 중국 편으로 끌어오는 계기를 마련했다. 2024년 중국은 G7에 맞서 브릭스 플러스를 지렛대로 삼아 남미, 중앙아시아, 아프리카 등 글로벌 사우스 국가로 외연 확장에 더욱 적극적으로 나설 것으로 전망된다.

경제 안보 방안, '脫미국' 가속화

중국은 반도체 등 일부 첨단 산업에서 기술 자립을 하지 못한 상황에 미국의 탈중국화에 대비해 본격적인 미·중 간 경제 안보 전략 경쟁 준비에 돌입한 상황이다. 2024년 중국은 미국과의 디지털 경제 탈동조화에 대비해 디지털 차이나(數字中國) 건설에 더욱 박차를 가하고 있다.

디지털 차이나의 핵심은 세 가지 영역으로 구분돼 구체화할 것으로 보인다. 첫째, 디지털 거버넌스 구축이다. 그동안 사각지대에 놓여 있었던 데이터 정책과 디지털 실크로드를 본격적으로 확대해나가겠다는 것이다. 둘째, 디지털 산업화는 디지털 경제 관련 산업을 집중 육성한다는 것이다. 이를 위해 향후 5년간 R&D 투자를 매년 7% 이상 확대해 빅데이터와 사물인터넷, 블록체인, AI 등 디지털 산업 발전을 촉진하고 산업 생산 방식과 생활 방식은 물론 통치 방식까지 바꿔나가겠다는 구상이다. 셋째, 산업화의 디지털화는 실물경제의 디지털화를 의미하는 것으로 스마트시티 건설, 디지털 위안화 등을 통해 14억의 실물경제 데이터를 기반으로 혁신 성장을 가속화하겠다는 야심이다.

디지털 차이나 정책을 통해 인터넷 강국, 데이터 강국으로 성장해 GDP 대비 디지털 경

세계 경제 어디로 중국

제 비중을 2022년 41.5%에서 2025년에는 50% 이상 확대한다는 목표다.

중국은 반도체, 항공기 엔진, 신소재, 스마트 전력, 빅데이터, AI 분야 등 10년 내 미국, 독일 등 선진국이 주도하는 핵심 기술 영역에서 중대한 성과를 만들겠다는 속내다. 2024년 희토류 첨단소재, 고속철도 중대 기술 장비 산업, 스마트 제조·로봇 기술, 항공기 엔진, 위성통신, 신에너지, 첨단 의료 장비·첨단 농업 기계 등 8대 분야 기술 자립이 더욱 가속화할 것이다. 중국은 이미 14.5 규획 (2021~2025년)에서 국내 첨단 인재 양성·해외 우수 인력 유치 관련 명확한 성과 목표(KPI)를 제시한 바 있다. 첫째, 20만명 넘는 미국 STEM 전공 중국인을 유치하는 작업이다. 그들을 위한 베이징대, 칭화대, 상하이 푸단대 내에 포닥(Post Doctor·박사후연구원) 자리를 더욱 확대했다. 둘째, STEM 분야 외국 국적의 고급 인재 유치를 위한 장기 외국인 거류 허가 제도를 확대하고, 기술 이민 제도도 적극적으로 활용하고 있다. 외국 과학자 유치를 위한 급여 복리, 자녀 교육, 사회 보장, 세금 혜택 등 각종 우대 정책도 제공함은 물론이다.

글로벌 표준화 작업 가속화

2023년 5월 백악관은 '핵심·신흥 기술에 대한 국가 표준 전략(CET)'을 발표한 바 있다. 통신·네트워크·반도체·인공지능·생명공학·양자정보기술·블록체인 등 8가지 첨단기술 국가 표준의 목표와 세부적인 활동 계획을 기술하고 있다. 발표된 미국 국가 표준 전략의 핵심은 크게 경제와 국가 안보 차원에서 중국 견제와 약화한 미국 주도의 기술 표준 리더십 강화로 요약된다. 미국의 국가 표준 전략은 2020년 3월 중국이 '2020년 국가 표준화 작업의 요점' 문건이 발표되자 미국의 민주·공화 양당이 힘을 모아 발의한 것이다. 미국 기술 표준화 전담반을 만들어 중국을 견제해야 한다는 법안이 구체화한 결과물로 평가된다. 2021년 10월 '국가 표준화 발전요강' 2022년 7월 '국가 표준화 발전요강 행동계획' 등 중국 국가 표준화 정책은 매년 구체화하면서 진화를 거듭했다. 그리고 그동안 베일 속에 감춰져 있었던 중국표준 2035의 향후 방향성을 제시한 첨단기술 국가 표준 전략이 2023는 8월 발표됐다.

중국표준 2035은 차세대 기술의 국제 표준을 정립하기 위한 야심 찬 글로벌 표준 전략의 미래 청사진으로 중국제조 2025에 이어 미·중 기술 패권 다툼의 제2라운드 단초가 될 가능성이 크다. 중국은 미국과의 마찰을 회피하기 위해 전략적으로 '중국표준 2035'라는 용어 대신 '신산업 표준'이라는 우회적인 표현을 쓰고 있다. 공업신식화부·과학기술부 등 4개 부처 공동으로 발표된 '신산업 표준화 시범사업 시행 방안(2023~2035년)'은 기존 국가 표준 전략의 구체화와 함께 신흥·미래 첨단 산업의 국가 표준 목적과 행동계획·목표를 명확히 제시하고 있다. '8(신흥 산업)+9(미래 산업) 신산업 국가 표준화' 전략으로 불리는 동 방안에서 첨단 산업의 국가 표준화 체계와 시스템을 2025년-2030년-2035년 3단계별 국가 표준 목표로 제시했다. 여기서 8대 신흥 산업은 차세대 정보기술(5G 등), 신재생에너지(태양광, 희토탄석의 고효율전지 등), 신소재(희토류, 첨단 무기 비금속 소재 등), 고급 장비(산업용 로봇, 스마트 검측 설비 등), 신에너지 자동차, 녹색환경보호, 민용 항공기, 선박·해양 공정 장비를 말한다. 9대 미래 산업은 메타버스, 뇌-기계 인터페이스(BMI), 양자정보기술, 휴먼노이드 로봇, 바이오 제조, 미래 디스플레이(퀀텀닷·디지털 홀로그램·망막 디스플레이 등), 미래 네트워크(6G), 신형 에너지 저장 시스템(ECC)을 가리킨다.

단기적인 2025년 목표를 살펴보면 범용 핵심 기술과 혁신 융합을 통해 표준 신규 제정율 60% 이상, 신산업 표준 2000개 이상, 선진 단체 표준 300개 이상으로 관련 기업 수를 1만개 이상으로 확대한다는 것이다. 나아가 선정된 중국표준 중 300개 이상을 국제 표준으로 전환한다는 목표를 제시했다. 글로벌 표준 리더십을 유지하기 위한 미국의 발걸음이 더욱 빨라지기 시작한 이유다. 중국은 디지털 실크로드 확산을 통해 일대일로 연선 국가들의 스마트시티 구축과 동시에 중국식 6G, 빅데이터, AI 응용 기술 표준을 확산시켜나갈

지난 2023년 10월 18일 베이징 인민대회당에서 열린 제3차 일대일로 국제협력 정상포럼 개막식이 대형 스크린을 통해 중계되는 모습을 미디어센터의 취재진이 지켜보고 있다. (로이터)

것이다. 중국 기업과 제품을 사용하면서 자연스럽게 중국식 표준을 쓸 수밖에 없는 이른바, 잠금 효과(lock-in effect)가 나타날 가능성이 크다. 개도국과 후진국 입장에서 이미 익숙해진 제품과 기술 표준을 바꾸려면 엄청난 기회비용이 발생하기 때문이다.

미국은 국가 안보적 관점에서 중국의 기술 표준화 전략을 견제하며 미래 첨단기술 표준화 주도권을 확보하기 위해 더욱 공세적으로 대응해나갈 것이다. 결국 미국식 국가 표준(American Standard)과 중국식 신산업 표준 전략(Chinese Standard)이 충돌하면서 주변국들은 미·중 양자택일을 강요당할 수도 있다. 미·중 간 펼쳐지는 글로벌 표준 전쟁은 자칫 잘못하면 미국 중심의 동맹 블록과 중국 중심의 지역 블록 사이 속에 자신들만의 표준만 고집함으로써 세계 시장에서 폭넓게 사용되는 것이 아니라 권역별로 고립되는 갈라파고스화가 지속될 가능성이 크다. 따라서 글로벌 표준 전쟁은 2024년 미·중 기술 패권 다툼의 중요한 변수로 대두될 것으로 전망된다. ■

세계 경제 어디로 **일본**

2024년에도 1% 성장 일궈낼까 '관심' 1달러 140엔대 엔화 약세는 언제까지?

이지평 한국외대 특임교수

2023년 일본 경제의 특징은 코로나19가 완화되면서 경제 활동이 정상화되고 여행 등 서비스 수요가 회복됐다는 사실이다. 3%대 임금 인상과 원자재 가격 상승세 둔화로 교역 조건이 개선되고, 경기 부양형 재정·금융 정책이 지속되면서 경기가 전반적인 회복세를 보였다. 특히 2023년 상반기 실질 국내총생산(GDP) 성장률은 전년 동기에 비해 1.8%(잠정치)를 기록했다. 인구가 급감하고 있는 일본 잠재성장률이 0.5~0.8% 안팎인 것을 고려하면 높은 수준이다.

동시에 그동안의 디플레이션 압력도 완화돼 일본 경제 경상 GDP 성장률이 실질 GDP 성장률을 능가하기 시작했다. 기업 수익, 임금, 세금 등은 경상 GDP로 결정되기 때문에 경상 GDP 성장률의 실질 GDP 성장률 역전 추세는 2023년에 이어 2024년에도 일본 경제에 긍정적으로 작용할 테다.

금융 완화 정책 기조로 꾸준한 회복세

코로나19 기간에 부진했던 일본 경제가 2023년에는 전반적으로 꾸준한 회복세를 보였다. 특히 미국, 유럽뿐 아니라 많은 개도국도 인플레이션 우려로 금융 긴축에 돌아선 가운데, 디플레이션으로 고전하던 일본 경제는 중앙은행이 금융 완화 정책 기조를 유지해 오히려 물가 부양에 나섰다. 그리고 이는 일본 경제 성장에 긍정적으로 작용했다.

2023년 7월에 일본은행이 장기 금리 유도 목표치 상한선을 기존 0.5%에서 1% 수준으로

일본 경제의 경상 GDP의 실질 GDP 역전 추세

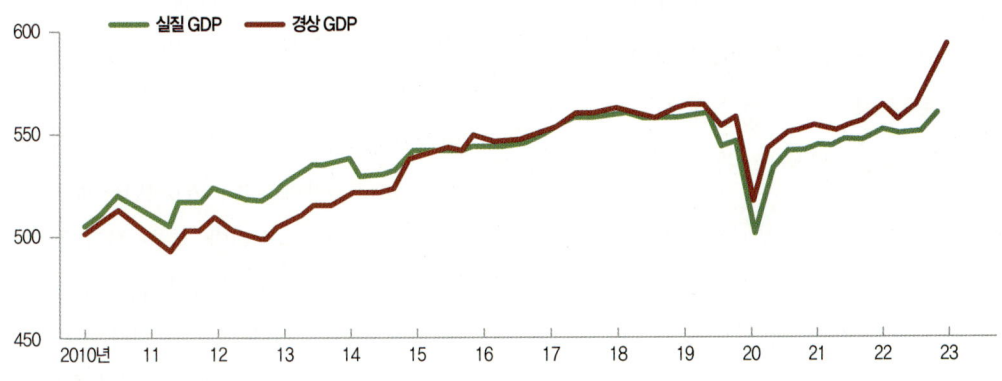

*분기별 통계, 계절 조정 연율 환산치 기준
*자료: 일본 내각부

실질적으로 상향 수정했다. 다만 단기 정책금리를 -0.1%로 유도하는 등 전반적으로는 금융 완화 기조를 지속하고 있다. 이는 금리 인상에 주력해왔던 미국과의 금리차를 확대함으로써 엔저 현상을 더욱 심화시켰다. 엔화는 2023년 9월 말 기준 1달러당 140엔대에 머무는 등 엔저 현상이 지속되고 있다. 엔저 현상은 일본 수출 확대에 크게 기여하고 있지는 않다는 평가다. 하지만 일본 수출 대기업의 수익성 개선, 설비 투자 확대에는 긍정적으로 작용하고 있다. 아울러 임금 상승에 따른 소비 확대와 수익 호조 속에서 기업의 설비 투자 확대에 힘입은 일본 경제 성장 기조는 2024년에도 기본적으로 지속될 것으로 전망한다.

인력 부족 심화로 임금 상승 압박

한편, 일본 경제는 그동안의 저출산 누적 효과로 인해 인력 부족이 심화하고 있다. 2024년에도 인력 부족 경향으로 임금 상승 기조가 계속될 것이라는 예측이다. 일본 정부는 2023년 최저임금을 전국 가중 평균치 기준으로 시간당 1000엔으로 인상했다. 앞으로도 임금 인상을 유도해 2030년대 중반에는 1500엔으로 올리겠다는 방침을 제시했다. 이에 따라 일본 정부는 중소기업 임금 인상을 촉진하는 세제 혜택 제도를 강화한다는 방침을 세웠다. 직원 임금 지급 총액을 전년도 대비 1.5% 이상 늘릴 경우 급여 증가액의 15%를 법인세에서 공제하는 제도를 2024년 이후에도 연장하기로 했다. 또 교육 훈련비를 전년도 대비 10% 이상 늘리면 법인세를 추가로 10% 공제해준다. 임금 인상이 생산성 향상을 동반하는 지속 가능성을 높이기 위해 근로자 교육 훈련 강화를 유도한다는 게 일본 정부 목표다.
2024년은 일본의 모든 베이비붐세대(1947~1949년생)가 후기 고령자인 75세 이

세계 경제 어디로 **일본**

**일본, 경제 성장 기조 지속될 것
저출산으로 '인력 부족' 심화하지만
수익·투자 확대로 기업은 호조
2024 경제성장률은 0.9% 전망
은행은 '금융 정책 정상화' 모색**

상이 되는 해다. 체력적으로 현역에 머무는 사람이 감소한다는 의미다. 이런 현상도 일본의 인력 부족 문제를 심화시켜 임금 상승 압력으로 작용할 것으로 보인다.

인력 부족 문제 심화 속에서 일본의 '끈질긴 디플레이션 기대 심리'는 코로나19에 따른 공급 차질 문제 발생, 우크라이나 전쟁으로 인한 각종 원자재 가격 급등 등의 여파로 상당히 완화됐다. 여기에 일본 정부의 적극적인 임금 인상 유도 정책, 일본 기업의 임금 인상에 대한 긍정적인 자세도 가세해 물가와 임금 동반 상승세는 2024년에도 이어질 것으로 보인다.

임금 올려도 기업 수익·투자 확대세 지속

물가와 임금 동반 상승 선순환은 가격 인상에 주저해왔던 일본 기업의 가격 전략에도 변화를 일으켰다. 일본 기업은 보다 적극적으로 가격 인상에 나서고 있다. 그리고 이는 일본 기업의 수익 확대와 설비 투자 확대로 이어진

다. 사실 임금 인상에도 불구하고 일본 기업의 수익은 호조를 보이고 있다. 노무라증권의 2023년 9월 6일자 '기업 업적 전망'을 보면, 2023년도 주요 기업 경상이익(금융업 제외)은 6.9% 증가에 이어 2024년도에도 6.7% 증가할 것으로 전망된다. 특히 전기·전자, 정밀기계 분야에서는 생성형 인공지능(AI)용 반도체 수요 증가 등이 전망된다. 이에 따라 일본이 강세인 반도체 제조 장치 시장이 회복되고 차량용 전자 부품 출하 확대가 예상된다. 일본은 과거 20년 이상 임금이 거의 제자리걸음을 했기 때문에 일본 기업이 2023년에 이어 2024년에도 임금을 인상해도 노동 분배율이 한정된 수준이다. 따라서 일본 기업 수익은 계속 호조세를 유지할 것으로 보인다. 아울러 일본 기업은 노동력 부족을 극복하기 위해 자동화 등에도 주력해야 할 입장이다. 이는 설비 투자에 긍정적으로 작용한다. 이와 함께 일본 정부도 기업 설비 투자나 신사업을 촉진하는 데 보조금 등 지원책을 강화하는 추세다. 일본 경제는 물가와 임금의 선순환이 회복되고 있으나 그것만으로는 한계가 있다. 결국 기업 설비 투자를 수반한 생산성 향상이 있어야 중장기적으로 지속적인 임금 인상과 성장률 제고가 가능하다.

코로나19 기간 일본 정부는 가계에 대한 현금 지급이나 자금 사정이 악화한 중소형 기업에 대한 신용보증, 저금리 융자 지원 등 일시적 지원책에 주력했다. 하지만 2024년에는 투자

감세 등 성장 촉진 정책을 보다 강화할 것으로 예측된다. 일본 정부는 반도체 분야에서 외국 기업 유치, 첨단공장 건설 지원과 함께 배터리 산업의 강화에 주력하면서 한국, 중국에 상대적으로 뒤떨어진 경쟁력 강화에 힘쓰고 있다. 이와 함께 전기차(EV) 보급을 위한 충전망 확충·재생에너지를 활용한 분산형 전략망 구축에도 주력할 방침이다. 아울러 일본 정부는 2024년도 예산 초안에서 그린 이노베이션 관련 분야에 2조엔을 책정했다. 수소를 제조하는 수전해 장치, 배터리, 차세대 태양전지인 페로브스카이트, 해상풍력 발전, 파워 반도체, 차세대 원자로 등에 투자한다는 계획이다.

'초금융 완화' 정상화는 완만한 속도로 지속

일본 경제는 디플레이션 극복 추세 속에서 2023년 1%대 후반 정도 성장세를 기록할 것으로 보인다. 2024년에는 미국 고금리 기조 장기화 여파, 중국 경제 부진 등으로 세계 경제가 다소 둔화할 것으로 예상되는 가운데, 1% 내외 실질 경제성장률을 기록할 것이라는 진단이다. 일본 주요 연구기관 담당자 36명의 전망 평균치(일본경제연구센터, ESP Forecast, 2023년 9월 14일)를 보면 2023 회계연도 일본 경제성장률은 1.8%, 2024 회계연도는 0.9%로 예상됐다. 세계 경제 부진과 함께 일본 경제도 2024년에 둔화하겠지만 여전히 견실한 성장세를 이어간다는 의미다.

한편 코로나19 기간 소비 위축으로 발생한 일본 가계 과잉 저축은 각국에 비해 느리게 소진되고 있다. 하지만 명목 임금 상승세가 계속되면서 2023년 상반기 3%를 넘었던 소비자물가 상승률이 2%대로 떨어져 실질 임금 상승으로 이어질 필요가 있다. 일본 주요 연구기관 전망치로는 일본 소비자물가가 2023년 3분기에 2.9%로 하락하기 시작해 2023 회계연도로는 2.8%, 2024 회계연도는 1.9%가 될 것으로 보인다. 이에 따라 2024년에도 소비자물가가 3% 내외를 유지하면서 점차 실질 임금 상승효과가 나타날 수 있다. 아울러 일본 경제의 디플레이션 탈출 흐름 속에서 일본은행의 초금융 정책을 수정하는 움직임이 2024년에도 이어질 것이라는 분석이다. 주요 연구기관 담당자의 전망 평균치(ESP Forecast, 2023년 9월 14일)를 보면 2024년 말까지 장단기 금리차 곡선(YCC) 정책을 철폐할 것으로 보는 담당자(이 질문의 전체 응답자는 35명)는 26명이다. 또한 -0.1~0.1%로 억제되고 있는 단기 정책금리가 2024년 말까지 플러스로 돌아설 것이라는 전망도 20명으로 절반을 넘는다.

일본은행은 세계 경제 환경도 검토하면서 기업의 투자·임금 인상 지속 여부 등을 지켜보고 있지만, 결국 금융 정책 정상화를 모색할 것으로 보인다. 이런 일본은행의 신중한 자세는 미·일 간 금리 차이를 확대하고, 엔저를 지속시킬 가능성이 있다. 2023년 1월 중순 1

세계 경제 어디로 **일본**

일본 연구기관의 일본 경제 전망
단위:%

구분	2022년 실적	2023년			2024년		
		일본경제연구센터	Mizuho	닛세이	일본경제연구센터	Mizuho	닛세이
실질 GDP 성장률	1	2	1.8	1.6	1	0.8	1.4
민간 소비	2.1	1	0.2	0.7	0.7	0.8	1.7
기업 설비 투자	1.9	2.9	1.3	2.2	1.7	1.8	3.3
수출	5.1	2	1.9	1.8	3.8	0.5	1.7
경상수지(조엔)	11.6	19.6	20.9	19.7	20.6	15.7	17.9
소비자물가	2.3	3.2	2.9	2.8	2.7	1.9	1.6

*실적치와 일본경제연구센터 전망치는 Callender Year 기준이며, 기타는 회계연도 기준임. 소비자물가는 신선식품 제외 기준임. 일본경제연구센터(2023년 9월 8일 기준) Mizuho는 Mizuho Research&Technologies(2023년 9월 25일 기준), 닛세이는 닛세이기초연구소(2023년 9월 8일 기준)임.

달러당 120엔대까지 회복된 엔화는 9월에는 1달러당 140엔대로 다시 약세를 면치 못했다. 미국 금리 인상 기조가 장기화하는 가운데, 2024년에도 엔화는 약세 압력을 받기 쉬운 상황이다.

다만, 엔화는 2023년 8월 기준 실질실효환율이 1970년 이전 수준으로 하락했다. 명목 환율이 1달러당 360엔 정도에 그쳤던 시기와 실질적으로 비슷하다는 뜻이다. 일본 무역 수지는 적자를 기록하기 쉬운 상황으로 빠졌으나 경상수지 흑자는 지속되고 있다. 2024년에도 2000억달러 수준을 기록할 것으로 보인다. 일본은행의 미미한 금리 인상이 외환 시장에 미칠 영향력은 약화한 상황이다. 또한 미국 경기와 미국 금리 정책에 의해 엔화 환율이 결정되기 쉽다. 그러나 미국 경제의 고금리가 지속될 경우 2024년에 예상외로 일본 경제 성장세가 저조한 수준에 그치면서 미·일 금리차가 축소될 가능성도 있다. 지나친 엔저 상황에서 투기적인 엔화 매도 수요가 가세하는 등 시장 상황이 급변하면 2024년에도 엔화는 급등락을 거듭하는 불안정한 상황이 될 수 있다.

한·일 경제 협력 사업, 2024년 구체화

2023년 3월, 윤석열 대통령의 방일에 이어 기시다 일본 총리의 5월 7~8일 한국 방문 성과로 일본이 한국을 무역 관리 규제상 백색국가로 재지정하는 등 한일 관계는 정상화됐다. 2024년에도 이런 양호한 한·일 경제 관계가 지속될 전망이다. 실제 각 정부부처에서 한·일 협력 논의가 재개되고 있으며, 기업 차원에서도 신규 협력 비즈니스가 모색되면서 2024년에는 구체적인 성과가 확대될 테다.

한·일 협력 분야는 ▲반도체 분야에서의 공급망 협력 강화 ▲배터리 공급망 안정화 협력 ▲수소 등 탈탄소화 관련 공동 투자 ▲제3국 협력 프로젝트 등이 있다. 미·중 마찰 속에서 첨단 산업을 중심으로 중국·대만 리스크를 고려해 반도체, 배터리, 차세대 에너지 등 공

윤석열 대통령과 기시다 후미오 일본 총리가 지난 2023년 5월 7일 서울 용산 대통령실 청사에서 열린 한일 정상 소인수 회담에서 악수하고 있다. (대통령실 제공)

급망을 한·미·일 3국이 함께 강화하려는 노력이 지속될 전망이다. 일본의 장기 불황 상황에서 IT 등 미국 첨단 산업은 중국·대만 산업에 투자해 거래 관계를 강화하면서 가격 경쟁력이 높은 공급망을 구축해왔다. 하지만 최근에는 반도체업계 3위인 마이크론이 일본에 반도체 공장 투자를 확대하거나 글로벌 기술혁신 기업 IBM이 일본과 함께 첨단 반도체나 양자컴퓨팅의 공동 기술 개발에 나서고 있다. 이런 흐름 속에서 한·일 경제 협력을 강화하면서 일본 소부장 기업이 한국의 반도체 클러스터와 함께 차세대 반도체 개발 협력을 한층 강화할 것으로 보인다. 배터리 분야에서는 LG에너지솔루션과 혼다의 미국 배터리 합작사 추진에 이어 한·일 배터리 공급 계약이 확대될 것으로 예상된다. 중국에 지나치게 의존하고 있는 양극재 등 배터리 핵심 소재의 공급망 분산화를 위한 공동 노력도 모색될 전망이다. 해외에서 암모니아를 저렴하게 생산해 한국, 일본으로 수입해 활용하려는 공동 프로젝트 관련 한국전력과 일본의 이데미츠코산이 합의했다. 수소·암모니아의 개발·산업시설에서의 활용은 한·일 양국이 추진해야 할 산업의 탈탄소화에서 중요한 역할을 할 것이다. 특히 이 분야는 향후 한·일 양국이 공동 개척하는 이점이 클 것으로 보인다. ■

세계 경제 어디로 **유럽연합**

독일 침몰하면서 EU 활력 '스르륵' 2024년도 1% 초반 미미한 성장

강유덕 한국외대 LT학부 교수

2023년 유럽 경제는 고물가 속 성장률 둔화를 겪었다. 물론 일부 긍정적 지표는 있었다. 러시아와 우크라이나 전쟁 장기화에도 당초 우려한 에너지 공급 대란 등은 피했다. 다만 계속된 고물가 현상은 구매력 감소로 이어졌고, 이는 소비 위축과 기업 영업이익 감소를 유발했다. 돈을 벌지 못한 기업들은 투자를 줄여나갔고 경제 전반이 침체됐다.

자연스레 유럽 국가의 재정·통화 정책은 긴축으로 선회했다. 2023년 유럽연합(EU) 회원국 정부 지출은 2022년과 비교해 8조2000억유로(총 GDP의 약 1%) 감소했다. 그 결과 독일과 프랑스, 이탈리아 등 EU 주요국 재정 적자가 감소했다. 긴축 기조 재정 정책은 코로나19 팬데믹 기간 펼쳐진 대규모 부양책 종료를 의미했고, 재정 건전화를 위한 장기 로드맵의 첫 시작이었다.

고물가 상황이 지속되면서 통화 정책은 더욱 극명한 긴축 기조를 그렸다. 유럽중앙은행(ECB)은 2022년 7월 11년 만에 처음으로 금리 인상을 단행해 장기간 제로금리에서 벗어났다. 이후 2023년 10월까지 총 10차례에 걸쳐 금리를 높여 어느덧 기준금리를 4.5% 수준까지 끌어올렸다. 수신금리(은행이 고객으로부터 예금을 받을 때 적용되는 금리)는 1999년 유로화 체제 출범 이후 최고치를 기록했다. 이 같은 상황이 이어지면서 EU 지역은 2023년 0.7% 성장에 그쳤다.

EU 회원국 중에서는 독일, 스웨덴, 핀란드, 발트 3국이 2023년 마이너스 성장을 하면서 경기 침체를 겪었다. 특히 EU 경제의 4분의 1을 차지하는 독일의 경제성장률은 2023년 −0.5%를 기록, 유럽 경제 전체 성장률을 끌어내리고 있다. EU에서 독립한 영국도 성장률 측면에서는 별반 다르지 않다. 영국 성장률은 0.5%로 코로나19 팬데믹 기간을 제외하면 지난 15년 이래 가장 낮은 성장률을 기록했다.

경제성장률 관련 주목할 5가지 지표

EU 지역 경제성장률과 관련, 주목할 사항은 다음과 같다.

첫째 공급 충격으로 유발된 물가 상승이 지속될지다. 이는 러-우 전쟁 향방에 의해 결정될 것으로 보인다. 무력 충돌이 진정 국면으로 접어들고 주요 산유국의 원유 생산 증가 조치, 그린딜 전환 등이 순조롭게 이뤄진다면 2023년 여름 이후 치솟았던 국제 에너지 가격 하락을 기대할 수 있다. 다만 중동 지역 분쟁 격화로 주요 산유국의 지정학적 관계가 악화할 수 있다는 점은 또 다른 위험 요인이다.

둘째 에너지 가격이 진정되더라도 임금과 서비스물가 등 근원물가가 높은 점은 물가 관련 악순환으로 이어질 수 있다. 공급과 수요 측면에서 물가 상승 요인이 동시에 존재하는 이례적 상황이다. 셋째 고금리 상황에서는 민간 소비와 투자 활성화를 기대하기 어렵다. 부동산 등 자산 시장 침체를 비롯, 은행과 금융기관의 재무건전성에 부정적인 영향을 줄 수 있다.

넷째는 EU 지역 경제를 견인한 독일 경제의 성장력 회복 여부다. 전망기관들은 독일이 2023년 마이너스 성장을 기록한 후, 2024년에는 0.9~1.1% 정도 플러스 성장을 기록할 것으로 본다. 물가 상승률은 하락 중이며, 에너지 가격 상승에 따른 후유증과 글로벌 공급망 병목 현상에 따른 수출 부진도 완화될 것으로 기대하기 때문이다. 다만 독일 경제성장률이 EU 평균을 밑도는 현상은 2024년에도 계속될 것이다.

마지막으로 세계 경제가 성장률 둔화를 겪고 있다는 점에서 EU 지역의 대외 수요를 촉진

경제성장률 추이

단위:%

구분		국가	2021년	2022년	2023년	2024년
EU 회원국	유로지역	독일	3.2	1.8	−0.5	0.9
		프랑스	6.4	2.5	1	1.3
		이탈리아	7	3.7	0.7	0.7
		스페인	6.4	5.8	2.5	1.7
		네덜란드	6.2	4.3	0.6	1.1
	비유로지역	스웨덴	6.1	2.8	−0.7	0.6
		덴마크	6.8	2.7	1.7	1.4
	중동부유럽	폴란드	6.9	5.1	0.6	2.3
		체코	3.6	2.3	0.2	2.3
		헝가리	7.2	4.6	−0.3	3.1
		슬로바키아	4.9	1.7	1.3	2.5
비EU 회원국		영국	7.6	4.1	0.5	0.6
		노르웨이	3.9	3.3	2.3	1.5

*2023년, 2024년도 수치는 전망치 *중동부 유럽 중 슬로바키아는 유로화 사용국
*자료:IMF(2023년), World Economic Outlook 2023년 10월

세계 경제 어디로 **유럽연합**

**공급 충격으로 유발된 물가 상승 주목
러-우 전쟁 향방에 의해 방향성 결정
임금과 서비스물가 여전히 높은 수준
고금리 상황 지속으로 투자 시장 침체
EU 내 은행과 금융기관 재무건전성 주의**

할 호재가 있을 가능성은 거의 없다. 미국을 비롯한 선진 경제권 성장률이 하락하고, 신흥 지역 성장률도 하락 추세다. EU의 최대 수출 대상국인 중국은 장기적인 성장률 하락 추이와 함께 부동산 시장 둔화와 관련 기업의 신용 리스크 확대가 우려되는 상황이다.

대내외적 위험을 고려할 때 2024년 유럽 경제는 2023년 부진을 바탕으로 1%대 초반 미약한 회복세를 띨 것으로 보인다. 다만 과거 경제 회복기 때처럼 독일 등 수출 중심국이 먼저 회복하는 패턴으로 전개되지는 않을 것이다. 독일과 이탈리아 등 주요국 성장률이 부진한 가운데, 상대적으로 중동부 유럽 소규모 경제국의 성장률이 다소 높은 형태가 될 것으로 보인다. 독일은 마이너스 성장에서 벗어나 1% 내외의 성장률을 기록하고, 이탈리아는 0.6~0.7% 수준의 저성장을 이어갈 것으로 예상된다. 프랑스와 스페인은 이보다 높은 1.3~1.7%의 성장률을, 대부분의 중동부 유럽 국가는 2%대 성장률을 보일 것으로 예상한다.

다양한 경기 침체 요인 마주한 독일

독일 경기 침체 가능성은 러시아와 우크라이나 전쟁 초반부터 제기됐다. 다른 유럽 국가에 비해 제조업 비중이 크고 에너지의 대외 의존도가 높기 때문이다. 독일은 2023년 3분기 0.4% 성장률을 기록, 사실상 4분기 연속 마이너스 성장 추이를 보였다. 특히 GDP의 75%를 차지하는 민간 소비와 투자 감소가 결정적으로 작용했다.

독일 대내외 여건을 살펴보면 경기 침체 이유는 복합적이다. 우선 성장 둔화 압력을 완화하던 확장적 재정·통화 정책이 긴축적으로 돌아선 것이 결정적이다. 둘째 에너지 공급 불안과 가격 상승이 산업 생산에 지장을 초래했다. 러-우 전쟁 이후 EU는 탈러시아 에너지 정책을 추진했고, 독일은 정치적으로 이를 주도했다. 독일보다 대러시아 에너지 의존도가 더 높은 유럽 국가도 다수 있지만, 물량 면에서 독일은 가장 많은 러시아산 에너지를 수입해왔다. 에너지 공급원의 급격한 변화와 이에 따른 가격 상승은 제조업 생산 비중이 높은 독일 기업에 큰 부담이 될 수밖에 없다. 셋째 독일의 대중국 수출이 크게 줄었다. 중국은 EU의 최대 무역 상대국이며, 독일을 비롯 소수 유럽 국가만이 대중국 무역 흑자를 기록해왔다. 하지만 미국과 중국 간 갈등과 이에 따른 공급망 균열은 독일 등 수출 국가에 부

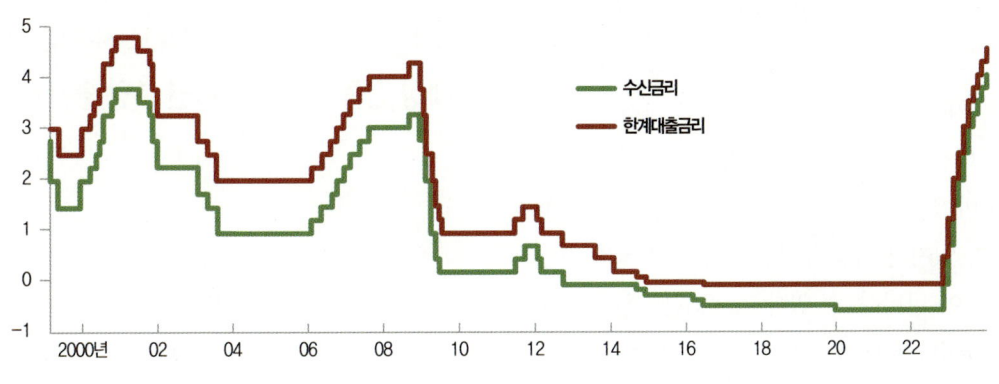

유럽중앙은행의 기준금리 변화 〈단위:%〉

— 수신금리
— 한계대출금리

*자료:European Central Bank, AFP

담으로 작용한다. 또 중국 경제성장률 둔화도 독일의 수출 여건을 크게 악화시켰다.
이외에 고령화와 생산성 증가율 둔화도 독일의 약점이다. 다만 여전히 유럽 최저 수준의 실업률을 기록 중이고, 산업 생태계가 이미 갖춰졌다는 점을 고려하면 2024년부터 경기 회복에 접어들 가능성이 높다.

생각보다 안 잡히는 인플레이션

EU 지역 물가 상승률은 예상보다 느린 하락세를 보였다. 9% 이상으로 치솟았던 미국 물가 상승률이 2023년 중 3% 초반으로 하락했지만, EU 물가 상승률은 느리게 하락했다. EU 지역 특성이 반영된 것으로 보인다. EU 지역은 에너지 소비량 절반 이상을 수입에 의존한다. 따라서 고유가 현상과 관련 상품 가격의 동반 상승 현상이 EU 지역 경제에 큰 부담을 준다. 여기에 주요국의 원유 생산 감축과 동유럽, 중동 지역의 지정학적 긴장을 고려하면 원유와 식품 가격 상승 압력은 앞으로도 지속될 전망이다.

그러나 에너지 공급 측면 제약이 완화되면서 물가 상승률은 느리지만 하락하는 추세다. 러-우 전쟁 향방 등 지정학적 갈등이 완화 여부에 큰 영향을 받을 것이다. 다만 근원물가의 경우 낮은 실업률, 경직된 노동 시장 등을 고려하면 임금 상승에 따른 물가 상승이 나타날 가능성이 있다. 공급과 수요 측면에서 물가 상승 요인이 뒤섞여 작용하는 셈이다. 국제통화기금(IMF) 등에 따르면 2024년 후반 EU 지역 물가 상승률은 3% 전후를 기록할 전망이다. 이때부터 유럽중앙은행의 금리 인

세계 경제 어디로 유럽연합

하도 기대해볼 수 있다.

러-우 전쟁 향방, 어떤 식으로든 정리돼야

2024년 EU 지역 최대 이슈는 러-우 전쟁이다. 특히 우크라이나 복구 문제도 고민할 때다. 세계은행 등 국제기구는 우크라이나 복구 비용으로 4110억달러가 필요하다고 예상한 바 있다. 대규모 재건 사업은 경기 부양 효과가 있지만 비용 부담을 둘러싸고 국가 간에 갈등이 나타날 수 있다. 2023년 7월까지 우크라이나에 대한 국제 사회 지원은 2379억유로에 달한다. EU와 회원국은 1319억유로를 지원, 전체의 52%를 차지했다. 발트 3국과 덴마크, 슬로바키아, 폴란드, 핀란드 등 10개국은 자국 GDP의 1% 이상을 지원했다.

특정 국가에 대한 전례 없는 지원은 유럽의 다급한 안보 인식을 보여준다. 반면 전쟁이 장기화 국면에 접어들면서 여러 국가에서는 재정 지원에 대한 피로감이 표출될 가능성이 있다.

복구 비용은 지금까지의 지원 비용보다 더 크며 상당 부분을 EU와 회원국이 감당할 텐데, 유럽 국가 대부분이 재정 긴축 기조에 들어선 상황이기 때문에 부담이 클 수밖에 없다. 현재 EU는 5년간 500억유로(약 545억달러)를 지원할 계획이라고 밝혔다. 다만 EU 예산을 통해 충당하는 170억유로를 제외하면 나머지 비용의 조달 계획은 아직 불분명하다.

**EU 물가 상승률 예상보다 느린 하락세
2024년 하반기 ECB 금리 인하 기대감
러-우 전쟁 복구 비용도 마주한 과제
EU는 5년 동안 500억유로 지원할 계획
재정 긴축 기조 고려하면 부담 불가피**

유럽의회 선거도 지켜볼 대목이다. 지난 수년간 유럽의회 선거에서는 유럽회의주의(Euroscepticism)를 표방하는 극우 성향 정당이 득세하는 현상을 보였다. 유럽회의주의는 유럽통합 또는 EU 체제를 반대하는 정치적 움직임 또는 사상을 의미한다. 유럽의회는 EU의 주요 법안 제정과 정책 형성에 큰 영향력을 갖는다.

유럽의 외교·안보, 통상, 기후 변화 등 굵직한 이슈의 방향은 물론, 세부 사항도 유럽의회 결정에 영향을 받는다. 이번 선거는 향후 5년간 EU 체제 방향을 가늠하는 지표가 될 수 있다. 한편 유럽 주요국에서는 극우 정당 득표율이 증가하는 현상이 계속되고 있다. 이런 성향은 이탈리아, 프랑스, 독일 등 서유럽뿐 아니라 폴란드, 헝가리 등 중동부 유럽에서도 동시에 나타나고 있다. 2024년에는 영국의 조기 총선 가능성을 제외하면 주요국의 독일, 프랑스, 이탈리아 등 주요국 총선 일정은 없는 상태다.

EU 물가 상승률 추이
⟨단위:%⟩

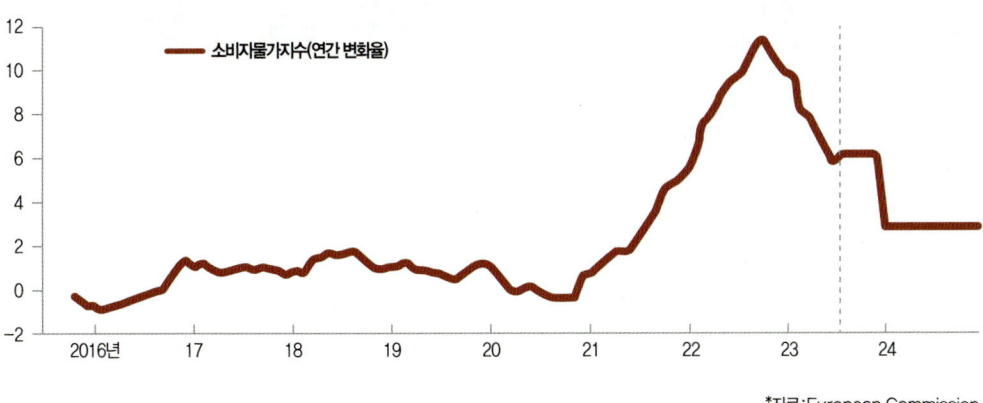

*자료:European Commission

EU 탈퇴 3년 차 영국 경제 전망도 '흐림'

EU를 탈퇴(브렉시트)한 지 3년을 맞이한 영국 경제 상황도 밝지 않다. 영국 물가 상승률은 2023년 초 13~14%를 기록했다. 2023년 중반까지도 10% 이상으로 유럽 주요국은 물론 G7 국가 중에서도 가장 높았다. 영국은행은 ECB보다 더 공격적으로 15차례의 금리 인상을 단행했고 기준금리는 2023년 5.25%에 달한다. 전망기관들은 2023년 초 영국 경제성장률이 민간 소비와 투자의 감소로 마이너스를 낼 것으로 예상했다. 다행히 생산과 소비가 증가하면서 0.5% 수준 플러스 성장률을 기록했다.

다만 영국은 아직 팬데믹 이전 GDP 수준을 회복하지 못한 상황이다. 재정 긴축 기조와 고금리 상황을 고려하면 물가 하락이 없을 경우 내수 회복은 사실상 불가능하다. 브렉시트 후속 여파도 영국 경제의 회복을 저해하는 요인이다. 이미 내부에서는 브렉시트를 후회한다는 '브레그렛(Bregret·Brexit+Regret)'이라는 신조어가 등장할 정도다.

영국 내 금융 회사들은 브렉시트 이후 EU 내 다른 지역으로 이전했다. 영국 경제의 핵심인 금융 산업의 부가가치 생산력이 제한되고 있다.

다만 근원물가 상승률이 하락 조짐을 보이고 있고, 영국은행은 정책금리를 동결하는 제스처를 취하고 있다. 여전히 선행 지표를 중심으로 약세가 이어진다는 점에서 물가 안정화의 속도, 고금리에 대한 가계 부담 등이 영국 경제의 반등을 결정짓는 변수로 작용할 것이다. ■

세계 경제 어디로 **인도**

'6% 이상 高성장' 변치 않는 상수
지정학 갈등·총선이 변수 될 수도

김용식 포스코경영연구원 수석연구원

코로나 팬데믹 이후 빠른 경제 회복세를 보였던 인도는 2022년 7.2% 성장률로 거대 경제권 중 홀로 고성장을 기록하면서 다시금 세계의 주목을 받고 있다. 특히 미국이 첨단소재와 반도체 등에서 중국을 배제하고 우방국 중심 글로벌 밸류체인 재편과 권역별 공급망 재구축 추진을 위해 인도가 절대적으로 필요해지면서, 인도 위상이 더욱 커지고 있는 것도 강점이다. 미국의 지원 아래 미국 기업들의 대인도 투자가 증가하면서 인도는 당분간 고성장을 지속할 수 있을 것으로 보인다.

국제신용평가사 S&P, 아시아개발은행(ADB), 세계은행(World Bank), 국제통화기금(IMF) 등은 2023년 인도 경제성장률이 세계 경제 부진과 고유가로 인한 물가 상승 등으로 6% 초반에 그칠 것으로 전망한다.

2023년 경제성장률 하락 요인은
'고유가·몬순 강수량' 부족

S&P는 인도 경제가 2023년 1분기의 6.1%에 이어 2분기에 7.8%라는 고성장을 기록했지만 세계 경기 부진과 평균 이하 몬순(우기) 강수량, 지연된 금리 인상 효과 등으로 하반기 경제성장률이 둔화하면서 2023년은 6%대에 머물 것으로 봤다. ADB는 2023년 성장률은 불규칙하고 부족한 몬순 강수량으로 농업 생산이 줄어들면서 6.3%에 그칠 것으로 전망했다. 세계은행은 높은 금리, 지정학적 갈등과 세계 경기 침체 등으로 6.3%를 기록할 것으로 예상했다.

연도별 인도 경제성장률 추이

〈단위:%〉

*자료:인도 통계청(MoSPI)

2023년의 경제성장률 둔화에는 정부 지출 감소도 영향을 미쳤다. 팬데믹이 발발한 2020년은 정부 지출이 성장동력원으로 작용한 반면, 2021년 이후에는 민간 소비와 기업투자가 증가하고 정부가 재정건전화에 주안점을 두면서 상대적 증가율은 감소했다. 2023년 2분기 정부 지출은 지난해 같은 기간보다 0.7% 감소하면서 그 역할이 줄어든 반면, 민간 소비는 6%, 총고정자본형성은 8%를 기록하면서 경제 성장을 견인했다. 3·4분기 역시 이 패턴이 유지될 것으로 보인다.

**지정학적 위상 활용한 입지 우위는 장점
미국의 인도 필요성 증가도 '신성장동력원'**

모디 총리는 2023년 6월 21일 4박 5일 일정으로 미국을 국빈 자격으로 처음 방문했다. 2014년 5월 집권한 모디 총리는 그동안 미국을 다섯 번 찾았으나 국빈 방문은 처음이다. 이는 미국의 대인도 전략이 변화되고 있는 것을 방증하는 단면이다. 미국의 대중국 공급망 다변화 방안으로 아세안과 남아시아의 전략적 필요성이 높아지고 중국 견제를 위한 인도의 필요성이 커졌음을 의미한다. 인도-태평양 전략을 본격적으로 추진하면서 인도와의 협력이 우선 대안이 된 셈이다. 그리고 2020년 카슈미르 라다크에서 발생한 인도와 중국 간 국경 분쟁 사건으로 인도는 대중국 견제를 위한 미국의 지원 필요성을 새로이 인식하면서 양국 간 협력이 새로운 스토리를 쓰기 시작했다.

미국과 인도의 전략적 협력은 QUAD(쿼드·미국과 미국의 인도-태평양 지역 핵심 동맹

세계 경제 어디로 **인도**

국인 일본과 호주, 미국의 동맹국은 아니지만 일부 안보 사안에서 협력하는 인도를 합한 4개국이 국제 안보를 주제로 갖는 정기적 정상회담)를 시작으로 본격화되기 시작했고 이번 국빈 방문을 계기로 인도는 '중국 고립 정책' 성공을 위한 '핵심 협력국'으로 인정받았다. 인도가 미국의 안보와 경제 부문에서 최우선 협력 국가로 인정받으며 인도의 지정학적 위상이 급격하게 높아졌다.

이번 국빈 방문을 통해 모디 총리가 거둔 성과는 미국의 방산 부문 협력과 첨단기술 공급망 구축 등의 협력을 끌어냈다는 것과 미국 기업의 인도 투자를 유치하면서 '글로벌 사우스'의 리더로서 국제적 지위가 강화된 것을 들 수 있다.

먼저 방산 부문에서는 GE의 F-424 제트 엔진을 인도에서 생산하는 양해각서를 체결했다. 이 엔진은 힌두스탄에어로노틱스의 경전투기인 Mk2에 탑재될 계획이다. 또한 미국의 해군 자산을 인도 조선에서 유지, 보수하는 전략에 합의하면서 인도 조선 부문 기술력을 제고하는 데 도움을 줄 수 있게 됐다. 아울러 우주, 반도체, 퀀텀, 인공지능 등 첨단기술 공급망 분야에서 미국과 인도의 전략적 파트너십이 본격화하는 첫발을 내디뎠다.

둘째 '2021년 양국 정상회담'에서 우주, 반도체, 인공지능, 차세대 통신 등의 분야에서 전략적 협력 의지를 표명한 이후 핵심 첨단기술 구상(iCET) 내에서 해당 산업의 협력 방안을 명시한 것도 긍정적이다. 이번 방문을 통해 인도는 첨단기술 육성에 대한 미국의 지원을 끌어내면서 경쟁력을 높일 수 있게 됐다.

연도별 경제 주체별 지출 증가율 〈단위:%〉

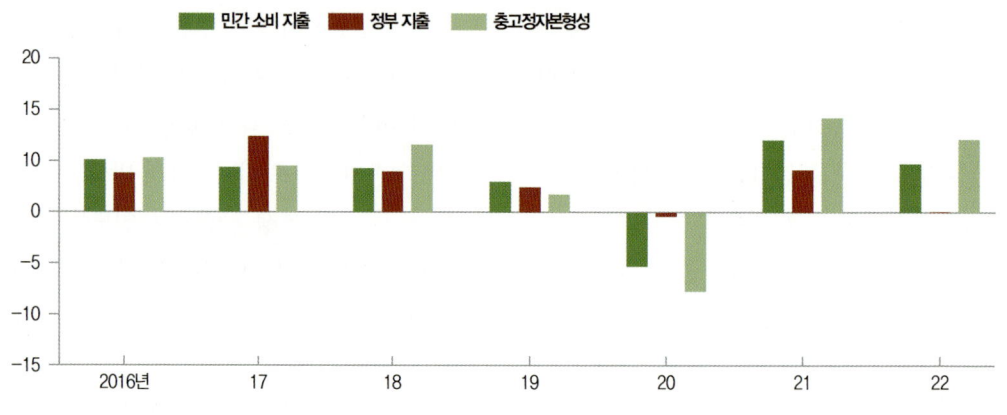

*자료:인도 통계청(MoSPI)

지난 2023년 6월 20일(현지 시간) 미국을 국빈 방문한 나렌드라 모디 인도 총리가 뉴욕 롯데호텔에 도착해 사람들에게 손을 흔들고 있다. (로이터)

셋째 미국 기업의 투자 유치다. 반도체 기업 마이크론테크놀로지(Micron Technology)가 8억2500만달러를 구자라트주에 투자해 반도체 조립·테스트시설을 설립하겠다고 발표했다. 어플라이드머티리얼즈(Applied Materials)도 반도체 연구개발센터를 인도에 설립하겠다고 발표했다. 전기차 업체 테슬라는 2023년 7월 24일 인도 정부와 2만4000달러의 전기차 생산 공장 설립 방안을 논의하고 있다는 보도가 나왔으나 아직 명확하지는 않다. 테슬라는 2023년 9월 22일에 전력저장장치 '파워월(Powerwall)' 생산 공장 설립 제안서를 인도 정부에 제출하기도 했다. 테슬라가 낮은 비용으로 공장을 설립하도록 다양한 인센티브를 달라고 요청한 것으로 알려졌다.

이와 별개로 지난 G20 정상회의에서 출범한 인도-중동-유럽경제회랑(IMEC·India-Middle East-Europe Economic Corridor) 출범도 인도 경제의 위상과 성장률 제고에 긍정적인 영향을 미칠 것이다. IMEC는 인도와 아라비아 걸프만을 해상으로 연결하는 동부 회랑과 아라비아 걸프만과 유럽을 육로와 철로로 연결하는 북부회랑으로 크게 나뉜다. 중동과 유럽을 연결하는 경제회랑 건설로 인도 경제의 글로벌 영향력을 높일 수 있다. 아울러 일자리 창출과 물류 비용 절감 등으로 인도뿐 아니라 글로벌 교역 확대에도 이바지할 수 있을 것으로 전망된다.

2024년, 6% 중후반의 고성장 국가로 회귀

경제개발협력기구(OECD)와 ADB, 세계은행 등은 2024년 인도 경제성장률이 정부의 인프라 투자 확대와 농업 생산량 증가, 민간 투자 심리 회복 등으로 고성장을 기록할 것으로 전망한다.

세계 경제 어디로 **인도**

OECD는 2024년 인도 경제가 7%라는 고성장을 기록할 것으로 전망했다. 농업 부문 생산량 증가와 정부 지출 증가·되살아난 민간 투자 회복 심리가 성장을 이끌 것이다. 그리고 금융 부문에서는 인도 중앙은행이 2024년 하반기 이후 완만한 금리 인하 정책과 완화된 금융 정책을 실시하면서 가계 부문의 소비 모멘텀을 회복시켜 고성장을 기록할 것으로 전망했다.

ADB는 2024년 경제성장률을 지난해보다 0.4%포인트 높은 6.7%로 전망했다. 팬데믹 발생 이후 부진했던 민간 투자 심리가 2021년 이후 회복되면서 정부의 인프라 투자 증가가 경제 성장을 견인할 것으로 설명했다. 세계은행은 2023년보다 0.1%포인트 증가한 6.4%를 전망한다. 고금리로 인한 차입 비용 증가와 물가 상승 압력 등이 경제의 부담 요인으로 작용할 것이라고 진단했다. 그러나 인도 경제는 세계에서 가장 빨리 성장하는 나라 중 하나며 앞으로도 그럴 것이라고 덧붙였다.

인도 경제는 정부의 인프라 투자 확대와 지정학적 위상 증가, 생산연계인센티브(PLI·Production Linked Incentive) 혜택 수수를 위한 국내외 기업들의 투자 활성화 등이 선순환을 일으키면서 고성장을 이어갈 것이다.

다만 최근 급변하는 지정학적 갈등과 2024년 인도 총선 영향·고물가 지속 가능성 등은 부정적 요인으로 작용할 수 있다. 2023년 10월 7일, 팔레스타인 하마스가 이스라엘을 향해 기습적으로 로켓을 발사하면서 하마스와 이스라엘 간 무력 충돌이 시작됐다. 이스라엘

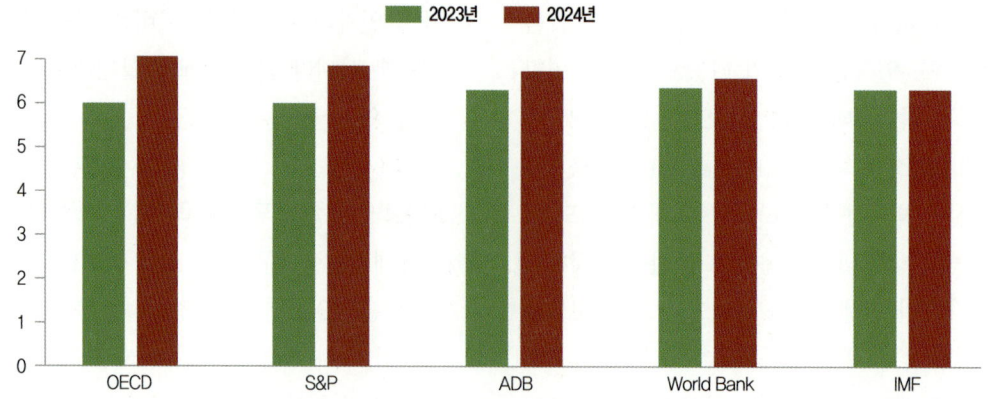

주요 기관별 인도 경제성장률 전망 〈단위:%〉

*자료:인도 언론 종합(The Economic Times, Livemint, The Hindu Business Line) 등

지난 2023년 10월 7일(현지 시간) 팔레스타인 무장정파 하마스가 통치하고 있는 가자지구의 한 건물에서 불길이 치솟고 있다. 이스라엘 공군은 이날 하마스의 기습 공격에 대응해 가자지구를 공습했다. (AFP)

이 전쟁을 공식 선언하고 가자지구에 대한 식량, 연료, 전기 공급 등 전면 봉쇄령에 나서면서 전면전으로 치닫고 장기전으로 간다면 인도 경제성장률 하락이 불가피할 것이다.

둘째, 유가 향방도 관심사다. 2023년 10월 들어 안정세를 보였던 유가가 이스라엘과 하마스의 충돌로 급등세를 보인다. 장기전으로 이어져 고유가가 지속된다면 인도의 무역수지 적자가 확대되고 전반적인 물가 상승과 소비 둔화로 이어져 경제성장률을 끌어내릴 것이다.

셋째, 기준금리다. 인도 중앙은행이 최우선으로 두고 있는 소매물가 수준이 4%에서 2% 안팎으로 안정세를 보여야 기준금리를 인하해 민간 소비를 촉진하고 자본 조달 비용을 낮춰 투자를 촉진할 수 있다. 인도 신용평가사인 ICRA는 "중앙은행은 2분기 연속 소매물가가 6% 이상을 기록한다면 현재 6.5%인 기준금리 인상을 고려하겠지만 이와 같은 경우가 아니라면 2024년 7월부터 0.60~0.75%포인트의 기준금리 인하를 단행할 것"으로 전망했다. 마지막은 2024년 총선이다. 2024년 4~5월 동안 치러지는 총선으로 경제 정책들이 일시 중단될 수 있다. 선심성 예산 편성으로 인프라 투자 등이 영향을 받을 수 있기 때문이다. 야당인 국민회의당(INC)을 단합된 방향을 이끌어갈 수 있는 리더십 부재와 야권 연합의 단결성 부족 등으로 집권당인 인도 국민당(BJP)의 재집권 가능성이 크다고 할 수 있지만, 총선에 집중함으로써 경제 정책은 뒤로 밀릴 수밖에 없다. ■

세계 경제 어디로 **브라질**

회복 넘어 '경제 대국' 재도약 시동
글로벌 불확실성이 오히려 '호재'

오성주 포스코경영연구원 수석연구원

2023년 브라질은 극우 성향 보우소나루 대통령이 물러나고 중남미 최초 3선 대통령이자 좌파의 대부 격인 '루이스 이나시우 룰라 다 시우바(이하 룰라)'가 다시 집권했다. 당초 룰라가 서민 지원을 우선하는 정책을 강행한다면, 브라질중앙은행(BCB)의 독립성이 흔들리고 공공부채가 다시 늘 것이라는 우려가 컸다. 하지만 러시아와 우크라이나 전쟁이 지속되고 미국 연방준비위원회(Fed) 고금리 기조가 이어지자 룰라는 자신의 공약을 잠시 뒤로하고 국내 물가 안정과 경기 회복에 주력했다. 특히 2023년 3월 발표한 '재정 준칙'을 주목할 필요가 있다. 재정 지출 증가폭의 밴드(상하단 고정)를 설정하고, 연간 기초재정수지

브라질 경제 전망 단위:%

구분	2022년	2023년(e)	2024년(f)
GDP(YoY)	3	3.2	2.1
민간 소비(YoY)	4.3	2.8	2.1
산업 생산(YoY)	-0.7	0.1	1.8
실업률(연평균)	9.5	8.2	8.6
외환보유액(US억달러, 연말)	3170	3400	3450

*자료:포스코경영연구원 종합 *(e)는 추정치, (f)는 전망치

목표 달성 정도에 따라 정부 지출과 투자를 통제, 향후 점진적으로 상향하겠다는 내용이다. 해당 정책이 시장을 안심시켰고, 우려했던 해외 투자 자금 이탈도 억제했다. 신흥국들의 대외 여건이 악화하자 브라질 증시와 채권 시장으로 자금이 몰리는 호황도 감지됐다. 발 빠른 금리 인상도 호재로 작용했다. BCB는 공격적으로 금리 인상을 시작했고, 이 덕분에 2023년 6월 인플레이션 3.2% 수준

브라질 공공부채와 재정수지 추이

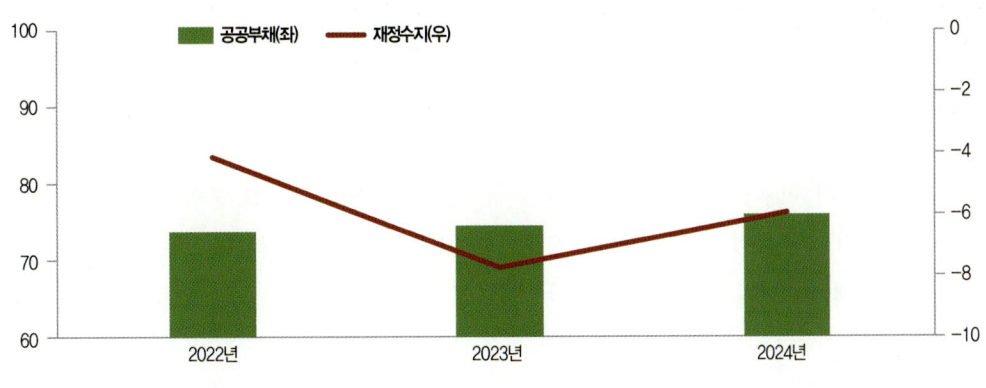

*GDP 대비 비중
*자료: 포스코경영연구원 종합

을 유지했다. 8월부터는 안정세를 보이고 있으며, 기준금리 인하 여력도 갖추게 됐다. 이 같은 대내외 호재가 겹치면서 2023년 브라질 경제는 당초 전망치보다 1%포인트 웃도는 3.2% 성장이 예상된다. 2024년 역시 2.1%대 성장률을 기록할 것으로 보인다.

성장 촉진 프로그램 향한 기대와 우려

러시아와 우크라이나 전쟁에 이어 이스라엘과 하마스 전쟁까지 겹치면서 2024년 글로벌 불확실성은 지속될 전망이다. 룰라 정부는 경기 하강에 따른 글로벌 원자재 수요 감소와 성장 정체를 막기 위해 2023년 8월 새로운 성장 촉진 프로그램(Novo PAC)을 발표했다. 브라질 모든 주에 걸쳐 2026년까지 1조7000억헤알 규모의 인프라 투자를 목표로 한다는 내용이다. 이 중 연방 정부는 3710억헤알, 국영 기업은 3430억헤알을 투자한다. 금융기관은 3620억헤알, 민간 기업은 6120억헤알을 투입한다.

성장 촉진 프로그램을 위한 대내외 여건도 비교적 좋은 편이다. 브라질 1차 산품 수출이 계속 호조세를 띠고 있기 때문이다. 사상 최대 무역 흑자를 이어가고 있고, 2024년에도 불안한 글로벌 정세는 브라질이 보유한 천연자원 가치를 더 높일 것으로 예상된다. 여기에 안정된 물가와 환율 추이도 외부 투자자로 하여금 브라질에 대한 외국인 직접 투자(FDI)를 편안하게 만들고 있다.

다만 룰라 정부가 계획한 대로 대규모 투자가 이뤄질지는 두고 봐야 한다. 과거 브라질의 대규모 인프라 투자는 관련 이권을 두고 기업

세계 경제 어디로 **브라질**

과 정치 엘리트 간 '부패 메커니즘'으로 이어졌다. 과연 룰라 정부가 부패 사슬을 끊어낼지 지켜보는 것은 브라질 미래를 예측해보는 또 하나의 좋은 관전 포인트가 될 것이다.

대선 앞둔 미국의 대중 압박, 브라질엔 호재

환율은 수출 호조에 따른 충분한 외환보유고와 2023년 하반기 이후 글로벌 금융기관들이 연이어 브라질 신용등급 전망을 상향하면서 안정세다. 2023년 6월 신용평가사 S&P는 브라질 국가 신용등급을 BB- '안정적'에서 '긍정적'으로 조정하고 7월 Fitch는 기존 BB-에서 BB로 올렸다. 브라질 헤알화는 2023년 6월 달러당 4.8 수준을 기록했고 9월 이후 기준금리 인하 영향으로 변동성이 일시적으로 증가, 연말에는 달러당 5로 마감할 전망이다. 2024년에도 이런 안정세는 지속될 것으로 기대된다.

환율 안정세는 무역 부문 안정세에서 기인한다. 원유, 곡물, 광물 등 1차 산품 수출에 주력한 브라질의 경우 글로벌 공급망 차질이 오히려 긍정적 영향을 줬다. 이에 2023년 브라질 무역 흑자 규모는 사상 최대인 700억달러에 육박할 전망이다. 2024년에도 세계 곳곳에서 지정학 위기와 글로벌 정세 불안이 예상됨에 따라 이 같은 추세가 이어질 가능성이 높다. 특히 대선을 앞둔 미국의 대중 압박이 한층 강화되고, 중동 유가 불안까지 더해지면서 브라질 무역수지는 또 한 번 사상 최대치를 넘어설 것으로 예상된다.

다만 글로벌 금융기관들은 브라질의 단기 리스크를 낮게 평가하고 룰라 정부의 적극적인 경기 부양 정책과 개혁 노력에 큰 기대를 하고 있으나, 여전히 높은 재정 지출과 공공부채는 향후 경기 하강 가능성과 맞물려 브라질 경제 불확실성을 높이는 요인으로 보고 있다.

2023년 8월 브라질 공공부채는 GDP 대비 73.5%를 기록하고 있다. 연초 시장 예상보다는 낮은 수준이다. 2024년 룰라 정부가 강력한 경기 부양책을 쓰면서 스스로가 설정한 재정 준칙만 지킨다면, 현 수준을 약간 웃도는 선에서 유지될 가능성이 높다.

남미국가연합 재건 시도, 한국도 영향

기후 변화에 대응해 전 세계적으로 친환경 산업과 신재생에너지로의 전환 수요가 빠르게 증가하고 있다. 그러면서 망간과 니켈, 리튬, 흑연 등 핵심 광물(Critical Raw Materials)을 다수 보유한 브라질의 자원 경쟁력이 한층 더 높아질 수 있는 발판이 마련되는 분위기다. 특히 미·중 전략 경쟁 심화로 글로벌 공급망이 재편되면서 상대적으로 지정학적 안정성이 높은 중남미 지역이 다시 각광받고 있다는 점은 호재다. 이를 놓칠 리 없는 룰라 정부는 BRICS(브라질·러시아·인도·중국·남아프리카공화국) 확장과 함께 유명무실해진 남미국가연합(UNASUR)을 재건해 남미 시장을 블록화하고, 글로벌 사우

브라질 무역수지 추이

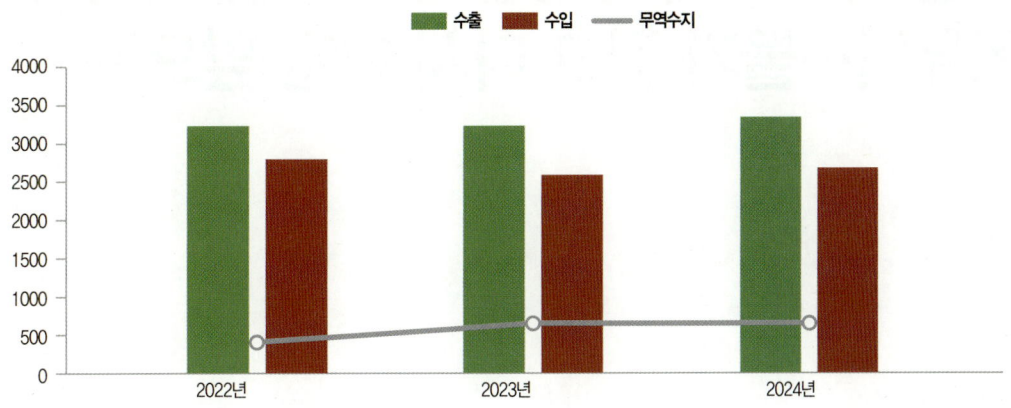

〈단위:억달러〉

*자료:포스코경영연구원 종합

스(Global South)를 결집시켜 브라질의 영향력을 점차 확대해나갈 것으로 예상된다.

한국도 브라질의 정책을 잘 살펴볼 필요가 있다. 브라질이 주도하는 남미공동시장(MERCOSUR)과 수년째 무역협정(TA) 협상을 이어가고 있기 때문이다. 앞으로는 더 까다로워진 통상 환경으로 인해 최종 협상 타결까지 많은 난관이 예상된다. 2023년 7월 순번에 따라 MERCOSUR 새 의장국이 된 브라질의 룰라는 한국과의 TA 협상에 진전이 있기를 원한다고 밝혔다. 이로 인해 협상 자체가 파행을 겪을 가능성은 낮아졌지만 한국이 과거 성공 신화를 이어온 자유무역협정(FTA) 사례들처럼 특혜 관세 적용에 초점을 맞춘다면 해법을 찾기 쉽지 않을 전망이다.

브라질을 포함한 대부분의 중남미 국가들은 광물을 채굴하거나 농작물을 재배해 단순 가공하고 수출한다. 이 때문에 부가가치가 낮은 자국 산업의 구조적 문제를 고민, 해결점을 찾기 위해 오랜 기간 노력해왔다. 하지만 현재까지 기술력과 자본 부족으로 성장 한계를 마주한 상태다. 또 일부 급진 세력은 자국이 매력적인 자원을 보유했음에도 선진국들이 만들어놓은 구조적 모순으로 인해 경제 불평등과 양극화가 심화했다고 판단, 협상 자체에 경계심을 갖고 있다. 이 점도 한국이 넘어서야 할 대목이다.

경제 안보가 과거 그 어느 때보다 중요해진 시점이다. 자원이 없어 늘 불안한 한국과 과거 '자원의 저주'에서 벗어나려고 안간힘을 쓰고 있는 브라질이 각각 상호 윈윈할 수 있는 최적점을 찾아내야 한다. ■

세계 경제 어디로 **러시아·동유럽**

전쟁 장기화에 성장동력 꺼지는 러시아 동유럽…물가 잡고 다시 한발 앞으로

러시아

이종문 부산외대 러시아학과 교수

2023년 초 러시아 경제 전망은 밝지 않았다. 국제통화기금(IMF)이나 세계은행(WB) 등 국제경제기구는 물론 러시아 정부도 2023년 러시아 경제가 우크라이나와의 전쟁 장기화, 서방의 경제 제재 강화, 세계 경제의 침체 국면 진입 등의 부정적 요인 영향에서 벗어나기 어려울 것으로 전망했다. 그러나 주요 거시경제 변수가 예상외로 나쁘지 않으면서 2023년 러시아 경제는 전망치를 크게 웃도는 실적을 거둘 것으로 보인다. 러시아 경제개발부는 9월 경제 전망 보고서에서 2023년 러시아 경제는 연초 예상치보다 1.6%포인트 웃돈 2.8% 깜짝 성장을, IMF 역시 10월 발표한 세계 경제 전망 보고서에서 예상치보다 1.5%포인트 높은 2.2% 달성이 가능할 것으로 내다봤다.

구체적으로 실업률이 역대 최저 수준인 3.1%를 유지한 가운데 임금 인상 압력이 높아지면서 가계 소비가 5.4% 증가하고, 고정자본 투자가 6% 증가할 것으로 추정된다. 소비자물가 상승률은 7.5%로 연초 예상치 5.3%보다 높으나 전년 11.9%보다 크게 둔화하고, 무역수지 흑자는 1450억달러로 위기 이전 수준으로 정상화될 것으로 보인다. 일반정부 재정수지는 2000년 이후 최고 수준인 GDP 대비 6% 적자를 기록할 것으로 예상했으나, 경기 회복에 따른 비석유 부문 수입 확대로 적자폭이 3.7%로 줄어들 것으로 보인다.

러시아 수출 핵심인 에너지 제품에 대한 해외 수요의 불안정한 상황에도 불구하고, 러시아 정부의 상당한 재정 부양책과 완화적 통화 정책 추진에 따른 내수 회복세 강화가 경기 변동폭을 줄이는 데 기여했다. 기준치를 넘어가는 원유와 가스 수출대금, 적립된 국민 복지 기금을 전쟁 수행을 위한 군수 물자, 국내 소비재 산업 분야에 투입해 산업 생산 둔화를 부분적으로 상쇄했다. 서방과의 교역 단절로 인한 국내 상품 시장 공급 부족 문제는 수입 대체 추진을 통해 극복해나갔다. 중국과 인도, 독립국가연합과 중동 국가들과의 교역이 확대됐다.

다만 2024년 러시아 경제 국내총생산(GDP) 성장률은 상승 추세를 이어가지 못할 것으로 전망된다. 러시아 경제개발부는 2024년 러시아 경제성장률을 2.3%로 하향 제시했다. 러시아중앙은행은 0.5~1.5% 성장이라는 비관적 전망치를 내놨다. IMF 역시 성장률 전망치를 1.3%로 대폭 낮췄다. 예상치보다 높은 물가 상승률을 억제하기 위한 2024년 러시아중앙은행 긴축으로 인한 통화 정책 전환이 지난 수년간 러시아 경제 버팀목이었던 국내 소비와 투자에 부정적 시그널을 보낼 것이다. 또 대표 수출 품목인 원유의 자발적 감산, 우크라이나와의 전쟁 징집에 따른 노동 시장 상황 악화도 하방 위험을 키운 요인이다. 소비자물가는 통화당국의 긴축 통화 정책 추진, 대규모 경상수지 흑자에 따른 환율 안정과 소비재 부문 수입 대체 확산 등에 힘입어 4.5% 상승 수준에 그칠 것으로 예상된다.

또 대외적으로도 우크라이나와의 전쟁 장기화, 서방의 지속적인 경제 제재, 세계 경제 저성장, 특히 러시아 최대 교역 파트너인 중국의 경기 둔화 등 구조적 하방 리스크가 수없이 많다. 이 같은 대외 위험에 꾸준히 노출될 경우 러시아 경제는 다시 역성장의 늪에 빠지며 머들링 스루(Muddling Through·시간을 끌면서 힘겹게 나아간다는 뜻) 상황에 접어들게 될 것이다. 러시아 경제가 대외 변수 충격을 완충하며 안정을 찾고 완만한 성장으로 진입하는 것은 2026년 이후에 가능할 것으로 예상된다.

특히 우크라이나와의 전쟁 지속은 러시아 경제에 큰 타격을 줄 것으로 보인다. 추가적인

러시아 주요 거시경제 지표 현황 (단위:%)

구분		2020년	2021년	2022년	2023년(e)	2024년(f)	2025년(f)
경제성장률	러시아 경제개발부	-2.7	5.6	-2.1	2.8	2.3	2.3
	러시아중앙은행	-2.7	5.6	-2.1	1.5~2.5	0.5~1.5	1~2
	IMF	-2.7	5.6	-2.1	2.2	1.1	1
소비자물가상승률	러시아 경제개발부	3.4	8.4	11.9	7.5	4.5	4
	러시아중앙은행	3.4	8.4	11.9	6~7	4	4
	IMF	4.9	8.4	12.2	5.7	5	4

*(e)는 추정치, (f)는 전망치
*자료:국제통화기금(IMF), 러시아 경제개발부, 러시아중앙은행

군 동원령에 따른 리스크 발생과 노동 시장에서의 극심한 노동력 부족은 향후 러시아 경기 회복에 심각한 걸림돌이다. 이미 30만명 넘는 노동력이 산업 부문이 아닌 전쟁에 동원됐고, 100만명 넘는 두뇌의 해외 유출로 경제 부문에서 심각한 노동력 부족과 생산성 감소를 겪고 있다. 군사적 소비 확대로 교육과 의료 등 인적 자본과 사회 인프라 투자가 축소되고 있으며, 서방의 경제 제재로 인해 에너지 전략 산업 부문에서 선진 기계 장비에 대한 접근과 외부 자금 조달 제한, 관련 경쟁력 상당 부분을 상실했다. 인구통계학적 추세의 악화, 낮은 투자율과 생산성을 포함한 구조적 문제가 러시아 경제의 성장 잠재력 저하를 초래하고 있다.

동유럽

조양현 연세대 동서문제연구원 객원교수

유럽연합 권역 경기 회복과 함께 동유럽 주요 국가도 2024년 경제 성장 국면으로 회복될 가능성이 높다.

통계로 보면 동유럽 주요국(폴란드·헝가리·체코) 경제성장률은 2021년 평균 5.5%에서 2022년 평균 4%, 2023년 평균 -0.3%(추정치)로 낮아지는 추세다. 하지만 2024년에는 2.2%(전망치)로 플러스 전환할 전망이다.

또 소비자물가 상승률은 2021년 평균 4.7%에서 2022년 평균 14.7%, 2023년 평균 13.3%(추정치)로 급등했는데 2024년에는 평균 4.1%로 크게 떨어질 전망이다. 2021년과 비슷한 수준이다.

동유럽 지역 최대 경제권인 폴란드는 2024년 유럽중앙은행(ECB)의 긴축 통화 정책과 기저 효과 등에 힘입어 2.3% 경제성장률을 기록할 전망이다. 2023년 -0.1%(추정치) 대비 플러스 전환이다. 에너지 가격 상승과 재정 지출 증가, 최저임금의 대폭 인상 등으로 근원 인플레이션은 상승 추세를 그릴 것으로 보이지만, 폴란드 통화 가치가 비교적 안정적 수준에서 형성돼 있어 인플레이션 상승 추이는 2022~2023년 대비 낮은 수준을 기록할 것으로 예상된다.

폴란드의 경제 관련 최대 이슈는 유럽연합 기금 수령 시점이다. 폴란드는 유럽연합의 코로나19 대처를 위한 경제 희생 기금 7500억유로(약 1000조원) 가운데 복구 기금(239억유로)과 대출 자금(115억유로) 명목으로 354억유로를 받을 예정이었다. 하지만 보수민족주의 성향의 폴란드 정부가 금융과 언론 등 전략적 산업에 대한 정부 권한을 강화하자 유럽연합은 '예산 지원' 카드로 압박하고 있다. 해당 기금을 받게 되면 경기 침체에도 숨통이 트일 전망이다.

헝가리도 2024년 전망이 나쁘지 않다. 외국인 투자 유입이 지속되고 있고, 실질 임금 상승과 가계 소비 회복 등으로 2.4% 경제성장

동유럽 주요국의 경제성장률 추이와 전망
단위:%

구분	2020년	2021년	2022년	2023년(e)	2024년(f)
폴란드	-2.2	5.9	5.1	-0.1	2.3
헝가리	-4.5	7.1	4.6	-1.1	2.4
체코	-5.5	3.5	2.4	0.3	1.9
평균	-4.1	5.5	4	-0.3	2.2

*(e)는 추정치, (f)는 전망치
*자료:EIU, Country Report, 2023년

률이 예상된다. 다만 인플레이션 추이는 계속해서 지켜볼 필요가 있다. 헝가리의 인플레이션 현상은 근본적으로 인구 고령화에 따른 숙련 노동 인력의 부족 때문이다. 다행히도 2023년 2분기 이후 소비 수요 약화 등으로 물가 상승 추세는 둔화된 상태다. 헝가리중앙은행은 10월부터 기준금리 인하 조치를 계획하고 있다.

경제 관련 최대 이슈는 '재정 능력'이다. 헝가리는 동유럽 경제권을 통틀어 보더라도 비교적 높은 외채 상환 부담을 지고 있다. 이에 당장 재정 지출 여력이 없는 상태인데, 최근 경기 침체까지 겹쳤다. 더군다나 유럽연합 기금 수령 시점도 계속해서 늦춰지고 있다. 유럽연합은 헝가리 정부가 전략 산업 분야에 개입을 강화하고 있다는 입장이다. 이에 폴란드와 마찬가지로 기금 지급을 미루고 있다. 유럽연합이 지급해야 할 헝가리 코로나 회복 기금은 130억유로에 달한다.

자동차 산업에 치중하고 있는 체코는 꾸준한 자동차 수주, 생산 체계 개선 등으로 2023년에도 0.3%(추정치) 경제성장률을 기록했다. 2023년 동유럽 3개국 중 유일한 플러스 경제성장률이다. 2024년에도 1.9%(전망치) 경제성장률이 예상된다. 가계 가처분 소득 증가로 소비가 회복되고, 외국 기업의 전기자동차와 반도체 설비 투자 이전이 활발해졌다는 점이 긍정적 요소다.

다만 에너지 수급 이슈는 꾸준히 지켜볼 필요가 있다. 체코는 가스, 석탄 등을 러시아 수입 물량에 의존해왔다. 체코 정부는 2050년까지 러시아 에너지 수입 의존도를 제로(0) 수준으로 만들겠다는 방침이지만, 단기적으로는 이렇다 할 해법이 묘연한 상태다. 2023년 말을 기점으로 에너지 가격 상승이라는 잠재적 위협 요인이 부각될 가능성이 높다. 체코는 국영 에너지 기업(CEZ)의 정부 지분 매각 등 다양한 방안을 검토하고 있다.

노동 공급도 주요 이슈다. 노동 공급 부족이 물가 상승의 잠재적 압박 요인으로 작용하고 있다.

체코중앙은행(CNB)은 2023년 8월 외환 개입 체계를 공식적으로 폐지하기로 발표했으나, 실제로는 관리변동환율제도를 시행하고 있다. 체코중앙은행은 외환보유(2023년 9월 기준 1418억달러, GDP의 50% 수준)를 투입, 환율을 안정화하는 등 추가적인 긴축 통화 정책을 예고하고 있다. 2023년 12월부터 기준이자율을 추가 인하해 6.75% 수준으로 관리할 계획이다. ■

세계 경제 어디로 **동남아시아**

수출 부진·중국 위기로 성장세 둔화
동남아 인구 40% 인니 대선에 촉각

(인도네시아)

정재완 대외경제연구원 선임 연구원

2023년 동남아 경제는 전년 대비 성장동력이 확연히 약해진 모습이다.

아시아개발은행(ADB)에 따르면 2022년 동남아 경제는 코로나 팬데믹으로부터 경제 활동 정상화와 인바운드 수요 확대, 여기에 폭발한 보복 소비 수요와 기저 효과 등을 바탕으로 전년보다 5.6% 성장했다. 이에 반해 2023년에는 지역 전체적으로 1%포인트 낮은 4.6% 전후 성장률을 기록할 전망이다. 반면 비교적 고성장을 보인 나라도 있다. 베트남(5.8%), 필리핀(5.7%), 캄보디아(5.3%), 인도네시아(5%) 등은 2023년 지역 전체 평균보다 다소 높은 성장률을 달성할 것으로 추정된다. 나라별로 전년보다 높은 경제 성장을 달성한 곳도 있고 아닌 국가도 있다. 2022년 대비 브루나이, 라오스, 미얀마, 태국은 더 높은 성장률을 보였지만 말레이시아, 필리핀, 싱가포르, 베트남 등은 2%포인트 이상 낮은 성장이 나타났다.

동남아 경제성장률 감소는 우선 최대 성장동력인 '대외 수출 부진'에서 비롯된다. 세계 경제 둔화와 자원 가격 하락, 세계적 고금리와 긴축 추세에 따라 주요국 수입 수요가 감소한 것이 타격이 컸다. 같은 이유로 내수 소비가 부진한 가운데 나타난 현상이라 더 뼈아팠다. 대외 무역 의존도가 높은 말레이시아, 싱가포르, 베트남 등 국가 성장률이 다른 곳에 비해 더 크게 떨어진 배경이기도 하다.

중국 리오프닝 효과가 당초 예상보다 미미한 점도 성장 둔화 원인 중 하나다. 동남아의 경

동남아 주요국의 경제성장률과 물가 상승률 전망

단위:%

구분 국가	경제성장률				물가 상승률(평균)			
	ADB		IMF		ADB		IMF	
	2023년	2024년	2023년	2024년	2023년	2024년	2023년	2024년
브루나이	2.8	2.5	-0.8	3.5	1.5	1.4	1.7	1.5
캄보디아	5.3	6	5.6	6.1	3	4	2	3
인도네시아	5	5	5	5	3.6	3	3.6	2.5
라오스	3.7	4	4	4	28	10	28.1	9
말레이시아	4.5	4.9	4	4.3	3	2.7	2.9	2.7
미얀마	2.8	3.2	2.6	2.6	14	8.2	14.2	7.8
필리핀	5.7	6.2	5.3	5.9	6.2	4	5.8	3.2
싱가포르	1	2.5	1	2.1	5	3	5.5	3.5
태국	3.5	3.7	2.7	3.2	2.5	2.3	1.5	1.6
동티모르	2.8	2.9	1.5	3.1	5.8	3.3	6	2.5
베트남	5.8	6	4.7	5.8	3.8	4	3.4	3.4
동남아 전체	4.6	4.8	-	-	4.2	3.3	-	-

*자료:아시아개발은행(ADB), 국제통화기금(IMF)

우 관광 산업이 국가 경제에서 차지하는 비중이 매우 높다. 특히 동남아 인바운드 여행에서 중국이 차지하는 비중은 절대적이다. 하지만 2023년 관광업 회복세나 중국 리오프닝 효과는 코로나 팬데믹 이전에 비해 현저히 낮게 나타나고 있다. 동남아 전체 역외 관광객 중 중국인 비중은 37%에 이를 정도로 높았다. 그에 반해 2023년 중국인의 동남아 방문은 2019년의 40%에도 미치지 못하는 것으로 알려졌다.

마지막으로 미-중 전략 경쟁 이후 대두되고 있는 자국우선주의와 보호무역주의다. 대외지향적인 성장 전략을 추구하는 동남아 경제 성장에 부정적으로 작용한 것으로 보인다.

동남아 경제 물가가 다소 안정화됐다는 점은 그나마 긍정적이다. 2023년 동남아 물가 상승률은 세계적인 인플레 추세가 2022년 하반기와 2023년 초를 정점으로 완화되고 있고 고금리와 통화 긴축 정책이 효과를 발휘함에 따라 4.2%를 기록할 것으로 추정된다. 다만 불안 요소가 없지는 않다. 2023년 중반 이후 나타나고 있는 고온과 엘니뇨에 따른 식료품 가격 상승, 달러화 강세와 현지 통화 가치 하락에서 기반한 높은 수입물가, 요동치는 유가 등이다.

2024년은 경제성장률 소폭 상승 전망

2024년 동남아 경제는 전년(4.6%)보다는 소폭 상승한 4.8% 수준의 성장을 기록할 것으로 기대된다. 6억7000만명에 달하는 내수 시장 회복, 세계 경제와 주요 선진국 수입 수요 회복세, 늘어나는 인바운드 수요 등에 기반한 추정이다. 나라별로는 필리핀, 베트남, 캄보디아는 6% 이상 성장하고 인도네시아와 말레이시아 역시 5%대 높은 성장률을 기록할 것으로 전망된다.

내수 시장은 물가 상승세가 둔화되고 고물가와 긴축 정책이 종료함에 따라 본격적으로 회복세를 보일 전망이다. 수출 역시 전기·전자를 중심으로 확대될 것으로 예상된다. 기대보다 적었던 중국인의 동남아 관광 수요 역시 다소 회복될 것으로 보인다. 대외 수출 회복은 수출 의존도가 높은 국가 중심으로 경제성장률이 2023년에 비해 높아질 것으로 전망된다.

필리핀은 전체 GDP 75%를 차지하는 내수 시장 회복 여부, 해외 근로자 본국 송금, 경제에 상당한 영향을 끼치는 식료품물가 상승 여부 등이 경제성장률을 좌우할 것으로 보인다. 베트남은 수출 의존도가 매우 높다는 점에서 미국과 중국 등의 수입 수요 회복, 금융 완화 정책 효과 여부, 관광과 건설업 등 서비스업의 지속적인 회복 등이 추가 성장의 관건이 될 수 있다.

인도네시아 역시 GDP의 절반 이상을 차지하는 민간 소비 회복을 비롯해 동남아 허브화를 추진 중인 전기자동차(EV)와 배터리 생태계 확대 여부를 살펴봐야 한다. 정치적 이슈도 있다. 2024년 2월에 동시에 치러지는 대선과 총선 결과가 성장률 회복에 중요한 변수가 될 수 있다. 조코위 인도네시아 대통령이 중점적으로 추진하고 있는 수도 이전 프로젝트도 대선의 영향을 받을 수밖에 없다.

선거 결과는 인도네시아 경제를 넘어 동남아 경제에도 직간접적으로 영향을 미칠 것으로 보인다. 인도네시아는 동남아 인구의 41%, 전체 GDP 35%를 차지할 정도로 그 영향이 막대한 국가다. 최근 동남아 경제 최대 현안 중 하나인 전기차와 배터리 생태계도 주도하고 있다. 2021년 2월 쿠데타 발생 이후 정국 혼란이 지속되고 있는 미얀마 정세 역시 동남아 전체의 정치·사회 안정과 경제 성장에 영향을 미칠 것으로 보인다.

동남아 물가는 2023년 초부터 이어진 하락세가 계속돼 2024년에는 상승률이 3.3%에 머물 것으로 기대된다. 다만, 경제 펀더멘털이 불안하고 외채 문제와 통화 가치 급락을 경험한 라오스와 미얀마 등 일부 국가에선 여전히 높은 물가 상승률을 보일 것으로 전망된다. 2023년 하반기 엘니뇨에 따른 농작물 생산 불안과 유가 상승도 변수다.

최대 이슈는 공급망 안정과 中 경제 회복

역내포괄적경제동반자협정(RCEP)이 더욱 활성화될 경우 2024년 동남아 경제 성장은 더욱 기대된다. 2022년 발효된 세계 최대 메가 FTA인 RCEP는 역내 국가 간 원산지 규정(RoO) 통일을 골자로 한다. 지역 수출 기업의 원산지 기준 충족이 쉬워지고, 통관 절차도 최소화돼 관련 품목 수출이 증가하는 효과가 있다. 이에 따라 한중일과 동남아, 호주·뉴질랜드까지 포괄하는 동아시아 내 글로벌 가치사슬 구축에 큰 기여를 할 것으로 기대된다. 특히 글로벌 공급망(GSC)의 핵심인 '중간재 교역'이 더욱 확대될 전망이다.

2023년부터 본격적으로 협상을 시작한 인도태평양경제프레임워크(IPEF) 역시 주목된다. 동남아에서는 규모가 작은 4개 국가(미얀마, 캄보디아, 라오스, 동티모르)를 제외한 모든 국가가 협상에 참여하고 있고 필라2인 공급망 협정은 이미 합의가 끝난 상황이다. 공급망 협정의 주요 내용을 보면 공급망 위기 극복을 위한 정부 간 공조, 공급망 다변화·안정화를 위한 각국 정부의 노력, 공급망과 관련한 노동 환경 개선 협력 등을 담고 있다. 동남아 7개국을 포함한 인-태 지역 공급망 재편과 IPEF의 관계가 주목받는 이유다.

최근 위기에 빠진 중국 경제가 다시금 회복할 수 있을지도 동남아 경제 전망 관전 포인트다. 중국은 2020년 이후 동남아의 최대 교역 파트너일 뿐 아니라 최근에는 제조업 중심 신규 투자도 급증하고 있다. 이에 더해 미-중 경쟁이 치열해지면서 중국과 동남아의 중간재 교역은 오히려 더욱 활발해졌다. 동남아 공급망 구축의 핵심 파트너가 중국이라는 의미다.

동남아 경제의 중장기 과제는

동남아 경제가 지속 가능한 성장을 실현하기 위한 중장기 과제를 2024년 얼마나 달성할 수 있을지도 지켜볼 필요가 있다.

우선 중소득국의 함정(Middle Income Trap)에 빠진 것으로 평가되는 국가들의 함정 탈출이다. 특히 말레이시아, 태국, 인도네시아와 필리핀 등은 노동 생산성 향상, 산업 구조 고도화, 인적 자원 개발, R&D 확대와 혁신 강화 등이 필요하다. 심화되고 있는 중국 의존도를 완화하는 것도 중요하다. 중국과의 중간재 교역 확대는 역으로 미국과 서방의

동남아 전체 인구 40%, GDP 35%를 차지한 인도네시아 경제 변화는 지역 전체에 큰 영향을 끼칠 수 있다. 사진은 인도네시아 첫 고속철 '후시(Whoosh)' 개통식에 참여한 조코위도 인도네시아 대통령. (AFP)

중국 제재 리스크에 더욱 크게 노출되는 결과를 가져올 수 있다. 동남아의 소재·부품 산업의 육성, 노동자 생산성 향상, 공급망 다변화 등이 필요한 이유가 여기에 있다.

셋째, 새로운 성장동력의 발굴과 육성도 필요하다. 최근 동남아 주요국이 본격적으로 육성하고자 하는 전기차와 배터리 산업은 물론 최근 공급망 재편의 핵심이 되고 있는 반도체나 보건의약 산업도 키워야 한다. 4차 산업혁명과 디지털 대전환(DX)에 대한 준비도 아직 부족한 것으로 보인다.

넷째, 동남아 많은 국가의 '인구 배당 효과(Demographic Dividend)'를 경제 성장으로 연결시키는 것도 중요한 과제다. 인구 배당 효과는 생산 가능 인구 비율이 늘어나면서 경제 성장률도 높아지는 현상을 말한다. 현재 생산 가능 인구가 피부양 인구를 앞지르는 '인구 보너스기'에 있는 인도네시아와 필리핀은 물론, 인구 구조가 성장에 부담으로 작용하는 '인구 오너스기'에 가까이 있는 태국, 말레이시아와 베트남 등은 노동 생산성 향상, 산업 구조 고도화, 외국인 직접 투자(FDI) 유치 확대를 통한 기술 습득 등을 강화할 필요가 있다. ■

세계 경제 어디로 **중동·중앙아시아**

국제유가 상승에 중동 산유국 '청신호'
러시아 전쟁 속 성장 기회 얻은 중앙亞

중동

사우디·UAE '성장세'
이집트는 '난제' 많아

유광호 대외경제정책연구원 아프리카중동팀 전문연구원

2023년 국제유가가 상저하고 추세를 보인다. 석유 부문에 대한 경제적 의존도가 높은 산유국 입장에서는 굉장히 반가운 소식이다. OPEC+는 국제유가 부양을 위해 2022년 11월부터 하루 200만배럴 규모 원유 감산을 시행하고 있다.

사우디아라비아도 OPEC+ 차원 감산과는 별개로 2023년 7월부터 일일 100만배럴 규모 자발적 감산을 추진하고 있다. 사우디아라비아는 최초 2023년 8월까지만 자발적 감산을 시행할 것이라고 밝혔지만, 최근 이를 12월까지로 연장했다.

국제유가 상승은 역내 산유국 거시경제 전반에 긍정적인 영향을 미친다. 원유 수출·수입이 확대돼 수출 규모가 증가할 뿐 아니라 재정 지출에 있어 큰 여력이 생긴다. 특히 최근 경제 구조 다각화를 위해 대규모 개발 프로젝트를 추진하고 있는 중동 산유국 입장에서는 막대한 규모의 재정이 필요한 실정이다. 역내 개발 프로젝트의 추진 여력 향상은 투자 심리 개선으로도 이어질 수 있다.

국제유가 증가 전망에 산유국 성장 확대
부채 증가·환율 상승 문제 직면한 이집트

2024년 국제유가 전망은 기관별로 엇갈린다. 미국 일부 금융사는 국제유가가 향후 배럴당

2023년 두바이유 가격 추이 ⟨단위:배럴당 달러⟩

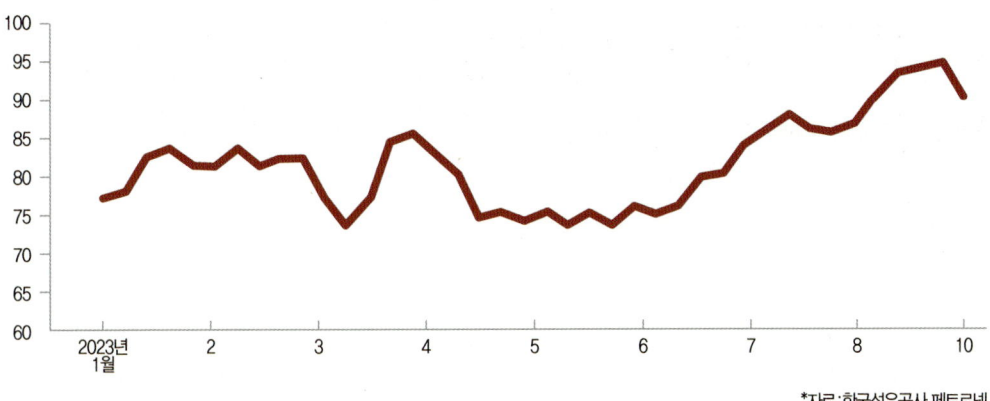

*자료:한국석유공사 페트로넷

120달러대까지 증가할 것으로 예측한다. 미국에너지정보청도 2023년 평균에 비해 소폭 상승할 것으로 전망한다. 반면 세계에너지기구는 2024년 글로벌 원유 공급은 소폭 증가하는 데 반해 수요는 감소할 것으로 예측했다. 단, 국제유가가 당분간 큰 폭의 하락 추세를 보이지 않을 것에는 주요 기관 모두 어느 정도 동조하고 있는 모양새다.

이를 가정하면 중동 산유국은 2023년과 더불어 2024년에도 완만한 성장세를 유지할 것으로 전망된다. 특히 사우디아라비아는 전년 고도 성장에 따른 기저 효과와 원유 감산 조치에 따라 2023년 1.9% 성장에 그칠 것으로 보이지만, 2024년에는 2.8%로 성장세가 확대될 것으로 예상된다. 아울러 감산 기간 종료에 따른 원유 생산량 증가와 대규모 개발 프로젝트에 대한 정부 투자 확대가 추가 성장을 견인할 것으로 보인다. UAE도 자국 원유 수출 규모 증가와 관광·첨단기술 산업에 대한 개발 가속화로 2023년 3.5%에 이어 2024년 3.9%의 견조한 성장세를 나타낼 것으로 예상된다. 쿠웨이트, 바레인 등 주변 산유국도 완만한 성장 추세를 이어갈 전망이다.

사우디아라비아와 홍해를 사이에 두고 마주하고 있는 이집트 경제는 밝지만은 않다. IMF(International Monetary Fund)와 EIU(Economist Intelligence Unit)는 자국 화폐 가치 하락에 따른 수출 규모 증가, 관광 산업 회복 등을 이유로 2024년 이집트 경제성장률이 각각 4.1%, 3.2%를 기록할 것으로 예측한다. 현 세계 경제 상황을 고려하면 나쁘지 않은 수치다. 국제유가 상승으로 주변 산유국으로부터의 노동 송금액이 증가하고 있다는 점도 고무적인 부분이다.

문제는 부채와 환율에 있다. 이집트 공공부채는 GDP의 90%를 넘어서고 있으며, 최근 가파른 증가 추세를 보여 자국 거시경제의 큰 위협 요인으로 지목되고 있다. 이집트는 2016년 확대 신용 제공 프로그램으로 IMF로부터 120억달러 규모 차관을 도입했지만, 코로나19 확산에 따른 재정 지출 필요성 확대로 2020년 IMF에 두 차례 더 재정 지원을 요청했다. 2022년에도 러-우 전쟁 발발에 따른 자국 거시경제 불안정성 확대를 이유로 IMF와 30억달러 규모 구제 금융에 합의했다. 2023년 무디스, 피치 등 주요 신용평가기관은 경제 완충 여력이 전반적으로 위축된 가운데 부채 규모가 빠르게 증가하고 있다는 점을 이유로 내세워 이집트 신용등급을 일제히 강등했다.

러-우 전쟁 발발에 따른 역내 거시경제 불안정성 확대는 급격한 환율 상승으로 이어지기도 했다. 2023년 9월 달러 대비 이집트 파운드화 환율은 전년 동월 대비 53.3% 상승한 30.97파운드를 기록했다. 이는 가파른 물가 상승으로 연결돼 역내 민간 소비를 크게 제한하는 요인으로 작용하고 있다. 이집트 정부는 2023년 초부터 환율에 직접 개입하고 있지만, 이에 따른 재정 소요를 감당해야 한다. IMF도 이집트 정부 환율 개입을 문제 삼아 2022년 12월 합의한 구제 금융 지급을 미루고 있다. IMF 요구대로 환율에 대한 정부 개입을 축소하면 화폐 가치 추가 하락이 불가피하지만, 당장에 이집트가 이를 감당해낼 경제적 여력은 없어 보인다. 2023년 12월 치러질 대선과 관련해 민심도 신경 써야 하는 실정이다.

중앙아시아
러-우 전쟁 속 성장 기회

조영관 한국수출입은행 해외경제연구소 선임연구원

우크라이나 전쟁이 발발한 유라시아 대륙 중앙아시아 지역은 전쟁 영향을 직간접적으로 받고 있다. 양측 전투가 진행되는 흑해 러시아 항만을 통한 중앙아시아산 원유 수출에 차질이 발생했다. 반면 전쟁 발발 이후 러시아 시장에서 철수한 글로벌 기업들이 중앙아시아 지역에서 기업 활동을 지속함으로써 해당 국가 경제에 긍정적인 영향을 주기도 했다.

2023년 중앙아시아 지역 경제는 국가별로 차이가 있으나, 전반적으로 경기 둔화가 지속됐다. 중앙아시아 평균 경제성장률은 2022년 5%에서 2023년에는 4.5%로 하락했다. 이런 경향은 세계 경제 변동 추세와 유사하다. 세계 평균 경제성장률도 2022년의 3.5%에서 2023년에는 3%로 하락할 전망이다. 전반적인 경기 둔화 추세에도 불구하고 중앙아시아 지역 경제성장률은 여전히 세계 평균 경제성장률인 3%는 물론이고 신흥국 평균 성장률인 4%를 웃도는 것으로 나타나고 있다. 이에 따라 전반적으로 중앙아시아 경제는 비교적 안정적으로 유지되고 있는 것으로 평가된다. 다만 높은 물가 상승률은 큰 취약점이다. 2023년 중앙아시아 국가 평균 소비자물가 상승률은 9.4%에 이르고 있다.

이런 중앙아시아 경제 상황은 2024년에도 지속될 전망이다. 2024년 중앙아시아 평균 경제성장률은 4.2%로 경기 둔화 추세가 이어질 것으로 보인다. 물가 상승률은 2023년에 비해서는 다소 하락하지만, 여전히 높은 수준을 기록할 것으로 예상된다. 전쟁 영향으로 국제 에너지 가격과 식량 가격이 상승할 가능성도 있다.

러시아 루블화 환율 상승에 따라 각국 환율이 상승할 가능성도 있으므로 각국 물가 상승률은 더욱 높아질 수 있다. 이와 함께 2024년에도 경기 회복을 위한 정부 지출 증가와 인프라 투자 증가 등의 요인으로 투르크메니스탄을 제외한 중앙아시아 국가들은 재정수지 적자를 기록할 전망이다.

중앙亞 성장 견인할 3가지 변화

반면 중앙아시아 지역을 둘러싼 몇 가지 변화는 2024년 이 지역 경제 성장에 긍정적으로 작용할 수 있을 것으로 전망된다.

첫째, 세계 주요 시장과의 새로운 공급망 협력 추진이다. 코로나19와 우크라이나 전쟁 발발 이후 글로벌 자원 공급망이 중시되는 가운데, 풍부한 에너지 자원과 광물 자원을 보유한 중앙아시아 지역은 세계 주요국 공급망 협력 상대국으로 부상하고 있다. 미국 바이든 정부는 2023년 9월 UN 총회를 계기로 중앙아시아 5개국 정상들과 5+1 정상회의를 처음으로 개최하고 광물 부문 협력 확대를 논의했다. 이에 앞서 2023년 5월에는 중국이 중앙아시아 5개국 정상들과 처음으로 5+1 정상회담을 개최하고 다양한 분야에서의 협력을 논의했다. 또한 EU와 일본 등도 5+1 방식 회의를 통해 중앙아시아와의 에너지, 광물 공급 협력을 추진하고 있다.

둘째, 새로운 국제 운송망 구축이다. 우크라이나 전쟁으로 인해 러시아를 통한 국제 물류망에 차질이 발생했고, 대안으로 유럽연합, 중국 등은 러시아를 우회해 중앙아시아를 통한 새로운 운송망 구축을 모색하고 있다. 대표적으로 중국에서 카자흐스탄, 아제르바이잔, 조지아, 튀르키예를 거쳐 유럽으로 화물을 수송하는 카스피해 횡단 국제 운송 루트(TITR·Trans-Caspian International Transport Route)가 주목받는다.

셋째, 중앙아시아 지역으로의 투자 증대 가능성도 전망된다. 이미 러시아 진출 글로벌 기업들과 일부 러시아 기업이 서방 제재를 받지 않는 중앙아시아로 기업을 이전했다. 향후에는 러시아를 대체해 성장 가능성이 큰 카자흐스탄, 우즈베키스탄 등 중앙아시아 주요국으로 외국인 직접 투자가 유입될 수 있을 것이다. 또한 중앙아시아는 러시아를 대체하는 에너지와 광물 공급원으로, 전쟁 지역을 우회하는 물류 루트로 부상하고 있다. 이런 상황을 고려할 때 2024년 중앙아시아 국가들이 새로운 성장 모멘텀을 맞닥뜨릴 수 있다. ■

세계 경제 어디로 **중남미**

미친 물가·중국 위기·최악 가뭄까지
삼중고에 울상…아르헨티나 '역성장'

나건웅 매경이코노미 기자

중남미 지역은 코로나 팬데믹으로부터 촉발된 경제위기를 좀처럼 떨쳐내지 못하는 모습이다.

경제 정상화와 리오프닝 수혜로 연착륙 중인 다른 신흥국 지역과 달리 2023년에도 성장이 둔화되고 있다. 국제통화기금(IMF)이 전망한 2023년 중남미 지역 경제성장률은 2.3%. 신흥국 지역 평균(4%)은 물론 전 세계 평균 경제성장률 전망치인 3%에도 한참 못 미치는 수치다.

2022년 초만 해도 장밋빛 전망이 나왔던 터라 최근 부진한 성장이 더 아쉽다. 당시 중남미 지역 경제성장률은 4.2%로 전 세계 평균(3.5%)과 신흥국(4.1%) 성장을 웃도는 수치를 기록했다. 하지만 2023년 들어 상황이 달라졌다. 러시아-우크라이나 전쟁이 장기화되면서 교역에 타격을 입었고 금융 불안에 안전 자산 선호 현상이 커지며 위험자산인 중남미 자본이 빠르게 유출됐다.

가장 결정적인 것은 물가 불안이다. 중남미 물가 상승률은 2022년 14%에서 2023년 13.8%로 소폭 감소하는 데 그쳤다. 같은 기간 신흥국(9.8% → 8.5%)과 전 세계 평균(8.7% → 6.9%) 물가 상승률 둔화와 비교할 때 차이가 크다. 중남미 지역 국가에서 물가 안정과 자본 유출 방지를 위해 2022년 선제적으로 금리 인상을 단행했는데도 불구하고 이런 결과가 나왔다. 물가는 물가대로 안 잡히고, 경제 성장에도 제동이 걸려버린 '이중고'다.

신흥국 평균에도 못 미치는 중남미 경제성장률

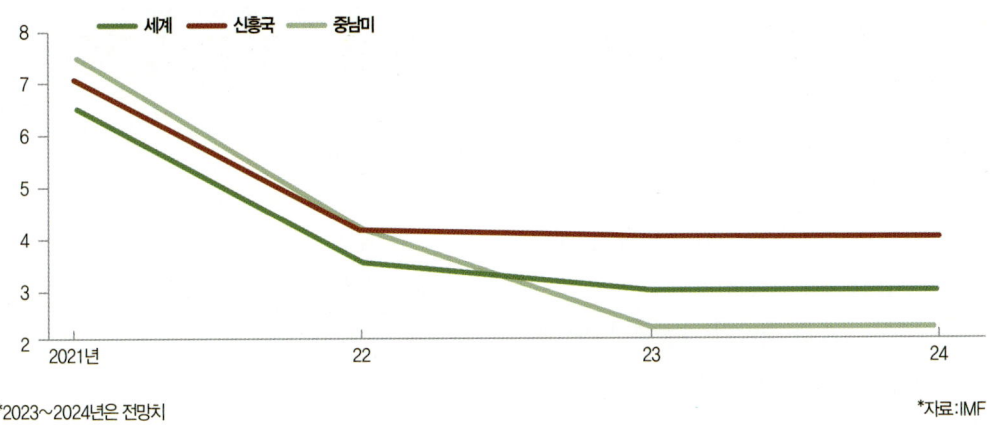

〈단위:%〉
*2023~2024년은 전망치
*자료:IMF

휴지 조각 된 페소화 잡으려
아르헨티나 기준금리 133%

국가별로 살펴보면 지역 경제에 대한 우려가 더욱 깊어진다. 중남미 최대 경제 대국이자 지역 경제를 이끌어가는 브라질(2.9% → 3.1%)을 제외하면 대부분 국가에서 2022년 대비 2023년 경제성장률이 둔화됐다.

브라질과 함께 지역 내 양대 경제 대국으로 꼽히는 멕시코 역시 상황이 크게 다르지 않다. 2022년 경제성장률 3.9%에서 2023년 3.2%로 성장이 다소 위축됐다. 미국의 니어쇼어링(인접 국가 생산기지 이전)과 인플레이션 감축법(IRA) 수혜를 입기는 했지만 물가 상승을 잡기 위한 고금리 유지 기조가 경제 전반의 리스크다. 2023년 10월 멕시코중앙은행은 기준금리를 11.25%로 4회 연속 동결한 바 있다. 2023년 들어 경제 상황이 가장 심각한 국가는 역시 아르헨티나다. '20년 만에 최악의 경제위기'라는 얘기가 공공연히 나온다. 2023년 아르헨티나 경제성장률은 -2.5%를 기록할 것으로 전망된다. 5%라는 양호한 성장률을 보였던 2022년 대비 7.5%포인트 추락한 수치다. 2023년 중남미 지역에서 마이너스 성장이 전망되는 국가는 아르헨티나와 칠레(-0.5%)가 '유이'하다.

국가 경제 주요 지표를 살펴보면 그야말로 '비현실적'이다. 2023년 10월 기준 아르헨티나 중앙은행 기준금리는 133%에 달한다. 같은 해 5월 기존 97%에서 118%로 올린 이후 10월에 또 한 번 15%포인트 인상하기로 했다. 아르헨티나 정부가 이런 극단적인 금리 정책을 쓰는 이유는 바로 말도 안 되는 물가 상승률 탓이다. IMF는 2023년 아르헨티나 연간 물가 상승률을 122%로 전망한다. JP모건은 아르헨티나 2023년 물가 상승률이 190%에 달할 것으로 전망하기도 했다. 상황이 그만큼

세계 경제 어디로 중남미

암담하다.

아르헨티나 경제가 망가진 이유는 복합적이다. 코로나 팬데믹 충격에 빠진 국민에게 정부는 보조금과 복지 혜택을 늘리고 세금은 인하했다. 아르헨티나중앙은행은 돈을 찍어낼 수밖에 없었고 부작용으로 법정 화폐인 '페소화' 가치가 급락하기 시작했다.

엎친 데 덮친 격으로 최악의 가뭄까지 아르헨티나를 괴롭혔다. 아르헨티나는 세계에서 가장 많은 콩(대두)을 수출하는 등 곡물 수출 경제 의존도가 높은 국가다. 하지만 2023년 1월부터 시작된 가뭄으로 곡물 생산량이 크게 줄면서 수출액이 전년 대비 반 토막이 날 정도로 급감했다. 아르헨티나 로사리오 곡물거래소에 따르면 2023년 6월 기준 최근 1년 동안 주요 곡물 생산량은 전년 대비 대두는 2200만t, 밀은 1150만t 감소할 것으로 집계했다.

아르헨티나 페소는 휴지 조각보다 못한 신세가 됐다. 2023년 10월 기준 아르헨티나 비공식 환율 정보 제공 웹사이트 '블루달러넷(bluedollar.net)'에 따르면 아르헨티나 페소 비공식 환율은 달러당 1010페소를 기록했다. 2022년 말(약 150페소)과 비교하면 가치가 8배 추락했다. 10월 치러질 아르헨티나 대선 주요 후보인 하비에르 밀레이는 "(페소가) 똥만도 못하다"고 공개 비난에 나선 상황이다. 밀레이는 중앙은행을 폐지하고 공식 통화를 페소 대신 미국 달러로 채택하겠다는 공약을 내세우고 있다.

중남미 주요 국가 경제성장률 전망
단위:%

국가명	2023년	2024년
아르헨티나	-2.5	2.8
칠레	-0.5	1.6
우루과이	1	3.3
페루	1.1	2.7
에콰도르	1.4	1.8
콜롬비아	1.4	2
볼리비아	1.8	1.8
도미니카공화국	3	5.2
브라질	3.1	1.5
멕시코	3.2	2.1
베네수엘라	4	4.5
코스타리카	4.4	3.2
파라과이	4.5	3.8
파나마	6	4
중남미 평균	**2.3**	**2.3**

*자료:IMF

칠레, 좌파 정부 집권 후 역성장
중국 여파에 주요국 성장 둔화

아르헨티나 외에도 위기에 처한 국가가 많다. 2022년 좌파 정권 집권 이후 혼란을 이어가고 있는 칠레(-0.5%)를 필두로 우루과이(1%), 페루(1.1%), 콜롬비아(1.4%), 볼리비아(1.8%) 등 국가가 1% 성장에 그쳤다. 처한 상황은 비슷하다. 역대급 가뭄에 주요 수출 품목인 농산물 생산이 감소했고 화폐 가치 하락에 외환보유고가 쪼그라들었다. 2023년 중국 경제 상황에 따른 여파도 없잖다. 부동산 위기가 대두되면서 리오프닝에 따른 중국 수요 회복이 기대보다 못 미쳤다. 총수출

치솟는 아르헨티나 물가 상승률 〈단위:%〉

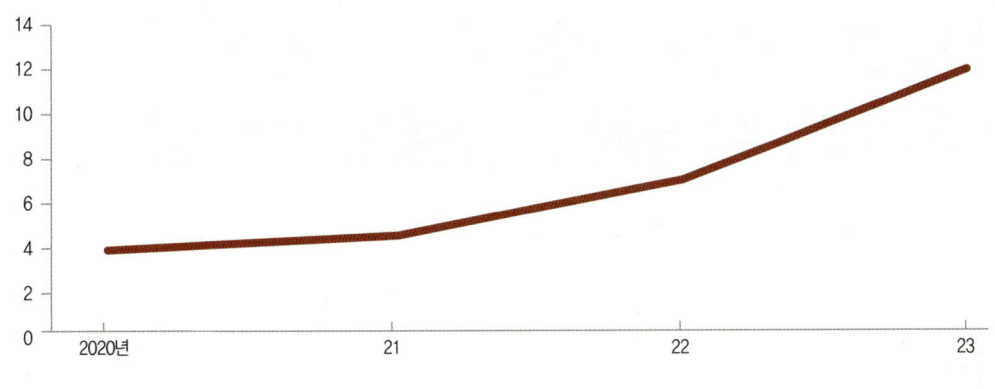

*2023년은 전망치 *자료: IMF

40%를 중국에 의존하는 칠레를 비롯해 여러 남미 국가에 악재로 작용했다.

한편 가장 양호한 경제 성장을 보인 나라는 도미니카공화국이다. 2021년(6.9%), 2022년(5.7%)과 비교하면 다소 둔화되기는 했지만 2023년 3%, 2024년에는 5.2% 경제 성장을 기록할 것으로 전망한다. 호텔·외식업 등 관광업 호황이 전체 경제 성장을 이끌었다. 2023년 상반기 기준 관광업은 전년 대비 12.4% 성장했다.

2024년 중남미 경제는…IMF "바닥 찍을 것"

2024년 중남미 지역 전망도 밝지만은 않다. IMF는 "중남미 지역 경제가 2024년 바닥을 칠 것"이라고 분석한다. 인플레이션에서 기인한 혼란이 여전한 가운데, 그간 중남미 국가 경제에 호재로 작용했던 원자재 가격 상승이 둔화될 수 있다는 전망이다.

2024년 예상 경제성장률은 2.3%다. 2023년 저성장에도 불구하고 기저 효과에 따른 경제 회복세가 뚜렷하게 나타나지는 않을 것이라는 얘기다. 국가별로 살피면 아르헨티나(2.8%), 칠레(1.6%)가 플러스 성장으로 돌아서고 우루과이(3.3%), 페루(2.7%) 등 올해 가뭄으로 어려움을 겪은 국가 경제성장률도 소폭 높여 잡았다. 2023년 내 미국발 석유·가스 부문 경제 제재가 완화될 것으로 전망되는 베네수엘라는 4.5% 고성장이 기대된다.

IMF는 2023년 10월 발표한 경제 전망 보고서에서 "중남미 주요 교역국인 중국의 부동산 위기가 장기화되고 있고 미국은 성장축이 서비스를 중심으로 한 비교역 부문으로 전환되고 있다"며 "이에 따라 지역 내 제조업 역시 성장이 둔화된 상황"이라고 진단했다. 다만 중남미 전역에서 홍역을 앓고 있는 '물가 상승'은 점차 안정화될 것으로 보인다. 예상 인플레이션율은 2023년 13.8%에서 2024년 10.7%까지 떨어질 전망이다. ■

세계 경제 어디로 **오세아니아**

스태그 공포 시달린 호주…안정세 기후위기 취약한 뉴질랜드 1% 성장

반진욱 매경이코노미 기자

2023년 호주 경제는 고물가와 고금리에 신음했다. 2022년부터 오른 물가는 2023년 들어서도 꾸준히 상승세를 이어갔다. 이는 실질 가계 소득 하락으로 이어졌다. 한마디로 '살기 팍팍해졌다'는 뜻이다. 물가가 상승하는 와중에 금리 인상까지 덮쳤다. 주택·기타자산 가치가 지속적인 약세를 보이며, 가계 소비가 위축됐다. 외부 환경도 녹록지 않았다. 중국 부동산 시장 부진은 호주의 주요 수출 원자재인 철광석 수요 감소의 원인이 됐다.

2023년 하반기부터 호주 경제를 괴롭혔던 스태그플레이션은 해소되는 모양새다. 치솟던 물가가 나름 안정세를 찾아가고 있고, 외부 전망보다 양호한 경기 회복 속도를 보이고 있어서다. 호주 통계청(ABS)은 호주 2023년 2분기 국내총생산(GDP)이 1분기 대비 0.4% 증가했다고 밝혔다. 2분기까지 연간 2.1%를 기록했다. 성장 속도가 호주중앙은행(RBA)의 전망치보다 높았다.

물가도 점차 안정세다. 호주준비은행에 따르면 2022년 12월 7.3%까지 치솟은 호주 물가 상승률은 2023년 하반기부터 점진적 하락세를 보일 것으로 전망된다. 호주준비은행은 2023년 하반기 물가 상승률을 상반기(6.25%)보다 하락한 4.75%로 전망했다.

변수는 금리다. 호주 기준금리는 2022년 12월 호주준비은행이 0.25포인트 추가 인상함에 따라 최근 10년 만에 최고치인 3.1%를 기록했다. 호주준비은행은 인플레이션 상승을 완화하기 위한 조치로 지난 8개월간 연속 금

중국과의 갈등이 심해진 이후 호주와 뉴질랜드는 한국, 일본 등 다른 국가와의 협업을 늘리며 경제 회복을 위한 방안을 모색하고 있다. 사진은 리투아니아에서 만난 호주·한국·일본·뉴질랜드 정상. (연합뉴스)

리를 인상했다. 이는 가파른 물가 상승을 가져왔다. 대부분 호주 경제기관은 호주 정부가 2024년 2분기부터 금리를 인하할 것이라고 내다본다. 다만, 호주 경제 회복 탄력성에 따라 기준금리 인하 시기가 미뤄질 수 있다. 기준금리 인하가 미뤄지면 물가가 안정되기 힘들다.

실업률은 소폭 상승할 전망이다. 호주준비은행은 2023년도 상반기 실업률을 3.5%로 전망했다. 2023년에도 경제 성장 둔화가 지속될 것으로 예상됨에 따라 실업률은 2024년 말까지 4.25%로 점진 상승할 것으로 내다봤다.

사이클론 등 재난 피해 겪은
뉴질랜드 '회복'에 집중

뉴질랜드 경제는 2022년 하반기를 기점으로 둔화되고 있다. 연간 소비자물가는 2022년 2분기에 7.3%로 정점을 찍었고, 2023년에도 6.2%의 높은 수치를 기록할 전망이다. 물가 상승률이 높아지는데도, 중앙은행은 금리를 계속해서 인상하고 있다.

2024년 뉴질랜드 경제 전망도 다소 밝지 못하다. 올해 홍수와 사이클론 등 기후위기가 겹치면서 경제 활력이 급격히 줄어들었다. 뉴질랜드 재무부는 2024년 뉴질랜드 경제성장률이 1%에 그칠 것이라고 내다봤다. 2023년(3.2%)에 비해 턱없이 낮은 수치다. 코로나19 위기가 한창이었던 2022년(1.1%)보다도 낮은 수치다. 예상 실업률은 5%에 달했다.

뉴질랜드 정부는 '적극 재정 정책'으로 위기 타파에 나설 계획이다. 2023~2024년도 예산안을 발표하며 재정 적자를 감안하고 사이클론 피해 회복, 신규 인프라 투자 등에 막대한 돈을 쏟아붓기로 했다. 재정 흑자 달성 목표를 2025~2026년 회계연도로 미뤘다.

뉴질랜드 정부는 관광업의 지속적인 강세와 더불어 기상 이변과 관련된 재건 활동 증가 등 재정 정책이 수요 둔화를 상쇄하는 데 도움이 될 것이라고 본다. ■

세계 경제 어디로 **아프리카**

역대급 전력난에 멈춰 선 남아공
나이지리아 개혁 노력은 긍정적

나건웅 매경이코노미 기자

사하라 이남 아프리카(SSA·Sub Saharan Africa) 지역 성장이 2년 연속 둔화할 예정이다. 국제통화기금(IMF)에 따르면 해당 지역 경제성장률은 2021년 4.7%에서 2022년 4%로 낮아진 이후, 2023년에는 3.3%를 기록하며 2년 연속 하향될 전망이다. 세계은행은 2.5%로 조금 더 부정적인 전망을 내놓기도 했다.

성장 둔화의 원인은 복합적이다. 남아프리카공화국·나이지리아 등 역내 최대 경제국 불안정성이 커졌고 기후 충격과 글로벌 경제 불확실성 등 외부 변수도 자원 수출 의존도가 높은 아프리카 지역에 악재로 작용했다. 늘어나는 부채도 리스크다. 세계은행에 따르면 지역 내 수입 약 30%가 이자와 원금 상환에 쓰였다. 아프리카 GDP에서 외부 부채가 차지하는 비중은 2022년 41.3%에서 2023년 44.5%까지 늘었다. 아프리카 수출 20%를 차지하는 중국 경기가 주춤한 것도 부진에 한몫했다. 지역 내에서 지속되고 있는 군벌 간 내전도 요인 중 하나다. 기니, 말리, 부르키나파소에 이어 니제르와 가봉에서도 군사정변이 발생했다. 콩고민주공화국, 에티오피아, 소말리아, 수단 역시 종족 분쟁과 반군 문제에 따른 잦은 무력 충돌이 발생하며 역내 추가 위험을 야기했다.

남아공 경제는 최악의 에너지 위기로 제동이 걸렸다. 2022년부터 급격한 전력난을 겪으며 산업은 물론 일상생활까지 멈춰 섰다. 남아공 발전의 75% 가까이 차지하는 석탄 발전소 노후화와 신규 발전소 공사 지연 탓이다. 2023년 2월에는 하루 최대 12시간 정전으로 국가재난 사태가 선포됐을 정도다. 주력 산업 중 하나인 광산업 생산까지 중단되며 경제 전반에 큰 타격을 입었다. IMF는 2023년 남아공이 0.9% 경제 성장에 그칠 것으로 예상했다. 아프리카 최대 산유국인 나이지리아 역시 2022년(11.9%) 고성장세를 이어가지 못하며 2023년에는 4.1% 성장률을 기록할 것으로 전망된다. 식량위기가 가장 큰 국가적 문제다. 러시아·우크라이나 전쟁과 여름 홍수에 따른 수급난, 여기에 인플레이션이 겹치며 식량 가격이 급등했다.

2023년 5월 취임한 볼라 티누부 나이지리아 대통령의 개혁 노력도 성패와 상관없이 단기 리스크로 작용하고 있다. 나이지리아 정부는 수십 년간 국민에게 지급해온 연료 보조금을 전면 폐지하는 파격 정책을 시작했다. 만성적인 원유 절도와 외국 투자 감소로 원유 수익이 줄면서 보조금을 더는 지급할 수 없다는 게 티누부 정부 판단이다. 국제 사회 평가는 긍정적이지만 자국 내 비난 여론이 거세지면서 불안이 고조되는 중이다.

2024년 경제 전망은 상대적으로 밝다. 2022년과 2023년, 2년 연속 하락세를 마치고 4% 성장을 보일 것으로 예상된다. 사하라 이남 지역 44개 국가 중 34개국 경제성장률이 전년 대비 상승할 전망이다. 다수의 신규 탄화수소 프로젝트가 예정돼 있는 나이지리아

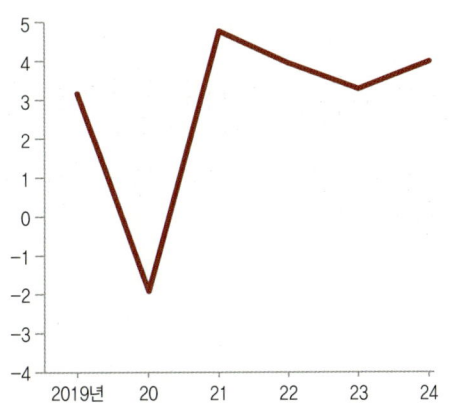

팬데믹 이후 아프리카 경제성장률 추이 〈단위:%〉

*2023년, 2024년은 전망치 *자료:IMF

아프리카 주요국 경제성장률 전망 단위:%

국가명	2023년	2024년
가나	1.2	2.7
나이지리아	4.1	11.1
남아공	0.9	1.8
세네갈	4.1	8.8
앙골라	1.3	3.3
카메룬	4	4.2
케냐	5	5.3
콩고	4	4.4
토고	5.4	5.3
아프리카 평균	3.3	4

*자료:IMF

(11.1%)와 세네갈(8.9%)을 비롯해 새 광산 프로젝트에서 생산을 시작한 콩고민주공화국, 라이베리아, 말리, 시에라리온 등이 유망하다.

인플레이션이 감소하고 있다는 점도 희소식이다. 2023년 3월 전년 대비 10%로 정점을 찍은 후 꾸준히 물가 상승세가 둔화되면서 2023년 7월에는 추정치가 7%까지 내려왔다. ■

V

2024
매경 아웃룩

원자재 가격

1. 원유
2. 농산물
3. 금
4. 철강
5. 비철금속
6. 희유금속

원자재 가격 **원유**

두바이유 배럴당 80~85달러
결국 사우디 감산 의지에 달렸다

이달석 에너지경제연구원 명예연구위원

아시아 원유 기준 가격이 되는 중동산 두바이유 배럴당 가격은 2022년 4분기 84.88달러에서 2023년 1분기 80.35달러, 2분기 77.8달러로 하락세를 보이다 3분기에 다시 상승해 86.72달러를 기록했다. 2023년 1~3분기 두바이유 평균 가격은 81.62달러로 2022년 연평균 가격인 96.41달러에 비해 11% 하락했다.

2023년 상반기 국제유가가 2022년보다 하락한 주요 원인은 러시아 석유 수출의 예상외 호조, OPEC+(석유수출국기구 산유국과 러시아 등 감산 참여국) 이외 비OPEC 산유국의 공급 증가, 미국 등 주요국의 금리 인상과 세계 경기 침체 우려 등이다. 러시아의 우크라이나 침공 (2022년 2월 24일)에 대응한 제재의 일환으로 유럽연합(EU)은 2022년 12월 5일부터 러시아산 원유 수입을 전면 금지했다. 2023년 2월 5일부터는 석유 제품에 대한 수입도 전면 금지했다. 하지만 2023년 러시아 석유 수출량은 가격 할인에 힘입어 인도와 중국 등으로 수출선을 쉽게 전환하면서 예상 밖으로 2021년, 2022년과 비슷한 수준을 유지했다.

비OPEC 산유국 공급 증가는 미국과 캐나다, 브라질, 가이아나 등 미주 지역 국가를 중심으로 이뤄졌다. 미국의 원유 생산은 과거 고유가 시기에 비해 생산 증가 속도가 상대적으로 느림에도, 비OPEC 공급 증가분의 절반 이상을 차지했다. 비OPEC 공급 증가는 2023년 상반기에 더 크게 나타나 같은 기간 세계 석유 수요 증가분을 넘어섰다. 상반기

세계 석유 수급·재고 변동

<단위:백만배럴>

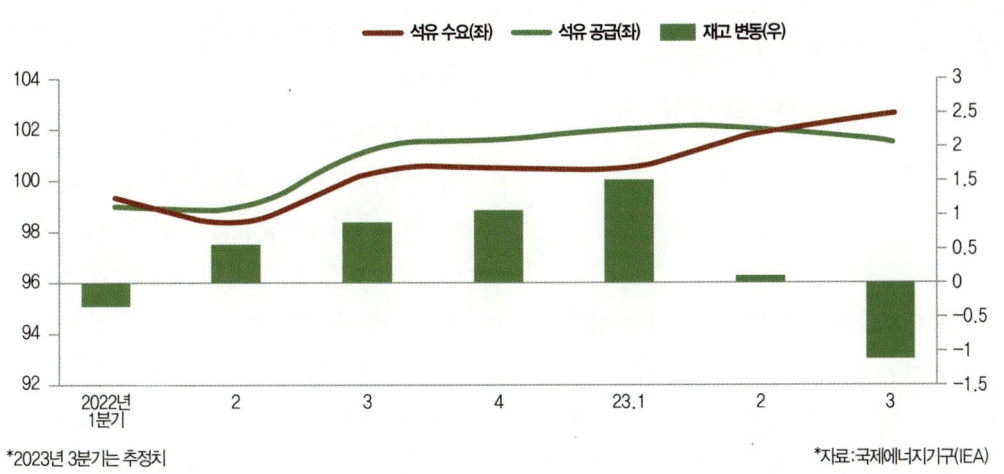

*2023년 3분기는 추정치 *자료:국제에너지기구(IEA)

중 세계 석유 수요가 예년 수준보다 많은 하루 220만배럴 증가했지만, 비OPEC 공급은 하루 240만배럴 증가했다.

미국 연방준비제도(연준·Fed)가 인플레이션 억제를 위해 기준금리를 추가로 인상함에 따라 경기 침체 우려가 심화된 것도 유가 하락 요인이었다. 연준은 2022년 일곱 차례 연속으로 기준금리를 인상한 데 이어, 2023년 들어서도 2월과 3월, 5월, 7월에 각각 0.25%포인트씩 금리를 인상했다. 미국 기준금리는 2022년 2월 0~0.25%에서 2023년 7월 5~5.25%로 상승했다. 한편, 2023년 하반기에 국제유가가 추가 하락을 멈추고 상승세로 돌아선 원인으로는 OPEC+의 추가 감산과 중국 석유 수요 증가, 중동 정세 불안 등을 들 수 있다.

OPEC+는 2022년 11월 감산을 시행했음에도 유가가 하락세를 보이자 2023년 5월부터 감산량을 확대했다. 사우디를 비롯한 OPEC+는 2023년 5월부터 12월까지 하루 166만배럴을 감산하기로 했다. 이것에 더해 사우디는 유가 부양을 위해 7월부터 12월까지 하루 100만배럴을 자발적으로 추가 감산한다고 발표했다. 러시아도 석유 수출을 8월에 하루 50만배럴 축소한 데 이어 9월부터 12월까지 하루 30만배럴 축소했다. 반면 중국의 석유 수요는 코로나19 이후 리오프닝 효과 등으로 2분기부터 본격 증가했다. 2023년 1~3분기 세계 석유 수요 증가에 대한 중국 기여도는 75%에 달했다. 이와 같은 수요와 공급 변화로 3분기부터 큰 폭의 초과 수요(공

원자재 가격 **원유**

**공급 과잉 우려 지속되는데
상황 뒤집을 변수도 많아
사우디 결단이 향방 가르고
비OPEC 움직임도 눈여겨봐야
하마스·이스라엘 전쟁도 영향**

급 부족)가 발생하기 시작했고 유가는 상승세로 전환됐다. 10월 들어서는 팔레스타인 무장세력 하마스의 이스라엘 공습과 그에 대응한 이스라엘 가자지구 공격으로 중동 지역 긴장이 고조됨에 따라 석유 공급 안정성에 대한 우려가 커졌다. 세계 석유 시장이 초과 수요인 상태에서 지정학적 리스크가 더해짐에 따라 4분기에도 고유가 상황은 계속됐다.

2024년도, 공급 과잉 우려 속 배럴당 80~85달러 형성될 것

2024년에도 국제 원유 가격은 세계 경제와 석유의 수급 상황은 물론 지정학적 사건과 달러화 가치 변동 등 다양한 요인에 의해 영향을 받을 것이다. 그렇지만 여전히 중요한 변수는 수요와 공급이다. 세계 석유 수요는 2024년에도 꾸준히 증가할 것으로 예상된다. 국제통화기금(IMF)은 2023년 10월 전망에서 2024년 세계 경제성장률을 2.9%로 예상했고, 양대 석유 소비국인 미국과 중국 성장률을 각각 1.5%와 4.2%로 예상했다. 중국의 '리오프닝 효과'가 소멸한 와중에도 높은 성장률이다. 이런 성장률이면 2024년 세계 석유 수요는 전년 대비 하루 150만배럴 증가할 것으로 전망된다.

세계 석유 공급은 감산 참여국인 OPEC+의 감산 정책과 사우디의 자발적 추가 감산 연장 여부가 가장 큰 영향을 미칠 것으로 보인다. OPEC+의 2024년 생산 정책은 2023년 6월에 합의한 국가별 생산 한도를 근간으로 시행될 것으로 예상된다. 해당 국가별 생산 한도 정책은 2024년 1월 이후 적용된다. 2023년에 비해 이라크, UAE, 쿠웨이트 생산 한도는 확대됐고 생산 설비 능력이 부족한 나이지리아와 앙골라의 생산 한도는 줄었다. 여기에 사우디가 2023년 7월부터 12월까지 한시적으로 시행하는 하루 100만배럴의 자발적 추가 감산이 종료되면 OPEC+ 생산은 2024년 들어 하루 170만배럴 증가한다.

다만, 사우디를 비롯한 OPEC+ 산유국들이 계획대로 생산을 늘리기는 어려울 것으로 보인다. 2023년과 마찬가지로 2024년에도 비OPEC 공급 증가가 세계 석유 수요 증가분의 대부분을 충족할 수 있을 것으로 예상되기 때문이다. 미국 생산은 오일셰일 업체들의 배당 확대와 비용 상승 등으로 시추 투자가 제한돼 증가 속도가 매우 느리다. 그럼에도 미국 에너지정보청(EIA)은 2023년 10월 발간한 보고서에서 2024년 원유와 천연가스액

(NGL), 바이오연료 등을 포함한 미국의 원유 생산이 2023년 대비 하루 40만배럴 증가할 것으로 전망했다. 미국 외 비OPEC 산유국 중에서는 캐나다의 증가폭이 클 것으로 예측된다. 생산량이 하루 50만배럴에 이를 전망이다. 2024년에 원유 생산지인 앨버타주에서 수출항이 위치한 브리티시컬럼비아 해안으로 연결되는 송유관이 확장되는 덕분이다. 여타 브라질, 가이아나, 노르웨이 유전에서의 생산 역시 증가할 것으로 보인다.

이런 상황에서 사우디가 예정대로 자발적 추가 감산을 종료하고 OPEC+가 계획된 국가별 생산 한도를 그대로 적용하면 2024년에 대규모 공급 과잉이 발생할 확률이 높다. 특히 석유 수요가 계절적 요인으로 감소하는 1분기와 2분기 공급 과잉이 하반기와 비교해 더 크게 나타날 것이다. 따라서 OPEC+를 주도하는 사우디는 적어도 2024년 상반기까지 자발적 추가 감산을 연장할 가능성이 크다. 이 경우 세계 석유 시장 수요와 공급이 균형에 근접할 것으로 예상된다. 2024년 국제유가 수준도 종래와 마찬가지로 사우디와 OPEC+의 의사 결정에 의해 크게 좌우될 수밖에 없음을 알 수 있다. 지정학적 요인은 석유 시장 분위기에 영향을 주거나 석유 수급 밸런스를 변화시켜 유가 등락으로 이어질 수 있다. 이스라엘과 하마스 간 충돌의 전개 양상, 이란 핵합의(JCPOA) 복원과 이란 원유 수출 재개 여부, 미국 중재의 사우디·이스라엘 관계 정상화 추진 등이다. 그중에서도 주목할 만한 사항은 미국 중재 아래의 사우디·이스라엘 관계 정상화다. 미국 중재로 이스라엘과의 관계가 정상화되면, 사우디는 미국의 증산 요구를 수용할 가능성이 크다. 미국 입장에서도 2024년 말 대선을 앞두고 국제유가 안정을 통한 자국 내 석유 제품 가격 안정은 긴요한 과제다. 그러나 이스라엘과 하마스 간 충돌로 관계 정상화 추진은 당분간 지연될 것으로 보인다.

미국 달러화 가치 변동 등 금융 요인은 유가 변동성을 높일 것으로 예상된다. 연준의 현행 고금리 기조는 경제성장률 둔화와 석유 수요 둔화 우려로 국제유가에 하락 압력을 가할 것이다. 그러나 연준이 연내에 기준금리를 인하하기 시작하면 달러화가 약세를 보이고, 이는 유가 상승 변수로 작용할 수 있다.

이상의 논의를 종합하면, 2024년 국제 원유 가격은 세계 석유 수요가 꾸준히 증가하는 가운데 OPEC+의 감산 정책 지속으로 강세를 유지할 가능성이 크다. 2024년 연평균 국제유가는 두바이유 기준 배럴당 80~85달러에서 형성될 것으로 전망된다. 하지만 2024년 세계 석유 시장에는 유가에 큰 영향을 미칠 수 있는 불확실한 요인도 상존한다. 산유 지역 정세 불안에 의한 공급 차질, OPEC+의 고강도 감산 등은 유가의 추가 상승을 가져올 것이다. 반면 JCPOA 복원과 이란 원유 수출 재개, 급속한 세계 경기 침체 등의 요인은 유가를 떨어뜨릴 것이다. ■

원자재 가격 **농산물**

공급 부족은 이제 '변수' 아닌 '상수'
앞으로도 곡물 가격은 상승~ 또 상승~

김민수 애그스카우터 대표

먼저 2023년까지의 곡물 가격 추이를 정리해보자. 곡물 가격은 2020년 8월 중반부터 급상승하기 시작했다. 곡물 가격 고공행진은 2022년까지 계속해서 이어졌다. 곡물 가격 상승이 일반 물가를 끌어올리는 '애그플레이션(Agflation)' 현상이 장기간 감지됐다. 이는 2008~2009년, 2011~2013년 과거 두 차례 애그플레이션보다 더 심화된 수준이었다. 정점을 찍었던 곡물 가격은 2023년 큰 폭으로 떨어졌다. 다만 여전히 애그플레이션 발생 시점인 2020년 8월보다는 높다. 국제연합식량농업기구(FAO)가 발표하는 세계 식량가격지수에서도 드러난다. 2023년 8월 세계 식량가격지수는 121.4포인트다. 1990년 기록을

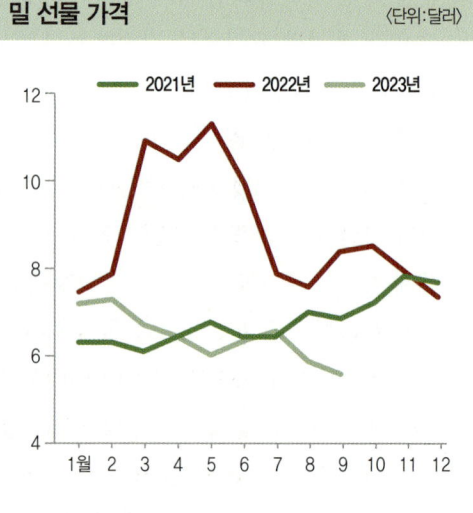

밀 선물 가격 〈단위:달러〉

*자료: 미국 시카고상품거래소

시작한 이래 최고치를 나타냈던 2022년 5월의 173.5포인트 대비 52.1포인트 내려갔으나 2021년 3월의 119.2포인트보다는 높다.

옥수수 선물 가격 〈단위:달러〉

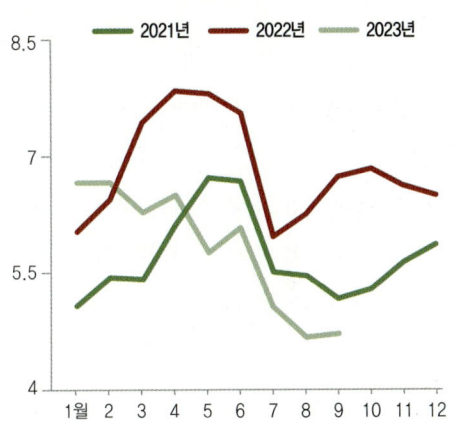

*자료:미국 시카고상품거래소

콩 선물 가격 〈단위:달러〉

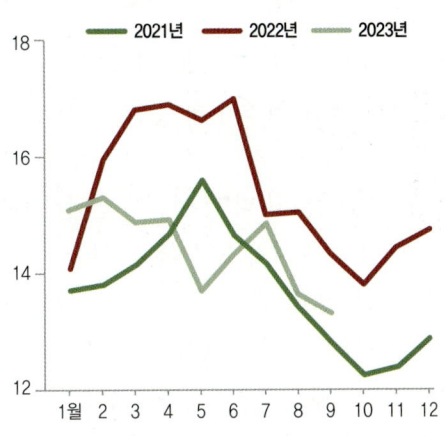

*자료:미국 시카고상품거래소

전년 대비 세계 식량가격지수가 떨어진 건 밀과 옥수수의 영향이 크다. 이들을 중심으로 가격 하락세가 두드러진다. 거의 2021년 이전 수준까지 내려온 상태다. 반면 콩의 경우 하락세가 둔화돼 2021년보다 높은 상태를 유지하고 있다. 미국 시카고상품거래소(CME)에서 거래되는 곡물 선물의 2023년 9월 평균 가격(최근 월물 기준)을 살펴보면 연질 적색 겨울밀(SRW)은 부셸당 5.88달러로 2020년 8월 대비 14% 상승했다. 옥수수는 부셸당 4.81달러, 콩은 부셸당 13.31달러로 2020년 8월 대비 48%씩 올랐다.

2023년 월별 곡물 가격 흐름은 그야말로 '롤러코스터'였다. 우크라이나 전쟁 등 다양한 변수 등이 발생한 탓이다. 2023년 1월 1일부터 9월 31일까지 곡물 가격 흐름을 살펴보면 5월 말까지는 곡물 가격이 급격한 하락 흐름을 보였다. 연초 대비 밀은 23%, 옥수수는 17%, 콩은 18% 내려갔다. 흑해 곡물 협정 연장으로 인해 곡물 가격은 하락 압력을 받았으며 미국을 중심으로 북반구 곡물 생산 전망 양호 역시 곡물 가격 하락에 힘을 실어줬다.

6월부터 7월 중반까지는 가격 등락이 극심했다. 급격하게 오르고 내리는 롤러코스터 장이 형성됐다. 날씨 변화로 인한 주요 국가 생산 전망 불확실성이 곡물 가격을 끌어올리고 내렸다. 흑해 곡물 협정 기간 연장 불확실성과 러시아와 우크라이나 간 전쟁 격화로 인해 곡물 가격이 급등하는 모습도 보였다. 글로벌 곡물 수출 경쟁 심화와 브라질의 곡물 공급 확대, 미국 산지 기상 여건, 생육 상태 개선 등도 있었다. 별개로 글로벌 경기 침체 우려와 미국의 기준금리 인상, 신용등급 하락, 달러 강세 등 외부 약세 요인이 잇따르면서 곡물 가격을 끌어내리기도 했다. 7월 17일 러시아가 흑해 곡물 협정을 파기하자 곡물 가격은 다시 급등했으나 주요 국가의 공급 확대 전망으로 인해 밀과 옥수수 가격은 수직 낙하해

원자재 가격 **농산물**

9월 말 기준 저점을 경신해나가고 있다. 반면 콩 가격은 연초 수준 높은 가격을 계속해서 유지해오다 최근 들어 낙폭을 확대하는 모습을 보였다. 다만 여전히 연저점 대비 13% 이상 높은 가격을 형성하고 있다.

불확실성은 2024년에도 여전하다. 사우디아라비아 원유 감산 정책과 러시아 원유 수출 제한으로 국제유가가 가파르게 상승, 글로벌 인플레이션을 심화시키고 있어서다. 장기간 고금리 상태가 이어질 것이라는 각종 전망이 나오고 있어 곡물 등 원자재 시장 전반에 대한 투자 심리가 크게 위축될 가능성이 높다.

2024년 '원유 감산' '기상 이변' 주목

2023년 4분기의 경우, 미국을 중심으로 한 북반구 지역 곡물 수확에 따른 계절적 하락 압력 요인도 거셀 전망이다. 하방 요인은 많지만 상승 요인은 거의 없는 상태다. 흑해 곡물 수출 제한과 인도의 밀 수출 통제, 중국의 곡물 수입 수요 확대 정도를 기대해볼 수 있다. 다만 이 역시 큰 영향을 주기는 어려워 일정 구간에서 오르고 내리는 장이 형성될 전망이다.

2024년에 들어서면 기상 이변을 주목할 필요가 있다. 동태평양 적도 부근 해수면 온도가 비정상적으로 상승, 세계 곳곳에 기상 이변을 일으키는 '엘니뇨 현상'과 극단적 이상 기후 현상이 이어질 전망이다. 엘니뇨 현상 정도가 더 심해지는 슈퍼 엘니뇨가 기승을 부리겠으며 역사상 가장 더운 해로 기록될 것이라는 예상도 나오고 있다. 곡물 가격이 크게 뛸 수 있는 요인이다.

잦은 기상 이변은 주요 곡물 공급 국가의 생산에 차질을 준다. 수요 대비 공급이 부족한 상황이 펼쳐지며 곡물 가격은 다시 큰 폭으로 오를 수 있는 여건이 조성될 것이다. 구체적으로 엘니뇨 현상으로 인해 인도는 쌀 생산량이, 호주는 밀 생산량이 크게 줄어들 것으로 보인다. 2020년 9월부터 3년 넘게 라니냐 현상(엘니뇨와 반대되는 '저수온' 현상)이 지속돼 곡물 생산량이 급격하게 줄었던 아르헨티나의 경우 예년 수준을 회복할 것으로 전망되나 생산 시즌 기후 변화에 따라 예상치 못한 결과도 나올 수 있어 경계심을 가져야 할 것이다.

콩에 이어 옥수수 수출 시장에서도 수출 대국 미국을 따라잡은 브라질의 경우 2022~2023

밀 생산량과 기말 재고율 〈단위: 백만t, %〉

*자료: USDA, WASDE

옥수수 생산량과 기말 재고율
<단위: 억t, %>

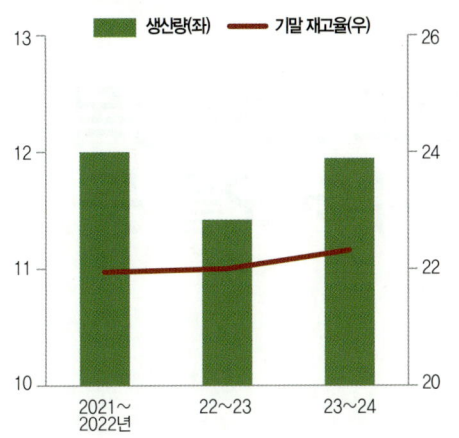

*자료: USDA, WASDE

콩 생산량과 기말 재고율
<단위: 백만t, %>

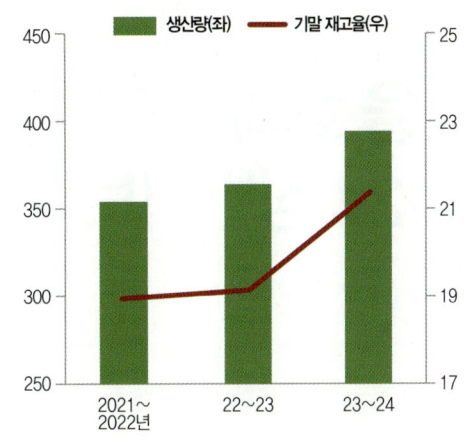

*자료: USDA, WASDE

년 생산연도에 비해 생산량이 줄어들 것으로 전망된다. 여기에 기상 악화로 인해 큰 피해를 입게 된다면 옥수수와 콩 가격은 천정부지로 치솟게 될 것이다. 옥수수와 밀의 주요 수출국 중 한 곳인 우크라이나의 경우 2022~2023년 생산연도에 비해 생산량이 늘어날 것으로 전망되나 전쟁 이전과 비교해서 30% 이상 줄어들 것으로 보인다. 흑해 곡물 협정 종료와 흑해를 둘러싼 지정학적 리스크는 계속해서 곡물 가격 상승을 지지하게 될 것이다.

물론 러시아가 흑해 곡물 협정에 복귀하거나 우크라이나와의 휴전 또는 종전이 이뤄진다면 곡물 가격 상승세는 크게 꺾일 가능성이 있다. 미국의 곡물 공급 확대 역시 곡물 가격을 안정시키는 요인이 될 것이다. 관련 투자에 관심 있는 이들은 미국 농무부(USDA), 국제연합식량농업기구(FAO), 국제곡물이사회(IGC) 등의 주요 기관이 월 단위로 제공하는 세계 곡물 수급 전망 보고서를 면밀하게 살피면서 가격 변동성에 대비해야 한다.

시카고상품거래소에서 거래되는 곡물 선물 가격에 직접적인 영향을 미치는 미국 농무부의 2023~2024년 생산연도 세계 곡물 수급 전망을 살펴보면 세계 밀 생산량은 7억8734만t으로 전년 대비 0.4% 감소할 것으로 보인다. 수급의 안정과 불안정 여부를 판단하는 지표인 기말 재고율도 25.8%로 전년 대비 0.5%포인트 내려가겠다. 국가별 생산 전망을 살펴보면 미국의 밀 생산량은 4720만t으로 전년 대비 5.1%, 인도의 밀 생산량은 1억1350만t으로 전년 대비 9.1%, 아르헨티나의 밀 생산량은 1650만t으로 전년 대비 31.5% 증가하겠다. 러시아 밀 생산량은 8500만t으로 전년 대비 7.6%, 캐나다의 밀 생산량은 3100만t으로 전년 대비 9.7% 줄겠다. 엘니뇨 현상으로 인해 호주의 밀 생산량은 2600만t으로 전년 대비 34.5% 감소할 전망이다. ■

원자재 가격 **금**

환율 효과·금리 상승에도 '효자 종목' 2024 상반기보다 하반기 더 오를 듯

이석진 원자재&해외투자연구소장

상대의 공격은 거침없다. 우리의 수비망은 헐겁다. 이런 축구 경기일수록 골키퍼 역량이 중요해진다. 골키퍼 선방이 이어진다면 승리하지 못할지언정 최소한 지지는 않는다. 지지 않는다면 항상 기회는 생긴다. 2023년 글로벌 경제와 금융 시장 환경에서 금 시장이 처한 현실이 그러하다. 미국 정책금리는 재차 상승하면서 시장 장기 금리까지 끌어올리고 있으며 달러 강세 현상은 사라질 기미가 없다. 일반적으로 금리가 오르고 달러 가치가 오르면 금 시장에서는 악재로 본다. 대체 투자자산인 달러로 돈이 몰리기 때문이다. 그럼에도 불구하고 '골키퍼'인 금 가격은 나름 선방쇼를 펼치고 있다. 2023년 초 대비 2023년 하반기 금값(10월 초 기준)은 보합권의 성적을 유지하고 있다.

각종 악재에도 금 가격이 버티는 이유는 뭘까? 금에 가장 안 좋은 시기는 경제 성장에 대한 기대가 높아지면서 기업 투자가 늘고 그에 따라 자본 조달 비용(금리)이 오를 때다. 1980~1990년대가 대표적인 시기다. 당시 금은 완전히 빛을 잃은 시대였다.

2023년은 다르다. 경제 성장 기대는 사라지고 물가 압력으로 인한 고금리만 남았다. 금에는 사실상 중립적 환경에 가깝다. 보합권 성적을 이어가는 이유다. 다만, 단기적으로 한정하면 경기 둔화 호재보다 금리 상승 악재가 파괴적이다. 특히 경기가 불황으로 들어가는 과정에서 금리가 오르면 안전자산 우선순위는 예금이 된다. 이는 자동적으로 금에

국제·국내 금값

<단위: 온스당 달러, 온스당 만원>

*자료: 한국금거래소, 뉴욕상품거래소

는 치명적인 결과로 이어진다. 5% 넘는 예금 금리를 준다는데 돈이 금으로 달려갈 이유가 없지 않은가. 2022년 금값 부진 원인은 예금 금리 급등이었다. 높은 예금 금리는 2023년 하반기 금값 하락에도 영향을 미치고 있다.

보합권을 기록 중인 금 가격 전망은 어떨까. 먼저 금 가격에 영향을 주는 요인을 살펴봐야 한다. 엄밀하게 말하면 금은 실질 장기 금리와 반대로 연동되는 성격이 강하다. 실질 장기 금리는 명목 금리에서 인플레이션 기대를 뺀 값이다. 2023년 하반기처럼 명목 장기 금리가 오르는 상황에서 장기 인플레이션 기대가 높지 않다면 실질 장기 금리는 오른다. 반대로 금값은 떨어진다. 금 가격에 불리하게 적용되는 장기 금리 상승은 2023년 상반기만 해도 예상되지 않았다. 그렇다면 왜 장기 금리가 다시 오르게 된 것일까. 또 앞으로도 상승세가 지속될까.

양적 긴축(QT)의 시대가 열리다

장기 금리는 시장금리로서 단기 금리와는 결이 사뭇 다르다. 단기 금리는 정책금리에 직접적 영향을 받지만 장기 금리는 채권 시장 수급에 더 많은 영향을 받는다. 미국 정책금리가 5.5%까지 올랐어도 10년 국채 금리가 오랫동안 3%대에 머문 이유는 장기 채권 수요가 일정한 탓이 컸다. 그런데 이제는 상황이 달라졌다. 금융 불안 위험이 높아진 중국이 자국 통화 가치 방어를 위해 보유한 미국 국채를 처분하면서 채권 시장은 공급 우위 기대감이 높아졌다. 또한 배럴당 다시 100달러를 넘보는 유가는 연준 위원들의 정책금리 추

원자재 가격 **금**

**보합권 기록 중인 2023년 금 가격
장기 금리 오르면 투자 불리하지만
2024년에도 금 가격은 '버틸 것'
시장 환경 여전히 중립적이고
환율 효과에 방긋 웃는다**

가 인상 가능성을 높이고 있다. 이 역시 채권 투자 수요를 줄이는 요인이다.

더 큰 문제는 양적 긴축(QT·Quantitative Tightening)이다. 양적 긴축은 그 유명한 양적 완화(QE)의 반대말이다. 2008년 글로벌 금융위기 이후 장기 금리를 낮추기 위해 미국 연준은 주기적으로 양적 완화 정책을 통해 시장에 유동성을 제공해왔다. 쉽게 얘기하면 연준이 직접 국채와 모기지 채권 등을 사줬다는 것이다. 이렇게 시장에 풀린 돈이 약 8조달러에 달한다.

풀린 돈은 공짜가 아니다. 단기적으로는 유동성 효과로 인해 경기가 좋아지지만 시간이 지나면 물가를 자극하기 마련이며, 물가가 오르면 중앙은행은 풀렸던 돈을 회수해야 한다. 이것이 바로 양적 긴축이다.

양적 긴축은 연준이 보유한 국채가 채권 시장에 풀리는 결과를 가져온다. 당연히 채권 시장에 공급 우위 기대감이 높아지고 금리 상승 압력이 높아지기 마련이다. 2023년 4월 연준 자산은 8조7000억달러 규모였는데 2023년 9월 말 8조달러로 줄어들었다. 약 5개월 동안 7000억달러 채권이 시장에 풀렸고 같은 기간 미국 장기 국채 금리는 3.3%에서 4.6%대로 급등했다. 이는 2007년 이후 16년 만의 가장 높은 금리 수준이다.

장기 금리가 빠른 속도로 다시 떨어질 수 있을까라고 묻는다면 "아니오"라고 답하는 것이 논리적이다. 앞으로도 양적 긴축은 지속될 가능성이 높기 때문이다. 시장에서는 대체로 연준 자산 규모를 팬데믹 이전 수준으로 되돌릴 것으로 예상하는데 그 정도로 돌아가려면 아직도 3조~4조달러어치 채권이 시장에 더 풀려야 된다는 것을 의미한다. 이 정도 규모를 소화하려면 급격한 경기 침체로 인해 안전 자산인 국채 수요가 급증해야 한다. 쉽지 않은 시나리오다. 장기 금리가 떨어지지 않는다면 금의 매력이 높아지기도 쉽지 않다.

**2024년 금 가격 전망
국내 투자자에게 효자 역할 계속할 것**

장기 금리의 역습에도 불구하고 2024년의 금 시장 환경은 여전히 중립적으로 봐야 한다. 금의 최고 호재인 경기 침체 가능성이 높아지고 있기 때문이다. 가장 대표적인 증거는 장단기 금리차(10년-3개월)다. 1980년대 이후 장단기 금리가 역전됐다가 다시 플러스로 전환되는 시기에 경기 침체가 시작됐다. 2023년 하반기 이후 장단기 금리 역전 현

2024년 장기 금리 상승에도 '금'은 한국 투자자를 위한 효자로 주목받을 전망이다. (매경DB)

상이 해소되기 시작했다. 이런 추세로 가면 2024년 상반기에는 장단기 금리가 플러스로 전환될 것이며 뒤이어 경기 침체가 시작될 가능성이 매우 높다. 금 투자 수요 증가는 명약관화해진다. 금 가격은 상저하고 시장이 될 것이다. 2024년 상반기 온스당 1700~1900달러, 하반기 1800~2100달러 구간이 예상된다.

무엇보다 국내 투자자에게 금은 여전히 효자 종목이다. 바로 환율 효과 때문이다. 2023년 국제 금값은 제자리였지만 국내 금값은 7% 상승했다(10월 초 기준). 원화 기준 금값은 2023년에 사상 최고치를 기록하기도 했

다. 이는 원화 가치가 떨어졌기 때문인데 이런 현상은 2024년에도 지속될 가능성이 높다. 원화 약세 원인은 상대적인 통화 완화 정책에 있다. 연준이 1년 반 동안 정책금리를 5% 이상 올리는 동안 한국은행은 3% 올리는 데 그쳤다. 이는 연준이 상대적으로 통화 긴축을, 한국은행은 상대적으로 통화 완화를 했다고 할 수 있다. 금리를 낮게 유지하면 외화가 유출되면서 자국 통화 가치 역시 떨어진다. 한국도 그러하고 일본도 그러하다. 한국이나 일본의 국내 금 투자자들은 금값 상승 외에 환율이라는 기댈 언덕이 하나 더 있는 셈이다. ■

원자재 가격 **철강**

수요 3% 늘어나도 '기술적 반등'
전반적인 수요 부진에 가격 약세

정은미 산업연구원 선임연구위원

국제 철강 가격은 2022년 말부터 공급망 정상화에 따른 수요 회복과 중국 리오프닝으로 인한 기대감에 힘입어 상승세로 출발했다. 그러나 수요 부진이 이어지면서 2023년 3월 이후 제자리걸음을 보였다. 2023년 하반기 중국의 철강 생산이 늘어나면서 제철 원료 가격과 제품 가격이 약간 상승했지만, 철강 생산 증가가 재고 확보를 목표로 하고 수요 증가로의 반전으로 보기 어렵다는 인식이 확산하면서 다시 주춤한 양상을 보였다.

2023년 세계 철강 수요는 전년 대비 1.8% 증가한 18억1450만t으로 추정된다. 세계 철강 수요는 높은 물가와 금리 상승 압력 영향으로 인해 가장 큰 수요 부문인 건설용 철강 수요 침체가 이어지고 자동차, 기계 등의 수요도 팬데믹 이후 지연 수요를 충족한 후 부진한 양상이다.

신흥국 철강 수요는 선진국에 비해서는 양호하지만 중남미 부진, 아세안 호조 등 차별화되고 있다. 아울러 러-우 전쟁이 장기화하면서 유럽과 미국 철강 수요까지 냉각됐다. 중국은 리오프닝과 중국 정부의 일부 경제 안정화 조치가 이어졌지만 재고 확보를 위한 생산이 늘어났을 뿐, 구조적인 수요 증가 국면으로 전환했다고 보기는 어렵다.

신흥국 내수 중심으로 소폭 증가

국제철강협회는 2024년 세계 철강 수요가 2023년에 비해 1.9% 늘어난 18억4910만t이 될 것으로 전망했다. 유럽, 미국 등 선진국이 2022년 수준으로 회복하고 신흥국이 성장세를 이어갈 것이라는 전망에 기초한다.

그러나 선진국 철강 수요가 2022년에 전년 대비 −6.4%, 2023년 다시 1.8% 감소에서 2024년에 2.8% 늘어날 것이라는 전망은 기술적 반등에 지나지 않으며, 전반적으로는 수요 부진이 이어질 것으로 예상된다. 독일을 포함하는 유럽은 러시아-우크라이나 전쟁으로 인한 에너지 비용 상승과 높은 금리로 인해 제조업 부문 철강 수요가 팬데믹 시기 수준에 머물 전망이다. 미국은 인플레이션 감축법(IRA) 등 강력한 제조업 리쇼어링 정책에 힘입어 제조와 인프라 부문의 철강 수요가 다소 늘어나겠지만 긴축 통화 정책의 영향으로 여전히 1%대 낮은 증가율에 머물 것으로 보인다.

중국은 주요 인프라 프로젝트가 추진되고 자동차와 가전제품 생산이 늘어나면서 2023년에 예상보다 높은 증가세를 보였다. 다만 2024년에는 강력한 경기 부양 조치가 없다면 추가적인 수요 증가를 기대하기 어려울 것으로 보인다. 중국을 제외한 신흥국 철강 수요는 인도, 아세안 등이 내수와 인프라 투자에 힘입어 호조를 보이고 터키의 지진 복구, 중동의 메가 프로젝트 등 상대적으로 높은 수요 증가가 예상된다.

원인은 5억t 웃도는 글로벌 과잉 설비

세계 전체 조강 설비는 2022년 24억4000만t으로 추정되고 있어 조강 수요와 비교하면 5억5600만t이나 많다. 2022년 설비 과잉률이 23%로 도출되는데, 이는 전 세계 철강 설비 가동률이 77%라는 것을 의미한다. 즉 글로벌 철강 수요 부진으로 인해 가동되지 못하는 설비들이 시황이 회복되면 얼마든지 제품

세계 철강재 수요 전망 (단위:백만t, %)

구분	수요량			전년 대비 증감률		
	2022년	2023년(추정)	2024년(전망)	2022년	2023년(추정)	2024년(전망)
세계 전체	1782.5	1814.5	1849.1	−3.3	1.8	1.9
세계(중국 제외)	861.6	875.2	909.8	−3.2	1.6	4
EU(27)	152	144.3	152.7	−7.8	−5.1	5.8
기타 유럽	39.2	45	47.3	−2.5	14.9	5.1
CIS+우크라이나	51.6	54.6	55.2	−12	5.8	1
USMCA	132.9	134.1	136.1	−3	0.9	1.5
중남미	44.9	44.2	45.1	−11.5	−1.6	2.2
아프리카	39.5	37.9	39.9	0.8	−4.1	5.4
중동	57.1	56.1	57.9	7.7	−1.7	3.2
아시아-대양주	1265.3	1298.3	1314.9	−2.7	2.6	1.3
선진국	374.7	368.2	378.4	−6.4	−1.8	2.8
중국	920.9	939.3	939.3	−3.5	2	0
신흥국(중국 제외)	486.8	50.7	531.4	−0.6	4.1	4.8
ASEAN(5)	72.6	75.3	79.2	−0.2	3.8	5.2
MENA	76.6	74	76.6	9.4	−3.5	3.5

*자료:국제철강협회

원자재 가격 **철강**

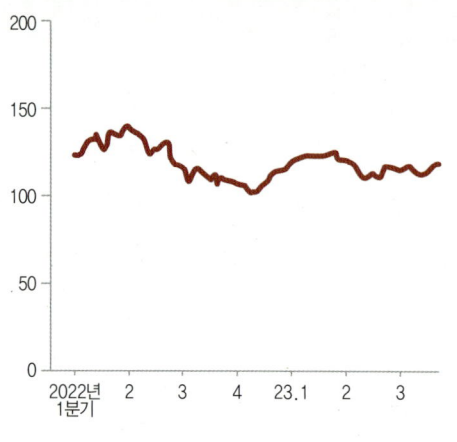

중국 칭다오항 기준 철광석 가격 〈단위:t당 달러〉

*자료:Platts DB

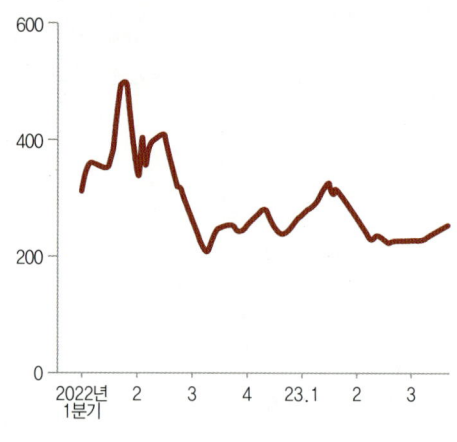

호주 원료탄 가격 〈단위:t당 달러〉

*자료:Platts DB

을 생산할 수 있다는 것을 의미한다.

글로벌 과잉 설비는 2015년 7억5000만t으로 최고치를 기록했다. OECD를 중심으로 국가 간 협의체에서 주요국 철강사의 재무건전성 확보, 철강 시장 정상화, 탈탄소 전환을 촉진하면서 중국과 기존 주도국에서의 설비 증설은 제한됐다. 그러나 인도, 중동 등 신흥국에서 자국 수요 증가에 대응해 신규 설비 투자가 이어지면서 2019년 이후 과잉 설비 규모는 세계적으로 다시 늘어나고 있다.

2015년 전 세계 과잉 설비의 3분의 2가 중국에서 비롯됐지만 2022년에는 3분의 1로 줄어든 반면 동남아, 중동, 인도에서의 설비 증가에 의해 설비 과잉률은 다시 높아지고 있다. 이에 따라 세계 철강 수요가 회복되더라도 신흥국 철강 자급률이 높아지면서 국제 철강 교역 위축과 국제 가격 약세를 유지하는 요인으로 작용하고 있다.

높은 불확실성 속에 철강 가격 약세 예상

철강 수요는 기본적으로 건설 등 인프라 투자, 기계, 조선 등의 자본 재투자, 자동차, 가전 등의 소비재 경기로 결정된다. 그러나 최근에는 금리와 환율, 국제유가 움직임이 국제 철강 수요와 제품 가격에 미치는 영향이 커지고 있다. 또한 탈탄소 추진으로 인프라 투자가 늘어나는 것은 긍정적 영향을 미치지만, 글로벌 공급망 병목 현상이나 러-우 전쟁, 중동 지역 분쟁 등은 모두 하방 리스크를 높이고 있다.

여기에 미국, 유럽이 추진하는 '지속 가능 철강·알루미늄 협정(이하 GSSA)' 등 무역 조치와 제조업의 역내 복귀(리쇼어링), 인도, 아세

2023년 10월 20일(현지 시간) 미국 워싱턴 백악관에서 열린 미·EU 정상회담에서 조 바이든 미국 대통령(사진 오른쪽)과 우르줄라 폰 데어 라이엔 EU 집행위원장(사진 왼쪽) 등 관계자들이 마주 앉았다. (AP)

안 등 신흥국의 수요 증가에 대응하는 자국 내 철강 생산 증가는 국제 교역을 감소시키는 요인으로 작용하게 될 것으로 보인다. 이에 따라 강력한 수입 규제 조치를 취하는 미국은 자국 내 수요의 움직임과 관계없이 높은 가격 수준을 유지하는 반면, 아시아 지역은 중국의 수출 확대 압력으로 인해 계속 가격 약세를 보이면서 가격 구조가 다원화되고 있다.

국제 철강 가격은 2024년에도 전반적인 수요 부진이 이어지고 과잉 설비의 공급 증대 압력으로 인해 제자리걸음을 이어갈 전망이다. 그러나 지역 분쟁의 지속 여부, 국지적인 수급 불균형, GSSA, 탄소국경조정제도 등의 무역 조치로 인해 가격의 단기 변동성과 불확실성은 더욱 높을 것으로 예상된다. ■

세계 철강 산업의 과잉 설비 규모
단위: 백만t, %

구분		2015년	2019년	2020년	2021년	2022년
전 세계	설비 능력(A)	2377	2412	2421	2427	2444
	조강 수요(B)	1628	1892	1897	1958	1888
	과잉 규모(C=A-B)	749	520	524	469	556
	과잉률(D=C/A*100)	31.5	21.6	21.6	19.3	22.7
중국	설비 능력(A1)	1215	1148	1148	1147	1150
	조강 수요(B1)	700	950	1050	994	959
	과잉 규모(C1=A1-B1)	515	198	98	153	191
중국의 비중(E=C1/C*100)		68.8	38.1	18.7	32.6	34.4

*자료: OECD 철강위원회, 국제철강협회 데이터 이용해 계산

원자재 가격 **비철금속**

최대 수요국 중국 때문에 '계속 흐림'
구리·알루미늄…공급 과잉 쭈~욱~

강유진 NH투자증권 글로벌트레이딩센터 부장

2023년 비철금속 가격은 내리막길을 걸었다. 런던금속거래소(LME) 비철금속가격지수는 2023년 초 반짝 상승으로 연고점을 찍은 후 줄곧 내림세를 연출했다. 6대 비철금속 중 니켈 가격이 2023년 10월 13일 기준 연초 대비 40% 급락해 가장 부진했다. 그다음으로 아연 가격 낙폭(-18%)이 컸다. 다만 비철금속 대장인 구리는 6% 하락에 그쳤다. 미국 경제는 급격한 긴축에도 놀랍도록 탄탄했으나 금리 상승과 강달러가 비철금속 가격에 부담을 줬다. 미국 외 수요는 부진했다. 유럽은 러시아-우크라이나 전쟁 여파에 따른 고물가, 제조업 둔화로 성장이 멈췄고, 중국은 미미한 리오프닝 효과와 부동산 위기로 주춤했다.

2024년 비철금속 시장도 녹록지 않다. 세계 경제는 중앙은행들의 통화 긴축 후행 효과로 더 취약하다. 러시아와 우크라이나 전쟁은 해결 기미가 보이지 않는다. 게다가 중동 분쟁이 다시 터졌고 미국과 중국의 관계 해빙도 요원하다. 2024년 11월 미국 대선을 앞두고 대내외적으로 정치 갈등이 높아지면서 혼란이 가중될 수 있다. 현재로서는 경기 연착륙을 기대하지만 경착륙 가능성도 있다. 거시 환경이 비철금속 수요에 비우호적이다.

중국 수요 불확실…재고는 최고 수준

세계 최대 비철금속 소비국인 중국의 수요는 불확실하다. 순풍을 기대하기보다 오히려 역풍을 우려한다. 부동산 위기가 아직 해소되지 않았고 막대한 지방부채, 높은 청년 실업률과 함께 디플레이션 위험에서 못 벗어나고 있다. 팬데믹 시기에 자금을 소진한 뒤 높은 부채 부담으로 경기 부양 정책을 쓸 형편이 못 된다. 그나마 신재생에너지 전환 관련 금속 수요가 경기 하강 사이클에서 지연될 수 있다. 다만 방심은 금물이다. 영국은 내연기관 신차 판매 금지를 2035년으로 5년 연기했고, EU는 중국산 전기차에 대한 추가 관세 부과를 검토하고 있다. 또한 2023년 9월에 시작된 미국 전미자동차노조(UAW) 파업은 전기차 전환 정책을 지연시킬 수 있다. 전기차 시장은 정방향으로 성장하고 있지만 침투율 속도는 3년에서 5년가량 느려지고 있다.

비철금속 시장은 과잉 공급 신호를 보내고 있다. 구리, 알루미늄, 아연의 현물 가격은 선도 가격보다 10년에서 20년래 최대로 할인돼, 선물 가격이 현물 가격보다 높거나 결제월이 멀수록 선물 가격이 높아지는 현상인 '콘탱고(Contango)' 시장을 보인다. 현물 수요는 약하고 재고는 늘고 있다. 6대 비철금속의 LME 총 재고는 2023년 초 30년래 최저에서 10월 현재 60% 이상 증가해 거의 2년래 최대 수준이다. 2024년 비철금속 시장은 대부분 공급 과잉을 예상한다. 품목별로 구리는 47만t, 알루미늄은 15만t, 아연은 37만t, 니켈은 24만t의 초과 공급을 전망한다. 시장 수급을 고려하면 니켈이 공급 잉여 부담이 가장 크고 알루미늄이 가장 적다. 인도네시아 니켈 선철 증산이 니켈 공급을 늘렸고, 중국의 알루미늄 생산능력 제한이 알루미늄 공급을 멈추게 했다. 비철금속 가격은 공급 과잉에 의한 약세 압력으로부터 자유롭지 못하나 수급 펀더멘털에 따라 성과가 달라질 수 있다.

그러나 위기가 곧 기회다. 에너지 전환 관련 금속 수요는 장기적으로 유망하다. 탈탄소 핵심 원자재인 구리는 투자자에게 여전히 인기가 많다. 가격 하락을 오히려 매수 기회로 여긴다. 가격 하단은 투자자의 저가 매수와 함께 한계 생산 비용에 의해 결정될 수 있다. 품목별로 생산 비용 곡선의 90백분위수를 살펴보면 구리는 t당 6000달러, 알루미늄과 아연은 2100달러, 니켈은 1만7000달러다. 현재 알루미늄 가격은 한계 생산 비용 수준에 거의 근접해 있다. 일시적인 가격 변동 때문에 더 추락할 수 있지만 오래 지속되기는 어렵다. 2024년 불확실한 거시 환경 속에서 가격 약세를 조심하면서도 다음 비상을 위한 준비를 잊지 말아야 한다.

구리 재고 증가는 공급 과잉의 방증

구리 시장은 기대와 실망 사이에서 갈팡질팡했다. LME 구리(전기동) 가격은 2023년 1분기에 t당 9000달러 위로 여러 차례 반등을 시도했지만 지키지 못하고 2~3분기에 8000달러대에서 횡보하다 4분기에는 7000달러대로 내려앉을 기세다. 실물경제 지표로 알려진 닥터코퍼(Dr. Copper)의 경기 선행 나침반 역할이 맞다면 구리 가격 하락이 글로벌 경기

원자재 가격 **비철금속**

연도별 비철금속 세계 수급 밸런스 전망
<단위:만t>

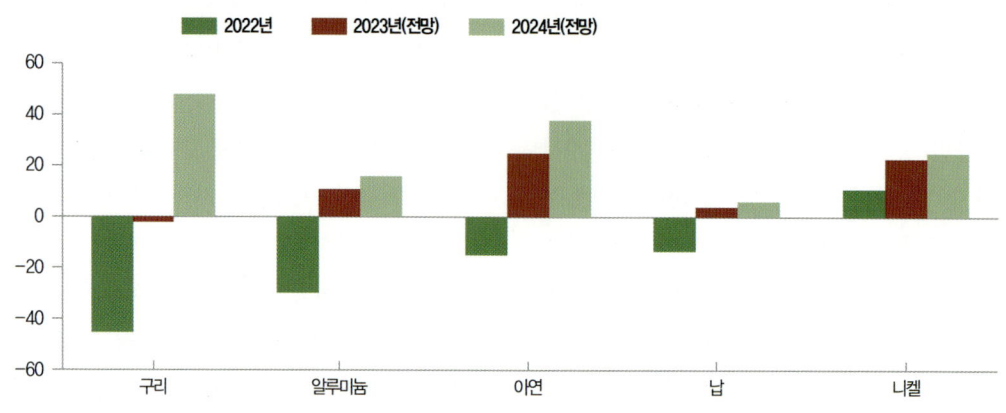

*자료:국제구리연구그룹, 세계알루미늄협회, 국제아연납연구그룹, 국제니켈연구그룹

침체에 대한 미래의 예고편일 수 있다.

구리 시장은 극심한 콘탱고로 과잉 공급 상태다. 구리 현물 가격은 3개월 선도 가격보다 t당 77달러 이상 할인돼 1994년 이후 최대 스프레드로 벌어졌다. 이는 현물 수요가 분명히 약하다는 신호다. 재고 데이터도 마찬가지다. LME 구리 재고는 7월 중순 5만4000t에서 3개월 만에 18만t으로 3배 급증했다. 같은 기간 동안 미국은 2만t에서 7만t으로, 유럽은 2만4000t에서 6만6000t, 아시아는 1만t에서 4만4000t으로 모두 재고가 많이 늘어났다. 역사적으로 보면 여전히 낮은 수준이지만 2년래 최대로 빠르게 증가하는 중이다.

이런 재고 증가가 구리 공급 과잉의 방증일 수 있다. 국제구리연구그룹(ICSG)은 세계 구리 시장이 2023년 2만7000t 공급 부족에서 2024년 46만7000t 공급 잉여로 대폭 전환될 것으로 전망한다. 공급 측면에서 칠레, 페루, 인도네시아, 중국 등이 구리에 대한 투자를 확대하면서 세계 구리 광물(2023년 1.9%y-y → 2024년 3.7%y-y)과 정련구리(2023년 3.8%y-y → 2024년 4.6%y-y) 생산이 수년래 가장 빠르게 증가할 것으로 예상한다. 세계 정련구리 소비(2707만t)는 2023년 2%에서 2024년 2.7%로 성장하나, 정련구리 생산(2753만t)에 못 미쳐 초과 공급을 예상한다. 이런 공급 잉여가 구리 가격 발목을 잡을 수 있다.

그러나 더 길게 보면 구리 수요의 성장 잠재력에 대한 기대는 크다. 구리 수요에서 탈탄소화 비중은 2022년 10%에서 2030년 25%로 확대되고 구리 수요는 2035년까지 두 배로 증가했다. 2030~2040년에 구리 공급이 수요보다 10~40%까지 부족하다는 전망도 나온다. 남미, 아프리카 광산의 낙후된 인프라에 채산성은 떨어지고 전기차, 풍력 발전 등 신재생에너지로의 전환 속도에 공급이 수요를 따라잡지 못할 것으로 내다본다. 강세론자들은 기회가 있을 때마다 구리를 무조건 매수하라고 조언한다. 구리 가격이 짊어진 경기 둔화 무게추에 유의하면서도 긴 호흡으로 구리의 반격을 예의 주시해야 할 것이다.

알루미늄, 수요 성장 둔화로 공급 잉여 예상

알루미늄 가격은 t당 2000달러대 좁은 범위에서 지루한 제자리걸음이다. 세계 알루미늄 현물 프리미엄은 2023년 1분기 이후 약세다. LME 창고에는 러시아산 알루미늄이 재고의 80%나 쌓여 있다. 러시아산 금속에 대해 실질적인 제재는 없지만 소비자는 기피하고 있다.

미국은 러시아산 알루미늄 제품에 대해 200% 수입 관세를 부과했다. 노르스크하이드로, 알코아와 같은 생산 업체들은 러시아산 알루미늄을 LME에서 제외하도록 촉구하고 있으나 다운스트림 업체들 피해를 우려해 허용하지 않고 있다. 러시아산 알루미늄을 제외하면 가용 재고는 제한적이다.

경제 역풍으로 알루미늄 수요는 부진하지만 공급이 제한돼 수급은 균형을 이루는 편이다. 과거 만성적인 공급 과잉으로 몸살을 앓

비철금속 수요에 비우호적인 '거시 환경'
중국 수요 역풍 우려도
구리 시장은 극심한 '콘탱고'
알루미늄 가격은 하방 경직성 띨 듯

던 알루미늄 시장은 중국이 2017년 공급 개혁을 시작하면서부터 서서히 바뀌었다. 세계 최대 알루미늄 생산국인 중국은 연간 4500만t의 생산능력을 상한으로 설정하고 노후 설비 폐쇄·불법 공장 단속 등을 통해 구조조정을 해왔다. 제련 업체들은 생산능력의 90% 이상 완전 가동 중이고, 노후 설비를 폐쇄해야만 신규 증설이 가능하다. 1차 정련 생산 증가는 한계를 띠고 2차(리사이클) 생산이나 중국 외 인도네시아, 사우디아라비아 등에서 신규 투자를 부추기고 있다.

2024년 세계 알루미늄 시장은 생산이 2%로 전년 대비 1%포인트 둔화하더라도 수요 성장 둔화로 공급 잉여를 예상한다. 하지만 다른 비철금속에 비해 공급 잉여 부담이 가장 적고 가격이 한계 생산 비용에 근접해 바닥에 가까워졌다는 인식이다. 알루미늄은 범용성이 높고 경량화 금속으로 친환경 중요 광물 중 하나다. 경기 침체로 약세 압력을 받더라도 알루미늄 가격은 하방 경직성을 띠면서 다른 비철금속에 비교해 가격이 웃돌 수 있다. ■

원자재 가격 **희유금속**

2022 '정점' 2023 '안정' 2024 '하락'
리튬 가격 2028까지 계속 떨어져 전망도

반진욱 매경이코노미 기자

2022년 정점을 찍었던 희소금속 가격은 2023년 다소 안정되는 모습을 보였다. 2022년 최고가를 기록했던 리튬은 '전기차 수요 증가세 완화' 여파로 2023년 2분기부터 가격이 꾸준히 하락했다. 한국자원정보서비스(KOMIS)에 따르면 2023년 3분기 기준 국제 리튬 가격은 kg당 275위안을 기록했다. 지난해 대부분 기관은 리튬 가격이 2023년에도 높을 것이라고 전망했다. 전기차 수요가 계속 높아진다는 결론에서 내린 판단이다. 전망은 중국 정부 정책이 바뀌면서 틀어졌다. 중국은 2023년 전기차에 들어가는 보조금을 폐지했고 이후 전기차 산업 성장이 둔화됐다. 보조금이 사라지자 가격이 비싼 전기차를 찾는 소비자가 줄었다. 자연스레 수요 감소로 이어졌다. 전기차 최대 소비국인 중국이 보조금을 부활시키지 않는 한 전기차 수요는 늘어날 가능성이 희박하다. 전기차 산업이 축소된다는 가정하에 KOMIS는 2024년 4분기 리튬 가격이 kg당 182위안까지 떨어질 것이라 전망한다.

일각에서는 리튬 가격 하락 현상이 장기화될 것이라는 예측도 내놓는다. 시장조사기관 SNE리서치는 탄산리튬 가격이 2028년까지 지속 하락할 것이라고 예측했다. 수요 대비 공급이 많이 늘어난다는 이유에서다. 글로벌 광산 업체의 리튬 생산량은 올해 95만t에서 연평균 19.6%씩 증가해 2030년 333만t으로 늘어난다. 반면 리튬 수요량은 2023년 79만t에서 연평균 18.1%씩 올라 2030년 253

리튬, 니켈, 코발트 등 희유금속 가격은 공급 과잉 우려로 2024년 하락세를 기록할 것으로 보인다. 사진은 니켈 광산 전경. (매경DB)

만t에 그친다.

국내 배터리 업체의 주력인 NCM(니켈·코발트·망간) 배터리에 쓰이는 니켈과 코발트 가격 역시 2023년 하락세를 보였다. 두 금속은 리튬과 함께 2022년 역대 최고가를 기록했지만, 2023년 들어 가격 상승세가 꺾였다. 코발트 가격은 콩고민주공화국과 인도네시아 등 주요 매장국의 생산량 증가로 2022년 하반기부터 하락세를 걷고 있다. 런던금속거래소(LME)에 따르면 코발트 가격은 2023년 5월 t당 3만달러 선이 붕괴됐다가 7월 3만2980달러로 다시 회복했다. 2022년 5월 t당 8만달러를 웃돌았던 것과 비교하면 약 5만달러 급락한 셈이다. 2022년 평균 대비 약 50% 하락했다.

코발트 가격은 좀처럼 회복되지 않을 전망이다. 급속한 생산량 증가로 현재 공급 과잉 현상을 우려하는 의견이 나온다. 에너지 분야 전문 시장조사기관 라이스타드에너지는 2023년 잉여 코발트 금속량만 3만t에 달할 것이라 예측했다. 이 규모는 2024년에 더 확대될 수 있다고 덧붙였다.

다른 핵심 광물인 니켈도 상황은 비슷하다. 2023년 초 t당 3만1200달러에서 시작한 니켈 가격은 하락세를 이어가며 2023년 10월 기준 t당 1만8335달러까지 내려앉았다. KOMIS는 2024년 2분기까지는 니켈 가격이 현 수준에서 회복하지 못할 것이라고 예상한다. 2024년 2분기까지는 t당 1만8000~1만9000달러대를 유지할 것이라는 분석이다. ■

VI

2024
매경 아웃룩

자산 시장 어떻게 되나

〈주식 시장〉
1. 코스피 주도주
2. 나스닥
3. 더 진화하는 ETF
4. 반등세 보이는 IPO
5. 가상자산

〈부동산 시장〉
1. 강남 재건축
2. 재개발
3. 신도시
4. 전세
5. 수익형 부동산

주식 시장

Preview

2024년 글로벌 증시 전망은 전례 없이 복잡한 고차방정식이 돼버렸다. 전문가 사이에서도 좀처럼 의견이 모아지지 않는다. 미국발 고금리 장기화 전망에 더해 이스라엘과 팔레스타인 전쟁 우려까지 덮쳤다. 전쟁이 다소 소강 국면에 접어들더라도 주식 시장이 예전 같은 수준의 회복력을 보일지 의구심을 갖는 시선도 적지 않다. 2020년대는 4~5%대 금리가 '뉴노멀'로 자리 잡을 것이라는 관측이 잇따르고 있어서다.

결론부터 말하면, 기준금리를 수차례 올렸지만 미국의 소비, 고용이 좀처럼 냉각 기미를 보이지 않자 실질 중립금리가 상승하고 있다는 주장에 힘이 실린다. 중립금리는 경제가 과열되거나 침체되지 않고 잠재성장률을 달성하도록 하는 '이상적인 금리'다. 실질 중립금리는 명목 중립금리에서 인플레이션 목표치를 뺀 것을 뜻한다. 경제 구조적 요인의 변화로 실질 중립금리가 높아지면 인플레이션율이 각국 중앙은행의 목표치인 2%로 떨어지더라도 이상적인 경제를 가능케 하는 금리 수준이 4~5%대가 된다는 의미다. 실질 중립금리의 상승은 산업계의 풍경과 투자 전략을 송두리째 바꿔놓을 전망이다.

전문가들은 고금리가 뉴노멀로 자리 잡는 과정에서 목격되는 산업 구조 변화에서 차별화된 투자 기회를 찾을 수 있다고 입을 모은다. 고금리가 산업 구석구석을 파고들며 기술 혁신이 집중되는 산업을 중심으로 재편될 가능성이 높다. 높은 자금 조달 비용으로 인해 수익성이 높은 투자로 자금이 재분배되면서 생산성이 증가하는 구조로 변화된다는 것이다. 이런 의미에서 인공지능(AI) 기술 고도화에 따른 HBM(High Bandwidth Memory · 고대역폭메모리) 시장 개화 등은 새로운 투자처로 각광받을 전망이다. 결국, 침체 우려 속에서도 이를 불식시키는 성장을 보여주는 기업은 투자자들의 선택을 받고 종국에는 시장 지배자로 등극할 전망이다.

자산 시장 어떻게 되나 **주식 시장 ① 코스피 주도주**

기업 이익 '회복'의 길…반도체 올라타라 성장주 '랠리' 가능…기회 잡아야

노동길 신한투자증권 투자전략부 연구위원

2024년 코스피를 관통하는 하나의 키워드는 '회복'이다. 주식 시장 투자자들이 선호하는 기업 이익과 제조업 경기 회복세를 2024년 가장 큰 특징으로 볼 수 있을 듯하다.
2023년 코스피 EPS(주당순이익)는 전년 대비 15% 내외 하락할 전망이다. 주식 시장 주도주가 이익 전망 감소 국면에서 할인율이나 국제 정세에 민감하게 반응했던 이유다.
2024년은 다르다. 현재 컨센서스는 2024년 EPS 상승률을 56.7%로 형성했다. 2023년 기업 이익 감익이 있었던 만큼 회복세도 다른 국가와 주식 시장을 압도할 전망이다. 2024년 주도주는 턴어라운드하는 업종에서 나타날 공산이 크다. 문제는 컨센서스 신뢰성이다. 신뢰성을 검증해보기 위해서는 우선 이익 개선 주도 업종을 파악해야 한다. 결론만 놓고 보면 역시 제조업 중심이다.
2024년 코스피 영업이익 증가율 전망치는 54.7%다(에프앤가이드 기준). 가장 눈에 띄는 업종은 반도체, 유틸리티, 디스플레이다. 2023년 적자를 딛고 2024년 흑자로 전환하는 가장 대표적 턴어라운드 업종군이다. 핵심은 반도체다. 반도체는 2024년 영업이익 증분 중 49.5%를 차지한다. 다른 한 축은 유틸리티다. 유틸리티 영업이익 증분 비중은 13%로 반도체에 이어 두 번째로 높다.
이익 증가율 관점에서 가장 앞서 있는 업종군은 조선, 화학, IT 하드웨어, 호텔·레저, IT 가전 등이다. 여기에서 이익 증분 비중이 높아 이익 개선을 유의미하게 해석할 수 있는 업

2024년 KOSPI 이익 증가율 전망치 〈단위:%〉

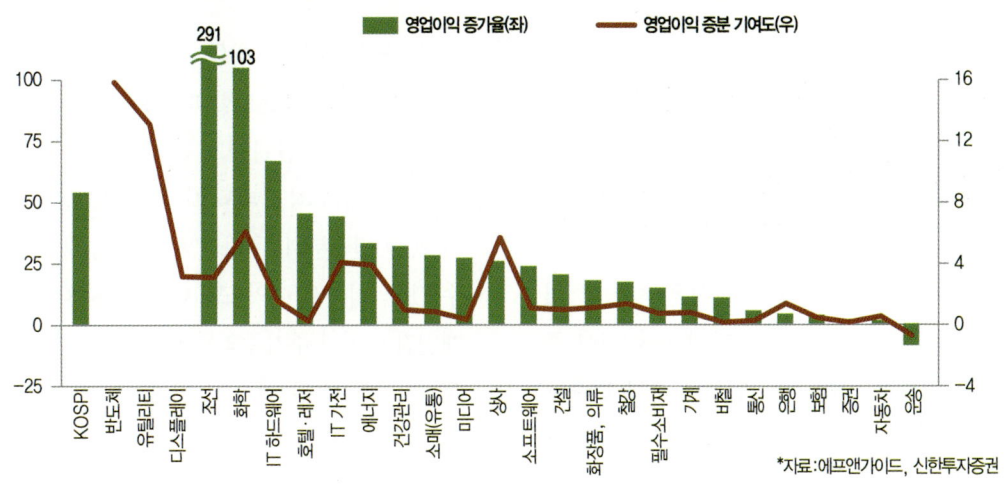

*자료: 에프앤가이드, 신한투자증권

종은 화학, IT 가전이다. 2차전지 밸류체인 종목군은 2023년에 이어 2024년에도 높은 수준 성장세를 구가할 가능성이 높다. 금리와 미래 전망 약화에 따른 흔들림 과정을 겪었던 바 있으나 막대한 Capex(자본적 지출) 확대에 따른 이익 전망은 유효한 셈이다. 에너지, 헬스케어도 30%대 이상 영업이익 증가율을 기대할 만한 업종군이다. 반면 운송, 자동차, 금융(증권, 보험, 은행)은 올해 양호한 실적에 따른 기저 효과로 이익 개선 속도를 유효하게 보기 어렵다.

한국 제조업 재고 순환 지표 반등 고려하면 2024년 이익 전망 신뢰성 높아

문제는 신뢰성이다. 신뢰성을 우려하게 할 만한 요소는 많다. 더딘 반도체 업황 회복, 공급 측 유가 상승 요인 확대, 고금리 환경 등이다. 다만 2023년 이익 전망치가 흔들렸음에도 2024년 전망이 어둡지 않다. 2024년 이익 전망이 견고하게 유지된 덕에 코스피 12개월 선행 EPS는 2023년 말을 경유해 2024년에도 우상향할 공산이 크다. 잡음은 무성하나 본질이 달라지지 않았다는 해석이 가능하다. 제조업 경기가 순환적으로 반등할 수 있다는 믿음일 테다.

한국 제조업 재고 순환 지표는 2023년 6월부터 반등하기 시작했다. 제조업 재고 순환 지표는 제조업 판가와 물량 모두에 영향을 줄 수 있는 가장 중요한 지표다. OECD 경기선행지수 내 구성 항목인 관계로 유사한 패턴을 보인다. 한국 경기선행지수는 이미 2023년 3월부터 반등했다. 국내 제조업 경기 상황만 놓고 보면 기업 이익 전망을 신뢰할 만하다. 문제는 반도체다. 반도체 재고 출하 순환도가 저점에 위치하고 있으나 여전히 재고 감소에 따른 반등 가능성을 뚜렷히 드러내지 못하고 있다. 관건은 중국 제조업 경기 회복 여부다. 중국 제조업 서베이 개선세를 고려하면 2024년 상반기 회복세를 높은 확률로 기대할 만하다.

**이익과 업종 수익률 고려 시 핵심은
반도체 중심 IT와 유틸리티 + 경기민감주**

주식 시장 투자자들이 '당연'에 가까울 정도로 받아들이지만 '간과'하기 쉬운 사실이 있다. 이익과 업종 수익률 간 관계다. 이익이 좋아지는 업종을 골라낼 수 있으나 다른 변수도 챙겨야 한다. 유동성 증가 국면에서는 기업 이익보다 성장-가치 스타일을 중요하게 판단할 수 있다. 경기 침체 국면에서는 이익 전망보다 기업 기초체력인 '퀄리티(질적인)' 요소들을 주목할 수 있다. 다만 2024년 주식 시장 키워드 중 핵심이 '회복'에 있는 만큼, 턴어라운드하거나 이익 성장세가 앞서 있는 업종에 우선 주목해야 한다. 이익을 신뢰할 수 있다면 주도주는 이익이 좋아지는 기업이 될 것이다.

과거 사례에서도 관찰할 수 있다. 코스피 전체 이익이 턴어라운드할 때 업종 이익 모멘텀과 수익률 간 상관관계가 높았다.

이익 모멘텀이 최근 바닥이었던 2016년 3분기와 2020년 2분기 두 차례 사례를 통해 파악할 수 있다. 기준은 이익 모멘텀 바닥 시점 이후 6개월간 이익과 주가수익률이다. 2016년 4분기 턴어라운드 직후 업종 EPS 상승률과 수익률 간 상관계수는 0.5를 소폭 웃돌았으나 우상향하는 산포도 분포를 보였다. 2020년 3분기 턴어라운드 직후 EPS 상승률과 업종 수익률 간 상관계수는 0.8에 달했다. 산포도 기울기는 앞선 2016년보다 더 높아졌다. 당시 시장 상황이 유동성 완화에 따른 상승 국면이었음을 고려하면 미뤄 짐작할 수 있는 결과다. 중요하게 볼 수 있는 점은 이익 턴어라운드 국면에서 업종 수익률을 결정했던 중요 변수도 이익이었다

2016년 4분기 · 2020년 3분기 턴어라운드 이후 6개월 수익률 산포도

〈단위:%〉

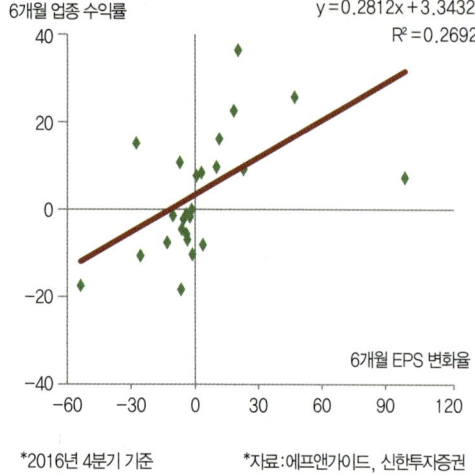
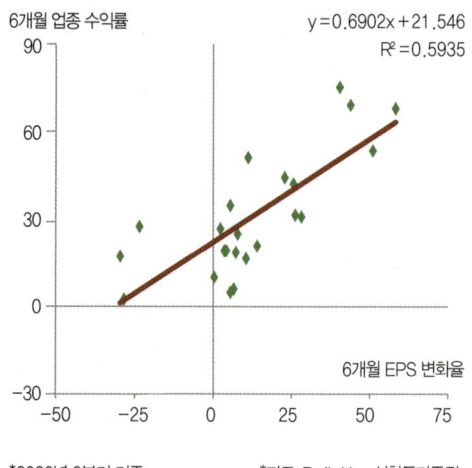

*2016년 4분기 기준　　*자료:에프앤가이드, 신한투자증권　　*2020년 3분기 기준　　*자료:Refinitiv, 신한투자증권

는 사실이다. 이익 모멘텀이 현재 바닥은 지났으나 횡보하고 있는 국면이다. 코스피 업종 이익은 2023년 4분기를 저점으로 2024년 상반기부터 본격 반등세에 나설 공산이 크다. 6개월간 과거 수익률 분포를 고려했을 때 우선 주목할 변수는 이익이다. 2024년 턴어라운드에 집중할 수 있는 대상은 반도체 중심 IT와 유틸리티 섹터다. IT 섹터의 내년 이익 증가율은 코스피 내에서 가장 높다. 유틸리티도 적자 늪에서 돌아온다. 유가 영향에 따라 적자 탈피 시점은 달라질 수 있다. 소재, 산업재 등 민감주도 올해 감익을 딛고 일어선다. 헬스케어 이익 규모는 상대적으로 작지만 마찬가지 궤적이다. 반면 경기 소비재, 금융은 다소 밋밋한 성장세를 보일 듯하다.

전체 이익 관점에서 보면 전통적인 성장주와 가치주가 고루 분포돼 있다. 이익만 놓고 보면 성장주와 가치주 간 이분법적 스타일 전략이 뚜렷한 주도주 구도를 만들어내지 못할 공산이 크다. 다만 2023년 하반기 시장금리 상승에 따라 글로벌 주식 시장 전반에서 성장주가 상대적으로 약세 흐름을 나타냈다. 이를 고려하면 가격 부담을 덜어낸 성장주에서도 기회가 있다. 2024년 크게 두 차례 성장주 반등 기회가 있을 것으로 판단한다.

첫 번째는 공급 측 유가 상승 요인이 정점을 통과한 직후 시점이다. 외국인 투자자는 공급 측 요인 유가 상승 국면에서 한국 주식 시장을 대규모 순매도했던 바 있다. 해당 구간에서 마진 하락 압력과 외국인 자금 이탈 등 이중고에 처한 업종은 시장 수익률을 밑돌 수밖에 없었다. 대표적인 것이 반도체와 2차전지다. 과거 공급 측 유가 상승 요인이 현재 예상대로라면 2024년 초 약화할 공산이 크다. 해당 구간에서는 이익 턴어라운드 관점보다 수급 관점에서 접근해볼 필요가 있다. 해당 구간에서 가장 피해가 컸던 반도체, 2차전지 등 시가총액 상위 대형주에 주목해볼 필요가 있다. 과거 공급 측 유가 상승 요인이 정점을 통과한 후 헬스케어, 커뮤니케이션, IT 등 성장주 섹터군이 상대수익률 개선세를 보였던 점도 중요하다. 두 번째는 2024년 하반기 경기 둔화 구간이다. 해당 구간에서는 고용 지표 약화와 인플레이션 압력 완화에 따른 기준금리 인하를 기대할 수 있는 시점이다. 현재 컨센서스는 2024년 4분기로 크게 지연됐으나 향후 지표에 따라 시점이 앞당겨지거나 더 늦춰질 가능성이 있다. 중요한 사실은 기준금리 인하 시점과 맞물리거나 그보다 앞선 시점에서 성장주들이 상승할 수 있다는 점이다. 코스피 내 성장주들이 갖고 있는 고점 대비 낙폭을 감안하면 '회복'을 충분히 예상할 수 있다.

두 차례로 예견되는 성장주 개선 구간을 제외하면 나머지 대부분 시간은 '이익 모멘텀'에 달려 있다. 반도체 중심 IT와 유틸리티를 핵심 포트폴리오로 삼는 동시에, 제조업 경기 반등 국면에서 수혜를 볼 경기민감주에서 2024년 주도주를 엿볼 수 있다. ■

자산 시장 어떻게 되나 **주식 시장 ❷ 나스닥**

빅테크 'M7' 생산성 혁신 주목
고금리 시대에도 '믿을맨' 활약

김중원 현대차증권 리서치센터 상무

2023년은 긴축이라는 비가 쏟아진 뒤 맑은 하늘에 대한 기대를 안고 시작한 한 해였다. 실물경제를 비롯한 매크로 환경은 그 기대에 부응했다. 미국의 견고한 소비 지표는 미국 경제와 증시 하단을 지지하고 있으며, 엔비디아를 중심으로 하는 파괴적인 기술 혁신은 새로운 반도체 수요를 창출하고 먼 미래일 것 같던 생성형 AI를 우리 눈앞으로 가져왔다. 하지만 동시에 전례 없는 긴축 정책과 고금리의 그림자가 길게 드리운 한 해기도 했다. 파월 의장은 잭슨홀 미팅에서 폴 볼커의 고금리 정책을 물가 안정을 견인한 성공적인 통화 정책으로 평가했다. 1970년대 석유 파동과 스태그플레이션의 역사적 교훈을 잊지 않으려는 모습을 보였다.

2024년 긴축 사이클 종료 기대감

그럼에도 불구하고 2024년에는 금리 인상의 끝에 도달할 것으로 판단한다. 2023년 9월 FOMC에서 미 연준은 기준금리를 동결했지만 연내 금리 인상 가능성을 언급했다. 그럼에도 시장 참여자들은 2023년 11월 금리 동결 가능성을 80% 이상으로 보고 있다. 무엇보다 근원물가지수(Core CPI·PCE)의 디스인플레이션(물가 상승세 둔화)이 지속되기 때문이다. 최근 유가(WTI·서부텍사스원유)는 배럴당 90달러를 웃돌며 연중 최고점을 기록했으나 앞으로 배럴당 100달러를 넘는 상황은 어렵다고 판단한다. 높아진 국채 금리에 따른 지속적인 경기 침체 우려가 부각되지만

미국 기준금리 추이

<단위:%>

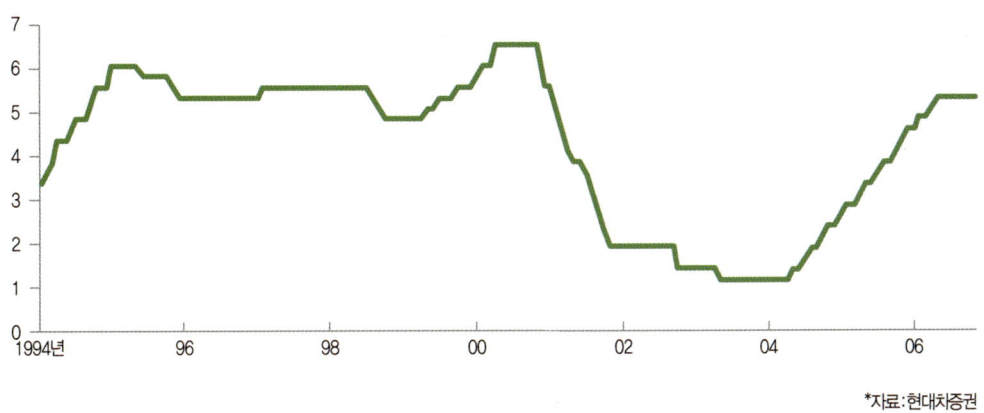

*자료:현대차증권

역설적으로 이런 상황이 물가를 자극하기는 힘들기 때문이다.

또한 우려보다 미국 금리 인하 시점이 빨라질 수 있을 것이다. 현재 컨센서스는 2024년 미 연준이 기준금리를 2.5회 인하하고 미국 경기는 2024년 2분기 경기 저점을 형성할 것이라는 전망이다. 하지만 2023년 11월 예정된 미국 대선을 고려했을 때 연임을 생각하는 바이든 대통령에게 2024년 상반기 경기 저점은 상당히 부담스러울 수밖에 없다. 현재 옐런 재무장관이 1995년 당시 연준 위원으로 클린턴 전 대통령의 재선을 앞두고 같은 해 7월 '보험적' 성격이 강한 금리 인하를 단행한 것처럼 2024년 하절기에 유사한 성격의 금리 인하가 기대되는 이유다.

그렇다면 높아진 금리 환경 속에서 증시는 어떠했고, 앞으로 어떻게 될까?

2023년은 기술주를 비롯한 성장주 활약이 돋보였다. 나스닥은 2023년 연초 대비 26.3%(2023년 10월 5일 기준) 상승하며 미국 S&P500지수(연간 11.4% 상승) 대비 양호한 성과를 기록 중이다. 미래 현금흐름에 대한 높아진 할인율에도 불구하고 새로운 기술 혁신은 끊임없이 이어지고 있으며 이 중심에 매그니피센트 7(Magnificient 7·M7)이라 불리는 대형 기술주(애플, 마이크로소프트, 아마존, 알파벳, 엔비디아, 테슬라, 메타)가 있다.

생성형 AI, 대형 클라우드 서버 등 높은 연산 처리 능력을 요구하는 흐름 속에서 엔비디아의 GPU 수요는 끊임없는 확장세를 맞이하고 있다. 2023년 7월 말 엔비디아의 2024 회계

자산 시장 어떻게 되나 **주식 시장 ❷ 나스닥**

나스닥지수 추이
〈단위:pt〉

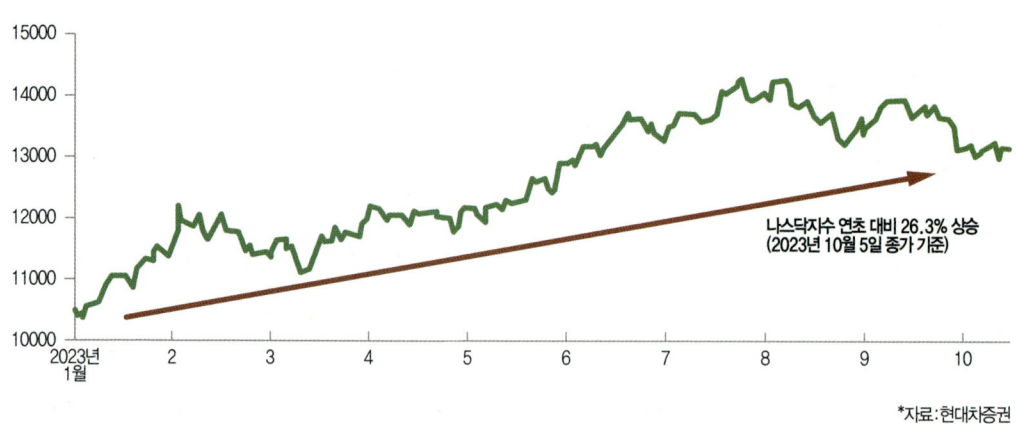

나스닥지수 연초 대비 26.3% 상승
(2023년 10월 5일 종가 기준)

*자료: 현대차증권

연도(2023년 2월~2024년 1월) 예상 주당순이익(EPS)은 7.95달러 선이었으나 최근 10달러 이상으로 상향 조정되기도 했다. 지난 2023년 5월에는 매출액 가이던스 서프라이즈를 내놔 주가가 26% 급등했다.

고금리 시대에도 나스닥 기술주 맹활약 기대감
엔비디아를 비롯한 나스닥 기술주들 활약은 2024년에도 충분히 기대 가능하다.
무엇보다 고금리 기조가 당분간 지속되더라도 거시적인 산업 구조는 기술 혁신이 집중되는 산업을 중심으로 재편될 가능성이 높다. 자금 조달이 수월하지 않다 보니 수익성이 높은 투자 쪽으로 자금이 재분배되면서 생산성이 증가하는 구조로 변화한다는 의미다. 노동 투입 비용 비중이 낮은 지식 집약 산업 약진이 기대되는 이유다. 게임 등 소프트웨어 산업, 배터리, 바이오, 반도체, 드론 등 디지털 군수 산업, 전기자동차 등 신성장 산업 중심으로 산업 구조가 전환될 것이라 판단한다.

이는 재무적으로 주식 밸류에이션 모형인 잔여이익모형(Residual Income Model·RIM)을 통해서도 판단할 수 있다. RIM은 주식 가치를 현재 기업의 순자산 장부 가치와 미래 잔여이익((ROE-r)*순자산 장부가)의 함수로 고려하는 모형이다. 기업이 자본(타인 혹은 자기자본)을 조달해 사용하는 비용보다 더 많은 수익을 내는 것을 잔여이익이라 부른다. RIM 모델은 잔여이익이 지속적으로 발생한다는 것을 가정하고 현재 자산에 초과 수익 가치를 더해 기업가치를 평가하는 기법이다.

슈퍼컴퓨팅을 필두로 한 기술 혁신은 반도체를 비롯한 새로운 수요를 일으키고 ROE(자기자본이익률)의 개선과 이에 따른 잔여이익 증가로 이어질 것으로 기대를 모은다.

또한 성장성을 고려하는 주가배수인 주가이익성장비율(PER을 미래 성장률 G로 나눈 개념·PEG)을 고려해볼 수도 있다. 기술주를 달리 볼 수 있는 재무 지표로 증시에서 널리 쓰이는 PEG는 PER을 기업 성장률 G로 나눈 값이다. G로는 3년 예상 EPS의 평균 성장률을 활용한다. 즉, PEG는 성장 한 단위당 PER의 수준을 보여주는 것이다. PEG가 작을수록 상대적으로 저평가된 성장주다.

골드만삭스에 따르면 해당 종목의 성장성을 고려 시 M7 종목 PEG는 1.3배로 이는 6년래 최저치다. 이런 이유에서 2023년 증시를 이끌었던 나스닥을 비롯한 기술주는 2024년 긴축 종료 사이클과 금리 인하 기대감을 타고 더욱 약진할 것으로 예상한다.

2023년 주요 기술주 수익률
단위: 달러, %

구분	2022년 12월 30일 종가	2023년 10월 5일 종가	수익률
애플	129.93	174.91	34.6
마이크로소프트	239.82	319.36	33.2
아마존	84	125.96	50
알파벳	88.23	135.07	53.1
엔비디아	146.14	446.88	205.8
테슬라	123.18	259.98	111.1
메타	120.34	304.79	153.3

*자료: 현대차증권

2024년 나스닥 시장에서는 고금리에도 불구하고 지속적인 혁신을 이뤄내는 하이테크 기업이 각광받을 전망이다. (게티이미지뱅크 제공)

자산 시장 어떻게 되나 **주식 시장 ❸ 더 진화하는 ETF**

테마주 넘어 구조화 ETF로 진화
AI·반도체·원전주 담은 ETF 돋보여

박승진 하나증권 리서치센터 글로벌투자분석실 수석연구위원

글로벌 ETF 시장은 상승세다. 2018년까지 4조8000억달러에 머무르던 글로벌 ETF 시장은 5년 사이 2배 이상 성장했다. 그 결과 2023년 기준 10조7000억달러 수준까지 커졌다. ETF 시장의 가파른 성장 이유는 다양하다. 예상치 못한 개별 기업 리스크에 대한 노출을 피할 수 있고, 상대적으로 거래가 편리하다는 장점이 작용했다. 국내외 정보를 얻기 쉬운 환경이 조성되며 투자자들이 주체적이고 다양한 전략 수립을 위해 ETF를 투자 대상으로 선택하는 사례가 늘었다.

커버드콜 ETF, 만기매칭 채권형 ETF 등 등장

글로벌 중앙은행들의 긴축 영향이 확대되는 과정에서 ETF 시장 분위기도 변화해왔다. 팬데믹 국면 진입 직후 금융 시장 유동성 장세가 확산되던 시기(2020~2022년 초)에는 다양한 종류의 테마 ETF가 주류를 이루며 수급과 트렌드를 이끌어갔다. 금리 인상이 시작된 이후(2022년 하반기부터 본격화)로는 자산 가격 변화와 더불어 안정적인 수익 확보나 차별화 전략에 대한 필요성이 더 반영됐다. 이에 높아진 고정 수익과 변동성에 대응하는 ETF가 많은 관심을 받았다. 커버드콜 ETF, 단일 종목 ETF 같은 구조화 ETF와 만기매칭 채권형 ETF 등이 이런 흐름 가운데 나타난 대표 종목군이다. 이런 흐름 속에서 지난 2021년부터 2022년 상반기까지만 109개의 테마 ETF가 상장됐다. 이후 테마 ETF 신규 상장이 급감하며 2023년 9월까지 20개

의 테마 ETF가 상장됐다.

연준의 '고금리 장기화' 기조가 유지되는 가운데 2024년 역시 쉽지 않은 금융 시장 환경이 이어질 것으로 보인다. 경제 부담이 커지고 있으나, 유례없는 재정 지원으로 물가 수준이 기대만큼 빠르게 안정되지 못하고 있다. 주가지수 전반에 걸친 상승을 기대하기보다는 개별 모멘텀을, 채권 시장 자본 차익보다는 이자 수익에 주목하게 하는 시장 분위기로 연결될 가능성이 높다. 다만, 긴축 이전 팬데믹 국면과는 다른 스타일의 테마형 ETF 장세가 펼쳐질 것으로 예상된다. 유동성 장세에서 나타나는 무차별적인 장기 성장 테마들의 강세보다, 재무건전성이 좋고 실적이 명확한 대형주 중심 개별 섹터와 테마에 대한 선별적 관심이 부각될 가능성이 높다.

AI·반도체 기업 ETF는 인기 이어져 주목

성장성이 돋보일 대표적인 테마는 2023년에도 꾸준히 관심을 받은 AI, 반도체다.

챗GPT 등장(2022년 11월 출시) 이후 AI 산업 수익화 작업이 속도를 내고 있다. AI는 관련 비즈니스를 직접적으로 다루고 있는 마이크로소프트, 구글 같은 테크 기업뿐 아니라 유통, 자동차, 의료, 우주항공 등 다양한 분야로 영향력을 확장해나가고 있다. 이미 AI 시장 규모는 향후 10년 동안 20배 가까이 성장할 것으로 예상된다. 반도체 기업인 엔비디아를 비롯해 빅테크 기업들의 클라우드, 데이터센터 부문 실적 추이와 가이던스를 통해서도 AI 산업의 성장이 증명된다.

이미 다양한 AI·로봇 관련 ETF가 상장됐고, 또한 새롭게 등장한다. 미국 상장 ETF의

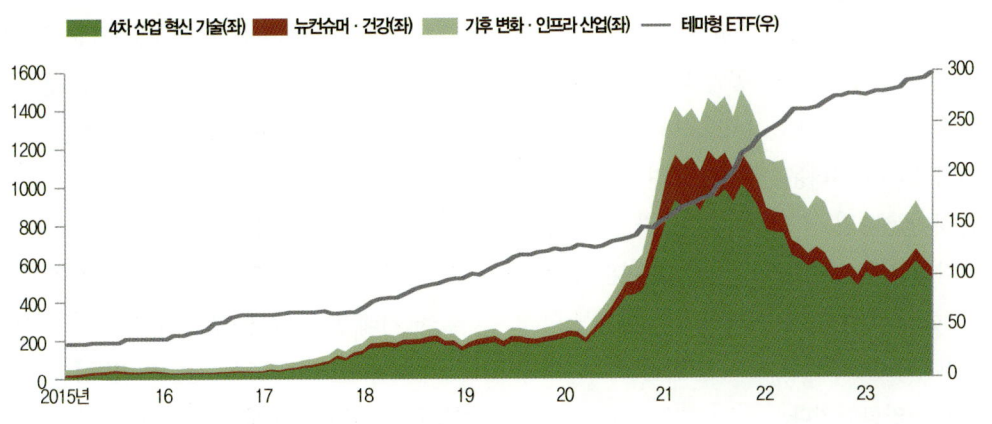

테마 ETF 시장의 성장 경로: 시가총액과 상장 ETF 수 변화 〈단위:억달러, 개〉

*자료:Bloomberg, Global X, 하나증권

경우 BOTZ, ROBO, AIQ, IRBO가, 국내 상장 ETF 중에는 'TIMEFOLIO 글로벌AI인공지능액티브'와 'TIGER 글로벌AI&로보틱스'가 시가총액(유동성)이 높은 편이다.

BOTZ는 시가총액이 가장 큰 대표 글로벌 AI·로봇 ETF다. 'TIGER 글로벌AI&로보틱스'는 BOTZ와 동일한 기초지수를 사용하는 국내 상장 ETF다. ROBO는 동일 가중 방식으로 종목을 구성하기 때문에 중소기업 비중이 더 커지는 특징을 갖고 있다. IRBO는 홍콩, 대만 등 신흥국 상장 종목을 23% 가까이 편입하는 ETF라는 점을 투자 시점에서 고려할 필요가 있다. 글로벌 반도체 ETF는 SMH, 국내 반도체 ETF로는 'KODEX Fn시스템반도체'를 활용해 투자할 수 있다.

미국 공화당·민주당 국회의원 보유 종목 담은 ETF '이색'

2024년 눈여겨볼 만한 대형 이벤트 중 하나는 미국 대통령 선거다. 공약과 관련된 정책 모멘텀이 부각될 수 있어서다. 아직 우세 후보를 예상하기 어려운 상황을 고려해 공통분모를 찾아본다면, 리쇼어링 이슈가 다시 한번 부각될 가능성이 높다. 미국 내 여론을 긍정적으로 움직일 수 있는 대표적인 정책 방향이라서다. IRA와 반도체 지원 법안도 리쇼어링 정책의 일환이었다.

다만 양당이 추구하는 방법론(감세, 재정 등)에는 차이가 있다. 따라서 정책 교집합을 고려했을 때, 우선순위로 인프라 산업을 살펴볼 필요가 있겠다. 일례로, 2023년 8월 발생한 하와이 마우이섬 대형 화재 원인으로 노후화된 송전 전력망(미국 송전 설비 30%가 사용 연한 한계 근접)이 언급된다. 이런 점을 고려하면 인프라 투자의 타당성은 어렵지 않게 공감대를 형성할 수 있다.

금리가 고점을 향해 가고 있다는 점을 고려하면, 자금 조달 어려움으로 각종 인프라 프로젝트들이 겪었던 수익성 악화도 나아지리라고 본다. 관련 ETF로는 RSHO, PAVE와 같은 종목을 살펴볼 필요가 있겠다.

RSHO는 장기적인 관점에서 리쇼어링으로 수혜를 입을 수 있는 공급망 고도화, 산업구조 개편 수혜 기업들을 편입하는 ETF다. PAVE는 미국의 인프라 테마 ETF로 소재, 건설 장비, 산업재 운송, 엔지니어링 관련 기업을 편입한다.

한편, 미국에 상장된 정치 테마 ETF 중에는 틈새 전략으로 활용할 만한 재미있는 종목도 있다. 국회의원 보유 종목으로 구성된 ETF도 상장됐다.

미국 의회 주식 거래 규정에 따르면, 국회의원은 본인 혹은 배우자가 1000달러 이상 주식을 거래한 경우 45일 이내에 해당 정보를 공개해야 한다. 평균 10~20일 정도 시차를 두고 정보가 공개되는데, 이들 종목을 활용한 ETF가 있다. NANC는 민주당 의원,

KRUZ는 공화당 의원 보유 종목으로 구성된 ETF다. NANC는 기술주 비중이 높고, KRUZ는 상대적으로 금융과 에너지 업종 비중이 높다. 각 정당 정책 성향과 연관성을 갖는 구성이다.

여론 지지율을 살펴보며 상기 ETF에 투자하거나 포트폴리오의 구성 종목을 활용하는 전략도 새로운 접근 방법이 될 수 있겠다.

흔들리는 원유 시장…원전 ETF는 어떨까

원전 ETF도 꾸준히 관심권에 둘 만한 테마다. 지난 2022년 2월부터 지속되고 있는 러시아-우크라이나 전쟁과 2023년 10월에 갑작스럽게 시작된 이스라엘-하마스 간 전쟁까지, 예상하지 못한 유가 불안 요인들로 글로벌 경제가 압박받는 모습이 반복된다. 원유 시장 공급 변수는 각 정책당국이 제어하기 어렵다. 에너지 공급과 탄소 절감 목표를 모두 달성하기 위해, 안정성이 보완된 SMR(소형 모듈 원자로)을 중심으로 원전 수요가 재부각될 수 있는 주요 배경이기도 하다. URA나 URNM, 'KBSTAR 글로벌원자력'과 같은 종목이 대표적인 원전 관련 국내외 상장 ETF다.

만기매칭 채권형 ETF 역시 고금리 환경 아래 관심을 갖고 살펴볼 만한 카테고리의 ETF 종목군이다. 일반적인 채권형 ETF는 종목의 목표 듀레이션이 설정돼, 시간이 지나 기존에 편입돼 있던 보유 채권 만기가 짧아질 경우 포트폴리오 내에서 조정이 이뤄진다. 이로 인해 만기 투자를 통한 채권의 액면 금액 확보가 불가하다는 약점이 있다. 반면 만기매칭 채권형 ETF는 채권 본연의 특징을 유지해 만기수익률(YTM)의 이자를 확보한다. 설정된 기한이 오면 해당 종목이 상장폐지되고 원금까지 지급받는 형태의 ETF다. 채권의 상대적 안정성과 ETF의 거래 편의성을 결합한 형태라고 할 수 있다. 높은 수준의 금리를 활용해 포트폴리오 고정수익률을 확보할 수 있는 투자 대상이 되겠다.

이외 다양한 테마 ETF들이 국내외에 상장돼 있다. 경제 상황과 무관하게 꾸준한 성장이 기대되는 AI와 반도체, 친환경, 바이오테크 부문 대표 10개 기업에 집중하는 'TIGER 글로벌혁신블루칩Top10'이 대표적이다. 상기 종목들과는 성격이 조금 다르지만 높은 배당수익률을 유지하는 기업으로 구성된 'ACE 미국배당다우존스' 같은 종목도 관심을 가져볼 만한 ETF들이다. 2023년 8월에 상장된 'KBSTAR 2차전지TOP10인버스'의 경우 2차전지 대표 종목에 대한 쇼트 포지션 구축을 통해 가격 조정 대응과 리스크 헤지를 가능하게 해줬다는 점에서 눈길을 끈다.

테마 ETF에서 구조화, 인컴형 ETF로, 그리고 다시 테마형 ETF로 관심이 전환되며 시장 주류는 변한다. 하지만 ETF 시장 성장 추세는 쉽게 꺾이지 않을 것이라는 점은 분명하다. ■

자산 시장 어떻게 되나 **주식 시장 ❹ 반등세 보이는 IPO**

상장 건수 '맑음'·공모 규모는 '흐림'
AI 인프라·로봇항공·헬스케어 '짱'

이병화 신한투자증권 기업분석부장

2023년 IPO 시장은 회복 기조가 뚜렷했다. 상장 건수는 '맑음', 공모 규모는 '흐림'으로 요약할 수 있다. 연초에는 기대보다 우려가 컸다. 거시경제(매크로)의 불확실성, 고객 예탁금과 공모주 펀드 설정액 감소로 투자 환경이 녹록지 않았다. 다만 생각보다 빨랐던 '따상' 출현으로 공모주 시장 투자 심리는 빠르게 개선됐다.

상반기 특례상장 비중이 50%를 넘어서며 코스닥 중심으로 IPO 시장이 활발하게 움직였다. 다만 공모 금액은 2022년 상반기 13조7000억원에서 2023년 상반기 1조3000억원으로 크게 축소됐다. IPO 시장이 미완의 회복이라는 평가가 나올 수밖에 없다.

이는 1) '대어급' 대비 투자 부담이 적은 중소·중견급 중심으로 연초 IPO 시장이 형성됐고 2) IPO 성공을 위해 보호예수 비중 확대를 비롯한 유통 물량 축소 노력 3) 수요예측 성공을 위해 공모 가격을 낮췄던 결과로 풀이된다. 무리한 가격을 고수하지 않으면서, 기업과 시장 참여자들이 합리적인 공모 가격에서 접점을 찾았다고 볼 수 있는 대목이다.

6월 말 시행된 신규 상장 기업의 상장 당일 공모가 가격 변동폭 확대 역시 투자 심리 개선에 한몫을 담당했다. 가격 변동폭이 63~260%에서 60~400%로 확대되며 공모가의 4배를 기록하는 IPO 기업 탄생이 가능해졌다. 꿈이 현실이 되는 IPO 시장을 대변하는 정책이지만, 과열 논란과 변동성 확대는 지켜볼 부분이다.

2023년 월별 상장 주식 수

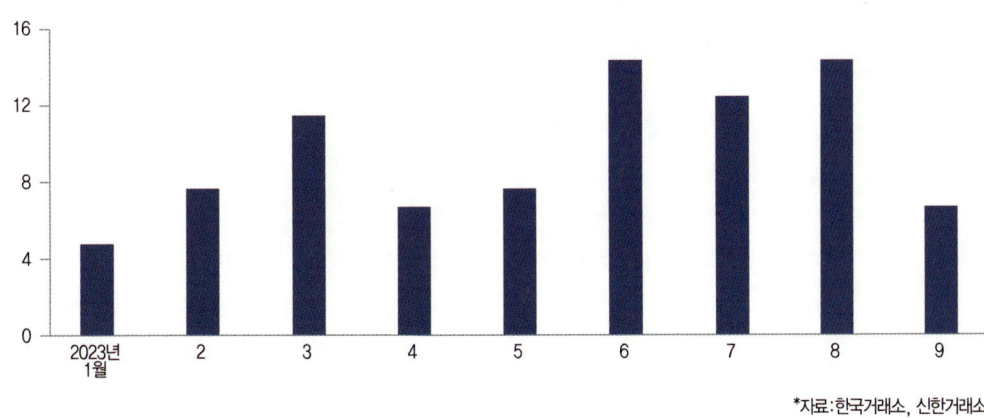

〈단위:개〉

*자료:한국거래소, 신한거래소

상반기 IPO 회복 기조가 이어졌지만, 이전 상장과 스팩 제외 시 코스피 상장 건수가 '0'이다. 이 점에서 시장의 완전한 회복을 말하기는 이르다. 두산로보틱스와 SGI서울보증보험 등 코스피 IPO 재개는 정상화 단초로 풀이된다.

2023년 IPO 시장은 역대급 호황이었던 2021년을 제외하면 공모 건수는 평균치를 웃돌 것으로 예상된다. 공모 기준으로 2021년, 2022년 각 118개 기업이 신규 상장했다. 2017~2020년 평균 93.8개 대비 높은 수치다. 2023년은 상반기 49개를 기록했다. 상장 예정 기업 일정을 감안하면 한 해를 통틀어 90개를 넘어설 전망이다. 8월 넥스틸을 시작으로 코스피 IPO 시장이 열렸다는 점도 주목할 만한 대목이다. 이처럼 공모 건수는 평균치에 부합하거나 웃돌 게 확실하다. 다만 공모 규모는 2021년 20조7000억원, 2022년 16조4000억원 대비 크게 낮아질 전망이다. 2023년은 4조원 중후반 공모 규모를 예상한다. 이는 2017~2020년 평균 5조1000억원 대비 낮은 수치다.

2021년 '최대 호황' 2022년 '하락세' 2023~2024년 '반등기'

2024년 IPO 시장은 2023년과 유사한 분위기가 이어질 듯 보인다. 최대 호황이었던 2021년, 하반기 하락세를 보여준 2022년에 이어 2023년과 2024년은 '반등'의 그림을 그릴 것으로 전망한다.

관심은 양보다 질이다. 고금리 기조와 경기 불확실성 우려 속에서 IPO 시장만 호황일

자산 시장 어떻게 되나 주식 시장 ❹ 반등세 보이는 IPO

주요 IPO 종목
단위:원

시장	기업명	추정 기업가치	주요 사업
코스피	에이피알	1조	뷰티 디바이스 판매
코스닥	에코아이	4000억	탄소배출권 컨설팅
코스피	에코프로 머티리얼즈	2조~3조	2차전지용 전구체 제조
코스닥	큐로셀	4000억~5000억	면역세포 활용 항암제 개발
코스닥	에이직랜드	2000억	반도체 설계 지원
코스닥	블루엠텍	2000억	의약품 이커머스 플랫폼
코스닥	오상헬스케어	3000억	바이오센서, 혈당측정기 제조
코스닥	컨텍	2300억	우주지상국 시스템 솔루션
코스닥	LS머트리얼즈	4000억~5000억	울트라커패시터 생산
코스닥	자비스앤빌런즈	4000억~5000억	세무회계 플랫폼 운용
코스닥	현대힘스	3000억	선박블록, 배관 도장 생산

*자료: 신한투자증권

수는 없다. 공모 건수 등 양적으로는 2023년 기조가 유지될 듯 보인다. 하지만 대어·유니콘급 기업을 소화할 만큼의 질적 회복을 기대하기에는 투자 환경이 만만치 않다.

호황-불황-회복을 거치며 2021년 전후 유니콘 기업의 흥망성쇠가 뚜렷하다. 팬데믹 시절 유니콘 리스트에 절대 강자였던 O2O, 전자상거래, 중개 플랫폼, ICT 기업들은 그 몸값을 대폭 낮추는 추세다. 이는 주식 시장과도 동조화되는 흐름이다. 상장 피어(Peer)그룹 밸류에이션은 대폭 낮아졌다. 발행 시장의 높은 몸값이 주식 시장으로 이어질 수 없는 구조가 확연하다. 기존 투자자 출구 전략과 자금 조달이 필요한 기업 입장에서는 답답한 투자 환경이다.

2023년 IPO 시장의 회복 키워드는 '시장 친화적인' 상장 전략이었다. 2024년도 마찬가지다. IPO 건전성 제고 방안과 기술특례상장제도 개선, 가격 변동폭 확대 등 다양한 제도가 취지에 맞게 자리매김할지가 중요한 관전 포인트다. 여기에 더해 합리적인 공모 가격대가 형성된다면 IPO 시장은 시장 참여자에게 매력적일 수 있다. 벤치마크 편입, 공모 수량 제한, 적정한 가격이 관전 포인트다. 이렇게 우호적인 분위기가 형성된다면 상장을 미뤄왔던 대어급, 유니콘급 기업 IPO가 이어질 수 있다. 공모가 상단 이상과 하단 이하로 분명히 나뉘는 '양극화' 양상은 당분간 지속될 것이다. 이에 상장 피어그룹과의 밸류에이션 비교가 중요하다.

지속 성장·미래 유망 산업 IPO에 집중
AI 인프라·헬스케어·로봇항공 주목

고금리 기조 속에서 성장에 대한 갈망 역시 2024년 IPO 시장의 가장 큰 동력원이다. 가격 변동폭 확대로 '따상' 가능성은 낮아졌다. 하지만 성장 잠재력이 높은 테마와 산업에 속한 기업이 시장 친화적인 IPO 전략을 갖춘다면 높은 기대수익률을 기대해도 좋다.

기술특례상장 절차 개선으로 첨단기술 분야 기업과 중견기업이 주요 주주인 기업까지 특례상장 범위가 확대되는 점에 주목한다. '지속 성장 산업'과 '미래 유망 산업'의 IPO에 대

2017~2023년 IPO 흥행 Top10

단위: 원

년도	1위	2위	3위	4위	5위	6위	7위	8위	9위	10위
2017년	넷마블 7조8000억	스튜디오드래곤 6조7000억	진에어 5조1000억	메카로 4조4000억	필옵틱스 3조3000억	덴티움 3조	모트렉스 2조9000억	서진시스템 2조7000억	보라티알 2조5000억	신흥에스이씨 2조5000억
2018년	옵티팜 5조	JTC 4조2000억	EDGC 3조8000억	카페24 3조8000억	올릭스 3조7000억	푸드나무 3조4000억	명성티엔에스 3조1000억	머큐리 2조9000억	세종메디칼 2조8000억	엠아이텍 2조8000억
2019년	현대오토에버 5조8000억	에이에프더블유 4조9000억	에코프로비엠 4조7000억	압타바이오 4조3000억	천보 4조3000억	아이티엠반도체 4조2000억	녹십자웰빙 3조3000억	드림텍 3조3000억	셀리드 3조2000억	SNK 3조1000억
2020년	카카오게임즈 58조6000억	하이브 58조4000억	SK바이오팜 31조	명신산업 14조	교촌에프앤비 9조4000억	지놈앤컴퍼니 9조4000억	미투젠 8조7000억	파엔케이피부 7조1000억	제일전기공업 6조3000억	티엘비 6조2000억
2021년	SK IET 80조5000억	SK바사 63조6000억	카카오뱅크 59조3000억	현대중공업 55조9000억	일진하이솔루스 36조7000억	SD바이오센서 31조9000억	HK이노엔 29조	아주스틸 22조3000억	디어유 17조1000억	지아이텍 16조8000억
2022년	LG엔솔 113조8000억	성일하이텍 20조1000억	포바이포 14조2000억	비씨엔씨 13조1000억	풍원정밀 12조7000억	HPSP 10조9000억	세아메카닉스 9조1000억	퓨런티어 8조	가온칩스 7조7000억	범한퓨얼셀 7조5000억
2023년	두산로보틱스 33조	필에너지 16조	기가비스 9조8000억	알맥 8조5000억	에이엘티 7조	트루엔 5조6000억	나노팀 5조4000억	버넥트 5조	마녀공장 5조	금양그린파워 4조9000억

*자료: 신한투자증권

한 관심은 점증할 듯 보인다. 지수 탄력 감소, 금리 상승과 주가수익비율(PER) 하락으로 높아진 기대수익률은 '하이 리스크, 하이 리턴' 성향을 강화시킨다. 이로 인해 테마주의 순환매 장세가 이어질 가능성이 높다.

지속 성장 산업은 '북미 중심의 인프라 투자와 공급망 재편'이 화두다. 전력 인프라와 광대역 통신망 등 북미 인프라 재건과 관련된 기업들이 IPO 시장에서 환영받을 것이다. 미국 정부 주도 인프라 투자 모멘텀은 2024년 미국 대선 정국의 불확실성에서도 편안한 투자처가 된다. 반도체와 첨단소재는 공급망 재편과 파운드리 공정의 나노 기술 경쟁과 맞물리며 새롭게 추가되는 공정과 장비, 소재 기업들이 각광받을 것이다.

미래 유망 산업은 새로운 수요 창출과 시장이 성장하는 산업이다. 'AI 인프라' '홈뷰티 중심의 헬스케어' '로봇·항공우주'가 대표적이다. AI 인프라는 반도체 업황 회복 기대감, 예상보다 강한 AI 모멘텀을 확인하는 과정이다.

한국 반도체 생태계에서 취약한 부분으로 평가받는 팹리스 기업과 반도체 디자인 하우스에 대한 관심이 이어질 전망이다. 홈뷰티는 메디큐브로 유명한 에이피알이 2024년 상반기 IPO를 준비 중이다. 로봇과 항공우주는 호의적인 정부 정책과 대기업 주도의 투자 확산 가능성에 주목한다. 경쟁력 있는 핵심 밸류체인 업체들이 IPO 시장에 선보이며 흥행을 주도할 가능성이 높다. ■

자산 시장 어떻게 되나 **주식 시장 ❺ 가상자산**

비트코인 반감기…강세 패턴 반복할까
현물 ETF 美 증시 상장…새로운 시대

정석문 코빗 리서치센터장

가상자산 시장 침체기를 '크립토 윈터'라는 단어로 표현한다. 하지만 가격 기준으로 보면 2023년은 전혀 '윈터'가 아니다. 비트코인 가격은 연초 1만6000달러대에서 69% 상승해 현재 2만7000달러대에서 거래되고 있다(10월 9일 기준). 그럼에도 불구하고 가상자산 시장을 침체기로 보는 이유는 업계 전반적으로 활력이 떨어졌기 때문일 것이다.

이는 투기성 활동을 반영하는 '오프체인' 거래 데이터에서 가장 두드러진다. 중앙화된 가상자산 거래소 내 거래량은 1년 전에 비해 약 70% 하락했다. 30% 감소한 이더리움네트워크 트랜잭션이 보여주듯, 비투기성 활동을 나타내는 온체인 지표(블록체인상에서 이뤄지는 모든 움직임을 데이터화한 지표)도 다소 위축된 모습이다. 이처럼 상반되는 지표를 보이는 현재 상황은 가상자산 시장 고유의 요인과 매크로 변화 측면에서 설명할 수 있다.

가상자산 시장 조성자인 FTX 파산 충격
그래도 2023년 비트코인 가격 상승세

2022년 11월 발생한 글로벌 가상자산 거래소 FTX의 파산으로 가상자산 시장 마켓 메이커(시장 조성자)들은 큰 재정적 피해를 입었다. 이들은 가상자산 시장에 유동성을 공급하며 거래를 활성화하는 데 중요한 역할을 해왔는데, 이들의 활동이 축소되자 거래량이 감소했다. 엎친 데 덮친 격으로 가상자산 시장에 미국 달러의 공급처 역할을 했던 실버게이트뱅크와 시그니처뱅크가 지난 2023년 3

게티이미지뱅크 제공

월 발생한 중소은행 위기 사태 당시 문을 닫은 것도 가상자산 시장 유동성에 추가로 타격을 줬다.

반면 미 연준은 물가를 잡기 위해 2022년 초부터 급격한 긴축 통화 정책을 펼쳤다. 이는 2023년 들어 의도했던 약효(물가 증가율 감소)뿐 아니라 부작용(중소은행 위기)도 만들어냈다. 그 결과 긴축 정책의 끝이 멀지 않다는 기대감이 확산하며 나스닥 등을 포함한 위험자산 가격이 상승했고 비트코인도 이에 동참했다.

이런 시장 환경 속에서 필자가 '매경아웃룩 대예측 2023'에서 언급한 내용은 다행히도 크게 빗나가지 않은 듯하다. 당시 2023년 예측으로 '주권 국가의 비트코인 수용' '스테이블코인의 성장' '가상자산 규제의 윤곽' '현실 세계 자산(Real World Asset·RWA)과 게임 분야에서 NFT 활성화' 4가지를 언급했다.

지난 2023년 4월 주권 국가의 비트코인 수용 일환으로 중앙아시아에 위치한 부탄 왕국 국부펀드가 비트코인을 포함한 약 1억달러가량 가상자산을 운영하고 있는 정황이 언론에 보도됐다. 스테이블코인 시가총액은 지난 2022년 11월 고점인 1600억달러에서 24% 감소해 현재 1200억달러 수준이다. 그러나 이보다 더 중요한 스테이블코인의 쓰임새 자체는 2023년 들어서도 꾸준히 증가하고 있다.

2023년 스테이블코인 활성 지갑 주소는 35% 증가했다. 비(非)투기성 실제 쓰임새를 나타내는 온체인 거래 건수 또한 2022년 수준에서 꾸준히 우상향하고 있다(출처: Braven Howard Digital). 가상자산 규

자산 시장 어떻게 되나 **주식 시장 ❺ 가상자산**

**주권 국가 비트코인 수용
스테이블코인 성장
가상자산 규제 윤곽
블록체인 보급 빨라져**

제는 유럽 가상자산 시장법 '미카(MiCA)'와 한국 '가상자산 이용자 보호법'이 각 관할권의 의회 승인을 받으며 그 윤곽이 좀 더 확실해졌다. 미국에서도 루미스-길리브랜드 법안에 이어 스테이블코인 법안과 가상자산 기본법(일명 'FIT21')이 추가 제출돼 계류 중이다. NFT는 게임 분야에서 이렇다 할 성과는 아직 없으나 RWA의 토큰화가 유의미한 증가를 보이며 감정평가 행위의 고유한 기록으로서 NFT 쓰임새에 대한 가능성을 보여주고 있다.

**주권 국가의 비트코인 수용 고무적
스테이블코인의 성장 이어져**

그렇다면 2024년 가상자산 시장에서는 무엇을 기대해볼 수 있을까? 다음 3가지를 조심스럽게 예측해본다.

첫째, 2023년 전망에서 언급한 4가지 트렌드의 지속이다. 주권 국가의 비트코인 수용, 스테이블코인 성장, 가상자산 규제의 윤곽, NFT 활성화는 이미 증명된 가상자산의 쓰임새에 기반한 것이다. 해가 바뀐다고 달라지지 않는, 돌이킬 수 없는 엔트로피와 같은 사회 현상이다. 2~3년 후에는 자리 잡을 것으로 예상되는 '가상자산 규제 윤곽'을 제외한 나머지 3개는, 적어도 블록체인 보급률이 인터넷 수준을 따라잡을 때까지는 지속될 것으로 예상한다. 그만큼 가상자산 기술은 아직까지도 극히 초기 단계다.

둘째, 비트코인 반감기의 파급 효과다. 비트코인에는 대략 4년마다 블록당 생성(채굴)되는 신규 비트코인이 반으로 줄어드는, 일명 '반감기'가 돌아온다. 다음 반감기는 4번째며 2024년 4월 말 예정돼 있다. 과거 3번의 비트코인 반감기 이후 약 18개월간 비트코인 강세장이 펼쳐졌다. 이 때문에 많은 시장 참여자가 막연하게 가격 상승을 기대한다. 하지만 꼼꼼히 따져보면 인과 관계라기보다는 상관관계기 때문에 상승장이 올 것이라는 보장은 없다.

가격이란 수요와 공급으로 결정된다. 반면 반감기는 공급 측면에서의 변화다. 비트코인 채굴량이 반으로 줄면 공급은 감소하지만 그 폭은 1% 미만으로 전체 수급에 미치는 영향은 미미하다. 이보다는 비트코인 생산원가 상승이 더 의미 있는 변화다. 채굴량이 반으로 줄면 개당 생산원가가 배로 상승하기 때문에 높아진 원가에도 수지타산이 맞는 채굴자만 남아 블록을 생성할 수 있다. 이런 변화가 수요에 직접적으로 미치는 영향은 아직까지는 확실치 않다. 과거 3번의 반감기 때는 네트워크 작동에 필요한 연산력(해시레이트)이 증가해 보안이 견고해졌다. 이런 현상이 수요 증가로 이어지는 효과가 어느 정도 있었다.

하지만 이것만으로 반감기 직후 수요 증가를 100% 설명하는지에 대해서는 의견이 분분하다. 매크로 등 가상자산 시장 외부적 요인도 가세한 더욱 복합적인 과정일 가능성이 높다. 한 가지 확실한 것은 과거에도 그랬듯 2024년 4월이 다가올수록 대중이 비트코인 반감기에 대한, 더 나아가 가상자산 전체에 대한 관심이 늘어날 것이라는 점이다. '반감기'가 인터넷 검색어 순위 상위권에 들고 가상자산 전문 유튜브 채널 구독자가 증가할 것이다.

비트코인과 이더리움 현물 ETF 미국 증시 상장하면 기관 자금 유입

셋째, 비트코인과 이더리움 현물 ETF의 미국 증시 상장이다. 현재 미국 증시 규제 기관인 SEC(U.S. Securities and Exchange Commission)는 총 10개 이상 비트코인과 이더리움 현물 ETF 신청서에 대한 승인 여부를 고민하고 있다(2023년 10월 9일 기준). 비트코인 현물 ETF는 늦어도 2024년 초, 이더리움 현물 ETF는 그 이후 승인될 것으로 예상한다. 그럴 경우 이는 비트코인(BTC)과 이더(ETH) 수요에 큰 호재다. 현재 미국 증시에 상장돼 있는 비트코인 ETF는 '선물 기반'이다. 따라서 시간이 흐를수록 운영 비용이 축적되는 구조다. 이에 따른 트래킹 에러 때문에 장기 보유자에게 적합한 투자 상품이 아니다. 이런 단점이 존재하지 않는 '현물 기반' ETF가 승인된다면 장기성 기관 자금이 두 자산에 대한 투자 엑스포저를 갖기 용이한 수단이 생긴다는 의미가 된다. 즉, 장기성 기관 자금 유입의 물꼬가 트이는 효과를 가져온다. 이는 2000년대 초반 금 현물 ETF 상장 이후 금 시장에 도래한 변화에 비유할 수 있다.

현물 ETF 상장이 왜 반드시 기관 자금 유입을 뜻하는 걸까?

연금, 보험, 기금 등 장기성 자금은 현대 포트폴리오 이론에 따라 자산을 배분하기 때문이다. 투자 포트폴리오와 상관관계가 낮은 자산군을 편입해 리스크의 가성비(샤프 비율)를 높이는 전략을 쓴다. 이를 통해 리스크 증가 없이 포트폴리오 전체의 기대 수익률을 올리는 것이 장기성 자금을 운용하는 기관 투자자의 기본 원칙이다.

가상자산은 주식과 채권으로 구성된 전통 금융자산 포트폴리오 대비 0~0.5 수준의 낮은 상관계수를 보인다(과거 8년 데이터 기준). 선관 의무에 충실한 자산운용사라면 무시해서는 안 될 자산군이다. 글로벌 자산운용업계 선구자 역할을 해왔던 예일대를 위시한 미국 명문대 기금들이 2018년부터 가상자산에 투자했던 이유기도 하다. ■

부동산 시장

Preview

2023년 부동산 시장은 혼돈의 양상을 보였다. 2022년 하반기부터 시작된 아파트 매매 시장 침체가 2023년 상반기까지 이어졌다. 하지만 윤석열정부의 부동산 규제 완화 여파로 '영끌족' 수요가 몰리면서 하반기부터 매매 시장이 조금씩 회복세를 보였다.

2024년 부동산 시장도 점차 회복세를 이어갈 가능성이 높다. 원자잿값 상승 여파로 아파트 분양가가 상승 곡선을 그리지만 입주 물량이 부족해 청약 시장 인기는 지속될 전망이다. 이 여파로 서울, 수도권 인기 지역 아파트값이 상승세를 보이면서 활황 국면을 나타낼 것으로 보인다.

특히 재건축, 재개발 등 정비사업이 당분간 호황을 이어갈 전망이다. 정부가 주택 공급 활성화를 위해 정비사업 규제를 푸는 데다 서울시가 신속통합기획으로 정비사업 속도를 높이는 점도 호재다. 재건축, 재개발 사업지의 신규 분양 단지에는 청약 수요가 대거 몰릴 것으로 예상된다.

다만 수익형 부동산 시장에는 찬바람이 불 가능성이 높다. 고금리, 경기 침체 여파로 임대수익률이 떨어져 상가, 오피스텔 등 주요 상품 수요가 급감할 것으로 보인다. 그나마 자산가들의 러브콜이 이어졌던 꼬마빌딩은 세금, 대출 규제가 덜해 꾸준한 인기를 이어갈 전망이다.

2023년 내내 하락세를 보였던 전셋값은 다시 상승세로 돌아설 것으로 보인다. 정부가 전세자금대출 금리를 낮추면서 전세 수요가 몰리는 가운데 아파트 입주 물량이 급감하면서 서울, 수도권 주요 단지 전셋값이 오름세를 보일 전망이다. 전세사기 여파로 빌라나 단독, 다가구주택 전세 수요가 살아나기는 어려운 만큼 아파트로의 쏠림 현상이 심화될 가능성이 높다.

자산 시장 어떻게 되나 **부동산 시장 ❶ 강남 재건축**

재건축 분양 인기 2024년도 이상 無
사업 초기 단지 투자 적극 노려볼 만

박합수 건국대 부동산대학원 겸임교수

2023년 재건축 시장은 상반기까지 하향 조정 흐름이 이어지다 하반기에 조금씩 회복하는 양상을 보였다. 재건축 아파트값 지지세가 커진 이유는 정부의 규제 완화 효과가 컸다. 다주택자 종합부동산세가 대폭 완화돼 2021년 대비 2023년 부담은 약 3분의 1 수준으로 낮아졌다. 양도소득세 중과도 2024년 5월 9일까지 유예된 상태다. 보유 부담이 크지 않고 언제 팔아도 중과세가 없어 재건축 아파트 급매물이 거의 사라졌다.

2023년에는 안전진단 기준 완화로 상당수 단지가 안전진단을 통과했다. 대표적으로 올림픽선수촌, 아시아선수촌, 올림픽훼밀리 등 '선수촌 3총사' 외에 목동신시가지 주요 단지도 대부분 통과했다. 결과적으로 사업 초기 단지의 가격 지지 기반으로 작용했다.

서울에서 공사가 한창 진행 중인 단지는 재건축 부담금 면제를 받은 곳들이다. 반포주공1단지(1·2·4주구), 신반포4지구(메이플자이), 둔촌주공, 잠실미성·크로바, 잠실진주, 청담삼익 등이다.

하지만 조합과 시공사 간 공사비 갈등으로 사업이 지체되는 양상이다. 반포주공1단지와 신반포4지구는 아직 착공 전 상태며, 잠실미성·크로바와 잠실진주, 청담삼익은 분양에 이르지 못했다.

서울 재건축 단지에 나타난 큰 흐름은 신속통합기획 신청 여부다. 대표적으로 압구정2~5지구가 신청했으며, 서빙고신동아, 신반포2차 등 상당수 단지가 서울시 주도 사업에 참

2024년에도 서울 재건축 아파트가 인기를 이어갈 전망이다. 사진은 서울 강남구 대치 은마아파트 전경. (매경DB)

여하는 추세다. 사업 속도를 높여 입주 시기를 최대한 당기려는 의도다. 정부가 집중적으로 추진하는 인허가 기간 단축 정책은 지방광역시 등으로 확산할 것으로 예상한다.

재건축 규제 완화로 공급 속도 높여야

주택 공급 속도를 높이기 위해서라도 2024년에는 재건축 사업 속도가 한층 빨라질 전망이다. 서울 주택 가격이 상승하는 근본적인 이유는 공급이 부족하기 때문이다. 주택보급률은 가구 수 대비 주택 수 비율로 이 수치는 해를 거듭할수록 감소하고 있다. 2019년 96%, 2020년 94.9%, 2021년 94.2%로 가구 수 증가 속도를 주택 수가 따라가지 못한다는 의미다. 주택 공급의 약 80%를 차지하는 재건축, 재개발 사업 속도는 갈수록 더뎌지고 있다. 특히 주택 중 약 20%는 30년이 지난 노후 주택이다. 삶의 질이 향상되며 새 아파트 수요가 늘어나는 데 반해 공급이 턱없이 부족하다.

이를 해결할 유일한 대책은 정비사업 활성화다. 하지만 기대만큼 속도를 높이지 못하고 있다. 수도권에 공급하는 3기 신도시 물량은 실수요를 감당하기에 턱없이 부족할 뿐 아니라, 사업 속도도 늦어지고 있다. 총 6만6000가구 규모 경기 남양주 왕숙신도시가 부지 조성을 위한 첫 삽을 떴고 다른 3기 신도시도 연내 착공하기로 했지만 예정대로 공급이 이뤄질지는 미지수다. 결국 서울의 문제는 서울에서 해결해야 한다. 재건축 등 정비사업 규제 완화를 통해 신속하게 공급 속도를 높이는 길밖에 없다.

2024년 재건축 사업 활성화는 가능할까. 재건축 시장에 영향을 미칠 변수부터 눈여겨봐야 한다.

첫째, 재건축 초과이익환수제다. 초과이익

자산 시장 어떻게 되나 부동산 시장 ❶ 강남 재건축

부담이 지나치게 크다는 우려가 나오자 정부는 2022년 9월 재건축 부담금 개선 방안을 발표했다. 면제 구간을 초과이익 3000만원 이하에서 1억원 이하로 상향했다. 부과 구간도 7000만원으로 확대하고, 부과율도 '1억원 초과~1억7000만원 이하 10%'에서 '최대 3억8000만원 초과 50%'로 조정했다. 초과이익 산정 개시 시점도 추진위원회 승인일에서 조합설립일로 변경했다. 1주택 장기 보유자 감면도 6년 이상 보유 10%에서 최대 10년 이상 보유 최대 50%까지 감면한다.

그러나 개정안을 발표한 지 1년이 지났음에도 국회를 통과하지 못했다. 사정이 어떻든지 간에 부동산 시장에 미치는 영향은 크다. 재건축 초기 단지는 안전진단 등을 위해 사업이 진행되지만, 그 후 진행 단계에서는 재건축이 전체적으로 지체되고 있다.

둘째, 조합원 지위 양도 금지다. 투기과열지구에서 재건축 조합이 설립되면 조합원 지위를 차기 매수자에게 양도하지 못한다. 투기과열지구는 2023년 1월 서울 강남 3구(강남, 서초, 송파구)와 용산구를 제외하고 해제됐다.

지위 양도가 금지되면 매도 물량이 줄어든다. 10년 이상 보유하고 5년 이상 거주한 1주택자 등만 양도할 수 있기 때문이다. 가격이 올라갈 여지가 있을 뿐 아니라 재산권 행사를 과도하게 제한한다는 우려. 재개발처럼 관리처분계획인가 단계로 늦춰도 무리는 없어 보인다.

셋째, 분양가상한제다. 토지 가격 상승, 금리 인상으로 인한 사업비 증가, 건축 자재 가격과 인건비 상승 등으로 분양가가 연일 상승하는 추세다. 조합 등 시행 주체는 추가 부담이 늘어 사업을 늦추고 있다. 특히 분양가상한제를 유지함에 따라 분양이 계속 미뤄지고 있다. 민간 부문 분양가상한제는 폐지하고, 주택도시보증공사(HUG) 등의 분양가 심의 제도를 합리적으로 운영해야 한다는 의견이 많다.

넷째, 분양권 전매 제한 완화다. 수도권은 공

재건축 초과이익환수에 관한 법률 비교

현행
- **부과 면제**: 조합원 1인 평균 이익 3000만원 이하
- **부과율**: 3000만원 이후 2000만원 간격으로 상승
- **최고 부과율 50% 적용 대상**: 조합원 평균 이익 1억1000만원 초과
- **보유 기간별 감면**: 해당 없음
- **납부 유예**: 없음

개정안
- **부과 면제**: 조합원 1인 평균 이익 1억원 이하
- **부과율**: 1억원 이후 7000만원 간격으로 상승
- **최고 부과율 50% 적용 대상**: 조합원 평균 이익 3억8000만원 초과
- **보유 기간별 감면**: 6년부터 1년 단위로 10%씩 감면해 최장 10년 이상부터는 50% 감면
- **납부 유예**: 1가구 1주택이거나 만 60세 이상이면 담보 제공 조건으로 가능. 단 매매, 증여, 상속, 다주택 등 사유 발생 시 납부

공택지와 규제지역 3년, 과밀억제권역 1년, 그 외 6개월이다. 비수도권은 공공택지와 규제지역 1년, 광역시 6개월, 그 외는 없다. 전매 제한 완화에 따라 분양권 매수자는 실거주 의무 해당 여부를 확인해야 한다. 정부는 폐지를 발표했지만, 주택법 개정안이 국회를 통과하지 못했기 때문이다. 분양권을 매입하더라도 최초 분양자가 입주 후 거주해야 하는 엇박자 상황이 이어지고 있다.

다섯째, 신속통합기획과 토지거래허가구역이다. 신속통합기획은 서울시에서 재정비 사업 인허가 기간을 통상 5년에서 2년 정도로 단축한다는 것이 핵심이다. 토지거래허가구역은 2020년 6월 지정한 청담, 삼성, 대치, 잠실동뿐 아니라 정비사업이 진행 중인 압구정, 여의도, 목동, 성수전략정비구역이 있다. 신속통합기획을 통해 재건축 사업이 빨라지는 효과가 있지만 토지거래허가구역 규제가 여전해 재산권 침해 소지가 있다는 점은 변수다.

여의도 등 재건축 단지 매수세 몰릴 듯

2024년 재건축 시장 전망은 어떨까.
청약 시장 활황에 힘입어 재건축 분양 인기는 더욱 높아질 전망이다.
분양가 상승이 예고된 상태지만, 분양 물량 자체가 많지 않고 분양가에 상관없이 중도금 대출도 가능해졌다.
새 아파트 선호도가 높고, 공급 물량 공백기

2023년 하반기부터 재건축 시장 회복
주요 단지 안전진단 통과해 사업 속도
2024년 정비사업 활성화 기대 커져
사업 초기 단계 매수 수요 커질 듯
2024년 재건축 분양 단지 눈여겨봐야

가 예상되기 때문에 입지가 좋은 재건축 단지 분양은 수십~수백 대 1 경쟁률을 기록할 것으로 보인다.

서초구 반포동 래미안원펜타스와 잠원동 신반포메이플자이, 강남구 청담동 청담삼익, 방배동 디에이치방배 등 내년 분양하는 재건축 단지를 눈여겨볼 만하다.

재건축 매매 시장은 안전진단 등 사업 진행 속도가 빨라짐에 따라 사업 초기 단지 수요가 몰릴 수 있다. 특히 미래 가치가 큰 인기 지역 재건축 아파트를 중심으로 상승세를 이어갈 전망이다. 조합원 지위 양도 금지 등으로 매물이 많지 않기 때문이다.

토지거래허가구역 영향으로 실수요자 위주의 매수세도 증가할 수 있다. 특히 압구정, 반포, 대치동 등 강남권뿐 아니라 여의도, 목동 등 미래 가치가 큰 지역을 중심으로 매수세가 몰릴 것으로 보인다. 시공사 수주전이 한껏 달아오른 여의도 재건축 단지 매매가가 뚜렷한 상승 곡선을 그릴 전망이다. ■

자산 시장 어떻게 되나 **부동산 시장 ❷ 재개발**

서울시 신통기획 효과 돋보여
노량진·한남뉴타운 '금싸라기'

고종완 한국자산관리연구원장

부동산 시장에서 재건축, 재개발 등 정비사업이 화두다. 서울, 수도권 핵심 입지에서 주택 공급을 늘리려면 정비사업 외에는 뚜렷한 대안이 없기 때문이다. 2023년에는 재건축, 재개발 사업이 주택 공급 시장을 주도하고 이들 지역 분양 아파트가 인기를 끌었다. 역세권, 직주근접 입지 여건을 갖춰 생활 인프라가 풍부하고, 도심복합개발에 따른 미래 가치를 기대할 수 있기 때문이다. 윤석열정부의 재건축, 재개발 활성화 대책과 더불어 서울시의 신속통합기획도 인기에 한몫했다. 일례로 서울 동대문구 제7구역주택재개발 정비사업으로 공급된 '청량리롯데캐슬하이루체'의 경우, 2023년 7월 진행한 1순위 청약에서 88가구 모집에 2만1322명이 청약해 평균 242.3 대 1의 최고 경쟁률을 기록했다.

경기도 역시 분위기는 비슷하다. '준서울'로 불리는 광명 아파트 분양 시장이 후끈 달아오르자 인근 아파트 입주권도 신규 분양가와 비슷한 가격으로 올랐다. 광명 주요 단지 국평(전용 84㎡) 아파트 분양가가 12억원을 넘기면서 고분양가 논란이 일었지만 대부분 높은 경쟁률로 청약 흥행에 성공했다. 이 여파로 광명뉴타운의 재개발 지분 가격과 분양가가 동반 상승하는 양상이다. 한마디로 재개발 사업은 부동산 시장 활황을 견인하고 있다 해도 과언이 아니다.

주택 공급 활성화 대책 수혜 기대

2024년에도 재개발 사업은 주택 시장 분위기

를 선도할 가능성이 높다.

무엇보다 윤석열정부의 규제 완화 정책 수혜를 입을 것으로 보이기 때문이다. 2023년 9월 26일 정부가 발표한 '주택 공급 활성화 대책'은 재개발 사업에 힘을 더하고 있다.

'주택 공급 활성화 대책' 내용은 이렇다.

첫째, 재개발 사업을 진행할 때 분쟁 등으로 인한 사업 중단, 지연을 방지하기로 했다. 일례로 공사비 계약 체결 시 전문기관의 컨설팅을 지원해 갈등을 막고, 분쟁 우려 시에는 즉시 법률·건설·토목·도시행정 등 조정 전문가를 파견하고 분쟁조정협의체를 구성해 정상화를 돕는 식이다. 공사비 분쟁을 제도적으로 예방, 조기 해소하는 장치도 마련한다. 계약 단계에서 공사비 증액 기준 등 필수 사항을 반영한 표준계약서를 마련하고, 공사비 검증 단계에서는 지자체도 공사비 검증을 요청할 수 있다. 분쟁 조정 시에는 도시분쟁조정위의 공사비 분쟁 조정 등이 이뤄진다.

둘째, 이른바 상가 '지분 쪼개기'로 인한 분쟁과 투기 방지를 위해, 상가도 주택과 동일하게 지분 쪼개기를 제한한다. 현재 주택은 권리산정일 이후 지분을 분할하면 분양권을 부여하지 않는데, 상가도 동일하게 적용할 방침이다.

셋째 정비사업 속도를 높이기 위해 구역 지정 시 정비계획 가이드라인을 사전 제시하도록 의무화하고, 특별건축구역 지정 절차를 간소화하는 등 정비구역 지정 기간을 단축할 방침이다. 또 신탁 방식 추진 시 시행자 지정 요건

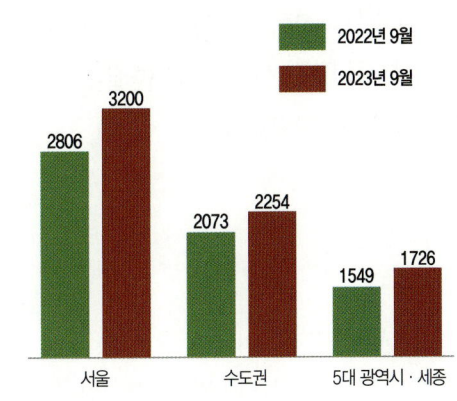

전국 민간 아파트 3.3㎡당 평균 분양가 ⟨단위:만원⟩

*자료:HUG

을 완화한다. 지금은 주민 동의 4분의 3 이상과 함께 토지 면적 3분의 1 이상의 신탁이 필요한데, 이를 주민 동의 4분의 3 이상으로만 완화한다. 아울러 총회 개최, 출석, 의결에 '전자적 의결(온라인 방식)'을 도입해 사업 기간을 최대 1년 단축할 방침이다.

이 밖에도 소규모 정비사업의 경우 기부채납 부지는 사업 시행 가능 면적 요건(상한 1만㎡)에서 제외하기로 했다. 소규모 관리지역에서 공공이 참여해 최대 면적 기준을 현행 2만㎡에서 4만㎡ 이하로 완화한다. 기금 융자(사업비 50~70%, 금리 연 1.9~2.2%) 지원도 자금경색, 돈맥경화를 어느 정도 해소해줄 것이다. 덕분에 재개발 사업자 측면에서 자금 조달, 미분양 우려, 공사비 고민 해결에 숨통이 트일 가능성이 높다.

자산 시장 어떻게 되나 **부동산 시장 ❷ 재개발**

서울·수도권 재개발 분양 단지 인기
서울시 신속통합기획 효과 기대
서남부 요지 노량진뉴타운 주목할 만
대지지분 큰 땅값 상승 지역 눈길
대출 부담 큰 고위험 투자는 금물

서울시 신속통합기획이 속도를 내는 점도 눈여겨볼 만하다. 2021년 4월 등장한 신속통합기획은 민간 재건축, 재개발을 정상화하기 위해 마련된 주택 공급 정책이다. 서울시가 정비계획과 건축 설계 가이드라인을 제공하고 이를 준수하는 수준에서 정비계획을 입안하면 바로 통과되도록 하는 방식이다. 이를 통해 정비구역 지정까지 걸리는 기간을 기존 5년에서 2년 이내로 줄여 정비사업 속도를 높이는 중이다. 공공성을 살릴 경우 종상향을 통해 층수를 높여준다거나 용적률을 상향해주기도 한다. 덕분에 오랜 기간 정체됐던 지역 개발 사업이 속도를 내는 모습이다.

2024년 눈여겨볼 만한 재개발지구는 어디일까. 서울에서는 서남부권 요지로 꼽히는 동작구 노량진뉴타운 재개발 사업을 주목할 만하다. 노량진뉴타운 8개 구역이 모두 사업시행인가를 받았고 이 중 1, 3, 7구역을 제외한 나머지 구역은 이주 전 마지막 단계인 관리처분인가까지 통과한 상태다.

노량진뉴타운은 광화문, 강남, 여의도 등 도심 접근성이 좋아 입지가 괜찮다. 지하철 1·7·9호선이 가깝고 올림픽대로·강변북로·서부간선도로·강남순환도로 등으로 진입하기도 좋다. 향후 교통 호재도 적잖다. 새절역~서울대입구역을 잇는 서울 서부선 경전철 노선이 노량진역과 장승배기역을 지난다. 서부선 경전철은 2028년 개통 예정이다.

구역별로 보면 노량진6구역은 내년 일반분양을 준비 중이다. 1499가구 규모 대단지로 탈바꿈한다. 2구역에는 421가구 규모 주상복합 단지가 들어선다. 조합원 분양 111가구, 임대주택 106가구를 제외한 200여가구가 일반분양 물량으로 나온다. 6구역과 2구역이 이르면 2026년 입주를 완료해 인근 부동산 시장 흐름을 주도할 것으로 보인다.

1, 3구역도 눈길을 끈다. 지하철 1·9호선 노량진역 역세권인 데다 일부 가구는 한강 조망을 누릴 전망이다. 1구역은 가장 속도가 느리지만 13만2118㎡로 사업 면적이 가장 넓다. 3구역은 일반분양 비율이 높아 사업성이 좋다.

서울의 부촌으로 떠오르는 용산국제업무지구와 한남뉴타운도 돋보인다. 한남뉴타운3구역이 관리처분인가를 통과했고 2·4·5구역 역시 사업에 속도를 내면서 한남동 일대는 서울 최고급 주거 단지로 거듭날 전망이다. 경기도에서는 광명뉴타운, 안양뉴타운이 주목을 끌고 부산, 대전, 광주 등 지방광역시 도심

서울 재개발 구역 중에서는 용산구 한남뉴타운이 유망 투자처로 눈길을 끈다. (매경DB)

재개발 사업지도 눈여겨볼 만하다.

역세권, 직주근접 대단지 주목해야

재개발 사업지에 투자할 때는 크게 3가지 조건을 주목해야 한다.

첫째 도심권, 역세권, 직주근접 요건을 갖출 뿐 아니라 병원, 쇼핑 등 생활편의시설이 충분히 들어선 핵심 입지(Core Location)를 고르는 일이다. 둘째 이왕이면 뉴타운, 재개발 사업지의 대단지를 주목해야 한다. 단지 규모가 클수록 다양한 커뮤니티시설과 조경 설치가 가능하고 랜드마크 단지로서 관리비도 저렴하다. 셋째 땅값이 꾸준히 오르는 지구 내 슈퍼 리얼티(Super Realty) 즉 우량 투자 물건을 최종 선택하는 일이다. 대지지분이 넓고 땅값이 지속적으로 상승하는 재개발 사업지 물건을 찾기 위해 임장을 다니고 발품을 팔아야 한다. 서울시의 신통기획 후보지로 사업이 빠르게 진행되는 곳도 투자 위험을 줄일 수 있다.

다만 투자할 때 유의할 점도 많다.

고금리가 지속될 가능성이 높은 데다 글로벌 경기 전망이 불확실하다. 글로벌 경기 침체가 심화되면 우리나라 주택 시장도 타격을 입어 집값이 상승세를 이어가기 어렵다.

재개발 사업은 대체로 10년 이상 오랜 기간이 소요되는 만큼 대출 부담이 큰 고위험 투자는 금물이다. 투자수익과 투자 위험은 동전의 양면이다.

기준금리 흐름에 따라 대출 부담이 커질 수 있는 만큼 넉넉한 현금을 보유하고 자금 조달 계획을 철저히 세워야 한다. ■

자산 시장 어떻게 되나 **부동산 시장 ❸ 신도시**

2024년 4월 개통하는 GTX-A 효과 수서·성남·용인·동탄 역세권 들썩

김일수 DS투자증권 상무

수도권 신도시 집값 흐름은 부동산 시장의 핵심 변수다. 국토교통부 통계에 따르면 수도권에 거주하는 인구는 대략 2600만명(2023년 8월 기준)이다. 이 중 신도시에 거주하는 인구는 수도권 전체 거주 인구의 약 11%인 286만명에 이른다. 일반적으로 인구 960만명이 모여 사는 서울시가 수도권 주택 가격 기준이 되지만 중산층이 주류를 형성하는 신도시는 집값 변동을 가늠할 때 중요한 척도다.
2023년 주택 시장을 보면 서울 강남 3구(강남, 서초, 송파구)를 포함한 몇몇 특정 지역을 제외하고는 주택 거래량이 크게 감소했다. 신도시 위주 집값 침체는 주택 시장 하향 안정세를 주도했다. 하지만 2024년에는 몇 가지 긍정적인 신호가 예상돼 주택 투자 수요를 좀 더 자극할 것으로 보인다. 수도권광역급행철도(GTX) A노선 일부 구간이 개통되고, 기존 노선 착공이 예정돼 있다는 점에서 실수요자 위주로 거래량이 증가할 것으로 예상된다. 기존 서울 지하철 노선의 수도권 연장 여부도 변수다.

기준금리 흐름도 눈여겨봐야 한다. 중산층이 많이 거주하는 신도시 집값은 금리에 민감하게 반응하는 만큼 금리 흐름이 중요한 변수다. 2024년에도 기준금리가 하향 안정되기 어려운 만큼 전용 85㎡ 이하 신도시 아파트 거래량이 급반등하기 어려워 보인다. 실수요가 꾸준해 신도시 신축 단지 전세 가격은 지속적으로 상승할 전망이다. 다만, 주택 경기를 살리기 위해 정부가 대출, 세금, 청약 규

1기 신도시 현황

단위: ㏊, 가구, %

지역	면적	가구 수	최초 입주	용적률
분당	1963	9만7600	1991년 9월	184
일산	1573	6만9000	1992년 9월	169
평촌	510	4만2000	1992년 3월	204
산본	420	4만2000	1992년 4월	205
중동	545	4만1400	1993년 2월	226

제를 완화할 것으로 예상되는 만큼 일부 인기 단지 매매가가 오름세를 보일 가능성도 있다.

**중산층 거주하는 신도시 집값 눈길
윤석열정부 3기 신도시 공급 속도
신도시 신규 분양 인기 높아질 듯
1기 신도시 정비사업도 관심 커져
조합원과 지자체 '동상이몽' 변수**

3기 신도시 공급 효과 눈길

특히 정부가 3기 신도시 공급에 속도를 내기로 한 점은 눈여겨볼 만하다. 건설원가 급등 여파로 민간 건설 시장이 다소 위축되면서 공공주택 공급이 늘어날 것으로 보인다.

3기 신도시는 대부분 토지 보상 작업이 완료됐다. 2024년까지 5개 신도시 모두 택지 조성 공사가 완료되면서 본격적인 주택 청약이 예정돼 있고, 청약 시장도 무난한 인기를 누릴 것으로 기대된다. 총면적 330만㎡ 이상인 3기 신도시는 남양주 왕숙(5만4000가구)·왕숙2(1만4000가구), 하남 교산(3만3000가구), 인천 계양(1만7000가구), 고양 창릉(3만8000가구), 부천 대장(2만가구) 등으로 모두 17만6000가구다.

3기 신도시와 더불어 청약 관심이 뜨거운 공공주택지구는 과천(7000가구), 안산 장상(1만5000가구), 인천 구월2(1만8000가구), 화성 봉담3(1만7000가구), 광명 시흥(7만가구), 의왕·군포·안산(4만1000가구), 화성 진안(2만가구) 등 18만8000가구다. 이미 주변에 대규모 아파트 단지가 조성돼 있고, 거주 선호도가 높은 지역이라 분양 성공 가능성이 높다. 3기 신도시와 이들 공공주택지구를 합치면 총 36만4000가구 규모로 멀리 볼 때 수도권 공급 측면에서는 긍정적이다. 하지만 한국토지주택공사(LH)의 부실시공 사태로 공급 시기가 다소 지연될 가능성이 있다는 점은 변수다. 이들 신도시 입주 시기는 대체로 2027~2028년이라 당장 2024년 주택 시장에 미치는 영향은 제한적이다.

2024년 신도시 집값에 영향을 미칠 또 다른

자산 시장 어떻게 되나 **부동산 시장 ❸ 신도시**

'노후계획도시 정비·지원에 관한 특별법' 주요 내용

법 적용 대상	택지 조성 사업 완료 후 20년 초과한 100만㎡ 이상 택지	특별정비구역 각종 특례·지원	재건축 안전진단 완화(공공성 확보 시 면제) 토지용도 변경, 용적률 상향 입지규제최소구역 지정
추진 체계	**국토부** 모든 노후계획도시에 보편적으로 적용되는 가이드라인으로 계획 수립·구역 지정 원칙 적용한 기본 방침 제시	사업 절차 단축	각종 인허가 통합심의 진행
		통합개발안 도입	총괄사업관리자 제도 등
	지자체 기본계획, 특별정비구역 추진	이주 대책 지원	지자체 주도
		적정 초과이익 환수	다양한 방식의 기부채납 가능

*자료:국토교통부

변수는 GTX다. 그동안 서울 접근성이 낮아 다소 소외됐던 신도시들은 GTX 개통으로 서울 접근성이 높아지기 때문이다.

일단은 매매 시장보다는 전월세 가격 상승세를 이끌 것으로 보인다. 2024년 4월 개통 예정인 GTX A노선 수서~동탄 구간부터 관심을 끈다. 수서역, 성남역, 용인역, 동탄역 등 4개 역사가 들어서는 만큼 이들 역세권 집값이 들썩일 것으로 보인다.

2024년 하반기에는 파주 운정신도시, 서울역까지 연결돼 운정, 일산신도시 주민의 서울 도심 진입이 더욱 수월해질 전망이다. 덩달아 이들 지역 매매, 전세 가격이 동반 상승할 것으로 예상된다. 특히 아직 분양 예정 부지가 남아 있는 운정신도시 청약은 과열 양상을 보일 수도 있다.

청약 인기로 분양가가 뛰면 이들 지역 매매 가격에도 직접적인 영향을 미칠 전망이다.

GTX A노선 개통 호재를 맞는 일산 킨텍스역 주변 아파트 역시 눈길을 끈다. 전세 가격 강세가 예상되는 가운데 전세 물량이 부족한 만큼 매매 가격이 동반 상승할 것으로 기대된다. 다만 GTX A노선의 핵심인 삼성역이 2028년에야 완공될 예정이라는 점은 변수다.

1기 신도시 재정비사업은 진행형

정부가 야심 차게 추진하는 1기 신도시 재정비사업이 얼마나 속도를 낼지도 변수다. 분당·일산·평촌·중동·산본 등 1기 신도시는 지은 지 30년 이상 된 노후 주택이 넘쳐나는 데다 주차난을 겪으면서 주택 가격을 끌어올리는 데 걸림돌이 되고 있다. 하지만 교육, 교통 등 주거 인프라가 잘 갖춰져 있는 만큼 정비사업이 순조롭게 진행되면 매수 수요가 몰려들 가능성이 높다. 정부가 1기 신도시 재건

수도권 1기 신도시 재정비 사업이 속도를 낼지 관심이 쏠린다. 사진은 경기도 성남 분당신도시. (매경DB)

축을 위한 마스터플랜을 2024년 중 수립하겠다고 발표했는데, 특별법 제정으로 주민들이 요구하는 용적률 상향, 도시 재정비 규제 완화 등이 어느 정도 반영될지 관심이 쏠린다.

물론 여전히 갈 길은 멀다. 재정비사업에 대한 주요 단지 조합원들과 지방자치단체 간 '동상이몽'은 2024년에도 여전히 지속될 전망이다. 건설원가 상승으로 재건축 사업에 대한 조합원 선호도가 예전 같지 않은 데다 리모델링 역시 사업성이 높지 않아 사회적 합의를 이끄는 것이 어려워질 수 있다. 그럼에도 1기 신도시 입지가 워낙 좋은 만큼 재정비사업이 속도를 내면 투자 수요가 몰려들 가능성이 높다. 지역별로 보면 1기 신도시 중 입지가 가장 좋은 분당 리모델링 추진 단지를 눈여겨볼 만하다. 구미동 무지개마을4단지, 정자동 느티마을3단지 등 분당 리모델링 단지 이주가 본격적으로 시작되면서 전셋값도 들썩이는 분위기다.

부동산은 중장기 투자 상품이다. 단기간 투자 성과보다는 장기 보유를 통해 투자수익을 실현한다는 점에서 2024년 신도시 주택 투자를 눈여겨볼 필요가 있다. 기준금리가 불안한 상황에서 대출 부담이 커지고 있지만, 자금 여유가 있다면 양호한 주거 인프라를 갖추면서 GTX 개통 호재가 있는 신도시 단지를 매수해볼 만하다. 특히 2024년 총선과 맞물려 정부 부동산 규제 완화책이 쏟아질 가능성이 높은 만큼 무주택자들에게는 신도시 투자 기회가 찾아올 전망이다. ■

자산 시장 어떻게 되나 **부동산 시장 ④ 전세**

입주 물량 줄고 전세대출 증가세
수도권 전셋값 상승세 돌아설 듯

김광석 리얼하우스 대표

2023년 전국 아파트 전세 가격은 하락세로 마무리할 전망이다. KB국민은행에 따르면 전국 아파트 전세 가격은 2023년 초부터 9월까지 5.69% 하락했다. 2022년 6.93% 떨어진 데 이어 2년 연속 하락세다. 하반기 들어 전세 가격이 상승세로 돌아서는 지역이 늘고 있지만 전반적인 하락 국면을 막기에는 역부족이다. 전세 가격 하락 기간도 길지만 하락폭도 심상치 않다. 2년 연속 하락세를 기록하면서 2021년 전세 가격 상승분을 그대로 반납하고 전세 가격은 2020년 수준으로 회귀했다.

2023년 전국 아파트 전세 가격 하락세

지역별 아파트 전세 가격 변동을 살펴보면 대부분 지역 전세 가격이 하락했다. 금리 인상에 따른 전세금 자금 조달 비용 증가뿐 아니라 경기 침체로 전세 이전 수요가 감소한 영향으로 풀이된다. 특히 대구, 인천, 울산 등 주요 도시는 전세 가격이 8% 넘게 하락했다.

호황기에 과잉 공급된 아파트 입주 물량이 몰린 대구 전세 가격은 9.51% 하락해 전국 대도시 중 하락률 1위를 기록했다.

대구 아파트 입주 물량을 살펴보면 2022년 2만605가구에서 2023년 3만5885가구로 1만5000여가구 이상 늘었다.

2022년 대구 전세 가격이 11.44% 하락했다는 점을 감안하면 대구에서 연간 2만가구 넘는 입주 물량이 소화되기 힘들다는 의미로 해석된다.

수도권에서는 인천의 하락세가 두드러졌다.

2024년 아파트 전셋값이 상승세를 보일지 부동산업계 관심이 뜨겁다. (매경DB)

2023년 인천 아파트 전세 가격은 9월까지 8.48% 하락했다. 2022~2023년 2년 연속 4만가구 넘는 아파트 입주 물량이 쏟아진 데다 전국을 떠들썩하게 한 소위 '빌라왕' 전세 사기 피해자가 인천에서 나타나면서 인천에 전세 들어가기를 꺼리는 임차인이 늘었기 때문으로 풀이된다.

상대적으로 안정적이었던 서울, 경기 아파트 전세 가격도 전국 평균에 비해 더 떨어졌다. 서울은 9월까지 -6.18%, 경기는 -6.66%를 기록했다. 세종, 강원, 충청, 전라도 등은 상대적으로 전세 가격이 덜 떨어졌다. 세종시의 전세 가격 변동률은 -2.59%를 기록했다. 2022년에 이어 하락세를 기록하기는 했지만 2022년 16.98% 떨어진 것에 비해 하락폭이 상당히 줄었다. 강원도는 1.7% 하락하는 데 그쳐 다른 대도시에 비해 안정적인 모습을 보이고 있다. 대전, 충남, 충북 등 충청권 전세 가격은 4~5%, 경북은 3~4% 하락세를 기록 중이다.

2023년 임대 시장은 금리 변수와 경기 침체 영향을 받은 해였다. 2024년에도 이 같은 변수의 극단적인 반전을 기대하기 힘들 것으로 보인다. 금리와 경기 침체는 전셋값 상승을 제한할 전세 가격 하락 요인으로 봐야 할 것 같다. 물론 하락세를 반전시킬 만한 상승 요인도 상당하다.

2024년 서울 아파트 입주 물량 1만가구 못 미쳐

먼저 수급 상황을 살펴보면 2024년 아파트 입주 예정 물량은 2023년에 비해 15.7% 감소한 31만3699가구 수준이다.

지역별로는 전세 수요가 많은 서울, 수도권 물량 감소가 눈에 띈다.

2024년 서울 아파트 입주 물량은 8576가구로 2023년(3만3375가구)에 비해 대폭 감소

자산 시장 어떻게 되나 부동산 시장 ❹ 전세

2023년 전국 아파트 전세 가격 변동률 〈단위:%〉

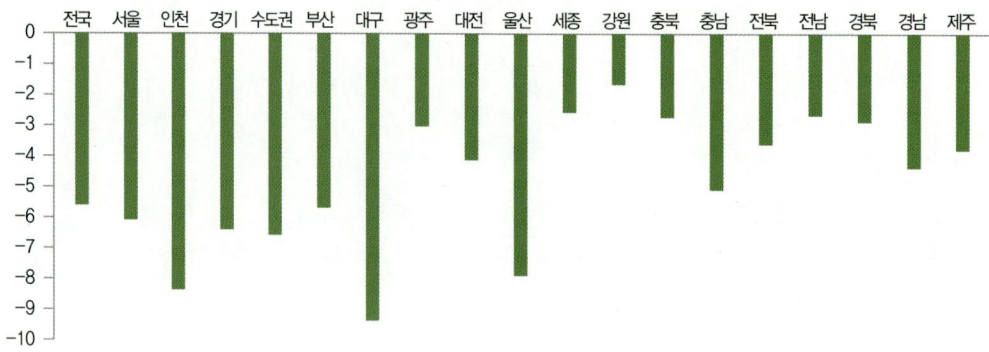

*자료: 리얼하우스

할 전망이다.

인천도 같은 기간 4만6105가구에서 2만5516가구로, 경기도 11만5141가구에서 10만754가구로 감소할 전망이다.

전세 가격대가 높은 수도권의 전세 수급 불균형이 주변 지역에 미치는 영향은 상당할 전망이다.

KB국민은행 표본조사에 따르면 2023년 9월 기준 서울 아파트 평균 전세 가격은 5억7500여만원으로 경기 2억8700만원, 인천 1억9600만원에 비해 2~3배가량 높다. 이에 따라 2024년 서울 주변 지역으로 밀려 나가는 전세 난민이 다시 등장할 가능성이 있다. 실제로 2023년 하반기 들어서 전세 수급 여건이 급격히 나빠지고 있다.

KB국민은행이 조사한 서울 전세수급동향지수를 살펴보면 2023년 1월 45에 불과했던 지수가 2023년 9월에는 120.3을 기록했다. 전세수급지수가 100을 넘으면 전세 공급보다 수요가 많다는 뜻이다.

둘째, 전셋값 추이도 상승에 무게를 싣는다. 전세 시장 추이를 살펴보면 통상 계약 주기인 2년을 기준으로 순환하는 모습을 찾아볼 수 있다. '2년 연속 상승, 2년 연속 하락' 짝을 이뤄 상승과 하락을 반복하는 식이다. 2년 전 전세 시장 변동 상황과 시장 변수의 움직임을 살펴보면 향후 임대 시장 흐름을 어느 정도 예상할 수 있다. 2018~2019년은 전세 가격이 완만히 하락했다. 2020~2021년은 급격한 상승, 2022~2023년은 급격한 하락을 기록 중이라 2024년은 상승세로 돌아설 가능성이 높다.

- 대구, 공급 과잉 영향 전셋값 급락
- 서울·수도권 전세 가격도 하락세
- 2024년 전세 수급 불균형 심화
- 정부 전세 대책 변화 눈여겨봐야
- 임대차법 얼마나 영향 미칠지 주목

셋째 정부 대책 변화를 지켜봐야 한다. 서울에서 전세난이 발생하면 정부가 정책적으로 전세자금대출 금리를 낮출 가능성이 높다. 전세대출 금리도 시중금리와 연동되는 것이 일반적이지만 전세 가격이 오르면 서민 주거 안정이라는 명목으로 전세대출을 확대하는 방안이 등장한다.

2008년 도입된 전세대출은 이후 정부마다 규모가 확대됐다. 전세대출이 쉬워지면서 2012년 23조원 규모에 불과했던 전세자금대출 잔액은 2016년 이후 가파르게 증가해 2023년 9월 말 기준 122조원 수준으로 늘었다. 전세 공급이 많을 때는 가격 변화에 미치는 영향을 체감하기 어렵지만 전세 가격이 상승하면 정부가 전세자금대출 카드를 다시 꺼낼 가능성이 높다. 전세자금대출은 전세 수요를 확대해 전세 가격을 급격히 끌어올릴 수 있다.

전세자금대출 확대로 전셋값 들썩일 듯

2023년 부동산 시장 이슈로 부각됐던 빌라왕 사태 파급 효과도 살펴볼 필요가 있다. 아파트에 비해 저렴해 임대 시장 한 축을 담당하던 빌라, 다가구, 다세대주택의 경우 선호도가 낮아질 것으로 예상된다. 사고가 많이 발생하는 지역은 전세자금보증을 받기도 쉽지 않을 전망이다. 따라서 상대적으로 고가인 아파트 임대 수요가 늘어날 요인으로 봐야 한다.

2024년은 임대차 3법을 시행한 지 4년이 되는 해다.

임대차 3법은 전월세신고제, 계약갱신청구권제, 전월세상한제 등으로 계약갱신청구권과 전월세상한제는 2020년 8월 시행됐다. 계약갱신청구권은 쉽게 말해 세입자가 원하면 4년 동안 거주를 사실상 보장해주는 '4년 전세' 제도다. 전월세상한제가 시행되면 증액할 수 있는 임대료가 직전 임대료의 5% 이내로 묶이는데 지방자치단체가 5% 이내에서 자율 결정할 수 있다. 기존 2년 계약이 끝나면 추가로 2년 계약을 연장할 수 있도록 '2+2년'을 보장한다.

2024년은 만 4년이 되는 해기 때문에 2020년 전세 계약을 한 세입자가 계약갱신권을 사용했다고 하면 2024년에는 법적인 보호를 받을 방법이 없어진다. 전세 가격 안정기에는 별문제가 없지만 가격이 뛸 때는 전세 이전 수요가 늘고 전세 가격이 꿈틀거릴 가능성이 있다. 정리해보면 2024년 서울, 수도권 전셋값은 한층 불안해질 것으로 예상된다. ■

자산 시장 어떻게 되나 **부동산 시장 ⑤ 수익형 부동산**

상가·오피스텔 수익률 '흐림'
자산가 러브콜 꼬마빌딩 '인기'

윤재호 메트로컨설팅 대표

2023년 수익형 부동산 시장은 고금리와 경기 침체 여파로 투자 심리가 위축된 양상을 띠었다.

상반기에는 정부의 부동산 규제 완화로 아파트 수요가 늘면서 비(非)아파트 수요가 줄었다. 하반기에도 금리 인상에 따른 수익률 감소와 대출 규제 여파로 수익형 부동산 거래량이 급감했다. 미분양 매물이 쌓이면서 낮은 가격으로 내놓은 상가도 새 주인을 찾지 못하며 거래량과 매매 가격이 동반 하락세를 보였다.

2024년 수익형 부동산 시장은 어떻게 움직일까.

결론부터 말하면 경기 불확실성이 커진 데다 금리 상승 부담으로 약세가 이어질 전망이다. 미분양, 공실이 누적된 데다 신규 공급량이 늘면서 거래 적체 양상을 띨 것으로 보인다.

서울부동산정보광장에 따르면 2023년 1~9월 서울 상업·업무용 부동산 거래는 총 6048건으로, 2006년 통계 작성 이래 최저치를 기록했다. 2022년 같은 기간(1만586건)과 비교하면 63% 수준에 불과하다. 부동산 활황기였던 2021년(1만5363건)에 비하면 절반 이하로 내려갔다.

공급량이 늘어나는 데다 분양가는 높아 수익률 하락세가 두드러진다.

한국부동산원의 상업용 부동산 임대동향조사 자료에 따르면, 전국 소규모 상가 투자수익률은 올 2분기 기준 0.66%를 기록했다. 전년 동기(1.43%) 대비 절반 이상 줄었다. 서울은 감소폭이 더 크다. 올 2분기 기준 0.57%로 1년 전(1.61%)보다 급감했다.

저금리 시절 매력적이었던 수익형 부동산은 고금리 시기에는 투자 매력이 줄어들 수밖에 없다.

주로 시중금리와의 비교 우위를 통해 투자를 결정하는데, 투자 후 임대료를 받아도 대출 이자를 내고 나면 실익이 거의 없다. 오히려 역마진이 생길 수 있는 탓에 거래를 정체시키는 요인으로 작용할 공산이 크다.

상가 시장이 대표적이다. 소비 심리가 개선되고 있음에도 불구하고 경기 둔화 여파로 매출로 연결되지 않아 상가 임대가격지수가 하락세다. 공실률이 늘어나는 데다 투자수익률까지 하락세라 상가 시장이 약보합세를 보일 전망이다.

상가는 상품 특성상 대출 비율이 높은데 금리가 오르면 금융 비용이 커져 투자 수요가 위축될 수밖에 없는 구조다.

다만 코로나 엔데믹 영향으로 외국인 관광객이 많이 찾는 명동과 강남 등 상권 인프라가 갖춰진 '전통 상권'은 수요가 점차 회복될 전망이다.

상가는 임대수익을 목적으로 운영돼 상대적으로 매매가 변동폭이 크지 않은 만큼 인기지역 역세권 소형 상가는 꾸준한 상승세를 나타낼 것으로 보인다.

물론 상가 침체기에 고물가, 고금리, 고임금

꼬마빌딩이 몰려 있는 서울 관악구 신림·봉천동 일대 전경. (매경DB)

상태가 지속되면 점포를 운영하기 어렵고 임대인도 기대수익을 맞추기 쉽지 않다. 수익률 급락기에 상가는 분양 시장에서 외면받을 수밖에 없다.

미분양이 장기화하면서 할인 통매각이나 임

자산 시장 어떻게 되나 **부동산 시장 ❺ 수익형 부동산**

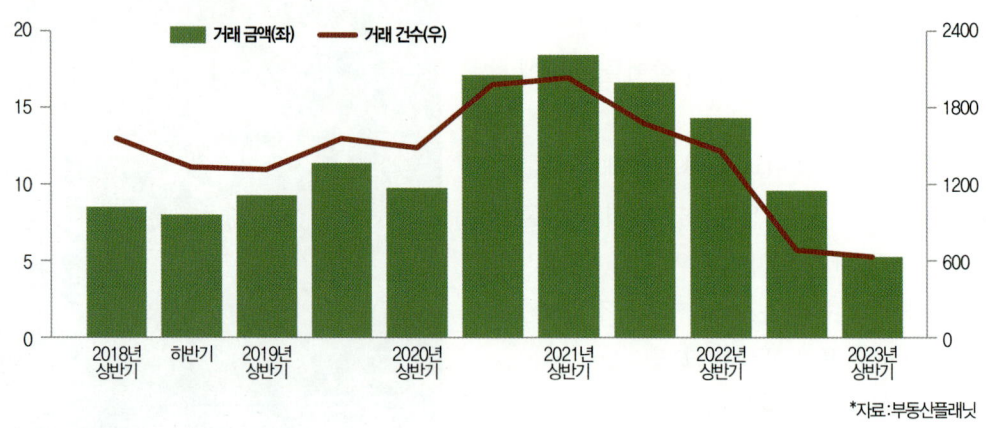

서울 상업·업무용 빌딩 매매 거래량·거래 금액 〈단위:조원, 건〉

*자료:부동산플래닛

대수익 보장 등 자구책을 내놓지만 향후 미분양 적체 현상은 심각한 문제로 이어질 전망이다. 따라서 확실한 수익이 예상되는 상가가 아니라면 투자를 관망하고, 매수 시기를 늦추는 것이 좋다.

오피스텔 수요 줄어 투자 유의해야

한때 '아파트 대체재'로 관심을 끌던 오피스텔 인기도 시들하다.

부동산R114가 국토교통부 실거래가 자료를 분석해보니 올 1~8월 기준 전국 오피스텔 거래량은 1만7853건으로 전년 동기(3만3939건) 대비 47.4% 감소했다. 2021년 1~8월 거래량(4만3124건)과 비교하면 58.6% 줄어들었다.

주거·업무 복합시설로 임대수익까지 챙길 수 있는 '틈새 상품' 격인 오피스텔 매력도가 떨어졌고 고금리 여건으로 수익률이 저하된 점이 매매량 감소에 영향을 미친 것으로 보인다.

오피스텔은 아파트 시장 침체기에 반사이익이 발생했던 수익형 부동산이다.

최근 아파트 규제 완화로 오피스텔 투자성이 떨어진 데다 아파트 대체재로서 '주류'가 아니라는 점에서 예전 인기를 회복하기 쉽지 않아 보인다. 게다가 정부가 오피스텔을 주택 수에서 제외하지 않을 것이라고 선을 그은 만큼 2024년에도 오피스텔 거래 부진은 이어질 것으로 보인다. 따라서 조건을 꼼꼼히 따져보고 장기적 관점에서 임대수익에 초점을 맞춰야 한다. 수익이 높더라도 고금리 현상이 지속되면 임대료 손실이 날 수 있다는 데 유의해야 한다.

**고금리, 경기 침체로 투자 위축
상가 투자수익률 연일 하락세
명동, 강남 등 전통 상권은 인기
지식산업센터 공실 증가 우려
지역별 공급 물량, 분양가 주목**

2024년에도 지식산업센터 투자가 위축될 가능성이 높다. 사진은 수도권의 한 지식산업센터.

생활형 숙박시설 시장은 거래 침체와 가격 하락의 이중고를 겪을 가능성이 크다. 비(非)주택으로 규제가 강화되면서 거래도 급감하고 있다.

최근 공급이 급증하면서 물량은 쌓여 있는데 수요는 점차 줄어들 가능성이 크다. 생숙은 숙박업으로 등록하고 이를 지키지 않을 시 이행강제금이 부과되는데 이를 모르고 투자한 개인 투자자 매물이 급증하며 시장이 빠르게 얼어붙을 전망이다.

오피스 시장은 견고한 수요와 부족한 공급 물량으로 안정적인 상승세를 탈 가능성이 높다. 재택근무와 벤처 기업 등 수요가 늘면서 사옥 확보를 목적으로 한 기업들의 투자 움직임이 활발해 공실은 줄고 임대료는 상승세를 탈 것으로 전망된다.

섹션 오피스(소형 사무실)도 공실이 빠르게 사라질 전망이다.

코로나 이후 섹션 오피스 매매가가 오르며 임대료는 제자리에 머물렀지만 최근 건축 원자재 가격과 물가 상승 여파로 임대료가 점차 인상될 가능성이 높다.

물류시설(창고)은 공급 과잉 우려 속에 침체 양상이 나타날 전망이다. 코로나 팬데믹 기간

생활형 숙박시설 가격 하락 우려
비주택으로 규제 강화, 거래 급감
오피스 수요 견고해 상승세 탈 듯
섹션 오피스 임대료 인상 가능성
공급 과잉 물류센터 업황 부진

급증한 물류 수요에 대응해 투자한 신규 물량이 크게 늘어났다.

2023년 상반기 신규 물량 공급은 330만㎡를 넘어서면서 과잉 공급 우려가 확산하고 있다. 그간 물류센터 공급 부족으로 벌어졌던 임차인 간의 물류센터 확보 경쟁이 사라지면서 장기적으로 업황 부진으로 이어질 공산이 크다.

미분양, 미입주 물량이 쌓이는 지식산업센터는 공실 증가와 임대료 하락의 이중고를 겪으며 투자 심리가 하락할 가능성이 높다. 수도권 산업단지 밀집 지역은 수요 증가로 임대·거래가 활기를 띠지만, 업무 인프라가 낙후된 지역은 공실과 미분양 문제로 투자 심리가 위축되고 있다.

국내외 경제 상황에 민감한 상품이기 때문에 미래 가치보다는 투자 시점의 경제 상황과 지역 인프라, 수요를 종합적으로 분석한 후 신중한 접근이 필요하다.

자산가 러브콜이 이어졌던 꼬마빌딩은 2024년에도 꾸준한 인기를 이어갈 전망이다. 수익률이 하락하더라도 토지·건물 가치 상승 여력이 높아 30억~50억원대 아파트를 눈여겨본 이들이 임대수익을 바라보고 꼬마빌딩을 매입할 가능성이 있다.

꼬마빌딩은 주택보다 세금, 대출 규제가 덜해 적은 현금으로 매입 가능하다. 아파트와 달리 토지 소유권을 단독으로 보유할 수 있는 것이 장점이다.

단, 고금리 상황에서는 임대수익률은 물론 시세차익도 기대하기 어려운 만큼 전략적으로 접근해야 한다. 서울 강남권 등 핵심 지역에서 급매물 위주로 투자를 고민하는 게 바람직하다.

대출 부담 줄인 보수적 투자 전략 필요

정리해보면 2024년 한 해 수익형 부동산 시장은 대체로 부진한 양상을 보일 전망이다.

고금리가 이어지면서 상가, 오피스텔 등 주요 상품 임대수익률이 하락한 만큼 투자 심리도 위축될 것으로 보인다. 수익형 부동산 시장에 투자하려면 철저하게 대출 부담을 줄이고 보수적인 투자 전략을 세우는 것이 필요하다.

지역별 공급 물량과 분양가, 금리 변화 등을 예의 주시해야 한다. 경기 침체가 예상될수록 핵심 부동산 가격 조정이 이뤄진 시점에 조건 좋은 선임대 후분양, 할인 분양, 급매물 등 실속 저가 매물을 눈여겨볼 필요가 있다. ■

대예측 2024

권말부록

2024년 유망주식·부동산

주식

어디에 투자할까

〈주식〉
1. IT · 전자통신
2. 금융
3. 화학 · 정유 · 에너지
4. 자동차 · 운송
5. 건설 · 중공업
6. 교육 · 문화
7. 소비재
8. 제약 · 바이오
9. 중소형주

어디에 투자할까 주식 ❶ IT·전자통신

프리미엄 반도체·AI·자율주행 '주목'
IT·하드웨어 업체도 생성형 AI 참전

박강호 대신증권 수석연구위원

2023년 반도체와 디스플레이의 공급 과잉 현상이 나타나고 재고조정이 진행됐다. 글로벌 경기 둔화에 따라 스마트폰·TV·PC 등 주요 정보기술(IT) 기기 수요가 부진했던 탓이다.

주요 IT 부품 가격과 공장 가동률이 동시에 하락하며 기업들은 실적 부진에 빠졌다. 또한 미국과 중국의 기술 분쟁이 지속되고 중국 리오프닝 효과가 미미해 반도체 산업 침체가 이어졌다.

중소형 기기로 OLED 패널 적용 확대

2024년 주요 IT 기기 판매량은 기저 효과에 따라 2023년 대비 성장세로 전환할 전망이다. 고금리와 경기 둔화가 지속될 것으로 예상되는 가운데, 글로벌 TV 판매는 2억 2000만대로 전년 대비 3.6% 증가할 것으로 예측한다. 프랑스 파리에서 하계 올림픽이 열리는 데다, 글로벌 점유율 1위 업체 삼성전자가 프리미엄 TV 영역을 확대하면서 유기발광다이오드(OLED) TV와 마이크로 발광다이오드(LED) 등 포트폴리오 다변화를 추진한다.

삼성전자가 LG디스플레이와 협력을 확대해 대형 OLED 패널을 공급받기 시작했다. 따라서 2024년 삼성전자 OLED TV 생산과 판매 증가가 예상된다.

중국은 액정표시장치(LCD) 패널의 경쟁력 우위를 바탕으로 LCD와 LED TV 영역에서 점유율 확대를 추진한다. 삼성전자와 LG전

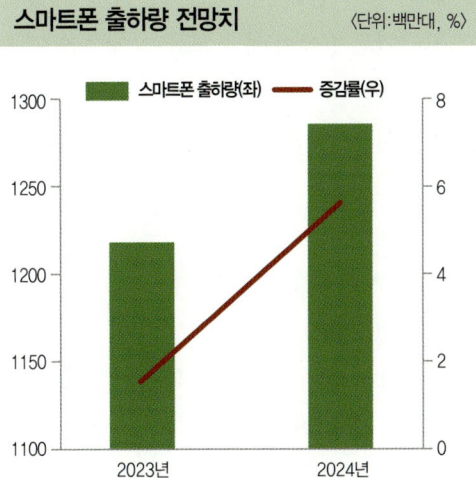

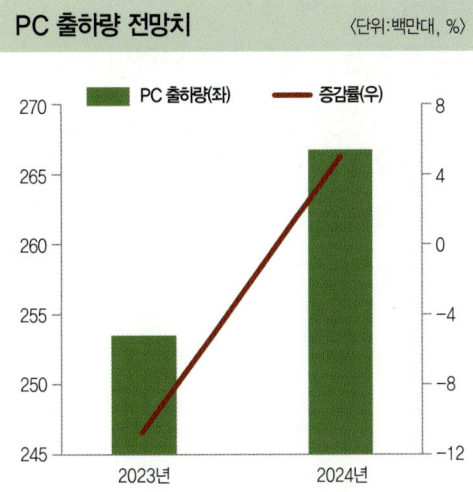

*자료: 대신증권 리서치센터

자 등 국내 기업과의 경쟁이 이전보다 심화될 전망이다.

삼성전자와 LG전자는 프리미엄 중심 성장, 중국 TV 업체는 양적인 성장을 추구할 가능성이 높다.

2024년 올림픽 개최와 TV 제조 업체의 공격적인 마케팅 진행, TV 교체 수요를 반영하면 2024년 글로벌 TV 시장은 성장 전환이 예상된다.

또, 2024년 OLED 패널 적용 범위가 기존 TV에서 태블릿PC·노트북까지 확대될 전망이다. 즉, 대형에서 중소형 영역으로 활용 범위가 넓어진다는 뜻이다. 애플은 아이패드 프로 등 프리미엄 태블릿PC에 처음으로 OLED 패널을 적용한다.

애플을 시작으로 삼성전자와 중국 업체들도 태블릿PC와 노트북까지 점차 OLED 패널을 채택함으로써 LCD 패널을 대체할 계획이다.

삼성전자는 2025년 양산을 목표로 IT용 8.7세대 OLED 패널 투자를 결정했다. LG디스플레이도 추가 투자가 예상된다. OLED 패널 채택이 태블릿PC나 노트북 등 중형 기기까지 확대되면, 글로벌 점유율 1·2위인 삼성전자와 LG디스플레이의 수혜가 예상된다.

폴더블폰 시장 확대에 초점

글로벌 스마트폰 시장은 보급률 포화와 교체 주기 지연으로 높은 성장을 기대하기는 어렵다. 그러나 2024년에는 2023년 대비 성장세가 예상된다. 판매는 약 12억9000만대로 전년 대비 5.9% 확대될 전망이다. 중국 화웨이

**글로벌 TV 판매 증가
스마트폰 높은 성장 기대 어려워
XR 기기, 새로운 성장동력
다른 산업과 시너지 기대
경쟁 시작되면 가격 부담 완화**

의 스마트폰 사업 강화로 중국 내 점유율 경쟁이 다시 심화되고, 더불어 중국 내 생산과 수요가 2023년보다 증가할 것으로 보인다.
삼성전자와 중국 스마트폰 업체는 폴더블폰 시장 확대에 초점을 맞춰, 교체 수요와 평균 판매 단가(ASP) 상승을 도모해 성장 전환에 주력할 것으로 예상한다.
글로벌 스마트폰 시장의 낮은 성장세가 예측되는 상황에서 삼성전자와 애플, 중국 스마트폰 업체의 성장 전략은 각각 다르다.
삼성전자와 중국 스마트폰 업체는 폴더블폰을 차세대 성장 모델로 인식하고 2024년 본격적인 시장 확대에 나설 전망이다. 폴더블폰은 종전 바(Bar) 형태 스마트폰과 비교해 외형적인 변화가 상당하다. 또 동영상 콘텐츠 시청에서 유리하다는 점을 바탕으로 교체 수요에 초점을 맞춘다.
평균 판매 가격 상승으로 매출 확대도 예상된다. 애플도 폴더블폰 시장 진출 가능성이 높다. 다만 애플의 폴더블폰 시장 진입은 2~3년 후로 판단한다. 폴더블폰을 내놨을 때 차별화된 운영체제를 보유한 애플은 기존 고객과 안드로이드에서 넘어온 신규 가입자가 더해지면서 가입자가 늘어날 것으로 예상된다.

XR 기기 시장 경쟁 본격화

애플이 2024년 새로운 IT 기기인 비전프로를 선보임에 따라 본격적인 확장현실(XR) 기기 시장이 열릴 전망이다.
비전프로가 기존의 애플 아이폰과 연동된다는 점에서 다른 산업과 시너지 효과도 나타날 것으로 기대된다.
삼성전자와 중국 IT 기기 업체도 XR 기기 시장 경쟁에 가세할 것으로 예상된다. 새로운 IT 기기 출현은 스마트폰 시장 성장 정체를 벗어나는 원동력이 될뿐더러 새로운 성장동력으로 작용할 것이다.
XR 기기는 전통의 IT 기기 영역에서 벗어나 엔터테인먼트·방송·의료·산업 등 다양한 영역에서 활용된다.
콘텐츠가 문자에서 짧은 영상으로, 다시 긴 영상으로 확대된다는 것을 의미한다. 이는 5세대(5G) 통신 투자 본격화의 시초가 될 전망이다.
출시 초기 XR 기기의 높은 가격이 부담으로 작용하겠지만, 점차 보급형 모델을 선보이고 다양한 경쟁사가 참여하면 가격은 낮아질 수밖에 없다.

애플이 2023년 6월 본사가 있는 미국 캘리포니아주 쿠퍼티노 애플파크에서 연례 개발자 행사 '세계 개발자 회의(WWDC) 2023'을 열고 공개한 MR(혼합현실) 헤드셋 '비전프로'. (연합뉴스)

이와 관련 단순한 하드웨어 판매량 증가보다 관련 콘텐츠나 서비스까지 영역이 더 넓어질 것이라는 데 큰 의미를 둘 수 있다.
가상(VR)·증강현실(AR)을 바탕으로 온라인동영상서비스(OTT) 등 활용 범위 또한 확대된다는 점에 주목해야 한다. 게임·광고·의료에서 현실감 있는 콘텐츠 제공도 가능하다.

자율주행·전장화 등 자동차 패러다임 변화

2024년 IT 분야에서 자동차의 자율주행·전장화·전기자동차 등 패러다임 변화도 새로운 성장 기회로 작용할 전망이다.
자동차 전장화로 자동차의 IT 부품 활용 범위가 큰 폭으로 확대되고 있다.
자동차가 내연기관에서 전기자동차로 전환하는 과정에서 핵심인 배터리 생산은 한국·중국·일본이 중요한 역할을 담당한다. 이들 국가는 배터리 관련 분야인 양극재·음극재에 이어서 폐배터리 활용 분야까지 주목하고 있다.
전기차를 포함한 글로벌 자동차 업체가 배터리 관련 분야를 수직계열화할 가능성이 적고 경쟁력도 약하기 때문에, 외부에 의존하는 상황이다.
이에 따라 부품 업체들의 대규모 수주 공급 계약이 지속적으로 진행되고 있다.
2024년에는 자동차 산업 성장 과정에서 자율주행 기능이 더욱 중요해질 전망이다.
IT 기술이 접목된 영향이다. 궁극적으로 미래 자동차는 IT 기기의 새로운 형태로 인식될 것이다. 미래에 완벽한 자율주행이 가능한 자동차는 다른 산업과 시너지 효과가 클 것이다.
예를 들어 우리가 운전을 하지 않으면 자동차 유리가 디스플레이로 전환되고 다양한 동영상 콘텐츠 활용도 가능해지는 식이다. 운행 중 영상 통화는 기본이며 OTT와 연관된 콘텐츠도 이용할 수 있다. 특히 종전의 버스나 택시 등 고정된 차량 서비스는 점차 무인주행으로 변경될 전망이다.
2024년 자동차 업체는 자율주행 3단계를 적용한 신모델 출시가 예상된다.
한국에서 초기 모델 운행 속도가 고속도로 기준 시속인 약 80㎞에 그칠 것으로 보이나, 그보다는 자율주행 서비스 활용이 점차 증가한

어디에 투자할까 주식 ❶ IT · 전자통신

자율주행 5단계

레벨 구분	Level 0	Level 1	Level 2	Level 3	Level 4	Level 5
명칭	No Automation	Driver Assistance	Partial Assistance	Conditional Automation	High Automation	Full Automation
자동화 항목	없음	조향 or 속도	조향 & 속도	조향 & 속도	조향 & 속도	조향 & 속도
운전 주시	항시 필수	항시 필수	항시 필수	시스템 요청 시 (제어권 전환 시에만)	작동 구간 내 불필요 (제어권 전환 X)	전 구간 불필요
자동화 구간	없음	특정 구간	특정 구간	특정 구간	거의 전 구간	전 구간
주행 중 변수 감시	인간	인간	인간	시스템	시스템	시스템
차량 운행 주체	인간	인간	인간	인간	시스템	시스템
책임 소재	운전자	운전자	운전자	상이	–	–

*자료: 대신증권 리서치센터

다는 사실이 중요하다.

자율주행 서비스가 3단계 이후로 성장하고 이를 채택한 모델 출시가 본격화되면, IT 산업도 새로운 성장 기회를 맞이할 수 있다. 자율주행 시스템에서 주변과 신속하게 데이터를 교환하고 분석·처리하는 과정이 반복되면서 반도체 사용량 증가와 고사양화가 동시에 진행되기 때문이다.

차량 디스플레이도 고해상도로 전환되고 면적이 확대될 것이다. 반도체와 디스플레이 변화에 따른 수동 부품의 채택이 늘어나고 사양이 과거보다 높아지면, 새로운 수요처 확보도 가능하다.

기본적으로 자율주행차에 필수적인 인지 센서인 레이다와 라이다의 적용 확대로 카메라 수량 증가도 필연적이다. 카메라 수량은 종전 3~5개에서 10여개로 확대될 전망이며, 자동차 내부에서도 운전자 파악 등의 용도로 카메라 사용이 늘어난다. 적층세라믹콘덴서나 통신 부품 활용도 동시에 증가할 수밖에 없다.

생성형 AI 생태계 확장

AI 활용 증가와 생태계 확장으로 데이터센터 분야 투자가 확대될 것으로 예상된다.

생성형 AI가 다양한 산업에서 활용되고, 기존 검색 형태는 문자에서 동영상으로 이동한 후 점차 음성으로 전환하게 된다. 단순한 단문 대응에서 이용자가 원하는 내용 중심의 서술, 결론 방향의 피드백으로 변화한다는 뜻이다.

생성형 AI가 단순한 포털 수준에서 벗어나 각 산업, 나아가 빅데이터 등 대규모 정보와 결합하면 개별 이용자에 맞춤화된 솔루션을 제공할 수 있다.

이 같은 서비스를 구현하기 위해 구글이나 마이크로소프트 외에도 아마존·메타·애플 등 다양한 IT 기업이 박차를 가하고 있다. 국내에서도 네이버와 카카오 등 포털을 포함해 삼성전자와 LG전자 등 하드웨어 업체가 포트폴리오 경쟁력 강화 차원에서 생성형 AI 시장에 진출해 서비스를 제공할 예정이다.

생성형 AI 분야에 기업 참여가 늘어나고 투자가 확대되면 IT 산업이 또 한 번 성장할 전망이다. 반도체는 2023년 감산과 구조조정 이후 2024년 생성형 AI 효과로 고부가 제품인 고대역폭메모리(HBM) 중심 수요 증가가 예상된다.

엔비디아 그래픽처리장치(GPU)가 생성형 AI 환경에서 핵심 기술로 부각되면서, 메모리와 비메모리 반도체 수요가 예상을 웃도는 높은 성장을 보일 전망이다.

HBM 제품은 한국의 SK하이닉스와 삼성전자가 주도적으로 성장을 견인할 전망이다. 동시에 PC와 스마트폰에서 고사양 메모리 수요가 증가하고, 더블데이터레이트(DDR)5 전환이 본격적으로 시작되면 메모리 반도체를 중심으로 반도체 가격이 상승할 것으로 예상된다.

반도체업계는 수량(Q)과 가격(P)이 동시에 상승해 본격적인 실적 개선이 나타날 것이다. 수량 증가는 기저 효과도 존재하지만 2024년 스마트폰, TV, PC 등 주요 IT 기기 시장이 성장 전환한다는 것을 전제에 둔 전망이다. 여기에 고부가와 프리미엄 중심 성장에 초점을 둔 포트폴리오 변화로 고가 반도체 판매 비중이 높아질 것이다.

자동차 패러다임 변화는 '기회'
부품 업체 수주 공급 계약 지속
생성형 AI 전방위적 확산
韓 반도체 PCB 반사이익 가능
미국 빅테크와 협력 확대 전망

생성형 AI는 반도체 기판(PCB)과 통신장비용 PCB에도 새로운 성장동력이 될 전망이다. 미국과 중국의 기술 분쟁이 지속되는 가운데 한국 반도체 PCB 업체 반사이익도 예상된다. 데이터센터와 생성형 AI에 투자하는 기업이 늘어나면, 서버나 데이터센터에 필요한 AI 가속기를 포함해 통신장비용 PCB 수요 증가도 동반된다.

중국에 기술 이전이나 투자 등의 제한이 지속되는 가운데, 미국 빅테크와 국내 PCB 업체 협력이 확대될 것이다. HBM 수요 증가와 생성형 AI 환경이 확대될수록 고부가 반도체 PCB인 플립칩볼그리드어레이(FC BGA) 수요도 증가한다. 메모리의 공정 전환에 어려움이 존재해 패키징 분야와 협력으로 시너지 효과를 추구할 수 있다. FC BGA는 빅데이터 활용과 패키징 기술의 발전으로 활용 분야가 넓어지고 있다. 전통적인 수요가 PC와 서버에서 점차 자동차·가전·통신 부품으로 확산되는 중이다. ■

어디에 투자할까 주식 ❷ 금융

시장 불안할수록 주주 환원 매력 증가
비은행 M&A 땐 기업가치 변동성 확대

정준섭 NH투자증권 애널리스트

2023년 대외적 금융 시장 불안과 국내 경기 침체에도 불구하고, 국내 은행계 금융지주 실적은 안정적인 흐름이 지속됐다. 국내 금융지주가 높은 수준의 위험 관리를 통해 양호한 자산건전성을 유지한 덕분이기도 하지만, 더 큰 이유는 지속적인 비은행 포트폴리오 확보를 통해 비이자이익 비중을 늘린 동시에 이자이익 비중을 낮춘 결과다. 2023년 KB금융지주와 신한금융지주 매출에서 비이자이익 비중은 30~45%에 달한다.

일반적으로 금리가 상승하는 경우 이자이익 증가와 비이자이익 부진, 금리가 하락하는 경우 이자이익 부진과 비이자이익 개선이 나타나는 경우가 많다. 비은행 포트폴리오를 통해 비이자이익을 확보한 금융지주는 금리 등 시장 환경 변화에도 안정적인 실적을 창출할 수 있다.

특히 2023년 금융주는 해외 은행 파산 등 대외적 환경의 변동성이 확대된 상황에서도 기존과 완전히 달라진, 선진적인 중장기 주주 환원 정책을 발표했다는 점이 눈에 띈다.

먼저 사상 초유의 미국 실리콘밸리은행(SVB) 뱅크런(대규모 예금 인출)과 파산, 유럽 크레디트스위스(CS) 파산은 기존 예측 범위를 벗어나는 금리 상승이 미칠 파급력이 상상 이상일 수 있다는 점을 알려줬다.

국내에는 이런 일이 일어나지 않았다는 점이 다행이다.

견고하게만 여겼던 은행 시스템이 의외로 취약해질 수 있다는 교훈은 향후 연체율 상승

금융지주 4사 예상 주주 환원 수익률

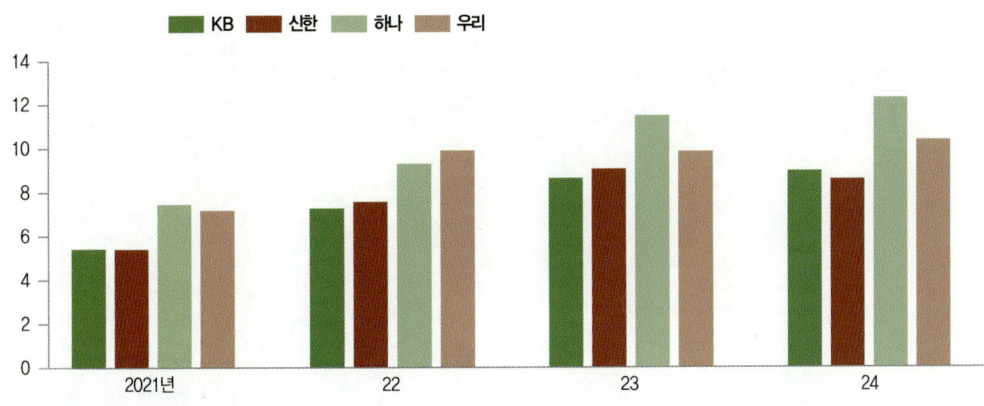

*자사주 매입·소각 금액을 배당으로 치환한 연간 수익률
*자료: NH투자증권 리서치본부

과 부동산 프로젝트 파이낸싱(PF) 부실 등 잠재적 불안 요인에 대한 경각심을 일깨워주는 동시에 PF 리스크 관리, 부실 채권 상각과 추가 충당금 적립, 자산·부채 듀레이션 관리(ALM) 강화 등 보수적이고 선제적인 예방 조치를 취하게 하는 효과로 이어졌다.

이런 상황에서 국내 금융지주가 자본 비율을 기준으로 배당, 자사주를 포함하는 중장기 주주 환원 정책을 발표한 점도 특징이다. 회사 간 차이는 있으나, 대체로 주당배당금(DPS)의 안정적인 우상향과 분기 배당 실시, 목표 보통주자기자본비율(CET1)을 초과하는 자본에 대한 자사주 매입과 소각을 통해 총 주주 환원율을 30% 이상 달성하는 내용으로 구성됐다. 기존에는 예상하기 어려웠던 파격적인 내용들이다.

2023년 발표한 주주 환원 정책에 커다란 의미를 부여할 수 있는 이유는 은행계 금융지주가 차별화된 주주 환원 정책 수립이 가능하게 됐다는 점 때문이다.

또, 단순 배당 성향 제시가 아닌 효율적 자본 관리와 초과 자본에 대한 주주 환원 개념이 반영됐다는 점도 특징이다. 특히 과거 은행주는 금융당국 주도로, 금융지주별 차이를 고려하지 않은 일괄적인 20%대 배당 성향이 주주 환원의 전부였던 데다, 이마저도 가시성이 높지 않았다.

하지만 투자자의 주주 환원 눈높이 상승과 행동주의 펀드의 주주 환원 확대 요구, 은행주의 과도한 저평가 해소 필요성에 대한 시장과 금융당국 공감대 형성을 바탕으로 시중 금융지주와 일부 지방 금융지주가 중장기 주

어디에 투자할까 **주식 ❷ 금융**

2023년 3월 사람들이 미국 캘리포니아주에 있는 실리콘밸리은행(SVB) 입구에 게시된 표지판을 보고 있다. (AP)

주 환원 확대 정책을 발표했다.

금융지주, 한 자릿수 중반대 이익 증가 전망

금리·환율 등 대외 변수 변동성 확대에도 2024년 금융지주는 안정적인 실적을 이어갈 것으로 전망된다.

순이자마진(NIM) 소폭 하락과 제한적인 대출 성장으로 이자이익이 정체될 것으로 예상되지만, 비이자이익이 소폭 개선되고 충당금 적립 부담은 축소될 전망이다. 이를 바탕으로 주요 금융지주의 2024년 경상연결이익은 2023년보다 한 자릿수 중반 정도 증가할 것으로 예상된다.

2024년 금융지주 이자이익은 2023년보다 2~3% 정도 증가할 전망이다.

시장금리가 2024년 하향 안정화된다는 전제 아래 추정한 전망이지만, 금리가 예상외로 강세를 보이더라도 시장 여건상 이를 적극적으로 예대금리차 확대에 반영하기는 쉽지 않다. 게다가 대환대출 플랫폼 적용 대상도 2023년 신용대출에서 2024년 주택담보대출, 전월세대출로 확대될 예정이기 때문에 대출 금리 경쟁도 심화될 것으로 보인다.

2024년 순이자마진은 2023년보다 0.03~0.1% 정도 하락할 전망이다. 시장금리가 하락해도 시중은행은 2021년 전과 같은 대출 성장을 기대하기 어려울 것으로 보인다. 시중은행의 2024년 원화 대출 성장률은 3~4% 정도로, 2023년과 유사한 수준을 예상한다. 경기 여건상 적극적으로 대출 성장을 이루기 쉽지 않으며, 정부도 가계부채 증가에 부담을 느끼고 있어서다.

국제결제은행(BIS)에서 발표한 한국의 2023년 1분기 국내총생산(GDP) 대비 가계부채 비율은 101.5%에 달한다. 이마저도 보험업계가 새 국제회계기준(IFRS17)을 적용하면서 약관대출 약 48조원이 가계부채에서 제외된 결과다. 경기대응완충자본(CCyB)과 스트레스완충자본 도입으로 강화된 자본 규제 비율을 준수하는 동시에 30~40% 수준의 주주 환원율 지속을 위해 위험가중자산(RWA) 증가율을 적정 수준에서 관리해야 한다.

간단히 주요 금융지주의 자기자본수익률(ROE) 8~10%, 주주 환원율 40%를 가정하면, 자본 규제 비율이 이전보다 낮아지지 않게 하기 위한 RWA 증가율 상한은 5~6% 정도가 된다. 여기에 환율 등 대외 변수 영향까지 고려할 경우 가능한 대출 성장 여력은 이보다 더 낮아질 수밖에 없다.

한편 2024년 주요 금융지주 비이자이익은 2023년보다 증가할 것으로 보인다. 금리 하향 안정화에 따른 채권 매매평가이익 회복과 보험사의 보험이익 개선이 예상되기 때문이다. 여기에 증권사 거래대금 회복과 주식 발행 시장(ECM), 채권 발행 시장(DCM) 등 투자은행(IB) 수수료 증가를 예상한다.

다만 비이자이익 개선에 대한 기대치가 높지는 않다. 2024년 주요 금융지주 비이자이익

**사상 초유 SVB·CS 파산 사태
금리 상승 파급력 보여줘
잠재 불안 요인에 대한 경종
선제 예방 조치 취하는 효과
중장기 주주 환원책 '굿'**

증가폭은 약 4% 수준에 머무를 전망이다. 대내외 시장 변동성 확대로 인한 평가손실 가능성이 있고, 보험사들이 2023년 1분기 대규모 당기손익인식(FVPL) 평가이익에 따른 역기저 영향과 IFRS17 부채 할인율 강화에 따른 부담도 있기 때문이다. 또, 증권사나 여신전문회사, 저축은행 등 금융업권 전반의 부동산 PF와 상업용 부동산 관련 손실 발생 가능성이 있다. 증권사의 부동산 IB 관련 수익 부진 등의 우려도 여전하다.

2024년 금융지주의 충당금 적립 부담은 2023년보다 축소될 전망이다. KB·신한·하나·우리 등 4대 금융지주의 2024년 대손충당금적립률(CCR)은 2023년보다 0.04~0.1% 정도 개선될 것으로 예상한다. 2023년까지 매년 부도 발생확률(PD)과 부도 시 손실률(LGD) 조정을 통한 추가 충당금을 포함해 상당히 보수적인 충당금 적립을 진행했기 때문이다.

지속적인 건전성 관리를 통해 2023년 2분

금융지주 4사 예상 주당순자산비율(PBR)

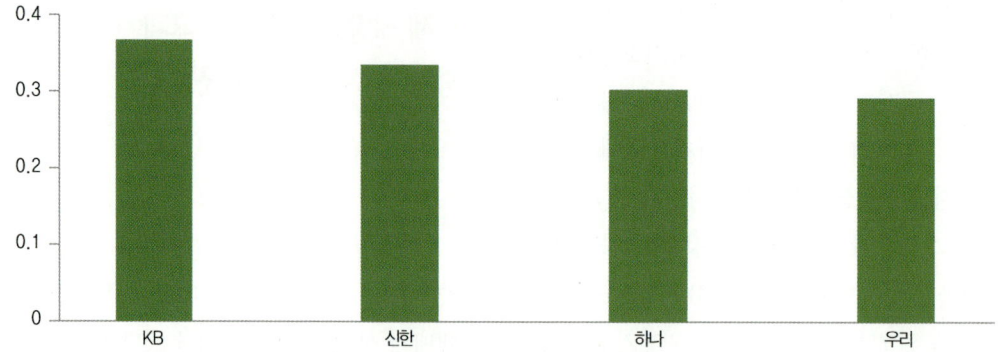

*2023년 10월 5일 기준 주가에 2024년 예상 주당순자산가치(BPS)를 적용해 계산
*자료: NH투자증권 리서치본부

기 기준 4대 금융지주의 고정이하여신비율(NPL)은 0.4~0.52%에 불과한 반면, 선제적 충당금 적립을 통해 고정이하여신 대비 충당금 적립 비율은 167~200%에 달한다.

물론 대외 경기 불확실성이 여전히 큰 만큼 향후 경기 여건이 얼마나 악화될지가 변수지만, 적어도 2024년 추가 충당금 적립 부담은 2023년보다는 완화될 것으로 예측한다.

미국 대선·부동산 PF 등 예의 주시

비이자이익이 금융지주의 실적 안정성과 주주 환원 가시성 확대를 위해 중요하다는 점은 다년간 금융지주 실적을 통해 입증됐다. 그만큼 2024년에는 비은행 계열사가 부족한 금융지주를 중심으로 적극적인 비은행 인수·합병(M&A)이 나타날 전망이다. 투자 난이도가 낮고 경기 개선 시기 높은 ROE를 기대할 수 있는 증권사를 우리금융지주와 일부 지방 금융지주 등이 적극적으로 탐색하고 있다.

안정적인 보험이익 창출과 장기 운용자산 확보에 용이한 보험사도 다수 금융지주 또는 금융지주 전환을 목표로 하는 금융회사가 인수를 검토할 것으로 보인다. 비은행 기업 인수 가격과 피인수 기업의 수익성에 따라 금융지주의 자산 규모나 기업가치 변동이 크게 나타날 수 있다.

동시에 2024년은 대내외적 불확실성 요인이 적지 않다는 점도 염두에 둘 필요가 있다. 대외적으로는 미국 물가 상황과 연준의 금리 정책, 미국 대선 결과 등이 변수다. 대내적으로는 부동산 경기와 PF 우려, 상업용 부동산 부실 등으로 인해 2024년 금리·환율·

주식 시장의 변동성이 금융지주의 실적과 자본 비율에 미칠 영향은 이전보다 클 것으로 예상된다.

2024년 금융지주는 안정적인 실적을 바탕으로, 2023년보다 증가한 규모의 주주 환원이 나타날 전망이다. 지금으로서는 유의할 만한 수준의 이익 감소가 예상되지 않는 데다, 금융당국도 건전성 요구 수준을 충족하는 금융지주는 주주 환원 정책의 자율성을 보장하는 기조라는 점에서다.

안정적인 실적과 주주 환원 규모 확대를 바탕으로, 2024년 은행주는 할인율 축소에 따른 주가 강세가 예상된다. 은행계 금융지주 ROE는 8~10%로 자본비용률(COE)과 유사한 수준인 만큼, 이론적인 주가순자산비율(PBR)은 1배가 돼야 한다.

반면 2023년 10월 현재 국내 주식 시장에서 거래되는 은행주 PBR은 카카오뱅크를 제외하면 모두 0.4배에 미치지 못한다. 이론적인 가치와 시장가의 괴리(할인율)는 경기 불확실성과 규제 위험, 주주 환원 차질 우려 등으로 설명할 수 있다. 아직은 대내외 여건상 은행주 중장기 주주 환원 정책에 대한 신뢰가 완전히 형성됐다고 보기 어렵지만, 2024년 지속적인 주주 환원 정책 이행을 통해 신뢰가 확보될수록 할인율은 축소될 것으로 전망한다.

은행주의 주주 환원 매력도는 이미 유가증권시장 내 최상위권이다. 은행주 주주 환원이

**금리 하향 안정화 전망
대출 성장은 쉽지 않아
비이자이익 일부 개선될 것
증권·보험사 인수전 주목
은행주 주주 환원 매력**

배당과 자사주 매입·소각이 혼합된 형태기 때문에 단순 배당수익률로 비교하기는 어렵다. 하지만 전체 주주 환원 금액을 배당으로 치환한 수익률은 4대 금융지주 기준 8~11%에 달한다. 게다가 분기별 배당, 자사주 매입·소각을 통해 배당 투자자의 장기 투자 유인을 확대하면서 배당락 부담과 주가 변동성을 최소화하고 있다.

자본 시장 변동성이 커지는 시점에서 PBR 0.4배를 밑도는 동시에 상당 규모의 주주 환원이 예상되는 은행주는 투자자에게 편안한 선택지가 될 것이다. 특히 안정적인 현금 수입과 점진적인 자산 가치 상승을 원하는 개인 투자자에게 은행주의 매력이 갈수록 부각될 것으로 전망한다. 1950~1960년대생 베이비부머세대가 본격적으로 은퇴하면서 안정적인 현금 수입을 희망하는 개인 투자자가 적잖다. 궁극적으로는 월배당 형태가 긍정적이지만, 지금의 분기 배당도 개인 투자자에게 꽤 훌륭한 연금 소득이 될 수 있다. ■

어디에 투자할까 주식 ❸ 화학·정유·에너지

글로벌 시황 점진적 개선 국면 진입
인도 수출 비중 높은 업체 선별하라

윤재성 하나증권 애널리스트

2024년 글로벌 에너지 가격은 2021~2023년과 달리 변동성이 잦아들 것으로 판단한다. 최근까지 이어진 에너지 가격 변동성이 완화된다면 결국 이를 원재료로 사용하는 정유·석유화학 업체의 영업 환경 개선으로 이어진다.

중국 경기 또한 금리와 지급 준비율 인하 등 각종 부양책 효과로 최악을 통과하고 회복될 것으로 예상된다. 이에 따라 글로벌 정유·석유화학 시황은 점진적인 개선 국면에 진입할 것으로 보인다.

2021~2023년 석유·가스·석탄 등 글로벌 에너지 가격 변동성이 확대된 이유는 크게 세 가지다.

에너지

가격 변동성 완화될 것
중동 전쟁 확전 우려 상존

첫째는 중국을 비롯한 주요국이 펼친 급진적인 탈탄소 정책의 부작용이다. 서방의 러시아 제재에 따른 수출 물량 감소 우려가 두 번째 이유다. 세 번째는 비(非)석유수출국기구(OPEC) 산유국 협의체인 'OPEC플러스(OPEC+)'의 적극적인 감산이다. 다만 최근 해당 요인들이 해소되는 과정에 있다는 점에서 2024년 에너지 가격의 불안정성은 완화될 것으로 판단한다.

중국은 2020~2021년 급진적인 탈탄소 정책으로 석탄 생산·발전과 정제 설비 증설 제

2020년을 고점으로 중국 석유 제품 순수출은 둔화 중

〈단위:만〉

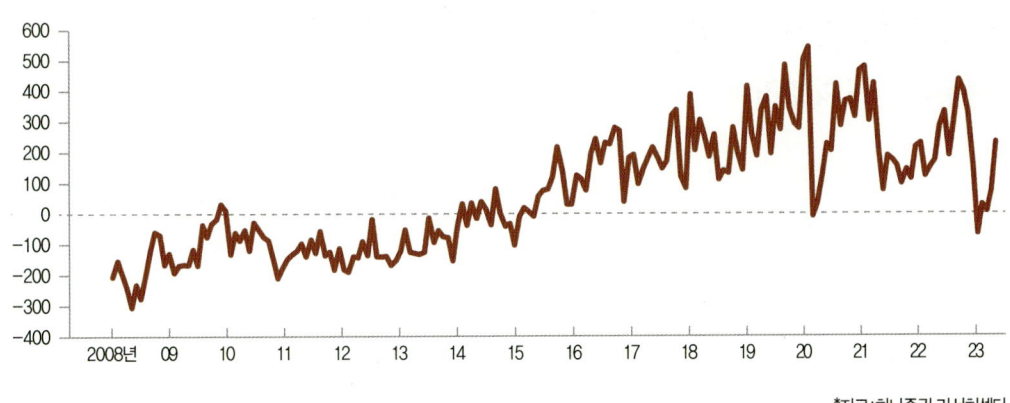

*자료:하나증권 리서치센터

한 등의 조치를 취한 바 있다. 이는 전력 부족과 경기 하강 압력이라는 부작용을 일으켰다. 중국은 전력 부족 현상을 해소하기 위해 2022년부터 석탄 생산·발전을 재차 늘리기 시작했다. 실제로 과거 수년간 월 3억t 초반이었던 석탄 생산량은 최대 4억t까지 늘어났으며, 호주로부터의 석탄 수입도 2년 만에 재개했다. 중국의 경기 부양에 대한 의지를 감안하면 2024년에도 중국의 석탄 생산·발전은 높은 수준을 유지할 가능성이 있다. 이는 글로벌 원유·가스 시장에 안도감을 줄 수 있는 요소가 될 것으로 판단한다.

2024년 러·우 전쟁이 막바지로 접어들 경우, 러시아 원유 금수 조치에 따른 우려도 크게 약화될 것으로 예상된다. 유럽의 러시아 원유에 대한 금수 조치와 가격상한제에도 불구하고 러시아 원유 수출은 2023년 중반, 약 1년 만에 사상 최대치를 기록했다. 이는 유럽 대신 인도와 중국이 적극적으로 러시아 원유를 수입한 영향이다. 즉, 러시아 원유 수요처의 지역적 변화가 나타나며 글로벌 원유 수급은 정상 상태로 복귀했다는 분석이다.

2024년 사우디를 비롯한 'OPEC+'의 적극적인 감산 움직임 역시 다소 약해질 전망이다. 인플레이션 진압이 시급한 조 바이든 미국 대통령이 최근 사우디와 상호방위조약을 맺는 등 관계 진전을 위한 적극적인 행동을 취하고 있기 때문이다. 또한 미국은 이란과의 핵 협상을 재개하고 있는 것으로 알려졌으며, 베네수엘라에 대한 제재도 완화하는 중이다. 미국이 에너지 자립을 이루기 시작한 2018년 이후 중동과 멀어진 관계는 지난 수년간 불안

어디에 투자할까 주식 ❸ 화학·정유·에너지

中 석탄 생산·발전 재차 늘려
러 원유 금수 조치 우려 약화
OPEC+ 감산 약해질 전망
글로벌 원유 수급 정상화
美, 중동과 관계 회복 기대

한 에너지 가격의 요인으로 작용했다. 하지만 2024년 대선을 앞둔 바이든 대통령 입장에서 인플레이션 진압을 위해 중동과의 관계 회복에 전력을 다할 것으로 예상한다.

한편 블룸버그뉴에너지파이낸스(BNEF)가 발표한 2023년 상반기 신재생에너지 투자 추적 보고서에 따르면 2023년 상반기 풍력 발전 투자 규모는 전년 동기 대비 8% 줄어든 940억달러에 그쳤다. 육상풍력 발전 투자가 4개 분기 연속 감소했기 때문이다. 주요국이 높은 수준의 기준금리를 유지하면서 풍력 발전 단지를 조성하기 위한 비용이 늘었고, 투자 부담으로 이어진 탓이다. 미국 가정용 태양광 패널 구매 수요도 최근 대출 금리 상승에 따라 둔화되고 있는 것으로 파악된다.

결국 2020~2022년 저금리 시대에는 신재생에너지가 전통 에너지원을 빠르게 대체할 수 있을 것으로 예상됐으나, 2023~2024년 고금리 환경이 펼쳐지며 이 같은 예측은 다소 빗나갈 가능성이 높아졌다. 이를 고려하면 2024년 에너지 가격 변동성은 완화될 것으로 분석된다.

다만 중동의 전쟁 확전 가능성은 에너지 가격의 잠재적 위험 요인으로 꼽힌다. 최근 전쟁이 일어난 중동 지역은 에너지 관점에서도 주목받는다. 이스라엘 해상가스전과 해상천연가스관 때문이다.

미국의 석유·가스 업체인 노블에너지가 2019년부터 본격적으로 이스라엘 레비아탄 가스전 개발을 시작했다. 이로써 이스라엘은 전력 생산의 70%를 천연가스로 충당할 수 있게 됐다. 2025년부터는 이스트메드(East Med) 해상가스관을 통해 이를 그리스 등 유럽으로 수출할 계획이다.

미국 입장에서는 러시아와 터키를 견제하기 위해 이스라엘의 이스트메드 프로젝트를 후원할 수밖에 없는 상황이다. 반면 레바논 헤즈볼라와 이란 입장에서는 해당 이스라엘 가스전을 두고 신경전이 벌어지고 있다.

일각에서는 사우디와 이스라엘의 화해를 견제할 정치적 목적으로 이란이 하마스 배후에 있다는 분석도 나온다. 이·팔 전쟁은 이처럼 정치적 이슈와 함께 이스라엘의 천연가스 개발과 동지중해 해상가스관 등을 둘러싼 에너지 패권 다툼도 일부 상존한다.

따라서 이란의 행보는 미국과 이란 관계뿐 아니라, 미국과 사우디의 관계에서도 중요한 부분이라는 점에서 2024년 글로벌 에너지 가격의 잠재적 위험 요인이 될 수밖에 없다.

2023년 9월 러시아 연방 중서부에 위치한 타타르스탄 공화국의 한 유전에서 채굴 펌프가 작동 중이다. (TASS)

정유

각자도생의 석유 제품 시장 전 세계가 한국에 의존할 수도

2024년 글로벌 에너지 가격 안정화로 정유 업체의 영업 환경 불확실성은 제거되고 이익은 안정화되는 국면에 진입할 것으로 예상된다. 특히 원유·가스·석탄 등 전통 에너지원과 마찬가지로 글로벌 정제 설비 또한 전기차 침투율 상승과 탈탄소 등 친환경 정책에 따라 증설 유인이 부족하다. 공급이 제한적이라는 점을 감안하면, 향후 석유 제품 시장의 타이트한 수급 흐름은 지속될 가능성이 높다.

지역별로 전 세계에서 정제 설비 규모가 가장 큰 미국의 석유 제품 시장 수급은 타이트하게 유지될 전망이다. '셰일붐' 종료와 친환경 정책 강화 등에 따라 정제 설비 증설은 제한적인 반면, 2024년 이후 산업용 디젤과 항공유 수요는 꾸준히 창출될 것으로 보이기 때문이다. 2022년 미국이 인플레이션 통제를 위해 석유 제품 수출 통제를 하나의 방편으로 제시했다는 점을 감안하면, 미국이 다른 국가에 석유 제품을 수출할 수 있을지 의문이다.

전 세계에서 정제 설비 규모가 두 번째로 큰 중국의 석유 제품 수급 상황도 점차 타이트해질 수밖에 없다는 분석이다. 중국은 탈탄소 정책의 핵심으로 철강과 정유 설비 증설을 제한했다. 현재 중국 정제 설비 규모는 약 1일당 1700만배럴인데, 향후 수년간 최대 1800만배럴을 넘길 수 없다. 대신 태양광·풍력 등 신재생에너지를 적극 육성하고 있다. 하지만 여전히 신재생에너지가 전체 발전 수요를 충당하기에는 오랜 시간이 필요하다.

전 세계 정제 설비 규모 3위이자 최근 전쟁 등 이슈로 디젤에 대한 수요가 과거보다 높은 수

어디에 투자할까 주식 ❸ 화학·정유·에너지

인도의 ABS 설비는 20만t으로 한국의 10%, 중국의 3%에 불과

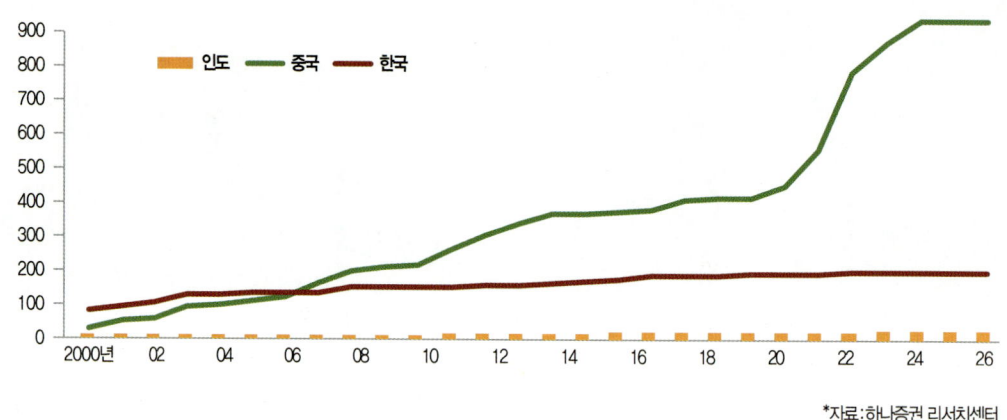

*자료: 하나증권 리서치센터

준에서 유지되는 러시아는 인플레이션 진압을 위해 석유 제품 수출을 제한하겠다고 밝혔다. 4위 인도는 가파른 경기 성장에 따라 석유 제품 공급 부족을 겪고 있다. 농업 비중이 높은 만큼, 디젤에 대한 농민 수요 역시 큰 편이다. 따라서 인플레이션 억제를 위해 디젤 가격 통제를 실시할 수밖에 없다. 그 일환으로 디젤 수출 관세를 대폭 상향해 수출을 통제하고 있다.

한국은 전 세계에서 정제 설비 규모가 다섯 번째로 크다. 단, 전체 생산의 50%를 수출하는 특이한 구조로, 석유 제품 시장에서의 스윙 프로듀서(Swing Producer)로 자리매김했다. 이는 글로벌 석유 시장에서 자체적인 생산량 조절을 통해 전체 수급에 영향을 끼칠 수 있는 세력이라는 뜻이다. 즉, 각자도생의 석유 제품 시장에서 전 세계는 한국에 의존할 수밖에 없다.

석유·화학

넘버원 업체, 중장기 성장성 인도서 돌파구 마련해야

전 세계 정유·석유화학업계에서 투자는 대부분 석유화학 산업의 근간인 나프타 분해시설(NCC)을 중심으로 이뤄진다. 전기차 침투율 증가에 따라 정유 업종에 대한 부정적 시각이 존재하는 반면, 석유화학은 당장 대체재가 없어 상대적으로 수요 전망이 긍정적이기 때문이다. 사우디는 이런 글로벌 추세를 반영해 원유에서 정제 설비를 거치지 않고 바로 석유화학 제품을 생산하는 정유·석유화학 통합시설(COTC) 공법을 개발해 중국·인도 등에 적용할 예정이다.

이런 글로벌 투자 흐름이 NCC를 향하면서 역설적인 상황이 펼쳐지고 있다. 중국의 대규모 NCC 증설이 글로벌 공급 과잉 원흉으로 작용한 것. 물론 2024년부터 중국 증설은 마무리 국면에 들어가지만, 누적된 공급 과잉이 해소되기 위해서는 일정 수준 시간이 필요하다. 따라서 국내 NCC 업체는 중국과의 경쟁과 글로벌 공급 과잉을 이겨내기 위한 인고의 시간이 필요하다.

석유화학 업체 돌파구는 인도에서 마련될 가능성이 높다. 인도의 가파른 경제 성장 속도와 높은 인프라 투자 증가율, 애플·테슬라 등 생산기지 확대와 여전히 낮은 인당 사용량을 감안하면 석유화학 수요의 큰 방향성은 뚜렷하기 때문이다. 반면 인도 석유화학 설비 규모는 현저히 작은 편이다. 특히 각종 석유화학 제품을 생산하는 단계인 '다운스트림'의 경우 상대적인 공급 부족 현상은 더욱 심각하다.

향후 인도는 폭발적인 석유화학 수요가 창출될 것이 분명하지만, 석유화학 설비는 절대적으로 부족하다는 점에서 수입 확대가 나타날 수밖에 없다. 이 과정에서 정제 설비를 다수 보유한 인도는 NCC를 빠르게 확장할 수 있지만, 다운스트림 설비를 확장하는 데만 수

석유 제품 타이트한 수급 지속
韓, 스윙 프로듀서로 자리매김
당분간 석유화학 대체재 없어
인도, 석유화학 수요 방향 뚜렷
수혜 누릴 업체 선별 중요

년의 시간이 필요하다. 따라서 중장기적으로 인도 다운스트림 제품군에 대한 수입 수요 수혜를 누릴 수 있는 업체가 유리해지는 국면이다.

즉, 인도 내 석유화학 설비를 갖춘 동시에 높은 점유율을 보유했으며, 글로벌 1위 업체인 경우 인도 다운스트림 석유화학 제품 수입 수요 급증의 직간접적인 수혜를 누릴 가능성이 높다. 향후 이런 업체를 중심으로 인도 대상 수출 비중이 높아지는 것이 확인되면, 과거 중국 대상 수출 업체들이 수혜를 본 상황과 유사한 기업가치 확장을 기대해볼 수 있다.

종합하면 2023년 하반기부터 중국의 경기 부양을 위한 각종 정책이 구체화되고 있으며, 이에 따라 글로벌 석유화학 수요는 2024년부터 완만한 개선이 나타날 가능성이 높다. 이 과정에서 인도 대상 비중이 눈에 띄게 증가하거나 배터리 등 신규 사업을 통해 기업가치를 제고할 수 있는 업체를 골라낼 필요가 있다. ■

실적 대비 주가 아쉬운 '자동차'
'운송'은 아시아나 인수전에 촉각

자동차

전기차 호재 많은 2024년 시장 수요 회복…'상저하고'

송선재 하나증권 애널리스트

2023년 자동차 시장은 여러모로 풍성한 한 해를 보냈다. 2020년부터 2022년 상반기까지 지속적으로 발생했던 수요-공급 불균형이 평균 판매 가격 상승을 만들어냈다. 모델 가격은 인상됐고 제품 믹스는 개선됐으며 가격 할인은 축소됐다. 이런 호재가 금리 상승과 경기 둔화에 따른 수요 우려를 불식하며 자동차 업체에 유리한 판매 환경을 제공했다. 한국 완성차들은 여기에 더해 높은 원달러 환율 유지라는 추가 수혜의 혜택을 입었다.

가격 상승세가 다소 둔화되고 있기는 하지만 평균 판매 가격은 여전히 떨어지지 않고 있다. 자동차 대기 수요가 워낙 많아 재고가 쌓이기까지 시일이 소요될 수밖에 없던 데다, 수요 트렌드 변화로 판매 가격이 높은 SUV와 전기차 등 비중이 늘어나면서다. 글로벌 내 주요 자동차 시장도 조금씩 회복되면서 자동차 업체 물량이 증가해 가동률 상승에 따른 영업 레버리지 효과도 발생했다. 주요 원재료 가격 안정화로 자동차 투입원가가 하락하면서 완성차와 부품 업체 할 것 없이 실적이 고공행진했다.

2024년에도 2023년과 비슷한 흐름이 이어질 것으로 내다본다. 글로벌 자동차 판매가 코로나 팬데믹 발생 이전인 2017~2018년 대비 여전히 85~90% 수준이고, 최근 3년간

국내 완성차 밸류에이션이 높아지기 위해서는 무엇보다 전기차 부문 판매 증가가 선행될 필요가 있다. 사진은 현대차 울산공장 아이오닉5 생산라인에서 직원들이 차량을 살펴보고 있는 모습. (현대차 제공)

충족되지 못한 대기 수요가 누적 4000만대에 육박한다. 반면, 가격 할인 정책은 2023년보다는 불리해질 테다. 공급 차질이 해소된 시점에서 경기 둔화 우려가 있고 시장 재고는 늘어나는 중이기 때문이다. 요약하자면 '평균 판매 가격 둔화 vs 물량 회복에 따른 가동률 상승' 구도가 강화되면서 자동차 업체 이익 성장률은 둔화될 전망이다.

현대차와 기아 이익 흐름은 견조하겠지만 시장 상황에 따라 이익성장률과 주가 모멘텀이 하락한다는 것은 아쉬운 내용이다. 현대차와 기아 이익은 2022~2023년에 걸쳐 크게 증가했는데, 주가는 이런 높아진 이익 레벨을 제대로 반영하고 있지 못한 상황이다.

글로벌 자동차 업종 밸류에이션이 전체적으로 낮지만, 그중에서도 현대차와 기아는 평균 대비 더 낮은 밸류에이션을 적용받고 있다. 2012~2014년 글로벌 점유율 9%, 미국 점유율 8%를 유지했던 당시 밸류에이션도 못 받고 있는 상태다. 현재는 글로벌 점유율 8% 후반, 미국은 10%다.

현대차와 기아는 실적 호조세 유지와 함께 배당 상향, 자사주 소각을 실시하는 등 주주 환원도 강화하고 있다. 밸류에이션 할인 이유가 없는데도 불구하고 주가가 높아진 이익을 반영하지 못하는 것은 투자자들이 다음 두 가지를 확신하지 못하기 때문이다.

첫째, 이익 사이클이 한 단계 더 상승할

현대차와 기아의 전기차 합산 점유율 추이

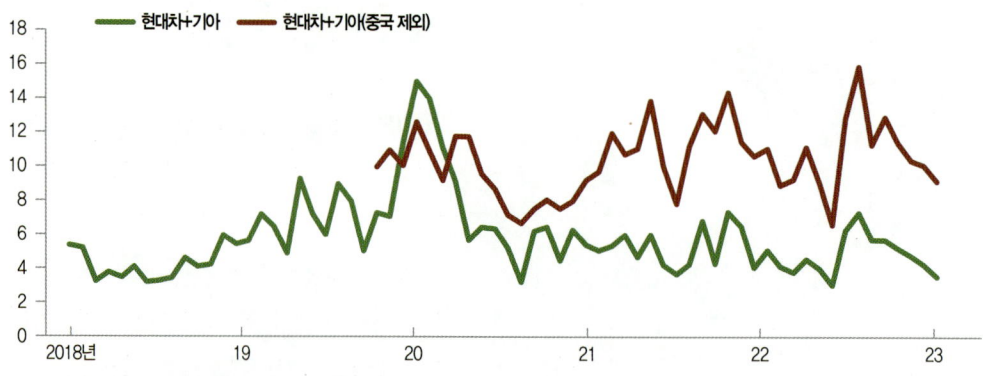

*자료: SNE Research, 현대차, 기아, 하나증권

수 있을지에 대한 의문이다. 현대차와 기아 합산 영업이익은 과거 10조원 수준에서 2022~2023년을 거치면서 20조원대를 기반으로 새로운 사이클에 진입했다. 고가 차종 비중 상승과 글로벌 시장점유율 상승을 토대로 사이클 레벨이 한 단계 상승했다고 평가된다. 다만 재고 추이와 가격 환경의 부정적 전환으로 이익 증가율 방향성이 둔화된 것이 문제다. 근래 투자자들이 우려하는 '실적 고점'에 대한 논란도 결국 이 같은 흐름 속에서 이해할 수 있다.

시장 판매 가격이 하락이라는 방향을 보인다면 물량에서 이를 만회해야 한다. 아쉬운 점은 현대차와 기아의 물량 기저가 2023년 하반기부터 높아지기 시작하면서 전년 동월 판매 대수 증가율이 낮아졌다는 사실이다.

2023년 상반기 도매 판매 증가율이 11%였는데, 3분기에는 2%대로 낮아졌다. 향후 도매 판매 증가율이 한 자릿수 중반으로 높아지면서 가격 하락의 부정적 효과를 충분히 상쇄할 수 있다는 것이 증명된다면 주가 흐름이 개선될 것으로 예상한다. 재고와 가격의 부정적 사이클이 바닥을 지나 안정화되고, 물량 기저 효과가 개선될 2024년 하반기가 그 시점이 될 것이다.

둘째, 현재 내연기관차 위주 이익 트렌드가 장기적 관점에서 유지될지가 불투명하다. 실적 고점 우려의 실질적 원인도 따지고 보면 내연기관차로부터 얻을 이익에 대한 신뢰성이 낮아서다. 이런 우려를 넘어서기 위해서는 전기차 부문에서의 판매 증가가 선행돼야 한다. 그러나 아쉽게도 현대차와 기아 전기차 시장

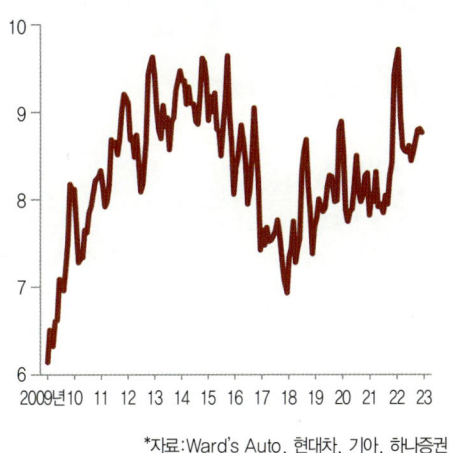

현대차와 기아의 글로벌 합산 시장점유율 〈단위:%〉

*자료: Ward's Auto, 현대차, 기아, 하나증권

이익성장률은 다소 둔화될 것이다. 코로나 팬데믹을 거치면서 하락한 시장 판매가 회복되는 과정에서 물량은 추가적으로 증가하지만, 급격하게 상승했던 판매 가격은 안정화 단계로 접어들면서 소폭 하락할 가능성이 높다. 전기차 부문도 2024년 상반기까지는 관련 모멘텀이 약화될 전망이다. 하지만 2024년 하반기에는 시장 수요 회복과 기저 정상화에 기반해 성장성이 개선되고 전기차 부문에서도 신차 출시와 신공장 완공에 힘입어 점유율이 개선되는 흐름을 보일 것으로 본다. '상저하고' 업황 흐름을 보일 것으로 예상한다.

점유율은 6% 이하로 내연기관차 시장점유율(8% 후반) 대비 낮은 상황이다. 현대차와 기아가 전기차를 팔지 못하는 중국 위주로 전기차 시장 성장이 이뤄지고 있고 미국에서는 인플레이션 감축법(IRA)으로 인해 가격 경쟁력이 악화된 영향이다. 한국 시장은 규모가 작은 데다 전기차 전환 속도 또한 더디다.

현대차와 기아는 전기차 부문에서 점유율과 수익성을 동시에 고려하고 있기 때문에 다소 보수적인 제품 출시 전략을 실행 중인 것도 부진의 이유다. 하지만 전기차 점유율 상승을 이끌 변수는 아직 많다. 즉 전기차 전용 모델 추가 출시, 그리고 북미 전기차 공장 완공이 예정돼 있는 2024년 중순 이후에는 주가 모멘텀이 강화될 수 있다.

종합해보면 2024년 자동차 업체 외형 성장과

운송

영업이익 급증, 현금 안정적 '글로비스' '팬오션'에 주목

최고운 한국투자증권 리서치본부 수석연구원

운송 시장은 팬데믹 기간 동안 물류 대란 수혜와 엔데믹 이후 리오프닝 수혜를 나란히 경험했다. 덕분에 역대급 이익을 기록할 수 있었다. 반대로 2023년 하반기에는 실적이 팬데믹 이전보다 개선됐음에도 불구하고 너무 높아진 시장 기대치 탓에 평가 절하되는 상황이다.

문제는 2024년에도 이때의 임팩트를 뛰어넘을 만한 이익 성장이 어렵다는 점이다. 상하

어디에 투자할까 주식 ❹ 자동차·운송

대한항공의 아시아나 인수가 막바지 단계에 진입했다. 합병 승인 여부에 따라 운송업계 전체 구조가 재편될 가능성이 크다. (매경DB)

이컨테이너해운운임지수(SCFI)는 1000포인트를 밑돌고 있다. 2024년 글로벌 경기 회복을 긍정적으로 보더라도 컨테이너 해운 시장에서는 그 이상으로 선박 공급이 늘어날 예정이라 시황 회복은 제한적일 전망이다. 현재 컨테이너 선복량 대비 앞으로 인도받을 발주 잔량 비율은 30%에 육박한다. 글로벌 상위 컨테이너 선사들의 컨센서스를 살펴보면 2024년 영업이익이 2023년보다 한 번 더 감소할 것으로 예상된다. HMM 역시 예외가 아닐 것이다.

항공 산업은 해외여행 수요 강세가 이어지겠지만 항공사 영업 환경이 점차 안정화됨에 따라 2023년보다 공급 부족은 완화될 전망이다. 리오프닝 초기에는 팬데믹 기간 동안 이연돼온 여행 수요가 폭발한 반면 구조조정과 장기 휴직을 경험했던 항공사들이 국제선 공급을 충분히 늘리지 못했다. 이제는 이익 턴어라운드를 발판 삼아 증편과 기재 도입이 이어지고 있다. 이에 따라 2024년 국제선 항공권 가격은 2019년 대비로는 여전히 20~30% 비싸겠지만 2023년과 비교해서는 하락할 것이다. 여기에 유가 상승 등 대외 불확실성 확대 역시 수익성에 부정적이다. 결국 2024년 우리나라 항공 시장 이익은 역신장할 전망이다.

택배를 포함한 육상 운송의 경우 비용 절감과 자산 효율화 등 체질 개선을 이룬 상위 업체들을 중심으로 수익성 개선세가 이어질 것이다. 2024년 이익 방향성으로 보면 항공과 해운보다 긍정적이다. 하지만 육운 시장도 성장성이 제한적이다. 그동안 차별화됐던 택배 시장은 이커머스 수요 둔화와 쿠팡의 물류 내재화로 인해 3년 연속 물동량이 정체될 것으로 예상된다.

결론적으로 2024년 운송 산업은 경기민감주라는 평가를 극복할 만큼 차별화된 이익 성장을 보여주기 어려울 것이다. 물류 대란 반사이익과 리오프닝 수혜로 높아진 눈높이를 낮추는 것이 중요하다. 대외 매크로 환경이 불안정한 만큼 재무건전성과 현금 창출 능력이 안정적인 종목을 먼저 선별할 필요가 있다. 부채 비율이 100% 이하면서 영업이익이 팬데믹 전후로 두 배 이상 성장한 '현대글로비스'와 '팬오션'은 밸류에이션도 역사적 저점 수준이라 방어주로서 더 가치가 있다.

대신 운송 업종만의 주가 모멘텀은 시장 재편 이슈에서 찾을 수 있다. 벌써 3년이나 지연되고 있지만 대한항공의 아시아나항공 인수는 막바지 단계에 진입했다. 유럽연합(EU) 집행위원회 결정에 따라 합병이든 무산이든 산업은행이 결단을 내릴 것으로 예상된다.

인수합병이 승인될 경우 양대 국적사 통합을 시작으로 진에어-에어부산-에어서울 통합 저비용항공사(LCC) 출범, 그리고 제2의 아시아나항공 자리를 노리는 티웨이항공과 에어프레미아의 투자 확대, 이런 변화에 가만히 있을 수 없는 기존 1위 LCC 제주항공의 반격 등 항공 시장이 전면적인 재편으로 이어질 전망이다. 현재로서는 아시아나항공 유럽 노선을 이어받을 가능성이 높은 티웨이항공을 가장 큰 수혜 종목으로 주목해야 한다. 반대로 해외 경쟁당국 심사를 통과하지 못할 경우 아시아나항공의 제3자 매각까지 가능성을 열어둬야 한다.

산업은행의 HMM 지분 매각도 주요 이슈다. 산업은행과 해양진흥공사는 HMM 보유 지분에 대한 매각 작업을 2023년 말까지 마무리한다는 방침이다. 예비입찰에 참여한 하림, 동원, LX그룹과 산업은행 간의 HMM 가격에 대한 시각 차이가 커 유찰 가능성까지 거론되고 있지만, 2024년 컨테이너 해운산업 전망의 불확실함을 감안하면 타협이 필요할 것으로 보인다. 인수 규모가 5조~7조원 규모로 거론되는 만큼 인수자 재무 부담을 먼저 걱정할 수밖에 없지만 HMM은 현금성자산과 단기금융자산 규모가 13조원에 달한다. 결국 인수 후보자별로 HMM 보유 현금을 어떻게 투자할지에 대한 장기 플랜에 따라 HMM 인수에 대란 평가 역시 달라질 것이다.

2024년 운송 업종 투자에 대해 고민한다면 먼저 실적과 재무는 지금의 시장 우려와 다르게 견조하다는 점을 살펴봐야 한다. 그리고 투자 아이디어는 한발 더 나아가 시장 재편이라는 큰 크림에서 찾을 것을 권유한다. 2024년의 운송 산업도 과거의 틀에서는 예상하지 못했던 서프라이즈를 보여줄 것으로 기대한다. ■

**리오프닝에 너무 높아진 기대치
기저 효과로 2024년 수익 악화
항공업은 견조한 해외여행 수요
육상은 쿠팡 물류 내재화 리스크
산업은행 HMM 지분 매각 '이슈'**

어디에 투자할까 주식 ❺ 건설·중공업

공급 가뭄 위기에 우는 '건설'
공급자 주도 장세에 웃는 '조선'

건설

주택 공급 꼬였지만 원가 하락세는 '호재'

장문준 KB증권 애널리스트

암중모색.
2024년 건설 업종이 맞이하게 될 한 해를 요약해보면 딱 이렇다.
레고랜드 사태에 따른 부동산 금융 시장 불안의 직격탄을 2023년 한 해 동안 고스란히 받아내야 했던 건설 업종은 2024년에도 역시 힘겨운 싸움을 해나가야 할 것으로 예상된다.
여전히 밝은 측면보다는 전망을 어둡게 하는 요인이 더 많은 환경이지만, 그 안에 존재하는 긍정적인 가능성을 얼마나 발현시켜내느냐가 건설업계 앞에 놓인 과제다.
국내 주택 사업의 경우 꼬여버린 주택 공급을 어떻게 풀어가느냐가 관건인 2024년이 될 전망이다.
2023년 9월까지 연간 주택 분양 물량은 12만7000가구로 2022년 동기와 비교할 때 50% 수준에 불과하다. 주택 인허가 신청은 약 40%, 착공 신고 역시 50% 이상 떨어졌다. 글로벌 금융위기 이후 최악의 공급 가뭄이다.
이런 상황에서 2023년 9월 26일 정부는 '주택 공급 활성화 방안'을 발표했다. 금리와 원자재 가격 상승 등으로 주택 공급 위축이 장기 지속될 가능성이 대두되자 이에 대응할 필요가 있다는 판단에서다. 이른바 9·26 주택

2024년 '네옴시티 프로젝트'가 속도를 낼 것으로 기대를 모으면서 국내 건설사 해외 수주에도 청신호가 켜졌다. 사진은 네옴시티가 들어설 사우디아라비아 북서부 타북주 사막. (매경DB)

공급 대책이다.

이번 대책에는 이른바 '깜짝 내용'은 포함되지 않았다. 3기 신도시 사업 속도를 높이는 등 공공 주택 공급을 늘리고 차차 민간 공급도 늘어나도록 지원하겠다는 내용이 골자다. 즉각적인 효과를 기대할 수 있는 특단의 대책보다는 프로젝트 파이낸싱(PF) 시장 정상화에 따른 중장기 공급 기반 확보에 초점을 맞춘 것으로 파악된다.

긍정적인 점이라면 2022~2023년 건설 업종을 힘들게 했던 또 다른 요인인 원가율 상승(특히 주택 사업 관련)이 2024년에는 진정되면서 업종 내 전반적인 이익률이 다소 회복될 가능성이 높아졌다는 점이다.

시멘트 가격은 최근까지도 상승 추세였지만 또 다른 주요 품목인 철근 가격 하락세가 확연하고 국내 건설 공사 물량 급감으로 외주비 역시 하락하고 있는 것으로 파악된다. 여기에 대형 건설사 중심으로 공사비 인상이 나타나고 있다는 점에서 이익 개선이 몇 년간 이어질 수 있는 상황이 됐다.

아쉬웠던 해외 수주…2024년엔 네옴시티 속도

해외 수주 관점에서 살펴보면 2023년은 '용두사미'였다.

2023년 6월 현대건설이 6조5000억원 규모 역대 최대 해외 프로젝트인 사우디 석유화학 단지 '아미랄 프로젝트'를 수주하면서 제2의 중동 붐 등에 대한 기대를 높였다.

하지만 하반기 부진한 수주에 따라 2023년 10월 기준 한국 건설사의 해외 수주 금액은 전년 동기와 유사한 총 237억달러 수준에 그쳤다.

한국 기업 전반적으로 해외 수주에 대한 의지

어디에 투자할까 주식 ❺ 건설·중공업

급감한 2023년 분양 계획 물량
〈단위:만가구〉

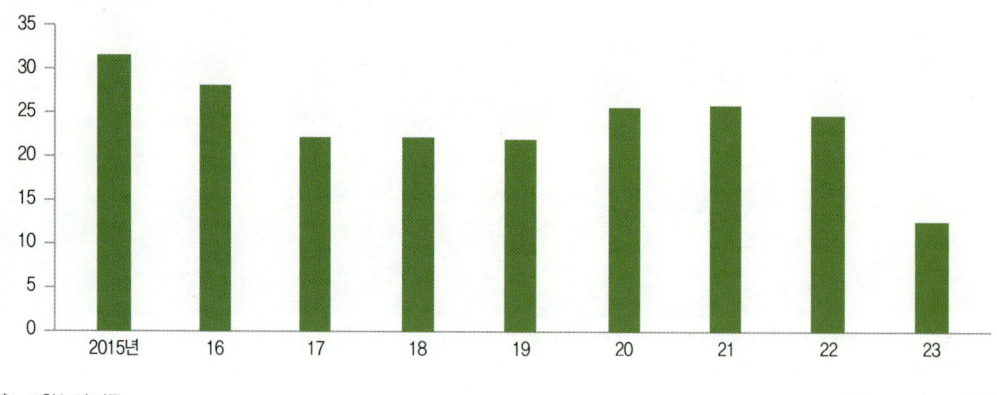

*1~9월 누적 기준   *자료:REPS, KB증권

가 예전만큼 높지 않은 데다 최근 몇 년간 부진했던 유럽 건설사들이 다소 공격적으로 수주에 나서면서 2023년 해외 수주 실적이 기대보다는 저조했다. 그럼에도 불구하고 2024년 해외 시장에는 아직도 많은 기회가 있다. 한국 건설사의 주요 수주 시장이라고 할 수 있는 중동 지역 투자 사이클이 여전히 지속되고 있기 때문이다. 특히 최근 중동 시장 트렌드는 전통적인 화공 영역에 집중했던 과거 발주 패턴에서 벗어나 초대형 수소 생산 프로젝트 같은 '탈탄소 프로젝트'가 가세하는 양상이다.

2023년 다소 더디게 진행됐던 '네옴시티 프로젝트' 역시 2024년부터는 좀 더 속도를 높일 것으로 기대된다. 네옴시티의 첫 번째 콘텐츠라고도 부를 수 있는 생산·수출 프로젝트 '네옴 그린수소·암모니아 프로젝트'가 2023년 5월 최종 투자 결정을 마치고 본격적인 공사에 들어갔다. 해당 프로젝트에 한국 건설사 참여는 없는 상황이지만 이 프로젝트를 기점으로 그간 진행이 더뎠던 네옴시티 프로젝트 입찰이 한층 빨라질 것이라는 점에서 2024년 한 해 한국 건설사의 수주 성과를 기대해본다.

조선

빅3 나란히 흑자전환 성공 앞으로 5년 '이익 사이클'

최광식 다올투자증권 기업분석팀장

2023년은 한국 조선업계가 '흑자전환'에 성공

2023년은 11년 만에 국내 조선 빅3가 동시에 흑자전환할 것으로 전망된다. (HD한국조선해양 제공)

한 한 해가 될 가능성이 높다. 2023년 1분기 삼성중공업은 8년 만에 흑자전환에 성공했고 HD현대중공업·현대삼호중공업·현대미포조선 등을 자회사로 둔 HD한국조선해양 역시 3년 만에 흑자로 돌아설 수 있다는 전망이 나온다. 3분기는 조선 빅3(HD한국조선해양·삼성중공업·한화오션)의 동반 흑자 달성이 유력해 보인다.

수익 개선 요인은 여럿이다. 2021년부터 후판 단가 상승을 이유로 신조선가 인상에 성공한 데다 이후 LNG선과 컨테이너선의 신조 시장 호황 덕분에 가격을 더 가파르게 끌어올릴 수 있었다. 흑자 수주 물량의 건조가 2023년 40%, 2024년에 80%, 2025년에 100%로 늘어나기 때문에 조선사들 이익 증가는 계속될 것으로 기대한다.

2023년 한국 조선 5사 수주는 기존 목표액 321억달러를 넘긴 400억달러대를 달성할 것으로 예상된다. 컨테이너선과 LNG선 호황이었던 2021년(460억달러)과 2022년(440억달러)보다는 적지만, 충분히 많은 규모다.

반면 불안 요소도 있다. 후판뿐 아니라 인건비와 외주 단가도 계속 오르고 있어서다. 조선업계가 10여년 불황기를 거치면서 인력 처우가 나빠졌기 때문에 현재는 인력난에 시달린다. 인건비·외주비가 현재 견적보다 더 높아질 경우 2024년 영업이익 전망치는 달라질 수 있다.

속도의 문제일 뿐 조선사 실적과 수익 개선은 확실하다. 2026년까지는 실적 개선 추세가 이어질 것으로 본다. 현재 조선사들은 2026

어디에 투자할까 주식 ❺ 건설·중공업

韓 조선, 2023년 수주 목표 초과 달성 예정

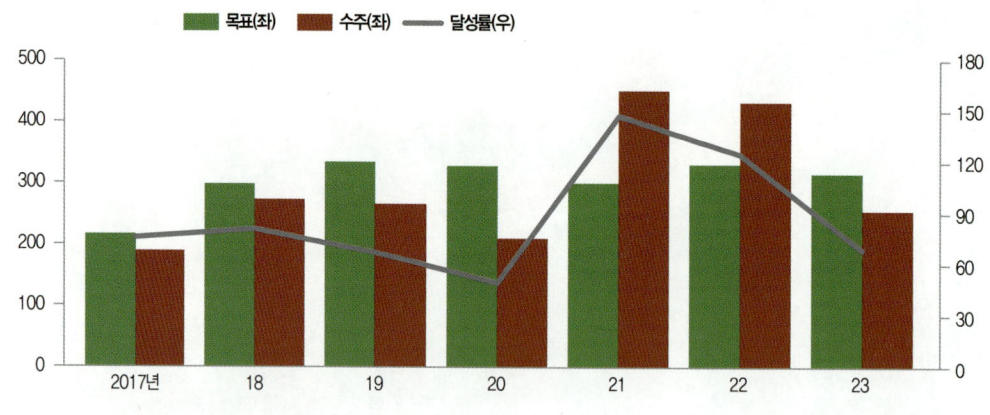

*삼성중공업, 한화오션, HD현대중공업, 현대삼호중공업, 현대미포조선 기준
*자료:다올투자증권

**신조선가 인상과 LNG 호황에
흑자 수주 물량 건조 큰 폭 증가
2023 조선 5사 수주 '목표 초과'
2026년까지 인도 슬롯도 '완판'
노동자 처우 개선과 R&D 기대**

년 인도 슬롯(도크)을 거의 다 판매한 상황이다. 3년 이상 일감을 확보해둔 완벽한 '조선사 주도 시장'에서 한국 조선사들은 어지간한 가격에는 슬롯을 내주고 있지 않다. 2023년에 수주한 물량 대다수는 2026~2027년에 인도되는데, 올해도 신조선가가 선종별로 또 7~15%나 올랐다.

2024년 역시 신조선가가 또 오를 수밖에 없는 환경이다.

탱커와 LPG 수주가 늘면서 2023년보다 개선될 전망이다. 즉, 2026년까지 조선사 실적은 잔고에서 확실히 좋고, 그 너머도 2024년 업황 덕분에 계속 좋을 예정이다. 조선 이익 사이클은 2023년부터 2027년까지 최소 5년간 펼쳐진다.

조선업계는 이익 사이클에서 벌 수 있을 때 반드시 돈을 벌어놔야 한다.

첫째 10년 정도 불황기 시절 힘들었던 노동자 처우 개선이 필수고 둘째 글로벌 탈탄소를 위한 준비로 친환경 선박에 대한 투자가 불가피하다.

전체 이산화탄소 배출 3%를 차지하는 해운업이 떠안고 있는 고민을 한국의 톱티어 조선

2023년 흑자전환 후 매년 증익 사이클 돌입

사들이 풀어줘야 한다. 평소보다 많은 연구개발과 시설 투자가 필요하다.

조선 미래 먹거리는 '탄소중립' 덕분에 풍성하다. 2021년부터 컨테이너선을 중심으로 LNG 이중연료 엔진(D/F)이 널리 채택됐는데, 한국 조선은 2010년부터 LNG D/F를 LNG 운반선에 먼저 적용한 이력을 바탕으로 시장을 석권했다.

2023년에 컨테이너선 발주에선 메탄올 D/F가 대유행이고 2024년부터는 암모니아 D/F 엔진이 확대될 것이다.

액화 CO_2 운반선 발주도 막 시작됐다. 부유식 이산화탄소 저장·주입 설비(FCSU·Floating CO_2 Storage Unit)의 해상과 지중 저장 플랫폼 시대도 2030년대에 열릴 것으로 기대된다.

코로나 팬데믹과 러시아-우크라이나 전쟁에서 비롯한 컨테이너선과 LNG선 초호황기는 지나가고 있다.

하지만 여전히 시장 분위기가 나쁘지 않다. 두 선종 모두 친환경 선박 수요에 따라 투자가 늘어나고 있다. 이런 흐름은 수년간 지속되면서 탱커 교체 발주와 암모니아를 수송하기 위한 LPG선 등 인프라 확대로 이어질 예정이다.

호황이 계속되는 가운데, 3년 이상 충분한 일감을 갖고 있는 한국 조선사들은 계속 좋은 가격을 고수할 것이고, 조선업은 꽤 오래 돈을 벌 예정이다.

그 이익은 연구소와 현장에서 고생하는 조선업 인력들에 투하돼 새로운 기술과 시장 입지 유지로 이어질 것이다. ■

어디에 투자할까 주식 ❻ 교육·문화

2024년은 교육주 투자의 시간?
미디어는 '어두운 시기' 지나간다

교육

학령 인구 감소했지만 매출 UP
교육 시장 여전히 무난

반진욱 매경이코노미 기자

2023년은 사교육 시장에 가혹한 한 해였다. 킬러 문항 삭제, 사교육 카르텔 수사 등으로 업계 전체가 어수선했다. 미래 전망 역시 어두웠다. 사교육 시장의 장래 고객을 가늠할 수 있는 출산율은 분기마다 역대 최저를 기록했다. 악재가 겹친 탓에 주가도 부진했다. 주요 교육 업체 시가총액은 최저점을 밑돌았다. 교육 업종 투자 심리는 정부 정책 영향을 피할 수 없다. 2023년 6월 윤석열정부의 사교육비 경감 대책 발표 후, 교육 기업 주가는 줄곧 하락했다. 윤정부가 사교육비 경감 대책을 처음으로 언급한 2023년 6월 15일 대비 메가스터디교육은 -8.2%, 웅진씽크빅은 -17.9% 주가가 하락했다(2023년 10월 17일 기준).

증권가에서는 2024년은 다르게 봐야 한다고 강조한다. 2023년에 바닥을 찍고 2024년부터 반등한다는 분석이다. 악재가 미치는 영향이 적은 데다, 상황을 뒤집어줄 호재가 많다는 판단에서다. 주지은 신한투자증권 애널리스트는 "2007년을 기점으로 교육 업종 시가총액은 부진한 흐름이었으나, 더 이상 하락 구간은 없다고 판단한다"고 말했다.

시장에서 교육주가 유망하다고 전망하는 첫 번째 이유는 사교육비 지출 증가다. 학령 인구는 줄지만, 오히려 학생들이 사교육에 쓰는

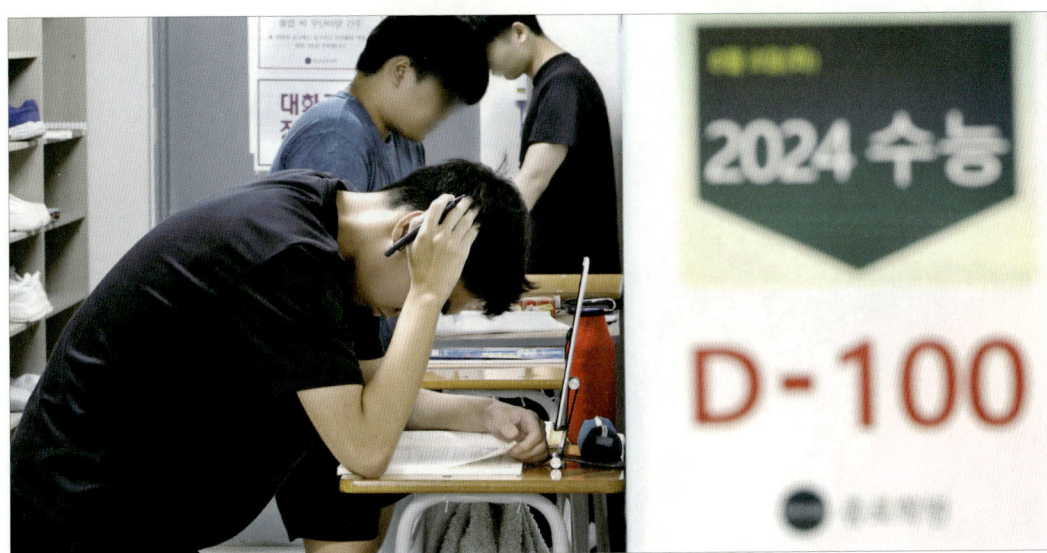

학령 인구는 줄지만 학생에게 드는 사교육비 총액은 해가 갈수록 늘고 있다. 여전히 교육주가 유망한 이유다. (매경DB)

돈은 늘었다는 것. 2020년 팬데믹으로 오프라인 활동이 불가능했던 시점을 제외하고 국내 사교육비는 지속적으로 증가하고 있다. 이에 맞춰 기업 이익 역시 상승하고 있다. 현재, 시가총액은 최저점인 데 반해 기업 이익은 최고점이다. 2022년 기준 학생 수는 지난 10년간 21% 감소했으나 사교육비는 지난 10년간 36% 증가했다. 향후에도 사교육비는 꾸준히 증가할 전망이다.

두 번째는, 사교육 시장 확대다. 기존에는 사교육이 수능 전후 고등 교육에 집중되는 경우가 많았다. 최근 들어서는 청소년기 이외 다른 시기에도 사교육을 활용하는 사례가 늘어나는 중이다. 영유아·성인·실버 시장으로 사교육 업체들이 진출하는 추세다. 신규 수요 확장이 이뤄지고 있는 셈이다. 이렇게 확대되는 사교육 시장 규모는 6조8000억원으로 추산된다. 기존 청소년 사교육 시장 규모가 26조원임을 고려하면, 상당한 규모다.

해외 진출을 통한 신규 수요 확장도 예상된다. 내수 시장에서의 성장성 한계를 보완하기 위해 해외 진출은 필수적이다. 이제는 에듀테크 제품으로 해외 시장 진출이 수월해졌다. 창의력 증진을 주목적으로 하는 영유아 연령층을 겨냥한 제품이 대표적이다.

증권가가 최선호주로 제시하는 종목은 2개다. 온라인 강의 대표 주자 메가스터디교육과 에듀테크 강자 웅진씽크빅이다.

메가스터디교육은 고등 온·오프라인 채널에서 지속적인 가격 인상이 가능한 기업이다. 온라인 채널에서는 주요 3사 중 유일하게 패스 상품(일시에 정해진 금액을 지불하고 일정

수능, 입시 중심에 치우쳐 있던 사교육 시장은 최근 들어 성인용 시험 등으로 시장 범위를 확대하고 있다. (매경DB)

기간 동안 모든 과목을 들을 수 있게 한 것) 가격을 올렸다. 또한 지난 7월 엘리하이 키즈 론칭으로 전 연령층의 포트폴리오를 구축, 신규 수요 유입에 따른 외형 성장이 이뤄지고 있다.

웅진씽크빅은 에듀테크 기반 제품인 AR피디아로 해외 시장에 진출했다. 과거 교육 기업의 해외 시장 진출로 국가별 입시 정책과 교과목 특성이 다르다는 교훈을 얻고, 이제는 영유아 제품으로 해외 시장에 노크하고 있는 점이 긍정적이다.

주지은 애널리스트는 "주요 제품인 스마트올의 단가 인상이 기대되고, 12월 AR피디아 신규 제품인 디즈니 시리즈가 기존 시리즈 대비 2배가량 높은 가격대로 시장에 나올 예정이라는 점에서 성장이 기대된다"고 덧붙였다.

문화

미디어·콘텐츠 터널 끝난다… IP 강자들 주목해야

최민하 삼성증권 애널리스트

2023년 미디어업계는 유난히 힘든 한 해를 보내고 있다. 거시경제 환경 불확실성이 증가하는 등 녹록지 않은 상황이다. 힘든 영업 환경 속에서 업계는 고군분투하며 내실을 다지고 새로운 성장 기회를 찾으려고 노력하고 있다.

달라진 시장 환경을 반영해 2024년에는 방송, 콘텐츠, OTT, 광고 등 미디어업계 판도에 유의미한 변화가 나타날 것으로 예상된다. 2023년 전 세계적으로 돌풍을 일으킨 생성

2024년 미디어 유망 투자처로는 IP를 보유하고 있는 회사를 주목하라는 조언이 나온다. 사진은 '유미의 세포들' IP를 활용해 만든 드라마의 모습.
(티빙 제공)

AI도 콘텐츠 생태계에 점진적인 변화를 불러올 수 있다. 2024년 미디어·콘텐츠 시장은 분명 2023년과 판도가 달라질 것이다.

코로나19 유행 이후 방송·미디어 플랫폼 패권은 기존 전통 매체에서 OTT 등 디지털 플랫폼 중심으로 재편됐다. 팬데믹 기간 동안 빠르게 성장한 OTT는 가입자 확보를 위해 저렴한 요금제, 계정 공유를 장려했다.

다만 2023년 들어 상황은 급변했다. 이용자 수는 정체 국면에 들어섰고 영업손실이 쌓이면서 재정적 부담에 직면했다. 국내외 OTT들은 타개책을 찾기 시작했고 2024년부터 전략 변화의 행보가 본격화될 전망이다.

OTT 사업자들은 '광고 요금제' 확대를 통해 양적인 성장을 타진한다. 구독료 인상, 공유 계정 단속 등을 통한 수익성 챙기기 행보가 본격화될 것이다.

넷플릭스는 2023년 중순부터 계정 공유 유료화에 나서 이미 전 세계 100개 이상 국가에서 정책을 시행 중이다. 디즈니플러스도 캐나다를 시작으로 계정 공유 금지를 시작했다. 사실상 구독 요금 인상인 셈이다.

이에 더해 글로벌 OTT는 수익성 제고를 위해 구독료도 올리겠다고 예고했다. 2024년에는 OTT 구독 요금이 비싸질 수 있다.

가입자 경쟁에서 뒤처져 있는 국내 OTT들도 광고 요금제 도입 카드를 만지작거린다. 2024년에는 광고 수익 추가에 따른 이익 개

어디에 투자할까 주식 ❻ 교육·문화

**미디어 시장은 결국 IP 싸움
막강한 IP 보유한 기업 주목
OTT 위주로 채널 개편 추세
TV 채널 방영 수는 줄어도
OTT에 탑재되면 '흥행' 가능**

선을 기대해볼 수 있다. 전통 미디어 매체가 경쟁력을 잃어가고 OTT가 중심 매체가 돼가는 가운데 적자 늪에 빠져 있는 OTT 사업자들이 가격 인상을 통해 이익 체력을 끌어올릴 것이다. 가격 상승에도 이용자 수 감소폭에서 선방한다면, 다시 OTT 업체 주가를 눈여겨봐야 할 것이다.

2024년 콘텐츠 제작업계는 변수가 남아 있어 단언하기는 어렵지만, 2023년보다 영업 환경 개선은 유력하다. 회복 속도는 지켜봐야겠지만 광고 업황은 2023년 대비 나아질 가능성이 크다. 2023년 대비 제작비가 큰 대작 드라마의 편성이 늘어날 수 있다. 제작사 입장에서는 대작 방영이 늘면 수익 성장에 보탬이 된다. 제작 일정상 이유도 있지만 당초 2023년 방영이 예상됐던 기대작 '별들에게 물어봐' '눈물의 여왕'이 2024년으로 편성이 연기된 바 있다.

콘텐츠가 유통되는 플랫폼은 크게 TV 채널과 OTT로 나눌 수 있다. TV 편성 슬롯은 시청률 하락, 광고 수익 감소, 제작비 상승 등으로 축소되는 추세로 수목극이 폐지된 채널이 늘었고 월화극을 방영하는 채널도 손에 꼽는다.

2024년에도 축소된 TV 드라마 편성이 증가할 것이라고 예상하기는 어렵다. 분명 부진한 광고 업황 탓도 있지만 OTT로의 헤게모니가 옮겨 감에 따른 영향은 구조적이기 때문이다. 즉 2024년 당장 TV 채널의 방영작 증가는 기대하기 어렵다. 대신 TV 채널 투자가 늘어나면서, 제작비 상승에 따른 외형 성장이 예상된다.

한동안 성장의 돌파구를 찾기 위해 미디어업계는 상당히 분주했는데 그 성과가 2024년부터 여실히 드러날 것이다.

자체 보유 IP(지식재산권)를 활용한 OIMU(One IP Multi Use) 전략을 통한 수익 다각화가 본격화될 것이다.

각각 웹툰 '나 혼자만 레벨업'과 드라마 '아스달 연대기'를 원작으로 한 게임이 2023년 연내 출시가 예고돼 있다. IP를 보유한 미디어 사업자들은 게임이 서비스되면 미니멈 개런티(MG)와 게임 성과에 따른 수익 배분(RS·Revenue Share)으로 이익 개선 효과를 누릴 수 있다.

해외 현지에 콘텐츠 제작 스튜디오를 설립하며 직접 사업 역량을 키워왔는데 미국 작품에 이어 내년에는 일본 스튜디오에서 기획한 작품이 현지에서 방영돼 관련 수익이 인식될 수

콘텐츠 제작사들은 보유한 IP를 활용해 새로운 수익 모델 찾기에 나서고 있다. (스튜디오드래곤 제공)

있다.

콘텐츠 제작사들은 국내 작품을 수출하는 데 그치지 않고 해외 현지에서 작품 제작·기획을 통해 수익 규모를 키워갈 것이다. 탄탄한 IP를 보유한 회사들은 2024년 높은 성장세를 보일 가능성이 크다. IP 강자 기업들을 지금부터라도 자세히 들여다봐야 한다.

이미 일상에 스며들기 시작한 생성 AI는 미디어 산업에도 변화를 가져올 전망이다.

최근 할리우드도 AI 시대에 접어들면서 작가, 배우 등이 수익과 권리를 조정하는 가운데 스트리밍 사업자와 대형 스튜디오는 충돌이 벌어지면서 파업 사태가 벌어졌다. 앞으로 제작 효율성을 높이기 위해 초안 작성, 편집 등에 AI를 활용하는 사례가 늘어날 수 있다. 생성 AI는 콘텐츠 제작의 프로세스를 간소화하고 텍스트, 음원, 일러스트, 특수 효과 등을 효율적으로 제작할 수 있는 환경을 제공한다. 저작권 문제 등 해결해야 할 이슈도 많지만 AI 도입과 기술적 접목에 따른 미디어업계에 나타날 변화는 거스를 수 없는 흐름이다.

다른 어떤 업종보다 시장 트렌드에 따른 변화와 혁신이 빠른 미디어 업종은 극도로 어려웠던 영업 환경이 점진적으로 개선되고 있다. 강화된 사업 역량이 뒷받침되면서 2024년에는 움츠렸던 기지개를 켤 수 있을 전망이다. ■

어디에 투자할까 주식 ❼ 소비재

고금리·고물가에 지갑 쉽게 안 열려
극도의 '가성비' '가심비'만 살아남는다

오린아 이베스트투자증권 애널리스트

2023년은 소비 심리가 크게 위축된 한 해였다. 고물가와 고금리에 따른 실질 구매력이 하락한 탓이다.
2023년 상반기부터 금리가 정점을 찍고 소비 환경이 다소 나아질 것이라는 전망이 우세했지만, 하반기 들어 다소 힘을 잃었다. 2023년 9월 미국 연방공개시장위원회(FOMC)에서 대다수 위원이 연내 1회 인상을 예상했다. 이 경우 2024년 금리 인하는 0.25%포인트씩 2회에 그칠 것으로 전망된다. 여기에 가계신용 잔액이 2023년 상반기 말 기준 2022년 최고점 수준과 비슷한 규모를 유지하고 있다.
가계 빚 급증에 따라 절대적 부채 규모 자체가 커져 있는 상황에서 고금리는 소비에 더욱 부담으로 작용한다. 즉, 불리한 소비 환경이 2024년에도 지속될 공산이 크다는 얘기다.

2024년 소비 트렌드 '극단'만이 살아남는다

2024년 제한된 소비 환경 속에서는 '극단적인 성향'을 가진 소비재만 살아남을 것이다. 바로 '극단의 가성비' 또는 '극단의 가심비'다. 수년 전부터 소비자들은 합리적 소비 패턴을 학습해왔다. 저렴하면서도 좋은 상품을 추구하는 '가격 추구'와 갖고 싶은 고가 물품도 구매하는 '상품 추구'가 동시에 일어날 것으로 판단된다. 모순적으로 들릴 수도 있지만 '짠테크'와 '플렉스', 그리고 '무지출 챌린지'와 '욜로'가 함께 나타나는 형국이다. ① 어느 정도 품질을 요구하면서도 저렴한 것을 추구하

고금리·고물가로 좀처럼 안 살아나는 소비자심리지수

<단위: 포인트>

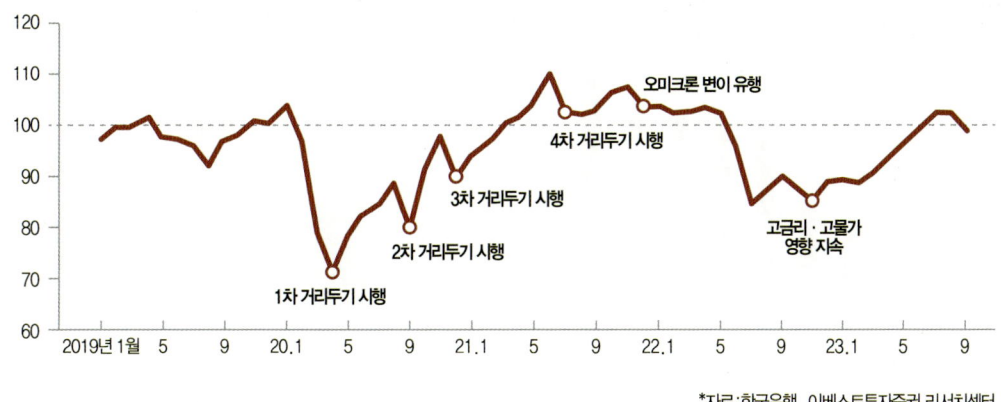

*자료: 한국은행, 이베스트투자증권 리서치센터

고, 동시에 ② 전반적인 소비는 줄이면서도 마음에 드는 물건이나 서비스에는 돈을 아끼지 않는 일점(一点) 호화 소비 패턴이다. 소비재와 유통업 또한 이런 트렌드에 얼마나 적합한지, 또 얼마나 맞춰나갈 수 있을 것인지에 따라 실적 희비가 엇갈릴 것으로 예상한다.

2024년 업태별 전망
1 이커머스 경쟁 구도 대격변

2023년 상반기 온라인 쇼핑 판매액은 전년 대비 7.2% 증가한 109조원을 기록했다. 전반적으로 양호한 성장세. 다만 이커머스 판매액 성장을 이끌고 있는 품목이 '서비스' 부문이라는 점은 주목할 필요가 있다. 상품 커머스가 아니라 음식 서비스, 쿠폰 거래액, 여행·교통 서비스 같은 부문 거래액이 크게 증가했다. 서비스 커머스 덕에 전체 이커머스 성장률이 유지되고 있다고 해도 과언이 아니다. 업계 내 재편 또한 활발히 이뤄지고 있어 경쟁 구도 변화가 전망된다.

롱테일 이커머스에서는 네이버와 쿠팡이 시장 양분을 끝냈다. 2023년 상반기 네이버 커머스 부문 거래액은(2023년 연결 편입된 포시마크 추정치 제외) 약 23조5000억원, 쿠팡 역시 25조원 수준으로 추정된다. 양 사가 전체 온라인 쇼핑 판매액의 절반 수준을 점유했다.

2024년 이들을 위협할 수 있는 업체는 2023년 한국에 1000억원 투자를 결정한 알리바바그룹의 '알리익스프레스', 그리고 2023년 7월 한국에 진출한 핀둬둬의 자회사 '테무' 등

어디에 투자할까 주식 ❼ 소비재

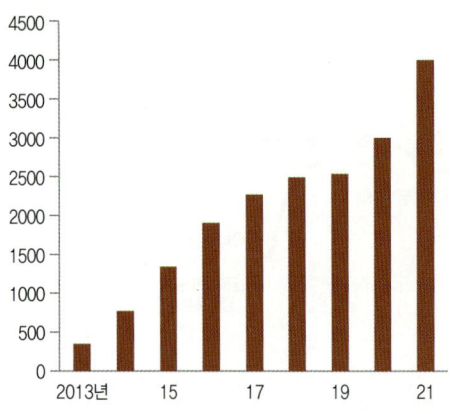

밀키트 피코크 매출액 추이 〈단위:억원〉

*자료:이마트, 이베스트투자증권 리서치센터

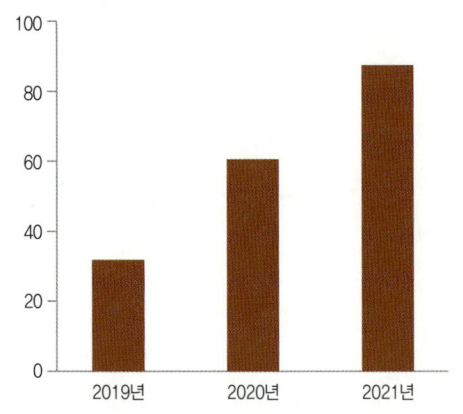

백화점 니치 향수 신장률 〈단위:%〉

*자료:현대백화점, 이베스트투자증권 리서치센터

이 있다. 두 업체 모두 중국 셀러를 기반으로 한 롱테일의 다양한 품목을, 매우 저렴한 가격에 한국까지 배송해준다는 특징이 있다.

상장 추진과 매각 여부에도 주목할 필요가 있겠다. 2023년에 컬리, 오아시스, 11번가 등이 추진해왔던 상장을 연기했고, 업계 내 주요 플레이어 사이 경쟁 구도 통폐합이 예상되기 때문이다.

11번가는 상장 추진에서 매각 쪽으로 방향을 선회할 것으로 점쳐진다.

11번가는 2018년 국민연금 등으로부터 5000억원 투자를 유치하면서 '5년 내 IPO'를 조건으로 내건 바 있다. 해당 기한은 2023년 9월 말까지로 알려져 있었다. 하지만 IPO 시장 환경이 악화하고 이커머스 성장 또한 팬데믹을 지나며 고점을 넘겼다는 의견이 나오는 만큼 상장에서 매각으로 선회했을 가능성이 높다는 판단이다.

실제 큐텐그룹과 아마존, 알리바바 등 해외 이커머스 업체들이 인수에 관심을 보였던 것으로 추정되며, 이 중 알리바바와 협상 중인 것으로 보도되기도 했다.

SSG닷컴은 2024년 상반기 기업공개 재도전을 위한 절차에 착수할 것으로 보인다. 이르면 2024년 3~4월 IPO 절차가 진행될 수 있다. 2022년 상장을 목표로 준비했으나 연기됐고 이후에는 기업가치를 높이기 위해 외형 성장보다는 적자 축소에 집중해왔다. 덕분에 2022년 1112억원에 달했던 연간 영업손실은 2023년 상반기 340억원까지 줄었다. 온라인 그로서리 업체인 컬리와 오아시스의 IPO 추진이 기대에 미치지 못했기 때문에,

SSG닷컴 상장 추진 결과는 시장 관심을 받을 것으로 전망된다.

2024년에는 각 업체 적자 축소 가능성 여부도 확인이 필요하다. 온라인 쇼핑 성장이 다소 제한돼 있었다 보니, 2022년 하반기부터 이커머스 사업을 영위하는 업체들은 모두 외형 감소를 감수하고 적자를 줄이는 데 힘을 쏟았다.

2023년에는 거래액 경쟁이 누그러지며 적자폭 개선이 예전보다 상대적으로 수월해졌지만, 이런 추세가 2024년에도 지속될 수 있을지는 미지수다. 업계 내 통합과 경쟁 구도 재편이 예상되고 있고, 성장 없는 손실 규모 축소는 정체와 다름없기 때문이다.

② 백화점 '힙'해야 산다

'백화점이 미래 먹거리를 준비해야 한다'는 주장은 수년 전부터 꾸준히 제기돼왔다. 하지만 2024년은 그 어느 때보다 이런 준비가 필요한 때라고 볼 수 있다. 최근 3년간 해외여행 제한에 따른 수혜에 힘입어 백화점 매출을 견인해왔던 명품 카테고리가 하락세에 접어들었기 때문이다.

2023년 리오프닝이 본격화하면서 백화점 명품 신장률은 한 자릿수대로 하락했다. 여기에 의류나 화장품, 패션 성장은 지난 10여년간 온라인 공격으로 크게 성장하지 못했다.

비용 이슈도 만만찮다. 2023년 점포를 운영하는 데 드는 인건비와 전기료·수도광열비

같은 유틸리티 비용이 크게 오르면서 매출액 성장이 이를 커버하지 못하는 현상이 발생했다. 높아진 비용 수준은 2024년에도 지속될 것으로 전망된다. 보복 소비 효과가 사라진 명품을 제외하고도 매출액 회복이 절실한 상황이다. 그나마 기대를 걸어볼 만한 부분은 'MD 개편'이다. 백화점들은 최근 주력 소비층인 MZ세대 입맛에 맞는 새로운 MD로 점포를 과감하게 개편 중이다. 팝업 스토어 또한 집객을 위한 노력 중 하나다.

2024년에는 이런 움직임이 좀 더 가속화할 것으로 전망된다. 캐릭터·의류·아티스트·식음료에 이르기까지, 다양한 분야 팝업 스토어를 짧은 주기로 자주 열어 고객들로 하여금 백화점을 다양한 즐길 거리가 있는 곳으로 인식하게 만드는 중이다. 어떻게 집객을 유도해 소

어디에 투자할까 주식 ❼ 소비재

비를 이끌어낼 수 있을지가 가장 큰 과제다.

③ 편의점 인플레 수혜와 과출점 사이에서

편의점은 2024년 유통 업태 내에서는 가장 안정적인 성장을 이어가겠지만, 2023년 대비 성장률은 다소 둔화할 것으로 판단한다.

2023년 편의점은 물가 상승으로 외식을 꺼리게 된 소비자 수요를 흡수하면서 불리한 소비 환경에도 불구하고 꾸준히 성장했다. 창업 수요 또한 많았다. BGF리테일과 GS리테일은 연간 800~1000개 점포 순증을 이어갔다. 2023년 7월 기준 편의점 4개 업체 점포 수는 4만7542개를 기록해 연말까지 5만개에 달할 것이라는 예측이 우세했다. 참고로 한국보다 국토 면적이 3~4배, 인구수가 2배인 일본의 편의점 점포 수는 2022년 5만6232개였다. 그나마 일본은 점포 포화에 따라 점포 수가 점차 감소하고 있는 상황이다. 한국 또한 빠른 출점으로 인해 몇 년 전부터 점포당 매출액이 감소하는 추세다.

'인플레이션 수혜'와 '시장 포화 리스크'는 2024년에도 지속될 전망이다. 런치플레이션과 인플레이션으로 외식 수요를 대체하고자 하는 수요가 이어지면서 도시락·일반식품·커피·음료 등 매출액이 호조를 이어갈 것으로 전망되지만, 점포 간 경쟁 심화는 불가피하다. 한정된 국내를 넘어 업체들은 몽골, 말레이시아, 베트남 등 해외 확장도 진행하고 있지만 아직 파트너사를 통한 마스터 프랜차이즈 계약뿐이라는 점은 한계다. 로열티 수익을 수취하는 수익 구조가 대부분이다 보니 실적에 큰 힘을 보태기는 아직 어렵다.

다만 전체 유통 시장을 넘어서는 성장률은 여전할 것으로 보인다. 즉 높은 밸류에이션은 2024년에도 대체로 유지될 것으로 판단한다. 과거 출점이 활발하던 시기, 주가수익비율(P/E 멀티플)은 25~30배 수준이었다. 2023년에는 BGF리테일 기준 19배 수준까지 평가받아 여타 유통주와 비교해선 프리미엄을 받았다. 업종 내 낮은 밸류에이션을 보이는 종목이 많고, 편의점 또한 중장기 성장 전략은 과제로 남아 있지만 2024년만 봤을 때는 고물가 수혜로 편의점 업태 성장이 가장 높다는 측면이 부각될 수 있겠다. 참고로 1분기와 4분기는 편의점의 비수기, 2~3분기는 성수기다.

④ 대형마트 리뉴얼 힘 쏟기

대형마트 업태가 한국에 도입된 지도 벌써 30년이 흘렀다. 이커머스 공격에 따라 오프라인 점포들은 새로운 진화를 거듭해왔는데, 대형마트 3사는 특히 팬데믹 이후부터 점포 리뉴얼을 가속화해왔다. 2023년 9월 기준 80여개 점포가 리뉴얼 작업을 완료했고, 이는 2024년에도 지속될 전망이다.

리뉴얼에 따른 영향은 크게 2가지다. 오프라인 점포가 강점을 갖고 있는 '체험'에 특화한 형태로 점포를 변모시킴에 따라, 통상 리뉴얼 완료 후 점포 실적은 개선된다. 반면 리뉴얼

대형마트는 회복 가능성이 큰 대형 점포 위주로 리뉴얼에 전념하는 모습이다. 사진은 6개월간 재단장을 마친 후 2023년 3월 다시 문을 연 이마트 연수점. (이마트 제공)

을 위해 일부 점포, 특히 회복 가능성이 큰 대형 점포들이 영업을 일시 중단하기 때문에 대형마트 실적에는 부담이 될 수 있다.

한편 대형마트 의무휴업 제도에 대한 완화 혹은 폐지 논의 필요성도 재점화되고 있으나 실제로 이뤄지더라도 효과는 미미할 것으로 본다. 의무휴업 제도는 시행된 지 이미 10년이 흘렀으며 그사이 대형마트를 대체할 수 있는 이커머스 플랫폼이 우후죽순 생겨난 상태기 때문이다. 결론적으로 대형마트는 2024년에도 어려운 한 해를 보낼 것으로 전망된다. 대형마트만의 경쟁력을 확보하기 위한 시간이 소요될 예정이다.

5 홈쇼핑 구조적 어려움 지속

홈쇼핑은 팬데믹 이후 비대면 소비가 늘어나고 가전·리빙 품목 매출 호조로 양호한 실적을 이어왔다. 하지만 구조적으로 볼 때는 저성장을 이어가고 있다. 숏폼 콘텐츠 확산, TV 시청률 감소 등으로 TV홈쇼핑 7개사(GS, CJ, 현대, 롯데, NS, 홈앤, 공영) 기준 전체 매출액 대비 방송 매출액 비중은 2017년 63.7%에서 2022년 49.4%까지 하락했다. 매출이 줄어드는 상황에서 송출 수수료 부담은 지속적으로 커지는 중이다. 이에 2023년 9월 홈쇼핑 업체들은 방송 송출 중단이라는 초강수까지 둔 상황이고, 이렇게 불리한 영업 환경은 2024년에도 불가피할 것으로 판단한다.

숏폼, 유튜브, SNS, 라이브커머스 등 홈쇼핑을 대체하는 채널이 커지는데도 콘텐츠에 딱히 변화가 없다는 점은 아쉽다. 특히 라이브커머스는 홈쇼핑 대비 수수료가 월등히 저렴해 소상공인 접근성과 호응도가 높을 수밖에 없다. 방송 채널 매출이 부진한 가운데서 그나마 외형 성장을 이끌어왔던 모바일 부문도 이커머스 시장 성장 둔화로 주춤한 상황이다. 뚜렷한 전략 변화가 있지 않는 한, 홈쇼핑 시장 성장은 2024년에도 답보 상태에 머무를 전망이다. ■

어디에 투자할까 주식 ❽ 제약·바이오

2차전지 뒤이은 성장주는 바이오?
뷰노·루닛…'의료 AI' 관련주 '쑥쑥'

최창원 매경이코노미 기자

2022년부터 이어진 제약·바이오 위기론은 2023년에도 현재 진행형이다. 셀리버리와 뉴지랩파마 등 주요 바이오벤처들이 상장폐지 위기에 처하면서 앞날이 어둡다는 분석도 있다. 하지만 이제는 반등론에 힘을 실어줄 때다.

제약·바이오 섹터는 업종 특성상 연구개발 성과를 내는 데 긴 호흡이 필요하다. 지금은 글로벌 긴축 정책과 유동성 부족, 금리 상승 등 외부 충격 탓에 제약·바이오 업종이 전반적으로 저평가된 상태다. 이를 고려하면 더 이상 떨어질 바닥이 없다고 볼 수 있다.

2023년 국내 증시를 뒤흔든 2차전지 상승세는 마무리 국면에 접어들고 있다. 2024년에는 저평가된 제약·바이오로 수급이 몰릴 가능성이 높다.

몸집 키우는 셀트리온·삼성
CMO 넘어 '신약 개발'로 다각화

2024년에는 '바이오 거인'도 주목할 필요가 있다. 이들이 침체에 빠진 제약·바이오 섹터 반등을 이끌 가능성이 높다. 국내 주요 바이오 기업들은 그간 사업 확장을 위한 투자에 다소 소극적이라는 평가를 받아왔다. 하지만 최근에는 달라진 분위기가 감지된다. 공격적으로 증설하고 있는 데다가 '신사업' 영역까지 사업을 넓히려는 모습이다. 특히 셀트리온과 삼성바이오로직스는 본업인 바이오시밀러(바이오 의약품 복제약) 위탁생산(CMO)에서 '신약 개발'로 영역 확장 중이다. 이 과정에서 크

SK플라즈마는 인도네시아 국부펀드 투자를 유치하고 2025년 완공을 목표로 인도네시아 공장 건설을 가속화하고 있다. 사진은 SK플라즈마 안동 공장 전경. (SK플라즈마 제공)

고 작은 인수합병(M&A)이 이어질 전망인데, 기술력을 갖춘 국내 바이오텍도 M&A 대상이다. 거인들의 신사업 행보가 생태계 전반에 활력을 불어넣을 수 있는 셈이다.

삼성바이오로직스는 신약 개발의 시드(Seed)가 될 만한 바이오벤처를 찾고 있다. 2023년 9월 삼성물산과 삼성바이오로직스, 삼성바이오에피스가 조성한 '라이프 사이언스 펀드'는 항체약물접합체(ADC) 기술을 보유한 에임드바이오에 지분 투자했다. 투자 규모는 100억~200억원 수준이다. ADC는 항체(Antibody)와 암세포를 죽이는 약물(Drug)을 '링커'라는 연결물질로 결합(Conjugate)한 의약품이다. 특정 암세포만 찾아내 제거하기 때문에 '유도미사일' 항암제로 불리기도 한다. 기존 항암제는 암세포와 함께 정상세포도 공격해 부작용이 생기는 경우가 다반사였다. ADC는 이런 문제를 없앤 기술이다. 현재는 지분 투자 규모가 크지 않지만, 2024년을 기점으로 공격적 M&A가 이어질 가능성도 있다.

셀트리온도 시선을 끈다. 셀트리온그룹은 3사 합병(셀트리온·셀트리온헬스케어·셀트리온제약) 계획을 공개하면서 사업 구조 전환 의지도 밝혔다. 바이오시밀러 위주 사업 구조에서 탈피해 신약 매출 비중을 40%까지 확대하겠다는 것이다. 2024년은 셀트리온의 신약 개발 드라이브 원년이 될 전망이다.

셀트리온그룹 신약 사업을 이끌 첫 주자는 '짐펜트라'다. 자가면역 치료제 레미케이드의 바

급성장하는 ADC 시장

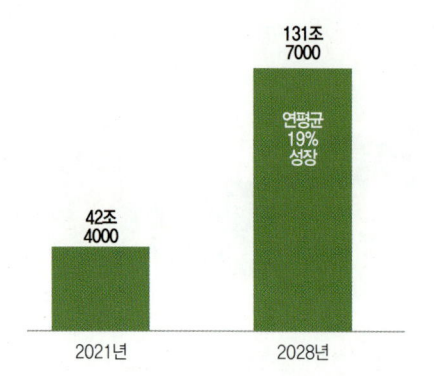

〈단위:억달러〉
*자료:밴티지마켓리서치

이오시밀러 '램시마'의 피하주사(SC) 제형이다. 이미 유럽에서는 램시마SC 명칭으로 바이오베터(개량 신약)를 허가받았다. 미국에서는 별도 임상을 진행, 2023년 중 미국 식품의약국(FDA) 허가를 기대하고 있다.

짐펜트라 외 추가적인 신약 연구개발 투자도 나선다. 항암제 분야로 키를 잡았다. 자체 개발 중인 신약 후보물질 중 2개를 내년 중 임상 1상에 진입시키겠다는 구체적 목표도 제시했다. 적응증은 유방암과 위암이다. 신약 연구개발을 위해 꼭 필요한 플랫폼 확보에도 비용을 아끼지 않겠다는 입장이다. 이 과정에서 크고 작은 M&A가 뒤따를 전망이다.

SK바이오사이언스도 사업 확장을 위해 곳간을 열 계획이다. SK바이오사이언스는 M&A를 기본적인 신성장 전략으로 삼고 구체적인 방안을 모색 중이다. SK바이오사이언스는 현재 미국 정부가 넥스트 팬데믹을 대비하기 위해 추진 중인 '프로젝트 넥스트젠'에도 참여 중인데, 이와 관련된 M&A도 검토하고 있다.

신성장동력으로 꼽은 세포·유전자 치료제(CGT) 분야 진출을 위해 관련 기업도 M&A 대상으로 살펴보고 있다. 유동성은 충분할 전망이다. SK바이오사이언스의 2023년 상반기 기준 현금성자산(단기금융상품 포함)은 1조2207억원이다. 필요에 따라 외부 투자와 인수 금융을 진행하면 약 3조원 정도 현금을 마련할 수 있을 것으로 보인다.

파머징 마켓 공략 나선 K-제약사
성장 잠재력 높아…수익성 확대 기대

대형 제약사 역시 달라진 분위기가 감지된다. 대형 제약사들은 '파머징 마켓' 공략에 속도를 내고 있는데, 수익성 확대에 큰 역할을 할 전망이다. 파머징 마켓은 의약품을 뜻하는 '파머시(Pharmacy)'와 신흥 시장을 의미하는 '이머징 마켓(Emerging Market)'의 합성어다. 선진국 제약 시장과 비교했을 때 성장 가능성이 높고, 임상 개발에 필요한 비용이 상대적으로 적다. 인도네시아와 중남미 등이 대표적인 파머징 마켓이다.

파머징 마켓은 인구가 많아 의약품 수요는 높지만 자체 생산능력은 현저히 떨어진다. 예를 들어 브라질 제약 기업이 사용하는 의약품 원자재의 5% 정도만 브라질에서 생산되고, 나머지 95%는 수입에 의존한다. 여기서 기회를 본 국내 제약사들은 현지 기업과 제휴 혹은 현지 법인 설립 등을 통해 파머징 마켓에 진출하고 있다.

GC녹십자는 2023년 6월 브라질 현지 파트너사인 '블라우'와 자사의 면역글로불린 혈액제제인 '아이비글로불린-에스엔(IVIG-SN)'의 공급 계약을 체결했다. GC녹십자는 9048만달러(약 1229억원) 규모의 물량을 2028년 6월까지 총 5년간 공급할 예정이다. HK이노엔과 대웅제약도 중남미 확장을 위해 노력 중이다. HK이노엔은 2023년 7월 페루에서 위식도 역류질환 신약 '케이캡'의 품목허가를 획득했다.

대웅제약과 SK플라즈마는 인도네시아 시장에서 입지를 구축 중이다. 대웅제약은 2012년 현지 제약사인 인피온과 합작 법인 '대웅인피온'을 설립하고 현지 최초 바이오 의약품 공장을 준공했다. 현재는 현지 최초 바이오시밀러 의약품인 빈혈 치료제 '에포디온'을 생산·판매 중이다. 에포디온은 현지 시장점유율 1위를 유지하고 있다. SK디스커버리의 자회사 SK플라즈마는 2023년 3월 인도네시아 보건부의 혈장 분획 공장 건설 최종 승인을 받았다. 공장 수출 규모는 3000억원에 달한다. 연간 100만ℓ의 혈액제제 생산이 가능한 규모다. 2023년 착공을 시작해 2년 뒤 준공할 계획이다.

위기가 만들어낸 '산업 정화'
기술 앞세워 생존한 바이오텍 주목

장밋빛 전망만 나오는 것은 아니다. 국내 바이오텍 유동성 위기는 현재 진행형이다. 호황기에 너 나 할 것 없이 발행한 전환사채(CB)와 신주인수권부사채(BW)가 부메랑이 됐다. CB와 BW는 주식 연계 채권 상품이다. 발행 후 특정 시기가 되면 주식 전환 옵션이 부여된다. 구체적으로 CB는 일정 기간이 지나면 주식으로 전환할 수 있는 권리가 부여된 채권이고, BW는 채권 발행 기업의 신규 주식을 매입할 수 있는 권리가 붙어 있다.

2020년과 2021년, 국내 바이오 기업들이 CB를 통해 조달한 금액은 총 3조원 이상이다. 2015년부터 2019년까지 5년 동안 바이오 기업이 발행한 CB 총액(2조5900억원)을 훌쩍 넘어선다. 이때 발행한 대다수 CB의 만기까지는 아직 여유가 있다.

다만 조기상환청구권(풋옵션)이 걸려 있는 경우가 많은데, 풋옵션 행사는 통상 CB 발행 2~3년 뒤부터 가능하다. 2023년을 기점으로 CB 풋옵션이 본격화될 것이라는 의미다. 2023년에도 바이오주 주가 부진이 지속됐다는 점을 고려하면, 풋옵션을 행사한 채권자가 상당수일 것으로 보인다. 일반적으로 CB와 BW는 주가 상승에 따른 시세차익이 목적이기 때문이다. 주가가 예상보다 낮을 경우에는 원리금이라도 지켜야 한다는 심리가 생길 수밖에 없다.

어디에 투자할까 주식 ❽ 제약·바이오

바이오 의료 업종 벤처 투자 규모 ⟨단위:억원⟩

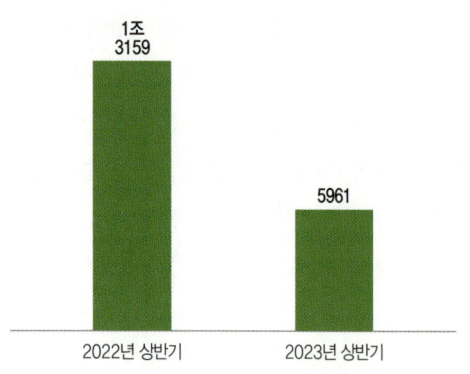

*자료:한국벤처캐피탈협회

문제는 바이오 기업들 현금 보유량이다. 이렇다 할 수익원, 기술력이 없는 기업도 무리하게 CB·BW를 찍어내 자금을 조달해왔던 터라 돈을 갚을 수 있을지 미지수다.

2023년 하반기 수많은 바이오텍이 유상증자를 진행 중인 배경이다. 특히 외부 조달이 불가하다 보니, 주주배정 방식으로 유증을 펼치는 곳이 대다수다. 유증 규모도 상당하다. 수백억원 규모는 셀 수 없을 정도다. 1000억원이 넘는 주주배정 유증도 심심치 않게 보인다. 2023년 7월 1200억원 규모 유증을 결정한 메디포스트, 8월 박셀바이오도 1006억원의 유증을 결의했다. 9월에는 메드팩토와 아미코젠이 각각 1159억원, 957억원의 유증을 단행하겠다고 공시했다. 현금이 고갈되자 주주 돈으로 빚을 갚고, 운영 비용을 채우

는 것이다. 실제 메드팩토의 2023년 상반기 현금성자산은 2억원으로 단기금융상품(128억원)을 합쳐도 130억원 수준이다. 지난해 말 970억원(현금성자산+단기금융상품) 대비 86.6% 감소했다. 2021년 발행한 700억원 규모 CB 조기 상환 여파다. 박셀바이오도 2023년 상반기 기준 현금성자산(단기금융상품 포함)이 158억원에 불과하다. 전년 동기 대비 22.6% 줄었다.

여기에 바이오텍에 투입되는 투자 자금도 쪼그라들었다. 한국벤처캐피탈협회에 따르면 2023년 상반기 바이오·의료 업종에 투자한 벤처 투자 규모는 5961억원. 지난해 상반기 1조3159억원 대비 54.7% 줄어든 수치다. 바이오·의료 부문 벤처 투자 비중도 2019년 약 30%에서 2023년 상반기 13.4%로 급락했다. 다만 지금의 유동성 위기를 오히려 기회로 보는 시각도 있다. 2023년을 그야말로 바이오텍 빅 배스(Big Bath)의 해로 보는 것이다. 부실 요소를 털어냈다는 의미다. 2년 동안 이어진 위기론은 일종의 '산업 정화' 역할을 했다. 호황기에 수많은 바이오텍이 난립했는데, 위기를 겪으며 기술력을 갖추지 못한 '좀비 바이오'들이 정리됐다. 기술력을 갖춘 곳은 '기술 수출' 등을 통해 살길을 찾고 있다. 2024년에는 '좀비'와 '진짜'가 뚜렷하게 구분되는 해가 될 가능성이 높다.

실제 2023년 상반기에는 전년 대비 기술 수출 건수가 늘었다. 한국제약바이오협회에 따

르면 상반기에만 총 10건의 기술 수출이 이뤄졌다. 지난해 같은 기간보다 3건 늘었다. 총 기술 수출 규모는 2조7947억원이다. 계약상 비공개한 수출 사례는 제외됐다. 기술 수출 성과를 낸 기업은 GC셀, 이수앱지스, 진코어, HK이노엔, 대웅제약, 차바이오텍, 온코닉테라퓨틱스, 바이오오케스트라, 이뮤노포지 등이다.

새 먹거리 '의료 AI' 부문 각광
하락장에도 나 홀로 '고공 성장'

제약·바이오 섹터가 침체인 와중에도 '의료인공지능(AI)' 관련주 주가는 큰 폭으로 올랐다. 뷰노와 루닛, 딥노이드, 제이엘케이 등 국내 주요 의료 AI 업체 주가는 1년 새(2022년 9월~2023년 9월) 2배에서 8배가량 높아진 것으로 나타났다. 특히 뷰노와 루닛, 제이엘케이는 해당 기간 코스닥 전체 종목 상승률 상위 5개사에 이름을 올렸다.

의료 AI 관련주에 수급이 몰린 것은 '성장성'과 '실적' 두 마리 토끼를 잡았기 때문이다. 이들은 해외 성과를 기반으로 확실한 매출을 내고 있다. 매출 규모 역시 우상향 중이다. 아직은 적자를 기록 중이지만 2024년과 2025년 중 흑자전환을 자신하고 있다. 매출 자체를 발생시키는 데 어려움을 겪는 바이오텍 대비 안정적인 성장을 기대할 수 있다.

의료 AI 부문에서 가장 주목받는 곳은 뷰노와 루닛이다. 스타트업으로 출발해 각각 2021년과 2022년 기술특례로 코스닥 상장에 성공했다. 뷰노는 의료 데이터를 분석해 질환 발생 위험을 예측하는 의료 기기 전문 개발 기업이다. 혈압·맥박·호흡·체온 등 데이터를 수집해 심정지 발생 위험을 점수로 보여주는 '딥카스'가 주력이다. 2023년 상반기 기준 47억원의 매출을 냈다. 전년 동기(11억원) 대비 30억원 이상 매출이 늘었다.

루닛은 AI 딥러닝 기반 엑스레이(X-ray) 영상 분석 솔루션을 개발하는 기업이다. 유방 촬영술 AI 영상 분석 솔루션 '루닛 인사이트 MMG'와 흉부 엑스레이 영상 분석 솔루션 '루닛 인사이트 CXR'이 대표적이다. 루닛은 매년 글로벌 톱티어 수준의 AI 학회에 참석, 기술력을 검증받고 있다. 루닛 인사이트를 도입한 해외 의료기관 수는 벌써 2000곳이 넘는다. 2023년 상반기 기준 164억원의 매출을 기록, 전년 동기(54억원) 대비 203.7%의 매출 증가폭을 보였다.

앞으로 전망도 긍정적이다. 시장 자체가 커지고 있는 만큼, 실적 개선도 기대해볼 수 있다. 시장조사기관 프리시던스리서치는 AI 관련 헬스케어 시장 규모가 2022년 10억7000만달러(약 1조4300억원)에서 2032년 217억4000만달러(약 29조5000억원)로 20배 가까이 급증할 것이라 전망했다. 이렇다 할 글로벌 의료 AI 상장사가 없다는 점을 고려하면 국내 의료 AI 상장사들의 매력은 2024년에도 부각될 것으로 예상된다. ■

어디에 투자할까 주식 ❾ 중소형주

기술력 갖춘 반도체 후공정 업체 눈길
B2B로 옮겨 간 챗GPT 열풍 주목해야

최창원 매경이코노미 기자

2022년에 이어 2023년도 경기 불확실성이 지속됐다. 일부 '테마 종목'을 제외하면, 주식 시장도 전반적으로 침체했다. 중소형주도 마찬가지다. 중소형주는 업종 특성상 전방 산업 의존도가 높다. 이에 실망스러운 주가 흐름이 계속됐다. 고금리가 뉴노멀로 자리 잡았다는 점을 고려하면, 2024년도 비슷한 형태가 이어질 가능성이 있다. 하지만 주식 시장 환경이 어렵더라도 유망한 중소형주는 있기 마련이다. 특히 최근에는 '산업 트렌드'와 맞아떨어지는 곳에 눈길이 간다. 새로운 산업 트렌드의 '서플라이 체인'에 속한 중소형주들은 주식 시장 침체와 별개로 높은 밸류에이션을 받을 수밖에 없다. 시장이 휘청거리더라도, 이들은 안정적 성장을 이어갈 가능성이 높다.

① 반도체 후공정 산업

2023년은 반도체 업황 바닥을 확인한 한 해였다. 기저 효과와 경기 침체로 인한 최종 소비자 수요 급감이 맞물린 결과였다. 하지만 2024년을 기점으로 반도체 업황은 회복기에 접어들 것으로 보인다. 가장 주목할 대목은 AI향 서버와 그래픽 수요 증가다. 오픈AI가 만든 챗GPT 열풍 이후 AI 산업이 급속도로 성장 중인데, 이 과정에서 HBM 등 고대역폭메모리 수요가 빠르게 늘고 있다. 특히 HBM은 2024년 공급 부족 현상이 이어질 전망이다. HBM은 데이터 전송 속도가 빨라 AI처럼 데이터 처리 속도가 중요한 산업의 필수 요소다.
HBM에 적합한 '후공정 패키징' 기술도 주목

받는다. 패키징은 웨이퍼나 칩을 제품화하는 단계다. 문제는 기존 패키징 방식으로는 '적층 방식' HBM을 커버하기 힘들다는 점이다. 한 번의 로스(Loss) 발생이 전체 수익성에 치명적 영향을 미치기 때문이다. 이에 고도화된 패키징 기술의 중요성이 커지고 있는데, 그렇게 등장한 게 '어드밴스드 패키징'이다. 쉽게 말해 기존 패키징 방식의 업그레이드 버전이다. 2024년 어드밴스드 패키징 시장 규모는 약 329억달러로 추산된다.

어드밴스드 패키징 관련 중소형주들이 있다. 인텍플러스, 한미반도체, 이오테크닉스 등이다. 이들은 새로운 산업 트렌드와 함께 안정적 성장을 이어갈 가능성이 높다.

반도체 검사 장비 납품 업체 인텍플러스는 어드밴스드 패키징용 검사 장비도 공급한다. 2022년 기준 글로벌 시장에서 40%에 가까운 점유율을 자랑한다. 2023년 상반기 기준 영업손실을 기록했지만 점차 개선될 전망이다. 중화권 외주 반도체 패키지 테스트(OSAT) 업체와, 글로벌 종합반도체(IDM) 업체들을 고객사로 두고 있는 만큼 추가적인 점유율 확대도 기대된다. 한미반도체는 어드밴스드 패키징에 필요한 TC 본더 장비 등을 납품한다. 2017년 TC 본더 시장에 진출한 만큼 HBM 초기 제품부터 장비를 납품해왔다. 최근에는 수요 확대에 대비해 본더팩토리를 열었다. 인천 본사 내 6만6000㎡ 규모 5개 공장 중 3공장을 활용해 구축했다. 본더팩토

최근 시장에서 주목받는 한미반도체 전경. (한미반도체 제공)

리는 한 번에 반도체 장비 50대 이상 조립과 검사(테스트)가 가능한 대규모 클린룸을 보유했다. 그 밖에도 펨트론, 엑시콘 등 반도체 후공정 검사 장비 업체와 하나마이크론 등 패키징 업체는 2024년 주목해볼 만하다. 이들은 2023년 상반기 기준, 각각 10% 안팎의 영업이익률을 냈다.

② 폐기물 처리 산업

도시화와 산업화 진행 과정에서 쓰레기 처리 문제는 필연적으로 뒤따른다. 경제가 발전하고 인구가 늘어날수록 쓰레기는 많아질 수밖에 없다. 삼정KPMG에 따르면 일일 폐기물 발생량은 2009년 35만7000t에서 2020년 53만4000t으로 10년 새 하루 평균 17만t 이상 늘었다.

통상 폐기물 산업 밸류체인은 폐기물 배출 → 수집과 운반 → 처리(재활용 혹은 소각·매립) 형태로 구성된다. 현재 가장 주목받는 것은 처리 부분이다. 2018년 중국이 폐기물 수입

어디에 투자할까 주식 ❾ 중소형주

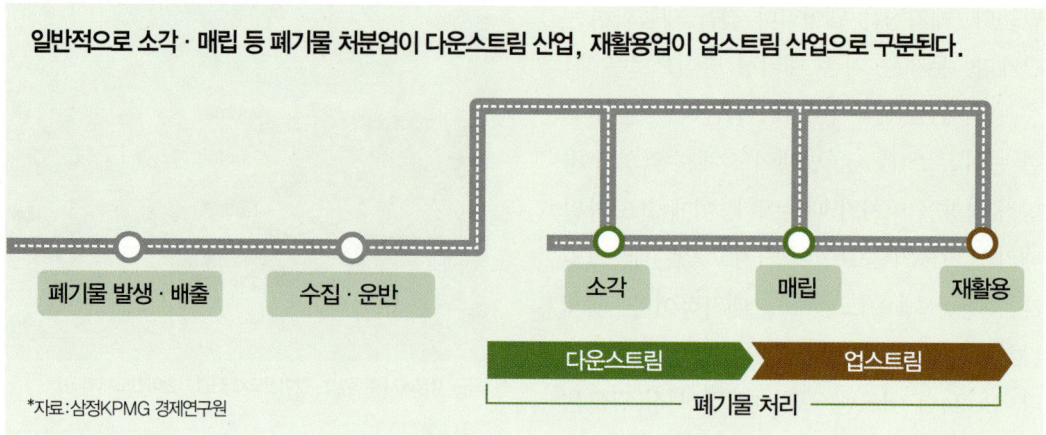

일반적으로 소각·매립 등 폐기물 처분업이 다운스트림 산업, 재활용업이 업스트림 산업으로 구분된다.

*자료: 삼정KPMG 경제연구원

날로 커지는 폐기물 처리업 시장 규모 〈단위:조원〉

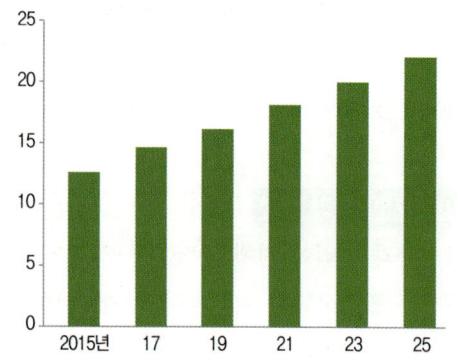

*자료:신영증권, 환경부, 국제통화기금, 삼정KPMG 경제연구원 재구성

특히 폐기물 산업은 진입장벽이 높다. 폐기물 처리 산업은 정부가 허가권을 갖고 총량이나 오염물질 배출 등을 제한하는 일종의 규제 산업이다. 증설은 물론이고 신규 설립을 위해서도 까다로운 정부 허가 절차를 통과해야 한다.

정부 허가를 받더라도 문제다. 지역 주민 반대를 이겨내야 한다. 이를 다른 시각에서 보면, 한번 진입하면 경쟁이 수월하다는 의미다. 산업 내 공급이 한정되고 수요가 많으면 당연히 가격이 오르고 실적이 개선된다.

기업 중에서는 폐기물 산업을 담당하는 자회사(에코비트)를 보유 중인 티와이홀딩스, KG ETS, 와이엔텍 등을 주목할 만하다. 특히 와이엔텍은 2021년 반려된 이후 2년 만에 소각장 증설 인허가를 받아낼 것으로 보이는 만큼, 추가적인 성장동력을 확보할 전망이다. 소각로 증설 인허가를 받을 경우, 연간 영업이익이 약 20% 증가할 것으로 보인다.

을 전면 금지하고, 국내 배달 음식 수요가 늘면서다. 삼성증권에 따르면 2020년 폐기물 시장 규모는 25조원으로 추정된다. 지자체가 영위하는 생활 폐기물 시장 7조2000억원을 제외하면 약 18조원이 민간 기업이 진출할 수 있는 사업장 폐기물 처리 시장이다.

③ IT·AI 서비스업

반도체 후공정·패키징 장비 업체 주목
저점 찍은 반도체 힘입어 부상 가능성
커지는 폐기물 처리 시장, 관련주도 눈길
진입장벽 높아 경쟁 수월하다는 게 특징
30%대 영업이익률 낸 팬덤 플랫폼도 관심

챗GPT 열풍은 기업 간 거래(B2B) 시장으로 옮겨붙고 있다. 소비자향(B2C) AI 서비스에 대한 시장의 관심은 다소 감소했지만, 기업들은 오히려 적극적으로 AI 도입을 추진 중이다. 특히 기업에 적합한 경량형 언어모델(sLLM)에 관심이 크다. 이를 활용해 사내 업무를 자동화하거나, 기업용 챗봇 서비스를 내놓기 위함이다. 2024년 엔터프라이즈 시장 확대가 기대되는 이유다. sLLM은 기존 대형 언어모델(LLM)에 비해 매개변수와 비용이 적게 투입되는 모델이다. GPT 같은 LLM은 범용적으로 설계돼 있어 수천억원에서 수조원에 이르는 막대한 투자 비용이 든다. 그러나 막상 업무용으로 활용하기는 쉽지 않다. 회사 내부 데이터를 보유하고 있지 않기 때문이다. 이를 겨냥해 만들어진 게 sLLM이다. 도입을 원하는 기업 상황에 맞는 GPT 모델인 셈이다.

기업 중에서는 코난테크놀로지와 솔트룩스가 있다. 코난테크놀로지는 2023년 8월 자체 개발 언어모델 '코난 LLM'을 공개하고 구축형 sLLM 시장 공략을 선언했다. 모델 규모가 작아 고객사 서버에 구축 가능한 게 특징이다. 이에 클라우드 기반 대형 LLM과 달리 데이터 유출 리스크가 없다. 보안을 중요시하고 고비용에 부담을 느끼는 중소기업 혹은 공공기관에 매력적인 선택지가 될 것으로 보인다. 솔트룩스도 자체 개발 sLLM 루시아를 출시했다. 솔트룩스는 공공기관과 금융기관을 겨냥하고 있다. 솔트룩스는 그동안 정부 AI 데이터 구축 사업을 하며 축적한 한글 데이터 약 1TB를 루시아에 적용했다. 데이터 저작권 이슈를 최소화하고 법률, 특허, 금융, 교육 등 각 전문 분야에 최적화된 맞춤형 언어모델도 구축할 수 있는 게 특징이다. 회사 측에 따르면 2023년 9월 기준 도입을 원하는 기업만 약 80곳에 달한다.

대부분 플랫폼 관련주 성장세가 멈췄지만, 엔터테인먼트 분야는 예외다. 팬과 아티스트의 '직접 소통'을 중개하고 수수료를 받는 '팬덤 플랫폼' 성장세가 상당하다. 팬덤 플랫폼은 기존 엔터 산업이 가진 총량(Q)의 한계를 풀어냈다. 아티스트가 쉬는 기간에도 '소통'을 앞세워 수익을 낸다. 또 초기 개발 단계를 제외하면, 이렇다 할 '비용 지출'이 없다는 점도 주목받는 이유다. 매출 확대가 그대로 수익성 증대로 이어진다는 의미다. 버블 운영사 디어유는 2021년부터 30% 이상의 영업이익률을 내고 있다. ■

부동산

어디에 투자할까

〈부동산〉
1. 아파트
2. 상가
3. 업무용 부동산
4. 토지
5. 경매

어디에 투자할까 **부동산 ❶ 아파트**

전세 수요 풍부한 '중가' 아파트
압·여·목 신통기획 재건축 주목

(압구정·여의도·목동)

정다운 매경이코노미 기자

아파트 매매 시장은 2022년 하반기부터 시작된 침체기가 2023년 상반기까지 계속되다 하반기 들어 조금씩 회복하는 모습을 보였다. KB부동산에 따르면 2022년 6월 3.3㎡당 2272만1000원까지 올랐다가 2023년 7월 1991만9000원까지 내렸던 전국 아파트 매매 가격은 같은 해 9월(2006만2000원) 다시 2000만원을 넘어섰다. 2023년 9월 기준 서울 3.3㎡당 아파트값은 평균 4694만2000원, 수도권 역시 2861만4000원을 기록하며 전월 대비 상승률(각각 0.5%)이 전국 평균을 웃돌았다.

2023년 3분기 서울 지역 청약 경쟁률은 평균 74.3 대 1을 기록했다. 2022년 3분기만 해도 2.5 대 1에 불과했던 것을 고려하면 청약으로 내집마련에 나선 수요가 부쩍 늘었다. 신축 아파트 분양가 인상 기조와 전셋값 상승세, 입주 물량 부족 등을 고려하면 서울 아파트 시장은 가격 상승세가 지속될 가능성이 높다. 반면 장기화되는 고금리 기조와 50년 주택담보대출 축소, 경기 침체 우려 등 여파로 수요자의 구매 여력을 제한할 요인도 여전한 상황이다. 2024년 4월 총선도 정부의 차후 부동산 정책 추진력에 영향을 미칠 수 있다.

사정이 이렇다 보니 2024년은 대내외 요인들이 서로 힘겨루기하면서 매매 가격 향방을 정하는 한 해가 될 것으로 보인다.

전세가 밀어 올리는 중위 가격 아파트

주택담보대출 금리 상단이 연 7%를 웃돌고

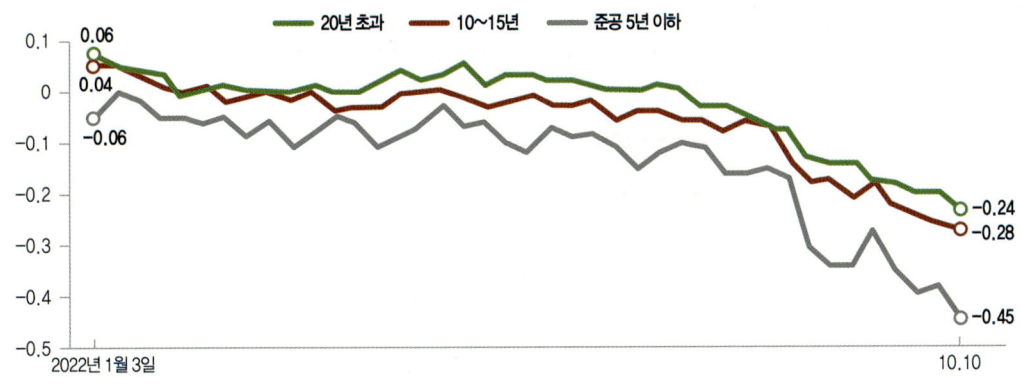

연식별 수도권 아파트 매매가 변동률

매수 심리도 위축된 반면, 전세자금대출 금리는 여전히 낮아 매매를 망설이는 실수요자가 전세 수요에 가세하고 있는 상황에서 전셋값은 당분간 상승할 가능성이 높다. 다만 전셋값 상승세는 새 아파트 공급이 풀리는 2025년을 앞두고, 구체적으로는 2024년 상반기 이후부터 둔화될 여지가 크다.

완만하게나마 전세 가격 상승세가 지속된다고 해도 전셋값만 마냥 오르기는 어려운 만큼 갭(매매 가격과 전세 가격 차이)이 좁혀진 뒤에는 집값 상승 흐름이 나타날 가능성을 점쳐볼 수 있다. 이때 내집마련을 계획 중인 수요자라면 준신축 매물을 노려봄직하다.

새 아파트 선호도가 높은 것은 사실이지만 경기 위축이나 거래 감소에는 새 아파트가 좀 더 민감하게 반응하는 편이기 때문이다. 반면 오래된 구축 아파트는 상품성이 떨어지고 전세가가 낮아 갭이 크기 때문에 초기 자금 마련 부담이 크다. 게다가 신축 아파트 가격이 떨어진다면 구축 아파트 시세도 당할 재간이 없다. 즉 신축 프리미엄이 어느 정도 빠졌으면서 갭이 좁혀져 집값 방어가 가능한 준신축 매물을 공략하는 전략을 취하는 것이 유효하다는 의미다.

실제 2023년 4분기 들어 매매 시장에서는 새 아파트값 하락세가 전체 평균 대비 가파른 모습을 보이고 있다. 한국부동산원에 따르면 2023년 10월 10일 기준 전국 '준공 5년 이하' 아파트의 매매가격지수는 99.7을 기록해 기준선인 2022년 6월 28일(100)보다 떨어졌다. 아파트값이 2022년 6월보다 낮게 형성됐다는 뜻이다. 2023년 들어서는 4.8%(104.7

어디에 투자할까 부동산 ❶ 아파트

지역별 아파트 중위 매매 가격 〈단위:원〉

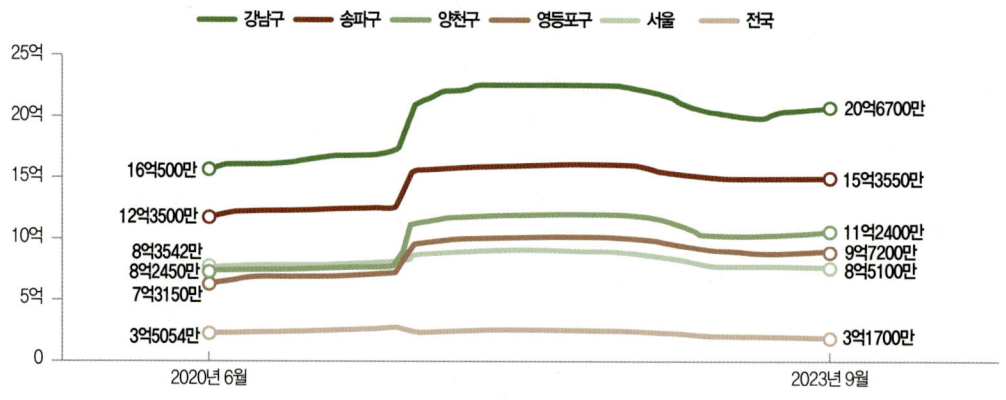

*2020년 6월~2023년 9월 기준 *자료:한국부동산원

→ 99.7) 하락했다. 같은 기간 5~10년 준신축 아파트는 2.9%(104.8 → 101.8) 내렸고 10~15년은 2.1%(106 → 103.8), 15~20년 1.8%(106.6 → 104.7), 20년 초과는 0.7%(107 → 106.2) 떨어지는 데 그쳤다. 가격대는 각 지역 평균 아파트값을 기준으로 전세 수요가 풍부한 '중가' 아파트를 노려볼 만하다. 한국부동산원에 따르면 2023년 9월 기준 서울 아파트 중위 매매 가격은 8억5100만원이다. 서울 강남구는 20억6700만원, 잠실주공5단지 등이 있는 송파구는 15억3550만원, 목동이 있는 양천구는 11억2400만원, 영등포구는 9억7200만원이다.

오세훈표 서울 신속통합기획

가격대별 접근과 별개로 서울 인기 지역에 투자하고 싶다면 재건축 단지도 좋은 선택지다. 최근 서울에서 재건축을 추진 중인 아파트값이 상승세를 타면서 완연히 회복세로 돌아선 모습이다. 특히 서울시가 2040 도시기본계획과 재건축·재개발 '패스트트랙' 신속통합기획(신통기획)으로 압구정과 여의도, 목동 등 주요 지역에서 정비사업을 지원하고 있어 핵심 지역을 중심으로 재건축·재개발 예정지에 대한 관심이 2024년에도 계속될 것으로 보인다. 서울시는 2023년 말까지 총 75곳에 대한 기획을 마치고 22곳을 정비구역으로 지정하며 2024년까지는 75곳에 대한 정비구역 지정을 마치는 것을 목표로 하고 있는데, 오랜 기간 사업이 진척을 보이지 못하고 표류했던 곳부터 이제 막 안전진단을 통과해 재건축 사업이 확정된 곳까지 신통기획을 신청하며 빠르게 정비사업을 추진 중이다. 주요 재건축 지역에 대규모 초고층 아파트가 들어설 것이라는 기대가 커지면서 신통기획 재건축·재개발은 더욱 주목받을 전망이다.

신속통합기획은 이름에서 알 수 있듯 정비사업 절차를 '통합'해 사업을 '신속'하게 진행하도록 하는 제도다. 시가 정비계획과 건축설계에 대한 가이드라인을 제공하고 이를 준수해 정비계획을 입안하면 바로 통과되도록 하는 방식이다. 신통기획은 정비계획과 지구단위계획을 동시에 수립하는 등의 방식으로 기간을 대폭 단축한다. 심의 과정도 짧아진다. 일반 정비사업은 건축·교통·환경심의위원회의 심의를 각각 거쳐야 하지만 신통기획은 이를 한 번에 통합심의하기 때문이다. 이처럼 계획 수립 기간에서부터 심의 기간까지 단축해 일반 정비사업 대비 사업 기간을 절반 이상으로 줄이는 게 신통기획의 주 목표다.

신속통합기획의 또 다른 목표는 공공성을 살린 정비사업이다. 공공성에 대한 대가로 시는 각종 인센티브를 제공한다. 예를 들어 종상향을 통해 층수를 높여준다거나 용적률을 상향해주는 식이다.

또한 최근 서울의 공급 선행 지표인 인허가·착공 물량이 감소 추세인데, 부동산 시장에서는 재건축·재개발 같은 정비사업 규제를 완화해서라도 향후 몇 년간 공급을 사수할 거라는 기대 섞인 전망까지 나온다. 규제 완화 정책 없이 민간의 적극적인 참여를 유도하기

2023년 3분기 서울 청약 경쟁률 74.3 대 1로 내집마련 수요 증가 신축 프리미엄 빠진 중가 아파트 전세 상승세가 가격 밀어 올릴 듯

어려운 상황인 만큼, 정부와 지방자치단체의 제도적 지원에 따른 정비사업 활성화 기대감은 수요층 사이에서 더 커질 전망이다.

압구정·여의도·목동 재건축 속도

신통기획으로 서울 압구정, 여의도 같은 한강변 단지나 목동과 같이 오랜 기간 사업이 정체됐던 지역이 속도를 내고 있다. 2023년 들어 급물살을 탄 압구정동 재건축은 신속통합기획의 가장 큰 실적으로 평가된다. 1970~1980년대 지어진 압구정2~5구역은 2023년 7월 신속통합기획을 통해 최고 70층, 용적률 300% 등을 적용하게 됐다. 압구정2구역과 4구역은 설계 업체를 최종 선정했고, 5구역도 설계 공모를 내고 설계 업체 선정 준비에 착수했다.

여의도동 재건축도 신속통합기획에 신청하면서 속도를 내는 모습이다. 시범아파트가 2022년 11월 신속통합기획안이 확정돼 용적률 351%, 최고 65층을 적용할 수 있게 됐

어디에 투자할까 **부동산 ❶ 아파트**

서울 강남구 압구정 재건축 단지 전경. (매경DB)

다. 여의도 한양아파트도 2023년 1월 신속통합기획 대상지로 선정돼 여의도 재건축 추진 단지 중 가장 빠르게 사업을 진행 중이다. 인기 지역뿐 아니라 가파른 경사에 노후 건축물이 대부분이던 강북구 미아4-1구역도 신속통합기획안이 확정되면서 최고 22층, 1000여가구 아파트 단지로 재건축할 길이 열렸다.

학부모 선호도가 높은 목동신시가지에서는 7·8·10·12·13·14단지 등 총 6개 단지가 신통기획을 추진하고 있고, 9·11단지를 제외한 나머지 단지는 안전진단이 모두 끝난 상태여서 본격적인 사업 추진 기대감이 높은 상황이다. 다만 압구정, 여의도, 목동 같은 인기 재건축 지역은 여전히 토지거래허가구역으로 묶여 있어 주의가 필요하다. 토지거래허가구역에서는 주택 매수인이 2년 이상 직접 실거주하지 않으면 매매를 할 수 없다.

당분간 실거주할 의사가 없다면 경매를 갭투자 수단으로 활용해볼 수 있다. 토지거래허가구역에서 주택을 살 경우 매수인이 의무적으로 해당 주택에 2년 이상 거주해야 하고 갭투자도 불가능하지만, 경매를 통해 주거용 부동산을 낙찰받은 경우에는 세입자를 받을 수 있다. 토지거래허가구역이라 해도 실거주 의무 역시 면제돼서다. 또 투기과열지구로 지정된 강남 3구(강남·서초·송파구)와 용산구 재건축 단지의 경우 조합이 설립된 이후 조합원 지위 승계가 여전히 제한돼 있는데 경매를 이용하면 이 역시 해결되는 경우가 있다.

신속통합기획은 새 아파트를 받기(사업 완료)까지 시간을 단축할 수 있다는 점에서는 매력적일 수 있다. 인허가 단계에서 막혀 길게는 십수 년씩 사업이 지체되는 곳보다는 투자 가치가 높다고 할 수 있다. 특히 사업지 선정 과정에서 서울시가 가구별 밀도와 과소필지, 노후도 등을 따져보기 때문에 정비 필요성을 인식하고 있다는 '시그널'로 받아들여진다. 주민 동의율 요건(토지등소유자 50% 이상)으로 정비사업을 추진하려는 주민 의지도 검증되는 셈이다.

토허제·권리산정기준일 살펴야

다만 신속통합기획은 공공이 지원하는 정비사업인 만큼 투기 차단을 위해 일반 정비사업보다 강한 규제가 적용된다. 우선 재개발 신속통합기획 사업지는 토지거래허가구역으로 묶인다. 무주택 실거주 요건을 갖춰야 신속통합기획 사업지에 속한 빌라를 살 수 있다는 얘기다. 다만 재건축 신속통합기획 사업지는 토지거래허가구역으로 묶이지는 않는다. 양천구 목동이나 송파구 잠실동 등 기존에 주요 재건축 단지로 토지거래허가구역으로 지정된 곳만 규제가 적용된다. 2024년 4월 총선을 앞두고 정부가 일부 지역 토지거래허가구역 지정을 해제하거나 규제 대상을 완화할 거라는 기대 섞인 전망이 나오고 있지만 추후 국토교통부와 서울시가 내놓는 가이드라인을 유심히 지켜보며 투자에 임해야 한다.

권리산정기준일도 투자에 앞서 살펴야 할 변수다. 기준일 다음 날까지 신축 또는 증축하거나 지분을 나눈 빌라를 매수해야 새 아파트를 분양받을 권리가 생긴다. 재건축 신속통합기획 아파트 단지의 경우 정비구역 지정 고시일을 권리산정기준일로 삼는다.

신속통합기획 사업지의 조합원 지위 양도 관련 규정은 일반적인 재개발·재건축과 동일하다. 강남 3구와 용산구 등 투기과열지구 내 사업지는 재개발의 경우 관리처분계획인가 후, 재건축은 조합설립인가 후에 조합원 지위 양도가 불가능하다. 나머지 사업지의 조합원 지위 양도에는 제한이 없다.

또한 신속통합기획 사업지로 선정됐다고 해서 모든 재건축 단지가 원활하게 사업을 진행하는 것도 아니다. 신속통합기획이 '신속'을 강조하지만 결국 관(官)이 주도하는 사업이고 공익성을 포기하기 어렵다. 태생부터 이해관계가 복잡한 재건축 조합이 뜻을 원만하게 모으도록 유도하기 쉽지 않다는 얘기다. 높은 기부채납 비율, 공공보행로 조성 등에 반발해 신속통합기획에 반대하는 주민 중에는 신속통합기획 철회에 나서기도 한다. 자문 방식으로 추진되는 신속통합기획은 주민(정확히는 토지등소유자)의 절반만 동의해도 추진할 수 있지만, 역으로 10%만 반대해도 쉽게 신청을 철회할 수 있다.

실제로 앞서 대치동 선경1·2차는 신속통합기획을 신청했다 2주 만에 다시 철회한 바 있다. 이런 갈등 사례는 앞으로도 없진 않을 전망이다. 서울시는 공공성을 목표로 두고 신속통합기획을 추진하는 반면 조합은 대체로 '속도'에만 초점을 맞추는 분위기고, 특히 인기 지역에선 단지 고급화 등을 추구하기 때문에 갈등이 불가피해 보인다. ■

어디에 투자할까 **부동산 ❷ 상가**

서울 6대 상권 공실률 완연한 회복
'체험형 소비 콘텐츠'로 MZ 공략

정다운 매경이코노미 기자

2023년 상가는 다소 우울한 한 해를 보냈다. 코로나19 사태가 마무리된 이후 상권이 활성화될 것으로 기대를 모았지만 고금리·고물가가 계속되면서 소비 심리와 투자 심리는 여전히 위축된 탓이다. 일부 상권이 눈에 띄는 회복세를 보이기는 했지만 전체적으로 보면 상가 수익률은 여전히 떨어지고 공실은 늘어나는 등 시장 침체가 장기화되는 모습을 보였다.

한국부동산원에 따르면 2023년 3분기 소규모 상가 임대료는 내렸지만 집합 상가(건물) 임대료는 올랐다. 전국 상가 임대가격지수는 전분기와 비교해 중대형(일반 3층 이상이거나 연면적 330㎡ 초과)은 0% 보합, 소규모

서울 6대 상권 공실률
단위:%

	2022년	2023년	변동률
명동	52.5	14.3	-38.2
강남	22.9	19.2	-3.7
홍대	13.4	15.9	2.5
가로수길	28.7	36.5	7.8
한남·이태원	10.8	10	-0.8
청담	14	16.3	2.3

*3분기 기준 *자료:쿠시먼앤드웨이크필드코리아리서치

(일반 2층 이하이고 연면적 330㎡ 이하) 상가는 0.11% 하락했다. 집합 상가는 0.01% 올랐다.

지역·유형별로 비교해보면 중대형 상가 3분기 임대가격지수는 서울·제주·대전·경기에서 올랐지만 그 외 시·도는 모두 내렸다.

소규모 상가 임대가격지수는 서울·제주·대전 등에서 상승했고 강원·전북·전남 등에서

서울 명동 상권은 코로나19 사태가 마무리된 이후 완연한 회복세를 보였다. (윤관식 기자)

는 하락했다. 집합 상가 임대가격지수는 서울·제주·대전서 올랐지만 전남·전북·강원 등에서는 내렸다.

또 같은 기간 전국 중대형 상가 투자수익률은 전분기 대비 0.08%포인트 내린 0.65%, 소규모 상가 투자수익률은 0.07%포인트 하락한 0.59%로 각각 집계됐다. 같은 기간 집합 상가 투자수익률은 0.17%포인트 내린 0.84%로 조사됐다. 중대형 상가 공실률은 전분기보다 0.1%포인트 늘어 13.6%, 소규모 상가는 0.4%포인트 오른 7.3%, 집합 상가는 0.1%포인트 오른 9.4%의 공실률을 각각 기록했다. 일부 상권이 활성화됐다고는 해도 고물가·고금리 등 여파로 임차인 입장에서는 지출 여력에 한계가 있었던 것으로 분석된다.

정리하면 서울·대전·제주 등 인기 지역 상가는 외국인 관광객 입국이 늘어나고, 유명 상권을 중심으로 한 상권 활성화 기대감이 커지면서 임대가격지수가 높아졌다. 하지만 시장 기대와 달리 일부 지역을 제외하면 상권 활성화 속도가 더딘 편이고, 분기별 투자수익률은 1%도 채 안 되며 상가 공실률도 여전히 높은 수준을 유지하는 모습이다.

어디에 투자할까 **부동산 ❷ 상가**

**서울·대전·제주 인기 지역
외국인 관광객 입국 늘어
상권 회복·활성화 기대감에
임대가격지수 높아져
다만 공실률 여전히 높아**

"돌아온 외국인에" 명동 상권 기지개

다소 우울한 한 해였지만 주요 상권은 그래도 최근 양상을 긍정적으로 평가하는 분위기다. 외국인 관광객이 돌아오면서 명동이 활기를 되찾자 서울 주요 상권 공실률이 코로나19 이후 처음으로 10%대를 회복했다. 상권별로 차이는 있지만, 일부 브랜드가 신규 점포를 여는 등 선제적으로 대응한 것이 긍정적인 영향을 미쳤다는 분석이다. 소비자 경험을 위한 리테일 공간 '팝업 스토어'의 파급 효과도 간과할 수 없다.

2024년 어떤 상권이 선전할지 예측하기 위해서는 공실률과 매출 성장률, 임차인이 바뀌는 빈도인 상권 전환율 등을 비교해보면 좋다. 물론 같은 지역이라도 입지, 업종에 따라 차이는 있지만 큰 의미에서 뜨는 상권과 지는 상권을 비교해보기 좋은 통계다.

글로벌 부동산 컨설팅회사 쿠시먼앤드웨이크필드가 내놓은 '2023 서울 리테일 가두상권 보고서'에 따르면, 2023년 2분기 서울 6대 상권(명동, 홍대, 한남·이태원, 청담, 가로수길, 강남) 평균 공실률은 18.7%로 전년 동기 대비 5%포인트 감소했다. 코로나19 영향이 본격화한 2021년 1분기 이후 줄곧 20%를 웃돌던 공실률이 1년여 만에 10%대로 내려왔다. 회복을 견인한 상권은 명동으로, 이곳 공실률은 2022년 2분기 52.5%에서 올해 2분기 14.3%로 38.2%포인트 하락했다. 코로나19 이전만 해도 4.5%였던 명동 공실률은 2020년 23.2%에서 2021년 49.9%로 치솟았으며, 2022년 상반기 52.5%를 기록하기도 했다.

쿠시먼앤드웨이크필드는 "명동 거리에 공실이 급증했던 시기에도 글로벌 브랜드들은 대형 플래그십 스토어를 오픈했고, 최근에는 가시성 좋은 대로변 인근을 중심으로 상권이 확장되는 추세"라며 "다이나핏, ABC마트, 올리브영 등이 명동에서 신규 매장을 열었고 관광객을 타깃으로 한 소형 화장품 브랜드들도 영업을 재개했다"고 말했다.

명동은 매출 성장률과 더불어 상권 전환율도 서울 6대 상권 중 가장 높았다. 쿠시먼앤드웨이크필드가 신용카드 매출 데이터를 분석한 결과, 명동의 상반기 매출은 지난해 동기 대비 약 26.9% 증가했으며, 상권 전환율도 서울 전체 평균이 18.7%인 데 반해 명동은 지난해 기준 약 44%로 지난 1년간 명동 거리에서 절반에 가까운 매장이 바뀌었다는 의미다. 같은 기간 강남(19.2%)과 한남·이태원(10%)

늘어나는 경험적 소비 지출

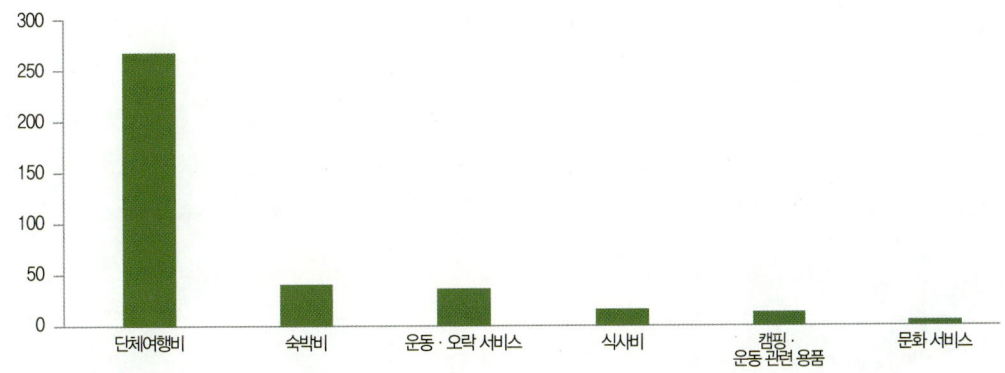

〈단위:%〉
*자료:통계청, 쿠시먼앤드웨이크필드코리아리서치

상권 공실률도 각각 3.7%포인트, 0.8%포인트 감소했다. 풍부한 유동인구와 높은 가시성을 보유한 강남은 브랜드 광고 효과가 뛰어나고, 건물 바닥 면적이 넓어 큰 규모의 점포 개발이 가능하다는 특징이 있다. 글로벌 버거 프랜차이즈인 파이브가이즈와 슈퍼두퍼도 한국 시장 1호점을 강남에 냈다.

강남의 주요 업종은 의원, 기타 서비스, 의류점 등으로 나타났다. 일반음식점 비중은 전년 대비 2배 증가한 10.2%로, 2022년 8위에서 2023년 5위로 뛰어올랐다. 다만 강남 상권 매출은 같은 기간 -7.2% 감소했는데, 서비스업 매출 감소가 전체 매출 하락을 견인했다. 반면 외식업 매출액은 2019년 대비 약 93% 수준으로 회복한 것으로 나타났다.

한남·이태원 상권의 경우 신진 디자이너와 뷰티 브랜드 쇼룸 등이 모여 있어 MZ세대 선호도가 높다. 또 K-패션, K-뷰티를 찾아 발걸음 하는 외국인 관광객이 늘어나면서 공실률이 6대 상권 중 가장 낮은 10%를 기록했다.

2023년 상반기 한남·이태원 상권 내 업종별 비율은 2022년 상반기와 동일하게 의류점, 일반음식점, 카페 순으로 많았고 비율 변동폭도 작았다. 특히 일반음식점, 커피숍, 호프·주점 등 외식업 비중이 33.9%로 타 상권 대비 높다. 특히 한남·이태원 메인 상권에 펍이나 클럽 등이 다수 위치해 있기 때문인 것으로 나타났다. 다만 매출은 전년 동기 대비 3.3% 감소했다. 소매업은 성장했으나 서비스업이 크게 하락하면서 매출이 떨어졌기 때문이다.

어디에 투자할까 부동산 ❷ 상가

대상 종가가 2023년 10월 서울 성수동 상권에서 운영한 김치 팝업 스토어인 '김치 블라스트 서울 2023'. 성수동에는 다양한 팝업 스토어가 등장하며 MZ세대를 끌어들이고 있다. (매경DB)

쿠시먼앤드웨이크필드는 6대 가두상권 외에 '한국의 브루클린'으로 비유되는 성수 상권에도 주목했다. 공장 지대였던 성수동 일대는 폐공장 골조를 유지한 채 내부를 리모델링한 카페와 식당이 생겨나면서 개성을 갖춘 상권으로 탈바꿈했다. 서울숲과 뚝섬한강공원을 끼고 있어 자연 친화적 휴식 공간이 풍부하고, 아크로포레스트와 지식산업센터 등 업무 시설과 고급 주거지가 분포한 덕분에 배후 수요까지 뒷받침되는 강력한 상권으로 떠올랐다. 최근에는 우후죽순 쏟아지는 팝업 스토어가 MZ세대를 끌어들이고 있다.

올 2분기 성수 상권 공실률은 5.8%로 매우 낮은 수준이다. 특히 성수는 코로나19 팬데믹 동안에도 타 상권보다 공실률 변화가 적었던 탄탄한 상권이다. 성수 상권 전환율은 2019~2022년 사이 20% 안팎에서 등락하다 올해는 33.8%를 기록했다. 성수 상권 전환율 중 공실을 제외하더라도 30.9%라는 높은 수준을 보여 수많은 브랜드가 바뀌고 있음을 유추할 수 있다. 그뿐 아니라 무신사, SM엔터테인먼트, 젠틀몬스터, 크래프톤 등 젊은 기업들도 성수동으로 본사를 옮겼거나 사옥을 준비 중이라 성수 상권 배후 수요가 더욱 탄탄해질 전망이다.

2023년 상반기 기준 성수 상권 내 업종별

비율은 기타 서비스업, 패션잡화, 일반음식점 순으로 많은 것으로 나타났다. 기타 서비스업은 팝업 스토어로 활용되는 공간 대여, 스튜디오와 문화시설 등이 늘어나며 비중이 확대됐다. 의류점이 전년 같은 기간보다 5.1% 늘었고 매출도 매년 꾸준히 우상향 중이다. 2023년 상반기 매출은 전년 동기 대비 41.4% 증가했으며, 특히 소매업과 서비스업이 같은 기간 각각 71.5%, 61% 성장했다.

여전히 고난 길 '가로수길'

반면 2023년 2분기 가로수길 상권 공실률은 36.5%로 1년 전보다 7.8%포인트 증가했다. 주축을 이루던 보세 의류점들이 매출 하락과 임대료를 버티지 못하고 다수 폐점했기 때문이다. 가로수길의 상징성을 긍정적으로 보고 새 매장을 오픈한 브랜드도 있지만 다른 상권에 비해서는 회복세가 더딜 것이라는 게 쿠시먼앤드웨이크필드 분석이다.

상권 희비를 가른 것은 '체험형 소비 콘텐츠'로 분석된다. 외부 활동에 제약이 있던 팬데믹 시기에 물질적 소비로 쏠렸던 트렌드가 엔데믹이 도래하면서 레저, 문화 등 경험적 소비로 이동한 모습이다. 엔데믹 이후 국내 젊은 층뿐 아니라 외국인 관광객 사이에서도 팝업 스토어, 식음료(F&B) 등 체험형 소비 트렌드가 뚜렷하게 자리 잡았다는 얘기다.

대표적으로 성수는 대림창고를 비롯한 독특한 F&B시설과 팝업 스토어, 패션 브랜드들

**공실 극심했던 명동 상권
대로변 중심으로 영업 재개
명동 2023년 상반기 매출
전년 대비 약 27% 증가
1년간 상권 전환율은 44%**

개성을 담은 전시 매장 등이 젊은 층의 꾸준한 유입을 이끌었다. 이태원도 외식업 비중이 33.9%로 타 상권보다 월등히 높았다. 명동 역시 최근 임차인이 바뀌는 과정에서 대형 플래그십 스토어가 등장하면서 체험 소비를 즐기는 소비자를 끌어들이고 있다. 하지만 가로수길은 주요 점포였던 보세·브랜드 의류 매장들이 매출 하락과 임대료를 버티지 못하고 다수 폐점하며, 회복이 가장 더디게 나타나고 있다.

쿠시먼앤드웨이크필드는 "오프라인 매장은 여전히 소비자에게 공간 경험을 제공하면서 온라인 매장이 주지 못하는 만족감을 선사한다"며 "많은 브랜드가 주요 상권에 경험형 매장을 여는 이유기도 하다"라고 말했다. 그러면서 "성수는 단기간에 효율적으로 고객에게 다가갈 수 있는 팝업 스토어 시장 격전지로 떠올랐다. 팝업 스토어를 방문한 소비자가 체류하면서 인근 상권 활성화에도 기여하는 선순환 구조를 만들고 있다"고 덧붙였다. ■

어디에 투자할까 **부동산 ❸ 업무용 부동산**

지속되는 임대인 우위 시장
사옥 확보 목적 수요에 주목

김규진 젠스타메이트 리서치센터장

2024년 상업용 부동산 투자 시장은 과연 어떻게 전개될까. 지금은 그 어느 때보다 미래를 예측하기 어려운 시점이다. 데이터 분석을 통해 조금 먼 과거부터 부동산 시장의 흐름을 되짚어보고 앞으로 일어날 수 있는 현상에 대해 이야기하고자 한다.

서울 오피스 빌딩은 수년간 한국 상업용 부동산 시장에서 가장 큰 투자처가 돼왔다. 과거에는 대기업 또는 중견기업의 사옥 개발 혹은 사옥 매입 목적 위주의 대형 빌딩 거래가 주를 이뤄 개인과 법인의 거래가 활발했다. 그러나 조금씩 외국 자본이 유입되고 펀드 시장이 활성화되면서 2010년 전후로 상업용 부동산 투자 시장이 활발해지기 시작했다. 2010년에는 펀드와 리츠를 활용한 간접 투자 시장 규모가 처음으로 전체 매입 규모의 과반을 넘는 56%를 기록했다. 그 후 간접투자기구의 서울 오피스 투자 시장 규모는 매년 가파르게 성장해 2014년에는 간접투자기구 매입 규모가 전체 거래 규모의 80%를 차지하며 큰 성장세를 보였다. 2014년 이후에는 활발해진 해외 투자 움직임 여파로 국내 상업용 오피스 투자 시장이 잠시 주춤하기도 했으나 2013~2021년에는 국고채 금리가 3% 이하로 내려가고 장기간 저금리 기조가 이어지면서 레버리지 전략을 활용한 국내 오피스 빌딩 투자 수요가 꾸준히 이어져왔다.

특히, 코로나 기간이 길어지며 해외 신규 투자 길이 막혀 국내로 자금이 몰리면서 국내 오피스 투자 시장이 과열되는 양상을 보이기

❶ 거래 건수 추이를 통해 보는 상업용 부동산 시장의 큰 흐름

〈단위:건, %〉

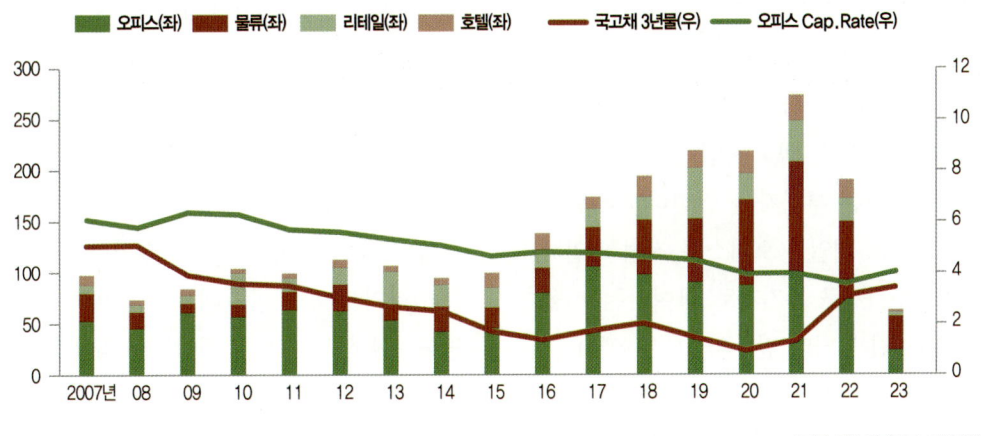

*상반기 기준
*자료:젠스타메이트 리서치센터

도 했다. 2021년에 정점을 기록하며 상업용 오피스 빌딩 투자 건수 102건, 15조원 규모의 최대치를 기록했다. 2020~2022년 사이에는 빈번한 거래만큼 3.3㎡당 최고가 거래 사례가 많이 발생했다. CBD에서는 2020년 3분기에 신한L타워가 최초로 3.3㎡당 3100만원을 기록하고 이후 거래 사례들이 잇따라 최고가 거래를 기록하면서 계속해서 경신됐다. 파인에비뉴B동(3.3㎡당 3200만원), 삼일빌딩(3.3㎡당 3600만원), SK서린빌딩(3.3㎡당 3900만원) 등이 CBD의 대표 사례다. GBD는 토지 가격과 높은 임차 수요가 반영돼 CBD 대비 높은 3.3㎡당 가격을 기록했다. 2021년 2분기 더피나클역삼빌딩이 3.3㎡당 4000만원 수준으로 거래됐고 이후 거래 사례가 지속적으로 증가해 클래시스타워(3.3㎡당 4200만원), A+에셋타워(3.3㎡당 4700만원) 등이 최고가를 경신했다.

3.3㎡당가 상승 원인은 복합적이다. 기본적으로 저금리가 지속됐고 신규 오피스 빌딩의 공급이 제한적인 상황에서 임차 수요가 줄지 않아 임대료 상승이 지속됐다. 다른 나라들은 오랜 록다운(Lockdown) 기간 탓에 공실률이 치솟고 이에 따라 건물 가치가 하락해 매우 어려운 시기를 겪고 있다. 반면 한국은 최소화된 재택근무와 빠른 오피스 복귀, 그리고 무엇보다 IT업계발 임차 수요가 폭증하면서 전혀 다른 상황을 맞이하게 됐다. 최근에는 급증한 금리와 조달 비용으로 거래에 어려움을 겪고 있기는 하지만 임대차 시장은 여전히 공고한 펀더멘털(기초체력)을 유지하고 있고 이런 현상은 일정 기간 지속될 전망이다.

어디에 투자할까 부동산 ❸ 업무용 부동산

전략적 투자자 활약 지속될 것

앞서 언급한 2020년 이후 최고가 경신 사례들은 전략적 투자자(SI·Strategic Investor)들의 활약이 있었기에 가능했다. 전략적 투자자(이하 SI 투자자)란 기업이 인수합병하거나 대형 개발 사업 등을 벌일 때 자금을 지원하는 투자자를 말한다. 사옥 확보를 목적으로 기업이 오피스를 직접 매입하거나 간접투자기구 투자자로 참여하는 비율은 2019년 전체 거래 건수의 16.5%에서 급격히 증가해 2023년 3분기 기준 54.2%를 기록했는데 이는 과거 최고치였던 2010년의 39.3%를 넘어선 수치다.

2024년에도 SI 투자자의 역할이 지속될 것으로 보인다. 특히 코로나로 인해 IT업이 급격히 성장하고 유동 자금이 많아지면서 IT 기반 업체들 활약이 상당하다. 크래프톤(성수동 이마트 부지 매입), NC소프트(삼평동 주차장 부지 매입), 두나무(A+에셋), 넥슨(오토웨이타워) 등이 사옥 확보를 목적으로 상업용 오피스 빌딩을 매입하기도 했는데, 이런 IT 업체의 공격적 투자 사례는 3.3㎡당가를 높이는 효과를 가져오기도 했다. 향후에도 금리가 이전 수준으로 하락할 가능성은 낮기 때문에 SI 투자자들의 역할은 여전히 중요할 것으로 보이나, 시장 가격 형성에 있어서는 희비가 엇갈린다.

2023년 상반기 기준 기관 투자 거래 사례들의 평균 거래 가격은 3.3㎡당 2800만원 수준을 기록했으나 사옥 목적 매입 사례들은 3.3㎡당 4100만원 수준의 거래 가격을 형성했다. 이는 평균 수치기 때문에 개별 거래 건은 더 많이 차이 나는 양상을 보인다. 코로나 시기에는 과열된 경쟁으로, 최근에는 금리 인상으로 인해 SI 투자자들의 영향력이 커졌고 그에 따라 매입 가격이 상승했다. 지금은 금리가 상승했기 때문에 수익환원율(Cap Rate) 역시 동반 상승해야 하고 매각 가격은 떨어져야 하는 시장 환경이지만 최근 몇 년간 높게 거래된 선례들로 인해 아이러니하게도 추가로 시장에 나오는 물건들 매각 희망가는 고공행진하고 있어 여전히 매도-매수인 간 가격 격차가 있음을 시사한다.

2024년에도 SI 투자자를 확보하는 것이 중요한 전략으로 예상된다. 그러나 이면에는 다양한 리스크가 혼재하고 있어 이에 대한 전략도 필요하다. 최근 마제스타시티 타워1 매입에 참여했던 대형 패션 회사가 진행 도중 매입을 철회하면서 거래 결렬 리스크가 대두됐다. 다양한 원인이 있겠지만, 대규모 자본이 투입되는 상황이기에 상업용 부동산 투자 시장 프로세스나 투자 구조 등에 익숙하지 않을 경우 의사 결정 과정에서 투자를 번복할 수 있다. 따라서 SI 투자자를 섭외함에 있어 장기간의 커뮤니케이션을 통한 우호적 파트너십을 유지하는 것이 무엇보다 중요하다. SI 투자자들과 오랜 기간 다양한 펀드나 리츠 구조를 시뮬레이션하고 입찰 과정에서 신속한 의사 결정을

❷ 권역별 공급 예정·공실률 추이 전망 〈단위:만평, %〉

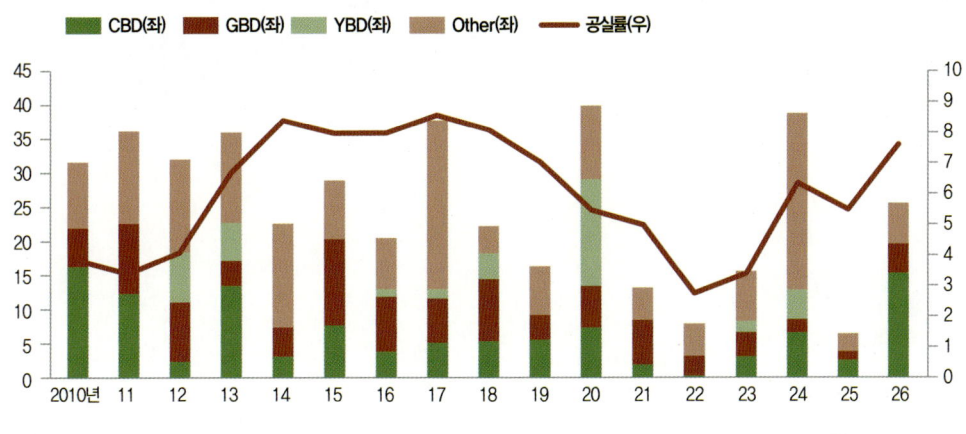

*1평은 3.3㎡   *자료:젠스타메이트 리서치센터

하고 의사 결정 번복으로 인한 결렬 리스크는 낮출 수 있을 것이다.

공급 감소와 낮은 공실률 지속

상업용 오피스 시장 펀더멘털은 양호하게 유지되고 있다. 2022년 서울 오피스 빌딩 전체 공실률은 2.7%를 기록했는데, 이는 기록 이래 최저 수준이다. GBD, 판교, CBD 일부 세부 지역은 1%대의 매우 낮은 공실률을 유지 중이다. 낮은 공실률의 가장 큰 원인은 줄어든 공급이다. 그래프❷를 보면 2021년부터 공급량이 줄어들었다. 특히 CBD, GBD 권역의 공급이 대폭 감소했는데 2007~2022년 주요 3개 권역(CBD·GBD·YBD)에 공급된 오피스 물량 중 88%가 CBD와 GBD에 공급돼온 것을 고려하면 이런 현상이 공실률 감소에 큰 영향을 미친 것으로 분석된다. 코로나로 인한 공실 발생으로 임차인 우위 시장으로 전개될 것이라는 예견도 있었으나, 오히려 반대 상황이 연출됐고 공실률 감소는 임대료 인상 효과를 가져왔다. 절대적으로 임대인 우위 시장이 지속되고 있다.

2025년까지는 낮은 공실률이 지속될 것으로 보인다. 건축 인허가를 바탕으로 공급 예정건을 집계하고 흡수 추이를 예상해봤을 때 여전히 자연 공실률인 4~5% 수준 안팎을 유지할 것으로 보인다. 2026년 이후에는 CBD 내 세운·공평·을지 인근 재정비지역의 준공이 다수 예정돼 있으나 금리 인상, 원자잿값 상승과 유물 출토 등의 사유로 준공 지연이 예상돼 임대차 시장은 현재와 유사한 상황이 지속될 것으로 예상된다. ■

어디에 투자할까 부동산 ④ 토지

10년 만에 하락 전환 서울 땅값
반도체 클러스터 '용인' 새로운 기회

강승태 감정평가사

2023년 토지 시장을 한 단어로 표현하면 '상저하고'로 요약할 수 있다.

토지는 기본적으로 감가상각이 없는 부동산 상품이다. 큰 변수가 없으면 토지 가격은 장기적 관점에서 우상향곡선을 그린다. 하지만 2023년 초 토지 시장은 달랐다. 전국적으로 부동산 시장이 얼어붙은 가운데 서울 토지 가격 또한 2023년 상반기 마이너스 상승률을 기록했다. 한국부동산원 'R-ONE 부동산통계정보시스템'에 따르면 2023년 상반기 전국 지가 상승률은 0.06%를 기록했다. 2022년 같은 기간(1.89%)과 비교하면 큰 폭 하락했다.

지역별로 살펴보면 수도권(0.89% → 0.08%)과 지방(0.72% → 0.02%) 모두 2022년 하반기 대비 낮은 상승률을 보였다. 구체적으로 제주(0.45% → -0.35%), 울산(0.49% → -0.16%), 대구(0.82% → -0.12%), 전북(0.86% → -0.08%) 등 8개 시·도가 전국 평균(0.06%)을 밑돌았다. 서울(-0.01%)과 부산(-0.04%), 대구(-0.12%), 광주(-0.03%), 울산(-0.16%), 전북(-0.08%), 전남(-0.02%), 제주(-0.35%)는 2023년 상반기 땅값이 오히려 떨어진 점이 눈에 띈다. 서울 땅값이 반기 기준으로 하락 전환한 것은 2012년 하반기(-0.05%) 이후 10년 6개월 만에 처음이다. 다만 시기별로 살펴보면 2023년 2월 저점을 찍고 이후에는 조금씩 반등하고 있다는 점에서 '상저하고'라는 표현이 적절해 보인다.

'반도체 클러스터'가 조성될 예정인 경기도 용인시 원삼면 일대. (용인시 제공)

토지 거래량 30% 급감

2023년 상반기 토지 가격만 하락한 것은 아니다. 거래량 역시 급감했다. 2023년 상반기 전체 토지(건축물 부속 토지 포함) 거래량은 약 92만4000필지(717.8㎢)로 나타났다. 2022년 하반기 대비 1.5% 감소(1만5000필지), 2022년 상반기 대비 27.3% 감소(34만6000필지)했다. 건축물 부속 토지를 제외한 순수 토지 거래량은 약 37만5000필지(669.1㎢)로, 2022년 하반기 대비 14.6% 감소(6만4000필지), 2022년 상반기 대비 30%(16만 필지) 줄었다. 순수 토지 거래량은 전남(1% 증가)을 제외하면 모든 지역에서 감소했다. 특히 광주광역시(39.4%), 세종특별시(37.8%), 부산광역시(32.3%) 등에서 감소폭이 컸다.

토지 거래량이 급속도로 줄어든 이유는 여러 가지다. 우선 부동산 시장 침체로 인한 거래 절벽이 한 원인이다. 고금리 기조가 유지되면서 더 이상 빚을 내 부동산을 거래하기 어려운 환경이 조성됐다. 투자 심리 위축 또한 빼놓을 수 없다. 토지 매수자 상당수는 건설사나 시행사 등 부동산 개발 기업이다. 원자잿값 상승에 더해 부동산 프로젝트 파이낸싱(PF) 대출 금리마저 높아지자 개발 사업에 따른 사업성이 낮아졌다. 2023년 토지 시장은 고금리 기조 유지 → 투자 심리 위축 → 거래 감소 → 가격 하락이 반복되고 있다는 결론을 내릴 수 있다.

대구 편입 효과로 군위군 들썩

기초자치단체별로 살펴보면 대부분 지역이 하락세로 돌아섰다. 전국 250개 시군구 중 서울 성북구(-0.64%), 서대문구(-0.61%), 도봉구(-0.56%), 동대문구(-0.55%), 강서구(-0.54%) 등 152개 시군구의 지가 변동률이 전국 평균보다 낮았다. 2023년 상반기 전국 기초자치단체 중 1% 이상 지가가 오른 곳은 용인시 처인구(2.73%)를 제외하면 단 한 곳도 없었다. 그나마 서울 강남구(0.77%), 대구 군위군(0.78%), 대전 유성구(0.62%), 성남시 수정구(0.8%) 등에서 상대적으로 상승률을 기록했다. 경기도 용인시 처인구 땅값이 크게 오른 이유는 분명하다. 반도체 클러스터 구축이라는 큰 호재가 토지 시장에 영향을 줬다. 정부는 2023년 3월 경기 용인 남사·이동읍 국가산업단지와 원삼면 일대 710만㎡에 시스

어디에 투자할까 부동산 ❹ 토지

2023년 상반기 전국 지가 변동·토지 거래량

〈단위:%〉

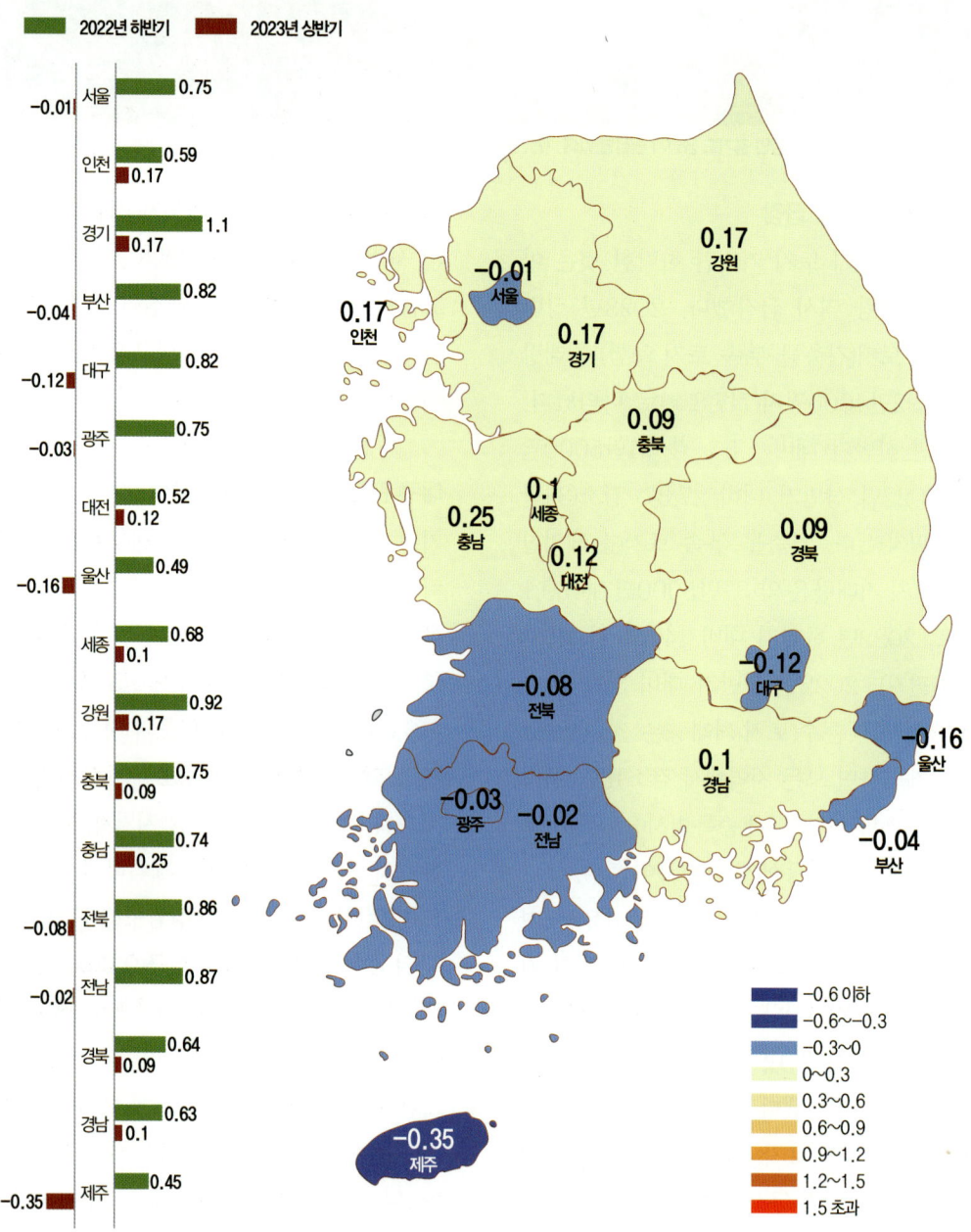

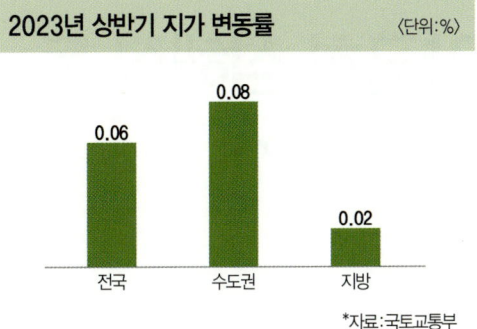

2023년 상반기 지가 변동률 (단위:%)
전국 0.06 / 수도권 0.08 / 지방 0.02
*자료:국토교통부

템 반도체 클러스터를 조성하는 계획을 발표했다. 삼성전자와 SK하이닉스 반도체 제조 공장 9개를 비롯해 약 200개 유관 기업들이 들어선다. 이외에도 용인은 반도체 분야 국가 첨단전략산업 소부장 특화단지로 지정되기도 했다. 반도체 클러스터 조성 호재가 용인시 땅값을 끌어올리고 있다.

지방에서는 대구시 군위군이 돋보인다. 2023년 7월 1일부로 대구광역시에 편입된 효과가 지역 땅값 상승에 일조했다는 분석이다. 대구시는 군위군을 토지거래허가구역으로 지정하고 편입 후 토지의 투기적 거래와 급격한 땅값 상승을 막는다는 계획이다.

산업단지 중심 아산 두각

2023년 상반기 다소 침체됐던 토지 시장은 2023년 하반기부터 반등할 가능성이 높다. 한국부동산원에 따르면 2023년 7월 기준 전국 토지 가격 변동률은 전월 대비 0.06% 상승하며 5개월 연속 상승세를 나타냈다. 즉, 2023년 초 급격히 침체됐던 토지 시장이 3월 이후 주택 시장 회복과 함께 조금씩 살아나고 있다는 결론을 내릴 수 있다.

지역별로 살펴보면 수도권은 2024년에도 많은 투자자 관심이 이어질 전망이다. 2021년 시흥과 광명, 2022년 안양, 2023년 용인 등이 수도권 토지 시장을 이끌었듯 2024년에도 새로운 다크호스가 등장할 가능성이 높다. 특히 용인은 반도체 클러스터라는 큰 호재를 등에 업고 2023년에 이어 2024년에도 수도권 토지 시장에서 가장 주목할 지역으로 꼽힌다. 이외에도 재개발이 활발히 진행 중인 성남시 수정구, 용인시 기흥구와 수지구, 김포시 등은 2023년 상반기에도 비교적 높은 상승률을 유지했다. 2024년 역시 주목할 만한 지역으로 분류할 수 있다.

수도권 외 지역으로는 산업단지가 조성된 지역을 주목할 만하다. 충남 아산은 2023년 상반기 0.68% 상승했다. 다른 지역과 비교하면 높은 상승률이다. 인근 서산의 경우 2023년 상반기 상승률은 비교적 낮지만 산업단지 조성 계획이 잇따라 발표되면서 앞으로가 기대되는 지역이다. 관광지 중에서는 경북 울릉군이 관심 지역이다. 울릉공항은 2026년 개항 예정으로 만약 예정대로 공항이 지어지면 서울에서 울릉도까지 걸리는 이동 시간은 7시간에서 1시간으로 줄어들 전망이다. 울릉공항 개항 계획이 보다 구체화된다면 울릉군은 2024년 토지 시장에서 가장 뜨거운 지역이 될 것으로 예상된다. ■

어디에 투자할까 **부동산 ❺ 경매**

실수요자 '관망세' 속 양극화 심해질 듯
상반기에 저평가 물건 노려라~

강은현 법무법인 명도 경매연구소장

2023년 4월 6일 수원지방법원 경매15계 입찰법정. 경기 용인시 수지구 동천동 '유타워' 오피스텔 25㎡가 1억2180만원에 경매에 나왔다. 125명이 치열한 경합을 벌인 끝에 최초 감정가(1억7400만원)에 근접한 1억6679만원에 팔렸다. 매각가율(감정가 대비 매각가 비율)은 95.86%에 달한다. 2023년 매각 물건 중 최고 경쟁률이자 오피스텔 경매 역대 1위다.

참여자가 대거 몰린 이유는 신분당선을 비롯한 광역교통망 개통 이후 가격 상승 가능성 덕분이다.

2023년 법원경매 시장은 2022년과 비교해 경매 물건은 급증한 반면 매각 건수는 급감한 해로 요약된다. 이런 이유로 모든 경매 지표는 하향세를 보였다.

법원경매정보에 따르면 2023년 9월까지 진행된 경매 물건은 11만2238건으로 2022년 9월(8만5026건)에 비해 2만7212건 증가했다. 경매 물건은 2만7000건가량 급증했음에도 불구하고 매각 건수는 같은 기간 2만8548건에서 2만8562건으로 불과 14건 늘었다.

경매 물건이 늘면 매각 건수도 함께 증가해야 하지만 뒷걸음질했다는 것은 그만큼 경매 시장 참여자들이 2023년을 비우호적으로 봤다는 점이다. 이는 2024년 시장 전망과도 밀접한 관련이 있다.

매각가율은 70.5%로 2022년 9월(79.1%)과 비교할 때 8.6%포인트 급락했다. 2015년

64%를 기록한 이래 최저 수준이다. 경매 진행 건수도 4건 중 1건만 팔리다 보니 매각률이 25.4%를 기록해 2022년 9월 33.6%에 비해 8.2%포인트 떨어졌다.

2023년 경매 물건 급증, 매각 건수 급감

2024년 경매 시장 관전 포인트는 경매 진행 물건 수가 15만건을 넘느냐다. 경매 물건 수 증가는 각종 경매 지표의 우하향을 의미할 뿐 아니라 2024년 경매를 비롯한 부동산 시장을 전망할 때 시사하는 바가 크기 때문이다. 이는 부동산 시장 바닥론과도 밀접한 관계가 있다. 경매 물건이 15만건에 이른다면 2023년 부동산 시장을 뜨겁게 달군 화두 중 하나인 바닥론을 일거에 잠재울 수 있는 핵폭탄급 위력을 갖게 된다.

서울, 수도권 일부 단지 매매가가 전고점을 돌파했지만 경매 지표상으로는 적어도 바닥론이 성급한 예단일 수도 있음을 보여준다. 흔히 경매 시장에서 바닥이 임박했을 때 나타나는 징후로 서울 강남권 아파트 유찰 횟수가 2회에서 1회 유찰 후 매각으로 돌아서는 것을 꼽는다.

지역, 종목, 금액을 불문하고 인기 물건 응찰자는 적게는 20~30명에서 많게는 50~80명이 몰려다닌다. 매각가는 약속이나 한 듯 서울과 지방을 불문하고 전 유찰가를 넘기는 것이 불문율처럼 나타난다.

2023년 2월 3일 수원지방법원에서 진행된

2024년 경매 진행 물건이 급증할지 관심이 쏠린다. 사진은 서울의 한 경매법정. (매경DB)

수원시 영통구 망포동 동수원자이 전용 85㎡ 아파트가 6억4000만원에서 2회 유찰 후 3억1360만원에 경매에 나왔다. 97명이 치열한 경합을 벌인 끝에 전 유찰가(4억4800만원)를 훌쩍 넘긴 4억7159만원에 팔렸다. 2회 이상 유찰된 물건으로 수십 명이 몰려다니고 매각가는 예외 없이 전 유찰가를 넘겼다.

2024년 경매 물건은 2023년에 비해 큰 폭으로 늘어날 것으로 예상된다. 법원경매정보에 따르면 2023년 8월까지 신규 물건은 6만5859건이다. 남은 기간을 고려하면 2023년은 10만건을 웃돌 것으로 보인다.

10만건이 갖는 의미는 매우 크다. 2022년 경매 물건은 7만7459건으로 경매 통계를 집계한 이래 역대 최저 수준을 나타냈다. 반면 2023년은 불과 1년 만에 역대급 순증을 보여줬다. 2023년 들어 8개월 만에 2022년 전체 물건에 근접한 수준이다.

더 의미 있는 지표는 8개월 연속 전년 동기 대비 순증을 하고 있다는 점이다. 경기 침체 장기화 국면에다 2022년 하반기 금리 인상의

어디에 투자할까 부동산 ❺ 경매

**2023년 부동산 경매 물건 급증
매각 건수 급감해 지표 하향세
2024년 경매 물건 증가세 관심
관망세 속 양극화 두드러질 듯
지방 우량 물건 눈여겨봐야**

고단함을 감당하지 못한 물건이 통상 1년여 시차를 두고 경매 시장에 등장한다는 점을 감안하면 2023년 4분기 이후 경매 물건 증가세는 더욱 가파를 전망이다.

설상가상 이른바 '전세왕' '빌라왕'으로 불리는 전세 사고 물건이 6개월 유예 기간이 끝나고 다시 매각기일 지정을 앞두고 있어 여러모로 경매 시장은 어두운 그림자가 드리워져 있다. 적어도 경매 지표만으로는 2023년은 2019년(10만4418건) 수준으로 시계추가 거꾸로 가고 있음을 보여준다.

최소 1회 이상 유찰된 물건 노려야

2024년 경매 시장은 관망세 속 양극화로 요약할 수 있다. 거래 부진에 따른 침체의 골이 깊어 실수요자는 관망세로 돌아설 가능성이 큰 반면, 투자자는 환금성 물건 위주로 양분될 것이다. 아파트 등 주거용 부동산에 대한 관심이 뜨거운 점을 고려하면 불황의 골이 깊어갈수록 환금성 상품 쏠림은 심화될 것이다.

실수요자는 그 어느 때보다 고민이 깊어질 것으로 보인다. 경매 지표는 2019년 수준으로 뒷걸음질을 하는 반면 일반 부동산 시장은 호재 지역 중심으로 우상향을 보이고 있어서다. 최소 1회 이상 유찰된 물건 위주로 참여를 권하는 이유다. 1회 유찰된 물건에 참여할 때는 패찰을 염두에 둔 최저가 수준에서 응찰을 저울질할 필요가 있다. 참여 시기는 2024년 상반기가 적절할 것으로 보인다. 금리 인상 효과 물건이 본격적으로 경매 시장에 유입되는 시점이 2023년 하반기 이후여서다. 반면 투자자는 바닥을 확인하고 참여해도 늦지 않다. 2회 이상 유찰된 물건 위주로 2024년 하반기 또는 2025년 이후로 참여 시점을 늦출 필요가 있다. 그럼에도 2024년 상반기에 선점 투자를 원한다면 틈새시장을 공략할 필요가 있다. 불황기에도 시장의 관심과 호평을 받는 물건은 언제나 존재하기 때문이다.

첫째 개발 호재 물건이다. 모아주택, 신속통합기획 등 재개발 예정지 물건이나 교통망 확장에 따른 가격 상승이 예정된 물건이 대표적이다. 둘째 저평가 또는 저감정된 물건이다. 2024년에 진행 중인 물건임에도 2020년 전후에 감정된 물건이거나 지역 내 거래 전례가 없어 당시 시세를 반영하지 못해 저평가된 물건을 말한다. 2023년 8월 21일 춘천지법에서는 춘천시 사북면 원평리 임야 998㎡가 1297만원에 경매에 부쳐졌다. 첫 기일에 110

전국 연간 매각가율 〈단위:%〉

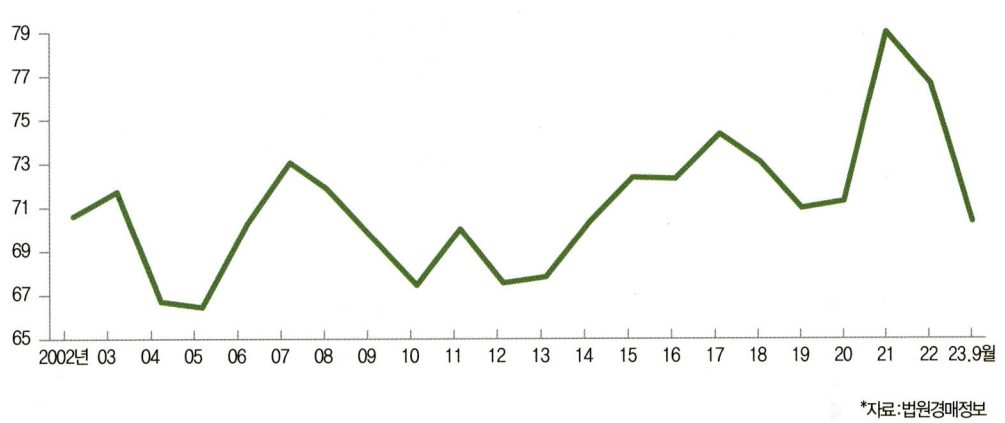

*자료:법원경매정보

명이 경합을 벌여 최초 감정가의 9배가 넘는 1억2100만원에 팔렸다. 110여명이 참여한 이유는 소양강을 한 눈에 내려다볼 수 있는 빼어난 조망권 외에 감정 가격이 3.3㎡당 4만 3000원에 불과해 평당 시세인 30여만원에 훨씬 못 미치는 저평가 물건이어서다.

세금·대출 규제 벗어난 지방 우량 물건 주목

셋째 상가, 오피스텔 등 수익형 부동산은 호불호가 심할 전망이다. 경기 불황 장기화와 고금리 기조는 수익형 부동산 시장에 악재다. 2023년 9월 19일 서울중앙지방법원 경매 1계에서는 서울 강남구 양재동 꼬마빌딩이 113억3670만원에 낙찰됐다. 양재시민의숲역과 양재천 사이에 있고, 대지 133㎡에 지상 7층 건물이다. 감정가는 103억913만원으로 109%의 매각가율을 기록했다. 응찰자도 3명뿐이었다. 주목할 점은 이 건물이 2022년 12월에도 낙찰된 바 있는데 당시 매각가는 133억3333만원으로 매각가율 128%에 매각됐다는 점이다. 9개월 만에 20억원이 떨어진 셈이다. 넷째 지방 우량 물건이다. 지방 물건은 세금 중과와 대출 규제 등을 비껴갈 수 있을 뿐 아니라 전세보증금만으로 투자 금액의 대부분을 회수할 수 있다는 것이 장점이다. 소액 갭투자자들이 선호하는 유형이다. 2024년 법원경매 시장 키워드는 경매 물건 수 15만건이다. 경기 불황과 금리 인상 여파를 이기지 못한 한계 물건이 시장에 얼마나 등장하느냐에 달려 있다. 2015년 이래 역대급 경매 물건이 시장에 유입될 충분조건은 갖춘 상황이다. ■

【 일러두기 】

1. 이 책에 담겨 있는 전망치는 필자가 속해 있는 기관이나 필자 개인의 전망에 근거한 것입니다. 따라서 같은 분야에 대한 전망치가 서로 엇갈릴 수도 있습니다.
2. 그 같은 전망치 역시 이 책을 만든 매일경제신문사의 공식 견해가 아님을 밝혀둡니다.
3. 본 책의 내용은 개별 필자들의 견해로 투자의 최종 판단은 독자의 몫이라는 점을 밝혀둡니다.

2024 매경 아웃룩

2023년 11월 8일 초판 1쇄
엮은이 : 매경이코노미
펴낸이 : 장승준
펴낸곳 : 매일경제신문사
인쇄·제본 : (주)M-PRINT
주소 : 서울 중구 퇴계로 190 매경미디어센터(04627)
편집문의 : 2000-2521~35
판매문의 : 2000-2606
등록 : 2003년 4월 24일(NO.2-3759)
ISBN 979-11-6484-634-4 (03320)
값 : 20,000원

싱싱하고 맛 좋은 게
천지빼까리다
[부산 자갈치 시장 고영희님]

2030 부산세계박람회
BUSAN IS READY!

부산에서 시작해 전세계가 함께하는
인류의 더 나은 미래가치를 위하여

미래, 같이
2030 부산세계박람회 유치,
LG가 함께 응원합니다

World EXPO 2030
BUSAN, KOREA

www.lxzin.com

결국
LX z:in이거나,
아니거나

편의성에 품격을 더한 프리미엄 창호, **수퍼세이브**

LX Z:IN

안전하기로, 건강하기로, 사랑하기로

약속된 플레이

약속된 플레이를 펼치면
약속된 행복이 찾아오니까

약속하길 잘했다!

함께, 약속 DB손해보험

SANTA FE

World EXPO 2030
BUSAN, KOREA

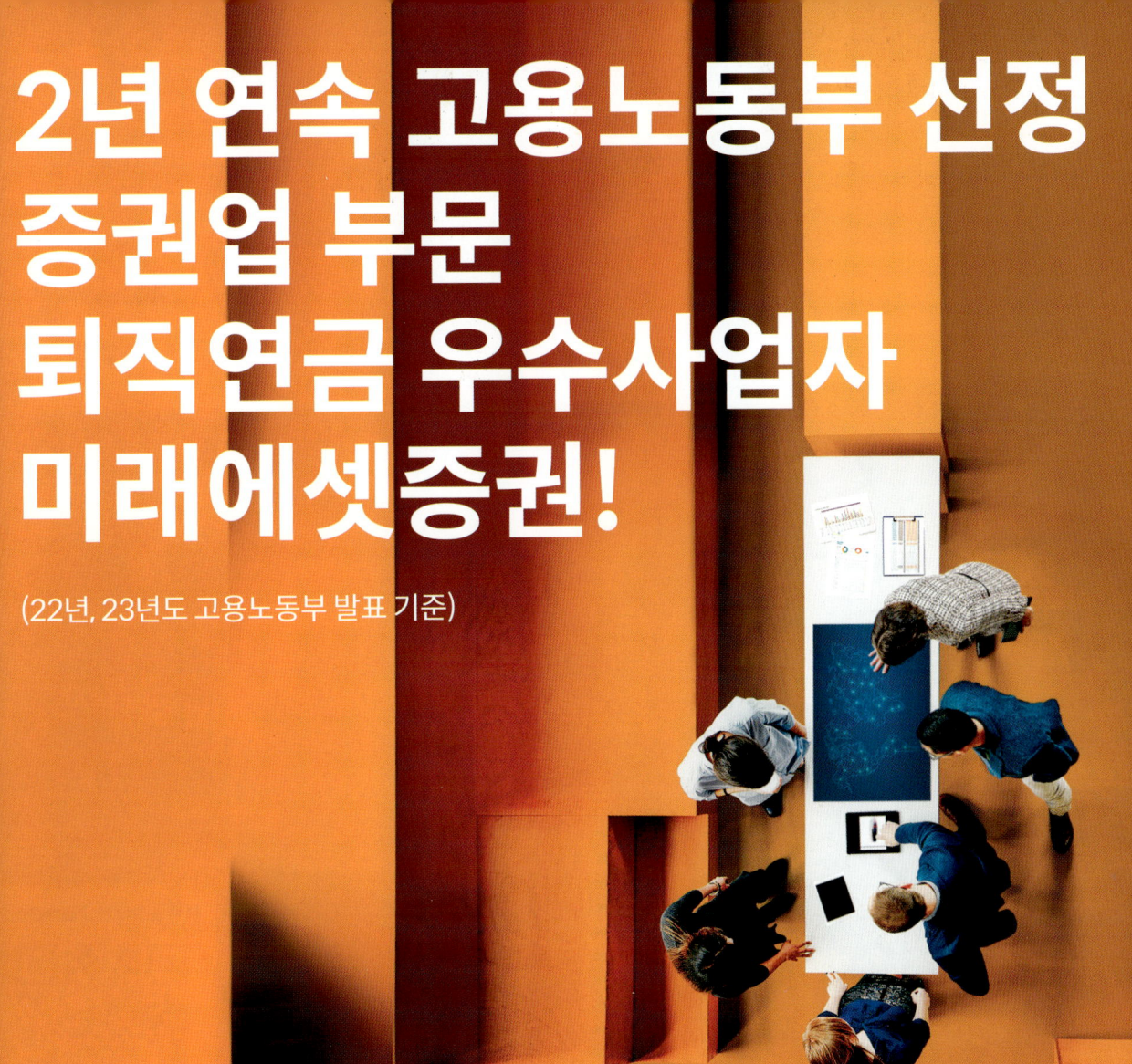

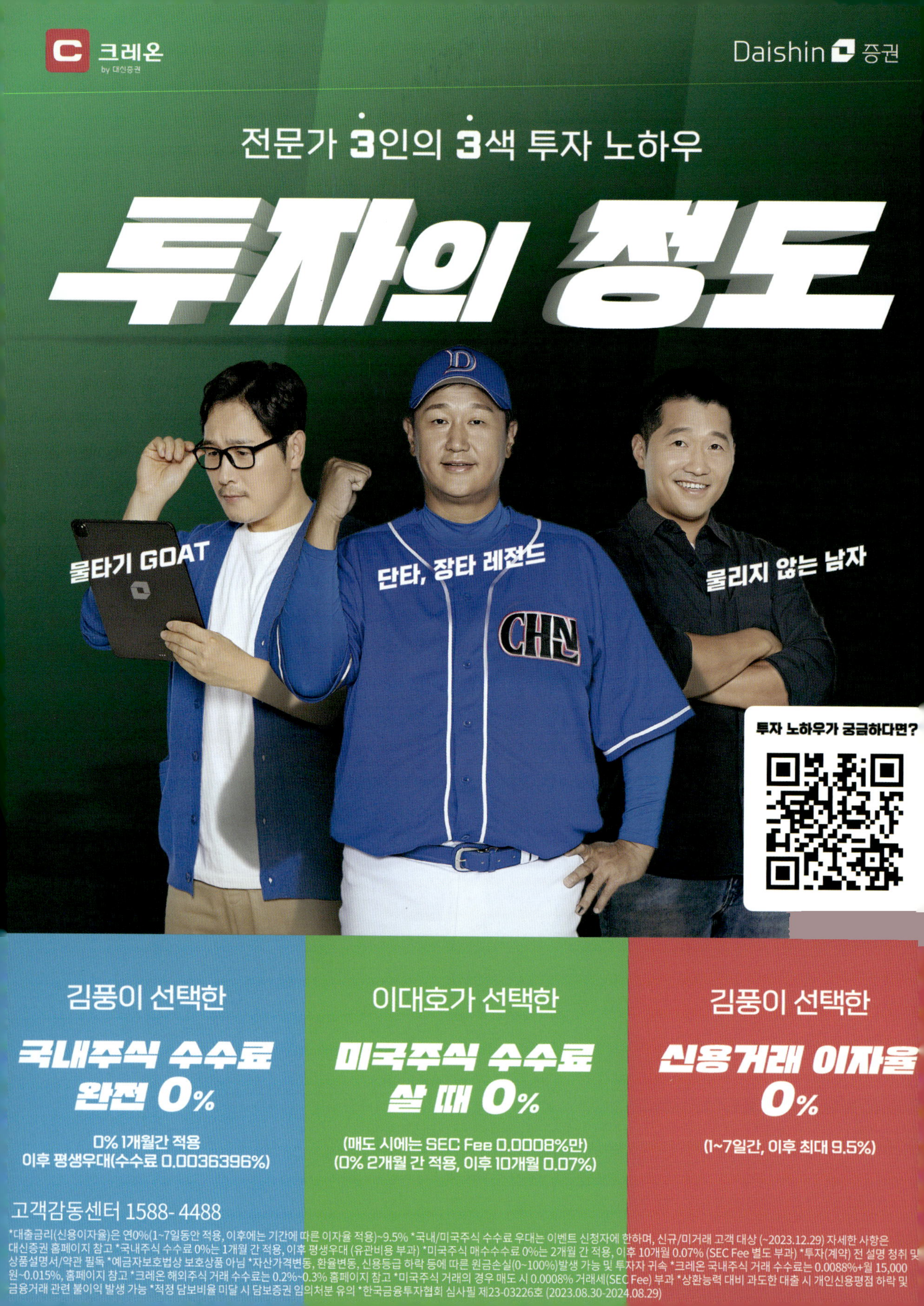
크레온
by 대신증권
Daishin 증권
전문가 3인의 3색 투자 노하우
투자의 정도
물타기 GOAT
단타, 장타 레전드
물리지 않는 남자
투자 노하우가 궁금하다면?
김풍이 선택한
국내주식 수수료 완전 0%
0% 1개월간 적용
이후 평생우대(수수료 0.0036396%)
이대호가 선택한
미국주식 수수료 살 때 0%
(매도 시에는 SEC Fee 0.0008%만)
(0% 2개월 간 적용, 이후 10개월 0.07%)
김풍이 선택한
신용거래 이자율 0%
(1~7일간, 이후 최대 9.5%)
고객감동센터 1588- 4488
*대출금리(신용이자율)은 연0%(1~7일동안 적용, 이후에는 기간에 따른 이자율 적용)~9.5% *국내/미국주식 수수료 우대는 이벤트 신청자에 한하며, 신규/미거래 고객 대상 (~2023.12.29) 자세한 사항은 대신증권 홈페이지 참고 *국내주식 수수료 0%는 1개월 간 적용, 이후 평생우대 (유관비용 부과) *미국주식 매수수수료 0%는 2개월 간 적용, 이후 10개월 0.07% (SEC Fee 별도 부과) *투자(계약) 전 설명 청취 및 상품설명서/약관 필독 *예금자보호법상 보호상품 아님 *자산가격변동, 환율변동, 신용등급 하락 등에 따른 원금손실(0~100%)발생 가능 및 투자자 귀속 *크레온 국내주식 거래 수수료는 0.0088%+월 15,000원~0.015%, 홈페이지 참고 *크레온 해외주식 거래 수수료는 0.2%~0.3% 홈페이지 참고 *미국주식 거래의 경우 매도 시 0.0008% 거래세(SEC Fee) 부과 *상환능력 대비 과도한 대출 시 개인신용평점 하락 및 금융거래 관련 불이익 발생 가능 *적정 담보비율 미달 시 담보증권 임의처분 유의 *한국금융투자협회 심사필 제23-03226호 (2023.08.30-2024.08.29)

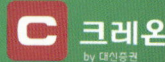

"먼훗날 네 여정은 지금보다 훨씬 즐겁고 더 안전할거야."

더 즐겁고 안전한 미래 모빌리티,
현대모비스의 전동화 기술이 만듭니다

HYUNDAI
MOBIS

39개 중 31개의 퇴직연금 금융회사가 미래에셋 TDF를 선택했습니다

- 총 39개 퇴직연금 사업자의 31개가 미래에셋자산운용 TDF 포함
- 총 220개 디폴트옵션 포트폴리오 중 96개 미래에셋자산운용 TDF 포함
  (원리금 보장형 제외, 2022년 12월 고용노동부 기준)
- TDF 설정액 1위 (2022년말 금융투자협회 기준)

● 미래에셋 전략배분TDF   ● 미래에셋 자산배분TDF

■ 투자자는 해당 집합투자증권에 대하여 금융상품판매업자로부터 충분한 설명을 받을 권리가 있습니다 ■ 투자전 (간이)투자설명서 및 집합투자규약을 반드시 읽어보시기 바랍니다 ■ 집합투자증권은 예금자보호법에 따라 예금보험공사가 보호하지 않습니다 ■ 집합투자증권은 자산가격 변동, 금리 변동, 환율 변동 등에 따라 투자원금의 손실(0~100%)이 발생할 수 있으며 그 손실은 투자자에게 귀속됩니다 ■ 연금저축 계약기간 만료 전 중도 해지하거나 계약기간 종료 후 연금이외의 형태로 수령하는 경우 세액공제받은 납입원금 및 수익에 대해 기타소득세(16.5%) 세율이 부과될 수 있습니다 ■ 한국금융투자협회 심사필 제23-00465호 (2023.02.13 ~ 2024.02.12)

원칙을 지키는 투자 –
MIRAE ASSET
미래에셋자산운용

72
Hi 5672
인생의 어떤 순간에도
당신은 항상 웃을 수 있게
겪어보면 다른 보험
현대해상
마음이 합니다
현대해상

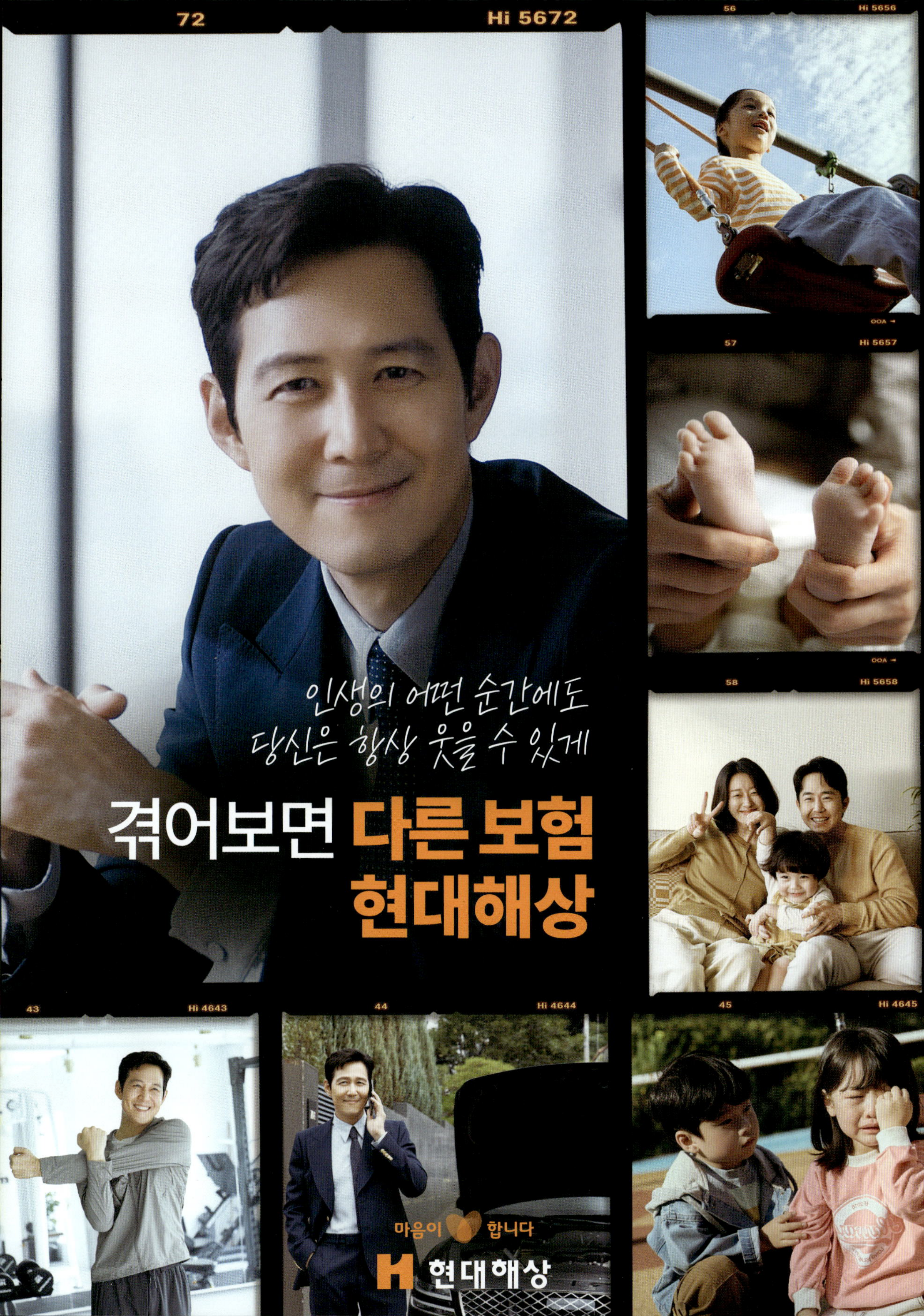

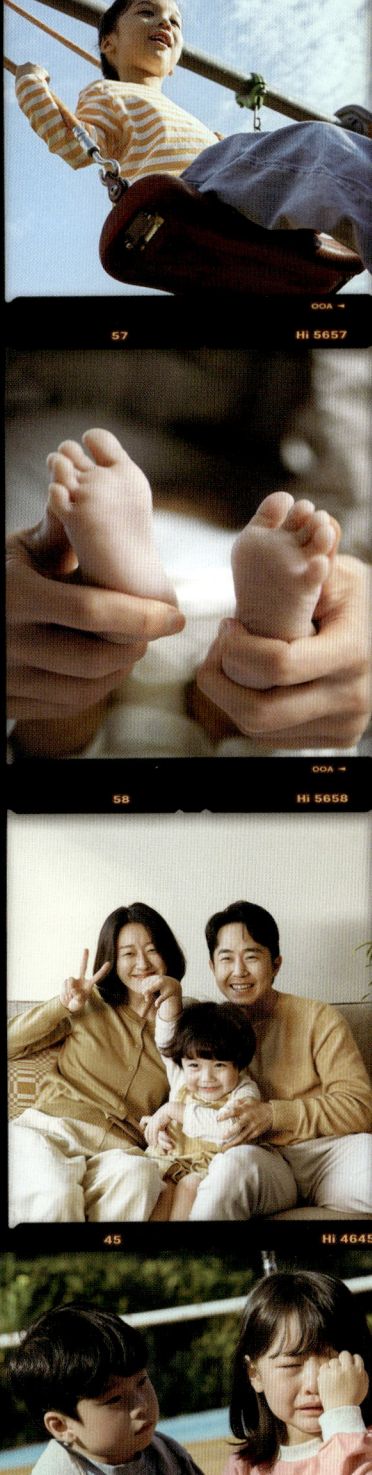

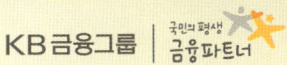

World EXPO 2030 BUSAN, KOREA
2030 부산세계박람회 유치를 KB국민은행이 함께 응원합니다

내 집에서 내일의 집까지
KB부동산

살고 있는 집에서, 사고 싶은 집까지
한번에 관리하는 **맞춤형 부동산 정보 앱**

내 집 찾을 때
빠른 시세 트렌드와
차별화된 입지 분석을 통해
나에게 딱 맞춘 매물 정보 제공

내 집 마련할 때
오직 KB부동산 고객에게만
추가 우대 금리 제공 (1년간)
*주택 구입 자금 대출 시 **최대 0.4%**
*전월세 보증금 대출 시 **최대 0.2%**

내 집 관리할 때
등록된 주소지 기준으로
**가격 변동 내용 알림 및
생활 편의 정보 제공**

지금 다운로드

함께 성장하며
행복을 나누는 금융

하나금융그룹

하나를 만나면

**신규·휴면 손님 대상
3개월간 300만원까지**

하나를만나면
CMA(RP형) 연 **7%** (세전)

하나를 만나면 CMA(RP형)

- 기간 : 2023년 10월 13일(금)~12월 31일(일)
- 대상 : 아래 대상에 해당하면서 본 광고의 이벤트 참여 QR코드로 비대면 종합매매계좌를 개설한 손님
  1. 하나증권 최초 신규 손님(주민등록번호 기준 1인 1회 참여 가능)
  2. 이벤트 신청 전일 기준 3개월간 하나증권 잔고가 0원 손님

하나가 드리는 이벤트 혜택

하나. 하나를 만나면 CMA(RP형)
둘. 국내/해외 주식거래 우대수수료 적용
셋. 애플 소수점주식 1천원상당 증정

문의 : 하나증권 손님케어센터 1588-3111

[이벤트 유의사항] ※본 이벤트는 하나증권의 사정에 따라 일정이 변경되거나 중단될 수 있습니다. (단, 기 조건 충족 손님 제외) ※본 광고의 QR 코드가 아닌 타 매체를 통해 계좌개설한 경우 혜택 적용이 불가합니다. ※본 이벤트는 개인손님 대상으로 진행하며 주민등록번호 기준으로 1인 1회 참여 가능합니다. (법인, 외국인 제외) ※본 이벤트는 개인정보 수집·이용·조회 및 SMS 마케팅 이용에 동의하신 손님에 한하여 참여 가능합니다. ※연락처가 상이하여 본인확인이 어렵거나 계좌가 폐쇄되는 경우 등에는 혜택을 적용 받지 못할 수 있습니다.

[투자자 유의사항] ※투자자는 금융상품에 대하여 금융회사로부터 충분한 설명을 받을 권리가 있으며, 가입 전 상품설명서 및 약관을 반드시 읽어보시기 바랍니다. ※금융상품은 예금자보호법에 따라 예금보험공사가 보호하지 않습니다. ※금융투자상품은 자산가격 변동, 환율 변동, 신용등급 하락 등에 따라 투자금의 손실(0~100%)이 발생할 수 있으며, 그 손실은 투자자에게 귀속됩니다. ※CMA 입금액은 RP에 투자됩니다. ※RP수익률은 입금 시 회사가 고지하는 약정수익률이 적용되며, 이는 시장금리 상황 등에 따라 변동될 수 있습니다. ※우대수익률 적용기간(연 7.0%, 세전, 계좌개설일로부터 3개월) 종료 시에는 종료 시점에 고시된 수익률(2023.09.10 기준 연 3.15%, 향후 변동 가능)이 적용됩니다. ※국내주식 온라인 매매수수료는 0.0141639%, 해외주식 온라인 매매수수료는 국가별, 주문방법에 따라 상이(미국 0.25%, 중국 0.30%, 등)하며 기타 자세한 사항은 하나증권 홈페이지 등을 참고하시기 바랍니다. ※미국주식 매매 시 주당 0.003 USD, 매도 시 0.0008%, 중국주식 매매 시 0.00841%, 매도 시 0.05841% 제비용을 부과하며, 기타 자세한 사항은 하나증권 홈페이지 등을 참고하시기 바랍니다. ※모든 종목에 대하여 소수점 거래 서비스가 제공되는 것은 아니며, 증권사에 소수점 거래가 가능한 종목 확인이 필요합니다. ※증권사는 여러 투자자의 소수 단위 매매주문을 취합하여 집행함에 따라 투자자의 매매 주문과 체결 시점의 차이가 발생할 수 있어 매매 가격 혹은 실제 배당받는 주식 수량이 변동될 수 있습니다. ※소수 단위 주식은 타 증권사로 대체가 불가능합니다. (소수 단위 보유분에 대해서도 1주 단위 계좌 대체는 가능)

한국금융투자협회 심사필 제23-03784호 (2023.10.16~2023.12.31)

이벤트 참여 QR코드

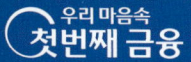

우리금융그룹

World EXPO 2030 BUSAN, KOREA
2030 부산세계박람회 유치를
우리금융그룹이 함께 응원합니다

우리 청년, 더 어깨 펼 **힘**
우리 소상공인, 더 오래 걸을 **힘**
우리 중소기업, 더 날개 돋칠 **힘**
우리가 **힘**을 모을수록
우리의 **힘**은 강해질 테니까

우리 모두에
우리의 힘을

| **우리은행** 대국민 상생금융 프로젝트 |